## 다부동지구 전선

제10연대　　　　　　　제11연대

유학산
837고지

팔공산　　가산　　　　다부동　　　674고지
　　　　901고지　　　↓　　　　　　　　　천생산

← 옥골

← 해평

6·25전쟁사

# 낙동강

제6권

6·25전쟁사

# 낙동강

## 제6권

구국의 전장 다부동
세기의 도박 인천상륙작전

낙동강 제6권

# 목차

## 제9장 낙동강 방어선

### 제4절 구국의 전장 다부동

1. 다부동 지구 전선 · · · · · · · · · · · · · · · · · · · · · · · · 11
2. 328고지는 화탕지옥(火蕩地獄) · · · · · · · · · · · · · · · 15
   1개 연대가 1개 사단과 맞서다 – 제13연대 15 · 328고지의 살육전 16
   328고지 반격전 21 · 화탕지옥 – 백기 든 적을 조심해야! 24
   154고지의 발악 – 270명밖에 남지 않았다 27
3. 유학산, 수암산 전투 – 제12연대 · · · · · · · · · · · · · 31
   적이 유학산을 먼저 점령하였다 – 제12연대 31
   유학산(제2봉–837고지)의 혈전 – 제1대대 34 · 유학산 주봉 탈환전 – 제3대대 41
   시체로 덮힌 숲데미산 – 제2대대 44 · 적 사단사령부 습격 – 연대 수색대 52
   무모한 작전명령의 대가 55
4. 주전장 다부동 – 제11연대 · · · · · · · · · · · · · · · · · 56
   피아 전력 56 · 다부원(多富院) 58 · 신주막 공방전 – 다부동 전투 60
   466고지 공방 – 제13연대 제2대대 68 · 674고지 공방 – 제3대대 74
   볼링구장의 전차전 – 미 제27연대 79 · 최후의 결전 – 북한군은 보이지 않았다 86
   한국군은 싸울 의지가 있느냐? 88
5. 가산산성 공방전 · · · · · · · · · · · · · · · · · · · · · · · · 92
   가산산성 92 · 대구에 적 포탄이 떨어졌다 93 · 사단사령부 피습 93
   가산산성 공격 – 제10연대 95 · 가산산성 확보 99
   미 제23연대와 포진지 피습 104
6. 대단원의 막을 내리다 · · · · · · · · · · · · · · · · · · · 106
   전선 조정 106 · 다 같이 망하는 전쟁을 누가? 왜? 107 · 시산혈하 110
   몇 가지 짚고 넘어가자 111
7. 이런 일도 있었다 – 전장비화(戰場秘話) · · · · · · · 118
   주저앉아 울고 싶었다 118 · 북한군 포병연대장 귀순 119 · 여기는 전쟁터요! 125
   파리 목숨 129 · 지옥이 이보다 더 할까 131 · 인명재천 132

자다가 포로가 된 통신병 133 • 산에서 기다리는 우리 애들이 굶지 않느냐? 134
적진에서 나타난 여인 136

## 제5절  해·공군과 경찰대작전

### 1. 한국 해군작전 . . . . . . . . . . . . . . . . . . . . . 140
해안봉쇄작전 140 • 해군통제부 방위부대 활동 143

### 2. 한국 해병대작전 . . . . . . . . . . . . . . . . . . . 145
통영상륙작전 145 • 원문고개 방어전 148
기회가 없어서 머리를 깎지 못했습니다 151

### 3. UN해군의 작전 . . . . . . . . . . . . . . . . . . . 152
해안포격 및 해안봉쇄작전 152 • 해군기의 근접항공지원 154
제3사단 해상 철수작전 163

### 4. 한국 공군작전 . . . . . . . . . . . . . . . . . . . . 165
F-51 비행부대 훈련 165 • F-51 비행부대 작전 166 • 정찰비행대 작전 168
공군 여의도기지로 전진 170

### 5. UN공군 작전 . . . . . . . . . . . . . . . . . . . . 172
폭격사령부의 전략폭격 172 • 후방차단작전 175 • 융단폭격 183

### 6. 국립경찰의 활동 . . . . . . . . . . . . . . . . . . 187
경찰력 증강 187 • 낙동강 방어선 전투 188 • 경찰만으로 대구를 지키겠다 193
서남부 지구 전투 197 • 동해안 지역 전투 209

# 제10장  인천상륙전

## 제1절  상륙작전 계획

### 1. 크로마이트 계획 . . . . . . . . . . . . . . . . . . 203
상륙작전 구상 203 • 인천의 입지 조건 208 • 워싱턴의 반대 208
해군과 해병대의 반대 210
상륙작전교범에서 금기 사항만 추리면 그게 바로 인천이다 213
적을 이기려면 아군 속에 있는 적을 먼저 217 • 9월 공세의 파문 223
해병대 반환 논쟁 227 • 우리는 귀하의 계획을 승인한다 231

2. 상륙군 편성 . . . . . . . . . . . . . . . . . . . . . . . . . 233
  제1해병사단 233 • 해병대 소집 – 아들아 행운을 빈다 236
  미 제1해병사단 이동 240 • 미 제7보병사단 242 • 국군 해병대 242
  국군 제17연대 244 • 제187공정연대 245 • 제10군단 245
  제7합동기동부대 편성 248 • 제7합동기동함대 기본 작전 계획 249

3. 정보 수집과 작전기도 은폐 . . . . . . . . . . . . . . . . 251
  정보 판단 251 • 사다리 제작 254 • 인천상륙에 필요한 정보 254
  클라크 대위 256 • 해군 덕적군도 점령 262 • 좀 다른 기록 264

4. 양동작전 . . . . . . . . . . . . . . . . . . . . . . . . . . . 267
  공개된 작전 267 • 동해안과 군산에 함포사격 268
  장사동 상륙작전 269 • 적전 상륙 272

## 제2절  1950년 9월 15일

1. 상륙군 출진 . . . . . . . . . . . . . . . . . . . . . . . . . 278
  상륙군 전력 278 • 적군 현황 279 • 상륙군 출항 279 • 태풍 케지아호 283

2. 예비폭격과 준비포격 . . . . . . . . . . . . . . . . . . . . 283
  예비폭격 283 • 월미도 포격 284

3. 월미도 상륙 . . . . . . . . . . . . . . . . . . . . . . . . . 290
  함대의 진격 290 • 월미도 공격 293

4. 인천 상륙 . . . . . . . . . . . . . . . . . . . . . . . . . . 297
  함포사격과 폭격 297 • 적색해안 상륙 300 • 적전에 정박한 LST 보급창 304
  청색해안 상륙 306 • 해두보 확보 309 • 한국 해병대의 작전 312

## 제3절  서울로 진격

1. 경인국도 공격 . . . . . . . . . . . . . . . . . . . . . . . 315
  김포비행장 탈환 315 • 맥아더의 고뇌 – 군산상륙 구상 318
  경인국도 진격 320 • 맥아더 군산상륙을 결심하다 324

2. 영등포 전투 . . . . . . . . . . . . . . . . . . . . . . . . . 326
  손발이 안 맞았다 326 • 개미구멍에 무너진 둑 328
  T-3 전차는 해병대 사냥감 331 • 안양을 거쳐 수원으로 332

3. 한강도하 - 행주나루 · · · · · · · · · · · · · · · · · · 336
   기습도하 336 · 적전 강습도하 340

4. 서울 서쪽 돌파 · · · · · · · · · · · · · · · · · · · · · · 344
   피 · 아군 대치 상황 344 · 안산탈환과 105고지 공방 348
   군단장과 사단장의 불협화음 350 · 연희고지 돌격전 353

5. 서울 포위 섬멸전 · · · · · · · · · · · · · · · · · · · · 357
   서부방벽 붕괴 357 · 북쪽퇴로 차단 359
   남부로부터 포위 360 · 국군 제17연대 362

## 제4절 중앙청에 태극기를 꽂다

1. 서울 시가전 · · · · · · · · · · · · · · · · · · · · · · · · 365
   야간 시가전 - 미 제1해병사단 365 · 남산 전투 - 미 제32보병연대 369
   국군 제17연대의 동북부 전투 373 · 바리케이드 전투 - 미 제1해병사단 376
   서울 완전 탈환 378 · 중앙청에 태극기 - 한국해병대 381
   중앙청에 태극기는 언제 누가 걸었나? 386

2. 서울 수복 · · · · · · · · · · · · · · · · · · · · · · · · · · 390
   이 정권을 회복시키는 계획은 상부의 승인을…… 390 · 수도 반환식 391
   맥아더 원수에 대한 찬사 395

3. 모루(鐵砧) · · · · · · · · · · · · · · · · · · · · · · · · · 399
   국군 해병대의 북한강 지역 전투 399 · 의정부 탈환 - 미 제7해병연대 401
   오산 공격 · 모루 완성 - 미 제31연대 402 · 망치의 진격 406 · 북한군 피해 406
   미 제10군단의 피해 407 · 경인 지구에서 파괴된 북한군 전차 408

**인명 색인** · · · · · · · · · · · · · · · · · · · · · · · · · · · · 410

## 제9장
## 낙동강 방어선

## 다부원에서

1950년 9월 26일 조지훈 작

한 달 농성 끝에 나와 보는 다부원은
얕은 가을 구름이 산마루에 뿌려져 있다.
피아 공방의 포화가 / 한 달을 내리 울부짖던 곳
아아 다부원은 이렇게도 / 대구에서 가까운 거리에 있었고나.

조그만 마을 하나를 / 자유의 국토 안에 살리기 위해서는
한해살이 푸나무도 온전히 / 제 목숨을 다 마치지 못했거니
사람들아 묻지를 말아라.
이 황폐한 풍경이 / 무엇 때문의 희생인가를……. 

고개 들어 하늘에 외치던 그 자세대로 / 머리만 남아 있는 군마의 시체
스스로 뉘우침에 흐느껴 우는 듯 / 길 옆에 쓰러진 괴뢰군 전차

일찌기 한 하늘 아래 목숨 받아 / 움직이던 생령들이 이제
싸늘한 가을바람에 오히려
간고등어 냄새로 썩고 있는 다부원
진실로 운명의 말미암음이 없고 / 그것을 또한 믿을 수가 없다면
이 가련한 주검에 무슨 안식이 있느냐.

살아서 다시 보는 다부원은 / 죽은 자도 산자도 다 함께
안주의 집이 없고 바람만 분다.

## 제4절 구국의 전장 다부동

### 1. 다부동 지구 전선

제1사단은 8월 13일 다부동 지구 전선에 전개했다. Y선이라고 한다.

제1사단 Y선은 왜관 북방 6km 지점 낙동강 연안 포남동(말가실) 328고지를 기점으로 동쪽으로 수암산(水岩山, 일명 숲데미산 519고지)~유학산(遊鶴山, 839고지)을 거쳐 신주막(新酒幕-칠곡군 가산면, 5번 국도와 25번 국도 분기점)에서 장군동(將軍洞-군위군 효령면)에 이르는 북방 238, 266고지를 잇는 선이다.

Y선에 대하여 백선엽 장군은 『군과 나』에서 이렇게 설명했다.

"미 8군사령관 워커 중장은 최초 낙동강 방어선을 X선, 그리고 최후의 저지선을 Y선으로 설정하고 있었다. Y선은 왜관을 축으로 남으로는 낙동강, 동으로는 포항에 이르는 선으로 대구와 부산을 포함하여 더 이상 물러설 수 없는 마지막 배수진을 구획하는 선이었다.

나는 Y선 방어개념에 합당한 유리한 지형을 찾아 나섰다. …… 지형을 정찰한 결과 가산산성(架山山城)과 다부동(多富洞)이 눈길을 끌었다. 가산은 팔공산 서쪽 자락으로 임진·정유국난 때 왜군을 방어하던 천연의 요새였던 성터가 있는 곳이니 더 설명할 필요가 없는 곳이었다. 또 다부동의 북쪽으로는 유학산~수암산의 긴 능선이 동서로 뻗어있어 방어전에 유리한 지형이었다. 여기서 대구까지는 25km, 대구를 부채꼴로 감싸는 이 산맥이 마지막 승부처가 될 것이다."

이렇게 Y선을 결정한 백선엽 사단장은 참모장 석주암(石主岩) 대령과 작전참모 문형태 중령에게 현지를 정찰하여 작전 계획을 세우도록 지시하고 예하 지휘관들에게 다음과 같은 훈시를 했다.

"이 선이 사단 최후의 저지선이다. 우리가 이 선을 지키지 못하면 대구가 떨어지고 그렇게 되면 낙동강의 미군 방어선도 붕괴된다. 따라서 조국의 운명도 여기에 걸려 있다. 이 선은 내가 정했다. 성패의 모든 책임은 내가 지겠다. 부디 성공하여 명예와 기쁨을 여러분과 나눌 수 있기를 바란다."

북한군 남침 전략은 50일 작전이었다. 6월 25일부터 50일이 되는 8월 15일까지 부산을 점령하는 것이다. 38선에서 부산까지 580km를 하루에 평균 10km씩 진격하여 이 계획을 충분히 달성할 수 있다고 보고 소련 군사고문단이 작성한 계획이다.

뜻하지 않게(?) 미군이 조기에 참전하였고, 국군이 미군의 군비지원을 받아 저항이 예상외로 완강하여 날이 갈수록 진격이 부진하다가 드디어 낙동강선에서 공격이 막히고 말았다. 북한 김일성은

"8월 15일까지 대구만이라도 점령하라."

고 독전을 했고, 지휘관들은 전사들의 침체된 사기를 진작시키기 위하여

"낙동강만 넘으면 대구와 부산은 무혈점령하여 남조선을 해방시킬 수

있다."고 부추기면서 사지의 낙동강으로 몰아세웠다.

그러나 저들의 표현대로

"새벽부터 시도 때도 없이 비행기가 날아와서「밭에 씨를 뿌리듯이」기총사격과 네이팜탄 세례를 퍼부어"

낙동강을 건너는데 많은 희생을 치른 북한군은 사기가 땅에 떨어졌고, 대부분의 전사들은 이미 대세가 기울어졌다고 판단하여 전의를 잃었다.

엄청난 병력 손실에도 불구하고 보충이 되지 않았고, 장비는 고사하고 실탄과 식량이 보급되지 않아 굶으면서 수류탄에만 의존해야 할 정도로 전력과 체력은 극도로 약화되어 있었다.

김일성은 대구만이라도 점령해 달라는 염원으로 전차 32대를 어려움을 무릅쓰고 긁어모아 낙동강전선까지 보내주었다. 개전 이래 처음이다. 그러나 도중에 12대가 미군 항공기에 의하여 파괴되고 20대가 전선까지 도착했는데 전차 20대*가 어떻게 공중 공격을 피하여 전선까지 도착했는지 미군이 혀를 내두르며 감탄을 했다.주)

안용현 『한국전쟁비사』 2 p148

* 북한군 제105기갑사단 정치장교 오기완 대위는 32대 중 20대 도착이라고 증언.(제9장 제2절 5.「적 제3사단」과「제105기갑사단」이동경로에 대한 증언 참조) 국방부 『한국전쟁사』 제3권(p211), 일본 육전사연구보급회 『한국전쟁』 2 (p239)은 21대 보충.

이 전차는 제105기갑사단 제208교도연대가 보유한 전차라고 했다.주)

이로 미루어 북한군도 대구 관문인 제1사단 정면을 최후의 결전장으로 삼았음을 알 수 있다.

앞「북한군 정치장교 오기완 대위」증언

제1사단은 낙동강 방어선까지 오는 동안 많은 병력과 장비의 손실을 입었지만 장비는 미군으로부터 보급 받아 편제상의 90% 이상을 확보했는데, 특히 통신장비를 확보하여 전투력 발휘에 큰 도움이 됐고, 3.5인치 로켓포와 57mm대전차포가 지급되어 전차공포증에 걸려 있는 사병들이 로켓포를 메고 전차에 달려드는 판국으로 바뀌어 전장의 분위기를 반전시켜 주었다.

병력은 한강선 이북에서 낙오한 병사들이 많이 복귀했고, 낙동강 방어선에서부터 신병이 보충되기 시작하여 편제 인원의 70%선 이상을 유지함으로써 전력이 많이 회복되어 있었다.

당시 사단장 백선엽 장군은 『군과 나』에서 이렇게 회고했다.

"한강에서 흩어진 병사들이 낙동강까지 오는 도중, 근 4,000~5,000명으로 불어난 것은 기적이었다. 어떻게 알고 찾아오는지 한때 낙오했던 병사들이 속속 원대를 찾아 복귀했다.

나는 날이 지날수록 전쟁에서 우리가 반격에 성공한 것은 바로 이들 때문이었다고 확신하게 됐다. 짧으나마 실전 경험을 가졌던 병사들, 또 300km의 도보 행군을 이겨낸 이들이 아니었다면 전세를 역전시킬 수 있었을까?

이 한 달에 걸친 지연전 끝에 병사들은 전쟁이 무엇인가를 배웠다. 또 나라를 지키겠다는 투지와 인내력을 기른 것이다.

기나긴 행군 도중 병사들은 한여름 극성스런 모기에 뜯기며 아무 곳에서나 잤다. 길가에서 뜯은 풋고추와 푸성귀를 반찬 삼아 아무 것이나 먹었다. 군복은 해지고 발은 부르텄다. 아무도 불평하지 않았고 쓰러지지 않았다."

하강곡선을 그리는 북한군 전력과 전의, 상승곡선을 탄 아군 전력과 전의가 맞붙은 제1사단의 Y선 방어는 과연 승기를 잡고 반격의 계기를 마련할 것인가가 주목을 끌었고, 지금까지 승승장구해 온 북한군 전력도 그렇게 만만치는 않을 것이라는 관심도 함께 주목을 끄는 요소였다.

## 2. 328고지는 화탕지옥(火蕩地獄)

### 1개 연대가 1개 사단과 맞서다 – 제13연대

328고지는 1개 연대(2,000명)와 1개 사단(적 제3사단 6,000명 이상+제105기갑사단 일부)의 대결장이었다. 그러나 실제에서는 제13연대 제2대대가 제11연대에 배속되어 이곳에는 제1, 제3대대만이 싸운 반면 좌 인접 미 제5기병연대의 화력을 지원받아 전력이 보강된 측면이 있다.

적 제3사단은 일부(700명)가 좌 인접 미 제5기병연대가 있는 작오산을 공격하여 약간의 전력이 분산된(▶ 제3절 「1. 작오산 전투」 참조) 반면 제105기갑사단이 합세하였다. 그러나 병력이 얼마인지는 확인되지 않았고, 전차 15대가 도하한 것으로 기록되었다.　　　　　　　　　　▶ 제2절 「4. 석적 지역 전투」 참조

적 제105기갑사단은 제1사단 정면에 병력 약 4,000명, 전차 60대 이하가 진출하였고, 우 일선 다부동 방면으로도 진출하였으므로 그 반만 계산해도 병력 2,000명과 30대에 가까운 전차가 이곳으로 진출한 것이 된다.

제1사단 제13연대(최영희 대령)는 사단 좌 일선 부대로 좌측은 미 제1기병사단과 인접했고(鵲烏山, 303고지), 우측은 제12연대가 점령한 수암산에서 능선으로 연결되는 328고지를 중심으로 방어진지를 편성하였다.

328고지는 가장 가까이에서 낙동강을 내려다 볼 수 있는 전략상 요충이다. 왜관 동북쪽 약 2.5km 지점에 있고, 뒤에는 왜관에서 다부동으로 이어지는 79번 도로(당시 등외도로)가 서쪽 미 제1기병사단이 점령한 303고지 동남쪽을 거쳐 제1사단이 점령한 328고지~숲데미산~유학산으로 이어지는 방어선 남단을 관통하여 사단보급로 역할을 하고 있다. 만약에 적이 이 고지를 점령하면 서남쪽 465고지(기반산)~백운산(白雲山, 714m)으로 이어지는 능선접근로를 따라 사단 후방으로, 또 도로를 따라 왜관으로 진출할 수

있는 교두보가 확보되는 전술적으로 중요한 요충지다.

### 328고지의 살육전

8월 12일 밤에 행동을 개시한 제13연대는

제3대대(최병순 소령)를 좌 일선 270고지(328고지 제2봉)에,

제1대대(김진위 소령)를 우 일선 328고지에 배치하였다.

제2대대(안광영 소령)는 제11연대에 배속되어 다부동 전투에 참가하였다.

12일 밤 제3대대는 154고지에서 빠져 나와 270고지를 점령했다. 적은 이 기회를 놓치지 않고 뒤따라와 154고지를 확보한 후 은밀히 침투하여 328고지까지 진출했다.

제1대대는 12일 밤에 망정동 부근으로 이동한 뒤 328고지로 진출했다.

제3중대 제1소대장 이신국 중위가 첨병소대를 지휘하여 선두에서 남등이 고개를 올라가고 있는데 전방 300여m 지점에서

"야, 몇 연대냐?"

하고 묻는 소리를 들었다. 평남 개천(介川) 태생인 이신국 중위는 그 말투가 평안도 사투리인 것을 알아차렸다.

"내레 신의주 독립연대다. 왜 그르디…… 인차 올라갈께."

라고 하자 더 이상 말이 없이 조용했다.

때는 04시가 조금 지난 시간이었는데 구름이 끼어 10여m 앞의 물체를 겨우 구별할 수 있을 정도로 어두웠다. 이것이 다행이었다.

소대장은 소대를 정지시킨 후 철모를 벗게 하고 서서히 접근했다. 소대가 7부 능선에 이르렀을 때 적은 멍청히 바라보고 있었다. 20m까지 접근한 후 사격을 집중하면서 돌격하여 첨병으로 나와 있는 1개 소대를 섬멸했다. 부근에는 남등이 고개와 79번 도로를 제압할 수 있게 중기관총 8정이 10m

간격으로 방열해 놓았고, 기관총당 사수와 부사수 2명씩 배치되었는데 이들은 모두 칡덩굴로 발목이 묶인 채 죽어 있었다.

328고지 정상을 점령한 소대가 수색조로 하여금 고지 전사면(前斜面)을 탐색케 했는데 얼마 후 6부 능선에서 다복솔이 움직인다는 보고를 받았다. 마침 고지 정상에 도착한 중대장 이정실 중위가 확인하려고 뛰어나가면서 "어디냐?"고 소리치는 순간 '딱 콩' *하는 소리와 함께 중대장이 옆구리를 움켜쥐고 쓰러졌다.

* 소련제 장총 소리. '딱'하고 격발소리가 들리고 조금 있다가 '콩'하고 착탄소리가 들려 그때 우리는 '딱콩총'이라고 불렀다. 공포의 소리였다. 명중률이 높았다.

전투경험이 없는 그가 중대장으로 부임한지 3일 만에 당한 일이다.

제1소대장 이신국 중위가 중대를 지휘했다.

제1대대는 328고지 전사면에 침투한 적 1개 중대 규모를 격퇴하고 좌측 제3대대와 연결된 방어진지를 편성했다.

328고지는 암반투성이로 7부 능선 이상에는 잔솔이 드문드문 있을 뿐 마땅한 차폐물이 없고, 땅은 20여cm만 파면 암반이 나와 산병호를 팔 수가 없었다. 주변 흙과 돌을 쌓아 임시변통으로 몸을 가리고 있었다.

13일 밤, 오랜만에 궂은비가 내리고 칠흑 같은 어둠이 깃들어 사방의 산과 들은 고요한 적막 속에 잠겼다. 어쩐 일인지 대안의 적도 포 한방 쏘지 않고 잠잠하기만 했다.

"비오는 날의 적막! 그것은 호 속에 들어앉은 병사들에게 공포심을 더해주고 자기 혼자 외톨이가 된 것 같은 착각에 잠기게 했다."

고 『다부동 전투』는 묘사했다.주)         국방부 『다부동 전투』 p129

자정을 넘긴 시간, 얼마 있으면 날이 밝을 것이라고 기대하며 긴장을 풀고 천근같은 무게로 내리누르는 눈꺼풀을 버티는데 안간힘을 쏟고 있을 무렵 돌연 진전 50여m 지점에서 녹색신호탄 한 발이 야삼경의 적막을 깨트리며 허공으로 치솟았다. 순간 '만세'를 외치며 대규모의 적이 제1대대 진전으로 밀려들었다.

전날 날이 어두워지면서 말구리나루 수중가도를 통하여 도하한 적 1개 연대 규모가 328고지로 은밀히 접근하였는데 이를 모르고 있었다.

병사들이 비몽사몽간에 총을 쏘고 수류탄을 던지기 시작했을 때는 이미 적은 진내에 돌입하였고, 이어 피아가 뒤엉켜 쏘고 찌르고 치고 받는 백병혈전이 벌어졌다. 쇠붙이가 부딪쳐 불꽃이 튀길 때마다 비명소리가 터져 나왔다. 독한 술 냄새를 풍기는 적병들은 물불을 가리지 않고 덤벼들었다. 겁을 먹은 신병들이 하나둘씩 진지를 이탈하기 시작했고, 종내는 병력이 분산되어 고지 후사면으로 물러섰다.

제3대대는 인접 제1대대가 무너지자 전투지경선에 마련된 예비진지에서 적을 견제하고자 하였으나 이때 대안에서 적의 포격이 집중되어 꼼짝 못하고 있던 중에 제1대대를 공격한 적이 제3대대 제9중대와 제11중대의 배후를 공격하여 두 중대는 교전도 제대로 해 보지 못하고 반계동(潘溪洞, 328고지 후방)으로 철수했다.

270고지 좌 일선 제10중대는 끝까지 진지를 고수했다. 제1소대장 이동식(李東植) 소위는 분산되어 철수하는 제9, 제11중대의 병력과 배속된 중화기중대의 공용화기를 수용하여 제10중대에 합세시킨 후 전 화력을 두 중대가 물러난 진내에 집중하여 불세례를 퍼부었다.

대대 정보관이 적의 무전교신을 청취하였는데 현지지휘관인 듯한 자가

"적의 화력이 강력하여 더 이상 진출할 수가 없습니다."

라고 하자 상급지휘관(연대장으로 추정)이

"이 간나새끼 무조건 전진하라, 알간?"

하면서 성화를 부리고 있었다. 그럼에도 불구하고 적은 제10중대가 퍼붓는 화망을 뚫지 못하여 270고지 정상 부근에서 머뭇거리고만 있었다.

14일 날이 밝아오면서 제1대대와 제3대대는 적이 미처 진지를 편성하지 못하고 있는 사이 역습을 감행하여 08시 328고지를 탈환했다.

낙동강대안에 방열된 적 포대는 우천으로 항공기가 뜨지 못한 틈을 타서 가차 없이 328고지에 포탄을 퍼부었다. 차폐물이 없는 정상은 포탄이 터질 때마다 돌덩이와 함께 사람이 허공에 치솟았다. 장병들은 시체를 방패삼아 싸우고 있었는데 포탄이 터지면 시체가 박살이 나면서 살점과 진물이 튀어 산 사람과 시체가 뒤범벅이 되었다.

제4중대 제2소대 기관총 부사수가 갑자기

"윽, 내 배가 빨래 줄이……."

하면서 울부짖었다. 분대장 김순학(金順學) 일등중사가 보니까 포탄 파편에 아랫배가 터져 창자가 30cm 바깥으로 튀어나와 있었다. 분대장이 상의를 찢어 응급조치를 취하고 후송했다.

부상자가 발생하여 병력이 줄고 또 이를 후송하는 병사가 늘어나 또 줄고 이렇게 전투 병력이 점점 감소해 갔다.

제1중대장 신현조 중위는 마지막 남은 수류탄을 던지려고 몸을 약간 일으키는 순간 '딱 콩' 하고 적탄이 가슴을 뚫었다. 제2소대 선임하사관 김일하 일등중사가 부축하자 중대장은 그의 손을 꼭 잡으며

"이 고지를 사수해야 한다."

고 한마디를 남기고 숨을 거두었다.

제1소대장 최영식 중위가 중대를 지휘했다.

대대는 적의 탄막을 피하여 고지 후사면으로 물러난 후 고지 정상을 사

이에 두고 대치하면서 치열한 수류탄전을 폈다. 30여 분 후에 수류탄이 바닥나자 병사들은 고삐 풀린 망아지처럼 뿔뿔이 흩어져 도망쳐 나갔고, 대대는 통제를 잃어 걷잡을 수 없

최영희 대령(오른쪽). 백선엽 사단장(왼쪽)

는 혼란에 빠졌다. 병사들은 465고지(기반산-328고지 동남쪽, 도로 건너편) 서쪽 사면으로 몰려들었다.

　이때 난데없이 후퇴하는 병사들 전방 60여m 앞에 포탄 6～7발이 작렬했다. 뛰던 병사들이 주춤했고, 이 사이 연대장 최영희 대령이 병사들 전면에 나타나서 부대를 수습할 수가 있었다.

　사태가 심각하게 돌아가자 연대장은 충격요법을 써야겠다고 판단하고 연대 대전차포를 후퇴하는 병사들 앞에 쏘게 했던 것이다.

　이렇게 지휘체계가 잡히면서 병사들은 지휘관의 말을 듣게 되어 반격태세에 들어갔고, 대구에서 모집해 온 대대 규모(병력수 미상)의 신병을 투입하여 역습에 가담시켰다.[주]

백선엽 『군과 나』

　연대장 최영희 대령은 독자적으로 연대 인사계를 대구에 파견하여 장정을 모집해 왔는데 훈련도 시키지 못하고 총만 들려서 투입한 것이다.

　연대는 465고지 서 사면에서 병력을 수습하여 급편방어진지를 편성하였다. 제1대대는 200여 명, 제3대대는 50%의 병력 손실을 입었다.

　제10중대는 이때까지도 270고지 서쪽 98고지 일대를 확보하고 있었다.

　10시가 넘으면서 비가 그치고 항공기가 출격하여 위기를 넘겼다.

### 328고지 반격전

제13연대는 7월 6일 중평에서 재편성할 때 소속부대를 찾지 못한 낙오자를 수용하여 1개 소대 규모의 특공대를 편성하고 기회가 있을 때마다 야간전투훈련을 실시해 왔었다.

8월 7일 병원에서 퇴원하여 복귀한 김명중 대위가 지휘하였고, 장비는 개인화기와 공용화기로 로켓포 5문을 장비했다.

14일 밤 특공대는 제10중대진지로 진출해 328고지의 적 배후로 은밀하게 침투하였다. 다음 날 제1, 제3대대가 반격할 때 적의 배후를 교란하기 위해서다.

15일 제1대대와 제3대대는 예정대로 328고지를 역습했다. 적은 양 대대의 공격에만 신경을 쓰고 있었다. 이 사이 특공대가 함성을 지르며 배후에서 돌격했다. 앞뒤에서 협공을 당한 적은 우왕좌왕하다가 분산도주했다. 제1대대는 328고지를, 제3대대는 270고지를 회복했다.

제3대대지휘소는 수암산 남쪽에 있는 망정국민학교에 있었다. 전날 밤에 적 전차가 미군지역을 뚫고 제3대대 정면으로 접근한다는 정보를 들은 대대 정보관이 저녁에 수암산으로 올라가서 적정을 확인한 후 이날 아침에 대대 작전관 장영종 중위에게 무전 연락을 했다.

"적 전차가 골짜기 다리 밑에 2대, 국민학교 정자나무 밑에 2대, 방앗간 창고에 2대가 숨어 있으니 미군에게 연락해서 부셔라."

작전관 장영종 중위는 미 제5기병연대 제2대대장을 찾아가서 공중지원을 요청했고, 곧이어 전폭기 1개 편대가 와서 폭격을 했다. 그 후 확인한 결과 적 전차는 모두 11대가 파괴되어 있었다.

13시 가랑비가 내렸다. 항공기가 뜨지 못하는 틈을 타서 고지정상 부근에 적 포탄이 우박처럼 쏟아져 꼼짝할 수 없었다. 양 대대는 불필요한 손실을 막기 위하여 후사면으로 물러섰다가 16시 40분경 비가 그치고 항공기가 출격하여 대안의 포진지를 제압하는 틈을 타서 정상을 회복하고 전사면 6~7부 능선까지 진출하여 경계태세에 들어갔다.

제3중대(이신국 중위)는 남등이고개로 침투하는 적에 대비하여 고갯길 부근에 잠복조를 배치했다. 23시경 40m 전방에 검은 물체가 움직이는 것을 보고 사격을 했다. 그러자

"쏘지 말라. 나는 육사교도대다."

라고 외치며 접근하는 자를 잠복조장 김형필(金衡弼) 일등중사가 거동을 살펴보고 한 방으로 살해했다. 곧 일제히 사격을 하면서 진전으로 육박하는 적과 뒤엉켜 백병전을 벌인 끝에 물리쳤다. 곧이어 '만세'를 외치며 제2파가 밀어닥쳤다. 제2파를 물리치면 제3파가. 이렇게 파상공격을 되풀이했고, 매 제대마다 선두에서 돌격하는 병사들은 총이 없이 수류탄만 가지고 있었다.

저들은 의용군이었고, 술 냄새를 풍기고 있었다.

파상공격은 3시간 동안 되풀이 되었다.

대대 병사들은 1인당 50발씩 지급된 수류탄을 모두 소모했고, 진전에는 적병의 시체가 노적가리처럼 쌓여가는 데도 저들의 돌격은 멈추지 않았다. 저들 공격제대의 뒤에는 무장한 독전대가 총을 쏘며 무자비하게 몰아세웠고, 게다가 술에 취한 상태에서 앞만 보고 달려들었다.

제1대대는 육탄공격을 더 이상 버티지 못하고 망정동으로 물러섰다.

328고지를 점령한 적이 270고지로 이동하면서 좌측 미 제5기병연대진지 작오산으로 진출한 적과 협공하여 제3대대도 465고지로 물러났다.

연대는 465고지에서 재편성에 들어갔다.

제1대대는 피해가 극심하여 전날 130명 수준으로 보충된 중대 병력이

70명 미만으로 줄었고, 고참병은 중대당 15~16여 명 밖에 안 남았다.

제1대대는 전날 저녁에 도착한 신병 150명을 각 중대에 보충했고, 대대본부요원 전원을 중대로 전출했다.주) 국방부 「한국전쟁사」 제3권 p158 「장영종 중위 증언」

16일 날이 밝았다. 항공기가 날아오더니 328고지에 네이팜탄을 투하했다. 고지는 순간 불바다로 변했고, 시체 타는 냄새가 진동했다.

30분 후, 제1, 제3대대가 반격을 개시하여 7부 능선까지 저항 없이 진출했다. 항공기 공격에 전멸한 줄 알았던 적은 시체더미 속에서 총을 쏘고 수류탄을 던지며 저항하여 4시간이나 교전을 벌이다가 물러섰다.

미 극동공군의 B-29폭격기 98대가 제1사단 정면에 융단폭격을 했다.

16일 13시 공격을 위하여 양 대대가 공격선에 전개했을 때 포병 준비 사격이 시작된다는 통보를 받았다. 대대는 465고지 서단으로 물러섰다.

양 대대 중간선에 전개한 연대수색대(朴在根 소위)는 포격 직전에 연락을 받고 이동할 여유가 없어서 차폐물을 이용하여 몸을 피해 있었는데 포탄 7~8발이 집중하여 대원 35명 중 20여 명이 희생되었다.

공격준비포격이 끝나고 공격을 개시한 연대는 혈전을 벌인 끝에 목표 고지를 탈환했다. 융단폭격이 실시된 때문인지 낙동강 대안의 적 포가 침묵을 지켰다. 이 틈에 연대는 고지 전사면 하단에 있는 강안도로까지 내려가서 잔적을 소탕하고 당초의 주저항선을 완전히 회복하였다.

수색대장 박재근 소위는 328고지에 뼈를 묻겠다는 각오로 공격에 임했는데 느닷없는 아군 포격에 대원을 잃어 맥이 풀렸다. 그러나 순간 악에 바쳐 반격이 개시되었을 때는 보이는 것이 없었다. 선두에서 돌격을 감행하여 8부능선에 진출했을 때 적이 던진 수류탄에 전신 파편상을 입고 후송되었다.주) 국방부 「다부동 전투」 p139, 140

328고지 주변에 어림잡아 1,000여 구가 넘는 적의 시체가 쌓여있었다.

장병들은 잠시 동안의 휴식을 이용하여 적의 시체를 검색했다. 저들이 소지한 수첩에 적혀 있는 주소에 의하여 그들 대부분이 남한에서 동원된 의용군임이 밝혀졌다.

### 화탕지옥 – 백기 든 적을 조심해야!

우 인접 미 제5기병연대에서 유기적인 협조를 위하여 연락장교를 보내주기를 요청했다. 제3대대 작전관 장영종 중위가 미 제5기병연대를 방문했다. 화력지원을 받지 못하는 제13연대 형편을 고려하여 1개 포대로 연대를 지원해 주겠다고 제의하면서 즉석에서 포병관측반을 제3대대에 파견하도록 조치하였다. 장영종 중위의 옷이 낡은 것을 보고 미 군복 40벌을 보내주어서 연대는 이 옷을 소대장급 이상 지휘관과 참모에게 우선 지급했다.

종일 주진지 전방의 적정은 조용했다. 밤이 되자 제2중대 정면에서 총성 한 발이 울리는 것과 동시에 수류탄이 터지고 포탄이 작렬했다. 적 2개 대대 규모가 제1대대 정면에 집중 투입되어 파상공격을 했다.

제1대대는 제1파를 물리친 뒤 328고지 후사면(後斜面)을 거쳐 465고지로 철수했고, 얼마 후 제3대대도 철수했다. 우측 제10중대는 이번에도 98고지를 고수했다. 제10중대는 인접 미 제5기병연대의 엄호를 받을 수 있는 위치에 있어 잘 버틸 수가 있었다.

19일 12시경 우 인접 제12연대 제2대대가 숲데미산을 뺏기고 망정동으로 철수하여 사단 방어선 중앙이 돌파될 위험에 직면했다.

연대는 행정요원을 차출하여 중대에 보충하고, 사단 병기중대에서 전임한 김영진(金永眞) 대위를 제10중대장에, 연대 인사주임 이선호 대위를 제11중대장에 보임했다.

이날 미 제5기병연대가 파견한 포병관측반(칸크리 중위)과 전방 항공통제반(FACT)이 대대지휘소에 도착했다.

항공지원이 늦어져 16시에 항공기가 출격했고, 곧이어 연대가 역습하여 19시에 328고지와 270고지를 탈환했다. 공격 중 제3중대 제3소대장이 전사하고 제10중대 제2소대장을 비롯하여 소대장 4명이 부상했다.

소대장 희생이 많은 것은 전날 미군으로부터 얻어 입은 새 군복이 지휘관이라는 표적이 되었기 때문이었다. 새 군복을 모두 회수했다.

20일 자정 무렵 요란한 사격과 함께 소규모 병력이 양공(陽攻)으로 괴롭히다가 금방 멎었다. 동이 틀 무렵에 안개다 자욱하게 끼었고, 가랑비가 내렸다. 전선은 조용해졌다.

비에 흠뻑 젖은 병사들은 긴장이 풀려 졸고 있었다.

04시 40분 쯤, 제3중대 정면 공동묘지 앞 소로에 적 2명이 장총 끝에 흰 수건을 걸고 귀순하겠다고 소리를 지르며 접근했다.

처음 보는 광경에 신병들이 모두 호 밖으로 나와서 구경하고 있었다.

제3중대장 이신국 중위가 호 밖으로 나와서 소리쳤다.

"무기를 버리고 올라오라."

저들은 장총을 땅에 내려놓았다. 순간 좌 측방 50여m 전방에서 1개 중대 규모의 병력이 불쑥 솟아오르더니 다발총을 난사하며 돌진했고, 그 뒤에 2개 대대 규모의 적이 '만세'를 외치며 돌진했다.

대대진지는 순간 아수라장으로 변했다. 병사들은 자기 총도 챙기지 못하고 뿔뿔이 도망쳤다. 불과 10여 분 만의 일이다. 대대는 손도 한번 써보지 못하고 465고지로 이동하여 병력을 수습했다. 중대 병력은 절반이 희생되어 60여 명으로 줄었다.

제7연대 제2대대가 춘천 부근 원창고개에서 당한 경우와 같았다.

그러나 천우신조. 하늘은 무심치 않았다.

상공을 날고 있는 L-5형 정찰기

제1대대가 철수하는 사이 하늘이 맑게 개였다. 적이 퇴각하는 대대에 정신없이 총탄을 퍼붓고 있는 328고지 상공에 L-5정찰기가 나타났다.

망정동에서 땅을 치며 통분해하던 제3중대장 이신국 중위는 벌떡 일어나 정찰기와 교신하여 긴급항공지원을 요청하였다. 공중에서 대기하고 있었던 것으로 보이는 F-51 전폭기 1개 편대가 5분 여 만에 나타나서* 328고지를 불바다로 만들었다. 네이팜탄, 폭탄, 로켓탄에 기총소사까지 거침없이, 틈새 없이 쏟아 부었다.주)

국방부 『다부동 전투』 p155

* 이 무렵 지상군을 근접지원하는 미 해군 함재기가 체공하면서 항공통제사의 공격목표지정을 기다리고 있었다.(제5절 「4. 정찰비행대 작전」 * 참조)

이어서 교대한 항공기편대는 적의 퇴로를 강타한 후에 공격목표를 숲데미산으로 돌렸고, 곧이어 미군 포가 328고지를 뒤덮어 산을 한 껍데기 완전히 벗겨놓았다.

아비규환의 도가니!

**여기가 화탕지옥이다.**

465고지에서 재정비한 연대는 역습하여 30분 만에 328고지를 탈환했다. 아홉 번째 탈환이다. 고지 서사면까지 진격하여 남쪽 말가실~하포남(아래개남)~내외촌(석적면사무소 소재지)을 잇는 낙동강 동안을 확보했다.

328고지 정상 주변에 2,000여 구의 시체가 널려 있었다.

328고지는 더 이상 인간세계가 아니었다. 검게 탄 시체, 팔다리가 잘려 나가고 창자가 터져 나오고, 살점이 떨어져 나간 시체가 땅바닥에 널려 있고, 나뭇가지에도 걸려 있다. 숨이 붙어 있는 사람의 신음과 비명과 절규, 염천의 열기에 풍선처럼 부풀어 오르던 시신의 배가 '펑' 하고 터질 때는 수류탄이 날아온 줄 착각하고 또 한 번 놀랜다. 파리떼가 극성을 부리고, 악취가 진동하여 숨을 쉴 수가 없다.

328고지는 제13연대 2개 대대가 적 제3사단을 맞아 9차례의 공방전을 벌이며 아홉 번 뺏기고 아홉 번 빼앗는 혈전을 벌였다.

### 154고지의 발악 – 270명밖에 남지 않았다

8월 22일 18시 45분 적은 맹렬한 포격을 집중했고, 21시에는 154고지에서 소화기를 사격하며 활발하게 움직이는 꼴이 심상치 않았다.

원체 크게 코를 다친 적은 공격의 엄두를 내지 못하고 죽은 듯이 지내온 터라 공세 기미로 파악했었다. 그러나 저들은 어젯밤에 타격을 입은 연대를 다른 연대로 교대하기 위하여 부산을 뜬 것으로 판단되었다.

23일 01시경 적은 154고지에서 328고지로 연결된 능선에 2개 대대를 투입하여 정면 돌파로 단번에 제1대대진지를 탈취하고자 하였다.

대대는 적이 돌격선에 전개하는 즉시 포화를 집중하였다. 이때 우 인접 미 제5기병연대가 지원하는 1개 포대가 합세하여 전에 없이 포격이 위력을 발휘했다. 저들은 전에 없던 105mm곡사포의 탄막이 형성되자 크게 당황했고, 돌격1선 제대는 진전에서 섬멸되었다. 그러나 적은 제1선 공격제대의 공격이 실패하면 제2제대를 투입하고 다음 다시 제3제대를 투입하는 이른바 파상공격을 4시간이나 반복하였다.

북한군은 남침 이래 어디서나 이 같은 단조로운 방법으로 무모한 공격을 되풀이했는데 328고지~270고지 공격에서도 시종일관 이 전법을 썼다.

이날 밤 적은 끝내 제1대대의 진지를 돌파하지 못했고, 무리한 공격으로 수많은 전사들이 대대 진전에서 죽어갔다.

얼마 있다가 날이 밝았다. 북한군 병사 한 명이 귀순했다. 그는 의용군으로 끌려와서 3일 전에 전선에 투입되었다고 했다.

"지난밤 공격을 시작할 때 대대 병력은 약 300명이었으나 거의 전멸하고 369고지로 후퇴했다. 적 제3사단의 병력은 그 대부분이 강제로 동원된 의용군이며 사기가 몹시 저하되어 있다."

고 진술했다. 대대 병사들은 그를 얼싸 안고 위로해 주는 촌극을 벌였다.

제1대대장이 김진위 소령에서 유재성(劉載成) 소령으로 교체되었다.

제1대대는 지난밤 교전에서 많은 병력 손실이 있었는데 그 이유로 대대장을 바꾸고, 연대특공대 병력을 차출하여 보충했다.

김진위 소령은 하의산(201고지) 전투에서도 무모한 공격을 명령하여 병력을 불필요하게 희생시킨 전철이 있었다.

낮에 낮은 구름이 짙게 깔려 항공지원이 불가능했다. 이 틈을 이용하여 적은 지난밤 참패를 설욕하려는 듯 제3대대 지역에 포격을 집중했다.

제3대대 작전관 장영종 중위는 미군 관측장교와 함께 270고지 정상에서 적 포병진지를 관찰하던 중 적 포탄이 떨어져서 미군 관측장교가 전사하고 장영종 중위는 부상하여 후송되었다. 이를 본 미 전방항공통제반의 긴급

요청으로 B-26경폭격기 2개 편대가 나타나서 적 포병진지를 강타하여 포격이 중지되었는데 큰 타격을 입은 것으로 판단되었다.

20시경, 연대를 교대한 것으로 보이는 새로운 부대가 제1대대 정면으로 '만세'를 부르며 상투적인 파상공격을 했고 죽음의 돌격을 10차례나 되풀이 했다. 대대는 수류탄이 바닥나서 더 이상 버티지 못하고 270고지 후사면으로 물러나서 진내(陣內) 포격을 요청하였다. 적이 270고지 정상으로 진출할 때 미 포병 105mm곡사포가 10여 분간 포격을 집중하여 적을 완전히 섬멸했다.

제1대대는 포격이 끝난 후 역습하여 고지를 회복했다. 고지에는 목불인견(目不忍見)의 참상이 벌어져 있었다.

23일 이후 적은 공격 기미를 보이지 않았다.

적 제3사단은 완전히 전투력을 상실한 것으로 판단되었다.

연대 작전주임 안병건(安秉健) 소령이 무전기로 적의 무전교신을 청취했다. 연대장인 것으로 판단되는 자가

"내가 지금 154고지에 와 있다. 현재 이곳에는 부상자를 포함하여 270여 명밖에 남지 않았다. 이 이상의 공격은 도저히 불가능하다."

고 저들 상부에 보고하고 있었다.

24일 여명에 대대는 공격을 개시하여 154고지를 점령했다. 적은 369고지로 퇴각했다.

제2중대장 백남원 중위는

"목표를 탈취하고 전과를 확대한 후에 시체에 걸터앉아 휴식을 취하다가 문득 내려다보니까 그것은 북한군 대좌의 시신이었다. 그러나 소지품이 하나도 없어서 인적 사항을 확인하지 못했다."

고 전하면서 혹시 그가 연대작전주임이 청취한 무전교신의 당사자가 아닌

지 궁금해 했다.

8월 25일 제13연대는 제15연대로 부대명이 바뀌었다.

8월 30일 제15연대는 328고지를 끝까지 사수하고 있다가 13시에 진지를 미 제1기병사단에 인계하고, 팔공산으로 전진했다.

「2. 328고지는 화탕지옥」 참고문헌 : 국방부 『다부동 전투』 「2. 328고지의 혈전」 (p125)

### 제13연대가 제15연대로……

8월 25일 제13연대의 명칭이 제15연대로 바뀌었다. 7월 5일 사단 개편 때 제5사단이 제1사단에 흡수됐고, 이에 따라 제5사단 제15연대가 제1사단 제13연대에 통합되었는데 병력 규모는 제13연대가 1개 대대, 제15연대가 2개 대대 규모였고 연대장은 제15연대장 최영희 대령이 임명되었다. 그 후 병력 수가 많은 제15연대 출신 장병들의 사기를 고려하여 연대장 최영희 대령이 사단장에게 연대 명칭 변경을 건의하였다.

사단장 백선엽 준장은 이를 육군본부에 상신하여 제15연대로 개칭하기에 이르렀다. 그러나 연대장 자신이 제15연대장이었다는 것 때문이었던 것으로 보는 관측에 더 비중이 컸다.

제13연대 출신 장병들의 불만이 대단했다. 제13연대 작전주임 최대명 소령은

"제13연대의 빛나는 전통은 하루아침에 수포로 돌아갔고, 이때처럼 슬픔에 젖었을 때는 없었다."

고 토로했고, 정보주임 최혁기 대위는

"아! 영원히 사라진 제13연대여!!",

"지금도 당시를 생각하면 분통하기 한이 없다."

라는 글을 통해 불편한 심기를 토로했다.(안용현 『한국전쟁비사』 2 p139)

제13연대는 6·25개전 전부터 38선경비를 맡았었고, 1949년 6월 22일 북한군

이 옹진 지구에 침입하였을 때 까치봉탈환작전을 펼치면서 육탄 6용사의 신화를 만든 전통 있는 연대다.

분명히 짚고 넘어가야 할 것은 제5사단이 해편되었다는 사실이다. 이에 따라 그 예하 제15연대는 제13연대에 폐합되었고, 제20연대는 제2사단에 편입되었다가 다시 제1사단 제12연대에 폐합되었다. 없어진 연대를 두고 병력이 많고 연대장이 누구고를 따질 성질이 아니다. 없어진 것은 없어졌다.

이 점이 간과되어 멀쩡한 연대가 없어지고, 없어진 연대가 살아났다.

## 3. 유학산, 수암산 전투 – 제12연대

### 적이 유학산을 먼저 점령하였다 – 제12연대

1개 연대가 1개 사단을 맞아 싸운 전투다. 병력면에서는 제12연대가 약 2,500여 명, 북한군 제15사단은 약 6,000명이었다.<sup>주)</sup> 적은 우일선 제11연대와의 지경선에서 제13사단 일부 병력이 양쪽에 가세하였으므로 실지는 더 많은 병력을 상대해야 했다.*  제8권 「낙동강 방어선에 전개된 피아 전력」 참조

* 국방부 『한국전쟁사』 제3권은 이 방면의 적을 적 제15사단 5,000명, 제13사단 9,500명 계 14,500명으로 기록했다.(p162) 적 제13사단은 우 일선 제11연대 전면으로 진출하였다. 초기에 제12연대 정면 937고지와 674고지로 진출한 적이 제13사단의 일부로 보이나 8월 15일 674고지 정면이 제11연대 전투지역으로 변경되면서 837고지는 양 연대가 협동으로 공격했다.

제12연대(박기병 대령)는 Y선을 확보하기 위하여 8월 12일 20시에 주력은 포남동 369고지에서, 제11연대에 배속된 제1대대는 금곡동(산동국민학교 부근)에서 철수하여 13일 08시에 다부동에 집결한 후 재편성을 끝내고

제1대대(한순화 소령)는 유학산 우측 일대에,

제2대대(조성래 소령)는 수암산(숲데미산) 일대에,

제3대대(박병수 소령)는 517고지(유학산 남쪽 능선 끝자락) 일대에

진지를 점령하기로 하고 13일 오후에 진출하였는데

13일 밤중(12일 자정 이후)에 적이 유학산과 수암산에 기습적으로 진출하여 연대의 목표지점을 먼저 점령*하였으므로

제1대대를 다부동 북쪽 원정(院亭-674고지 남쪽 끝자락)에,

제2대대를 매남동(梅南洞-석적면 道開洞, 수암산동 남쪽)에,

제3대대를 유학산 남쪽 소학산(巢鶴山, 622고지-517고지 남쪽)에

각각 배치하여 방어진지를 편성했다.주) 　　　국방부 『한국전쟁사』 제3권 p163

\* ① 국방부 『다부동 전투』는 "사단 중앙 일선으로 숲데미산~유학산 일대를 담당한 제12연대는 8월 13일 아침 제2대대를 좌 일선 숲데미산에, 제3대대를 주봉인 839고지에 각각 배치하였다.

한데…… 제1대대는…… 이 대대가 배치될 837고지(유학산 제2봉, 주봉 동쪽 1.8km)는 공백 상태가 되고, 이 틈에 적이 그 고지를 점령하여 남동쪽 1.3km 지점의 674고지까지 진출하자 곧 다부동은 위험하였다.

1950년 8월 13일 13:00경에 일어난 이변이다."(p168, 169)라고 기술했다.

② 백선엽 『군과 나』는 "제12연대가 방어진지에 투입되기도 전에 적군이 먼저 유학산과 수암산 산정을 점령해 버린 것이다."(p63)라고 기술했고,

③ 제12연대 부연대장 김점곤 중령은 "Y방어선이 설정되어 새로운 부대배치를 할 때 나는 수암산과 유학산이 감제고지로서 중요하니 이곳에다 병력을 배치하자고 사단에 건의를 하였는데 사단에서 이를 반대하였다. 그런데 적이 먼저 진출하여 이 고지를 점령하는 바람에 우리가 근 10일간의 작전에서 많은 희생을 입게 되었다."고 증언했다.(국방부 『한국전쟁사』 제3권 p172)

국방부 『한국전쟁사』와 당시 백선엽 사단장, 김점곤 연대장은 유학산, 수암산, 517고지 등 제12연대 점령목표를 모두 북한군이 먼저 점령한 것으로 기술한 데 반해 국방부 『다부동 전투』는 837고지만 북한군이 먼저 점령한 것으로 기술하였다.

이 책은 두 지휘관의 증언과 일치하는 앞 『한국전쟁사』에 따랐다.

유학산은 이 일대에서 가장 높은 산이다. 서북쪽으로 왜관에서 약목을 거쳐 구미 일대와 낙동강 연안 일대를 감제할 수 있는 전략적 요충이고, 대구까지의 거리는 약 25km에 불과했다. 적이 유학산을 점령함으로써 제1사단은 말할 것도 없고, 좌측 미 제1기병사단의 후방까지도 적의 감제관찰권에 노출되어 위협을 피할 수 없을 뿐만 아니라 적 122mm곡사포 사거리가 20.7km인 것을 감안하면 대구 문턱에 적이 한 발을 들여놓은 형국이 됐다.

제12연대 방어진지 후면에 왜관에서 다부동으로 이어지는 도로가 있고, 이 도로는 다부동에서 대구로 가는 5번 국도와 연결되어 사단의 중요한 보급로 역할을 하는데, 적이 유학산 정상을 점령함으로써 이 도로는 물론 Y선이 적의 감제관측에 노출되어 절대 불리한 조건인 반면에 적은 횡격실(橫隔室) 지형을 차지하여 작전에 절대 유리한 위치를 확보하였을 뿐만 아니라 대구공격의 중요한 발판을 마련하였다.

제12연대가 유학산을 탈환하지 못하면 사단이 동서로 양단되어 대구의 관문 다부동 방어선은 무너지고 만다.

유학산은 북쪽이 완만한 경사를 이루고 남쪽은 깎아지른 듯 암벽으로 솟아 북쪽으로 공격하는 아군에게는 절대로 불리한 조건의 지형이다.

수암산의 중요성에 대하여 북한 『조선전사』(25 p262)는
  "수암산은 매우 중요한 전술적 의의를 가지는 산이었다. 만일 아군이 이 고지를 견지하지 못한다면 부득불 락동강을 다시 건너와야 할 위험이 조성될 수 있었다. 한편 인민군대의 대구 방향으로의 진격을 막아보려던 적들에게 있어서도 수암산은 전술적으로 매우 중요한 고지였다. 그렇기 때문에 미제 침략자들은 수암산을 다시 차지하기 위하여 필사적으로 발악하였으며 야수적인 폭격을 감행하였던 것이다."

라고 기술할 정도로 북한군은 수암산을 최후 거점으로 생각한 것 같다.

### 유학산(제2봉-837고지)의 혈전 - 제1대대

제12연대 제1대대장 한순화 소령은 8월 13일 17시경에 유학산 남쪽 원정(院亭-다부IC 부근)으로 진출하여 516고지(전적기념관 뒷산) 하단에 병력을 배치하고 유학산 길목 674고지를 공격목표로 정했다.

14일, 15일 이틀 동안 몇 차례 674고지를 공격했으나 모두 실패했다.

674고지는 유학산 제2봉 837고지에서 동남쪽으로 뻗어 내린 능선에 연결된 마지막 고지이다. 이 고지 동쪽 끝에 다부동 계곡과 5번 국도가 지나간다. 고지 경사도가 가팔라서 고지에서 수류탄을 던지면 80~100m 지점 8부 능선까지 굴러와 폭발한다. 정상을 조준하여 포격을 하면 그 너머 계곡이나 능선에 떨어지고 사거리를 줄이면 고지 전사면에 근탄(近彈)이 생겨서 아군에 피해를 준다. 포격 효과를 낼 수가 없다.

15일 전투지경선을 조정하여 674고지를 제11연대 제3대대에 인계하고 제1대대는 다부동 좌측 학산동(鶴山洞 속칭 덤터)으로 이동했다.

16일 14시에 좌 일선 제3중대(김호정 대위)가 유학산(837고지) 정면을 공격하고 우 일선 제1중대(이종철 중위)는 우 인접 제11연대 제3대대와 협조하여 우측 674고지~837고지선 능선을 타고 진격하였다.

제3중대는 학산동에서 837고지로 연결된 능선을 타고 진출하여 산 중턱 경사도가 가파르게 바뀌는 곳에 산개했다. 여기서 정상까지는 1개 분대가 간신히 기동할 수 있는 암석투성이의 능선 하나밖에 없다.

중대장은 지형 특성상 중대 전투력을 집중하기가 어렵다고 보고 1개 분대를 직접 지휘하여 목표고지 앞 70~80m까지 진로를 개척했다. 그곳에 차폐된 돌격대기지점을 선정하여 중대를 축차로 전진시킨 후 모든 화력을 집중하면서 1개 분대를 돌격시켰다. 아군지원 화력이 연신(延伸)되자 적 수류탄이 비 오듯이 날아와 진전에서 터지면서 탄막과 같은 위력을 나타냈다. 목표를 향하여 한 발 한 발 진격하던 분대는 절벽과 같은 적진 40~50m 앞에서 집중 폭발하는 수류탄을 피하지 못하여 전멸하였고, 돌격대기지점에 있는 대원들은 엎드려서 꼼짝하지 못했다.

중대장은 적 수류탄이 미치지 못하는 지점으로 물러나서 병력을 수습하였는데 잠시 동안의 교전에서 1개 소대가 희생되었다.

제1중대는 674고지 서쪽 계곡으로 은밀히 접근해 갔다. 적은 우측에서 공격하는 제11연대 제3대대를 저지하는데 정신이 팔려 제1중대가 접근하는데도 모르고 있었다. 이틈을 타서 9부 능선까지 저항 없이 진출한 후 돌격을 감행하여 17시 50분에 674고지를 탈환했다. 그러나 30분 후 역습을 받고 다시 물러났다. 제11연대 제3대대가 고지에 도달하기 전이었고, 이 대대와는 통신망이 없어서 협조가 제대로 이루어지지 않았다.

이날 저녁에 신병 60명이 도착하여 제1, 제3중대에 보충했다.

17일 날이 밝았을 때는 상황이 매우 위태롭게 전개되어 있었다.

517고지를 점령한 적은 제13연대와 제12연대 제2대대의 주보급로(다부동-왜관 간)를 차단하여 사단 서측방(제13연대 지역)이 언제 돌파 당할지 예측할 수 없는 지경에 이르렀고, 유학산 제2봉인 837고지에서 674고지에 이르는 주능선에는 적이 병력을 계속 증원하고 있었다.

상황이 이렇게 되자 백선엽 사단장은 제12연대지휘소에, 박기병 연대장은 제1대대OP에 나와서 837고지를 빨리 탈환하라고 성화를 부렸다.

이날 새벽에 제1대대 제1, 제3중대가 공격을 개시했으나 전날 제3중대가 겪은 것과 같은 상황이 재연되어 손실만을 키웠다. 13시 30분경 양 중대 병력은 100명 미만으로 줄어들었다.

대대는 8부 능선 경사도가 완만한 지점으로 물러나 재편성했다. 주간에 보급이 추진되지 않아 장병들은 굶주림과 갈증에 시달렸고, 나무 그늘에 축 늘어져 바위틈에 고인 피 섞인 물을 마셔야 했다.

18일 예비 제2중대(韓國讚 중위)마저 투입하여 08시에 공격을 했다.

적은 증강된 대대를 중원하여 끊임없이 수류탄을 굴러 내렸다. 대대는 9부 능선까지 진출했으나 손실이 너무 커서 8부 능선으로 물러났다.

13시 30분 박격포지원을 받으며 재차 공격했다. 9부 능선에 진출하여 적진 5~60m 앞까지 돌진했다. 이때 난데없이 나타난 미군 항공기 1개 편대가 아군 진영 4부 능선에서 정상까지 무차별 기총소사를 하고 네이팜탄을 터뜨렸다. 공군기가 돌아가고 많은 희생을 낸 대대가 미처 전열을 가다듬을 사이도 없이 이번에는 정상에서 소나기가 쏟아지듯 퍼붓는 수류탄 세례를 받았다. 대대는 풍비박산했다. 악에 바친 병사들이 물불을 가리지 않고 몸을 일으켜 총을 쏘았고, 어김없이 '딱콩' 총이 머리를 관통했다. 병사들은 산비탈로 곤두박질치며 굴러 떨어졌다.

대대는 산 중복으로 물러섰다.

적은 산꼭대기에서 이 광경을 내려다보고 박수를 치며 깔깔거렸다.

항공기 오폭과 적 공격에 병력의 70%를 잃었다. 제1, 제3중대는 2~30명씩 밖에 남아있지 않았고 고참병은 10명 수준으로 줄었다.

연대에서 연대와 대대 본부요원 170여 명을 차출하여 각 대대에 보충하였고, 제1대대는 행정요원 80명과 신병 180여 명을 중대에 보충했다.

19일 새벽에 제1대대는 또다시 유학산을 공격하였다.

8시간 동안 사투를 벌이며 돌격에 돌격을 거듭했으나 계란으로 바위치기였다. 지형조건상 말이 대대공격이지 실제로는 3개 분대씩 투입했고, 일렬종대로 목표지점에 육박하다가 수류탄과 박격포로 형성한 탄막에 걸려 전멸하면 다음 분대를 투입하는 방법을 되풀이하여 나중에는 남은 병력이 3개 중대를 합해도 100명도 되지 않았다.

남은 장병들은 피투성이가 되어 있었다.

상급지휘관의 무리한 요구가 희생을 불렀고 결과는 실패로 끝났다.

제13연대를 돌파하려고 소대 단위로 파상공격을 감행하다가 전멸을 자초한 적 제3사단의 전술과 다를 게 없다고 했다. 다만 제12연대는 독전대가 없는 것이 다르고, 인명의 희생을 마다하지 않고 무모하게 돌격한 것은 같다고 했다.주)

국방부 「다부동 전투」 p181, 182

제1대대에 더 보충해 줄 병력이 없었다. 그래서 중화기중대(제4중대)에서 48명을 차출하여 3개 중대에 16명씩 보충했는데 때맞추어 사단에서 신병 450명을 보내주어서 중대당 150명씩 보충했다.

20일 06시 제1대대는 유학산을 공격했다. 837고지 8부 능선에서 포격지원을 받으며 전개한 3개 중대는 천천히 암석지대를 누비며 목표를 향하여 육박해 갔다. 대대가 적진 앞 5~60m 지점에 이르면 적은 어김없이 수류탄 세례와 함께 치열한 사격을 퍼부었다.

제3중대가 선공에 나섰다. 접근로가 하나밖에 없어서 돌격지점에 이르러서는 1개 분대씩 종대로 돌격을 감행한다. 선두분대가 적의 수류탄 세례에 전멸하면 후속분대가 돌격한다. 그대로 결사대요, 육탄공격이다. 죽음의 행진이라고 했다. 이러한 방법의 돌격이 10여 차례 반복되는 동안 접근로에는 시체가 쌓이고 골짜기에는 선혈이 흘러내렸다.

날씨는 섭씨 37도를 오르내리는 폭염이 내리쪼였고, 병사들이 의지하고 있는 암석은 용광로로 변했다. 지치고, 배고프고, 목마르고, 지옥이 바로 그곳이었다. 장병들 눈에는 앞을 가로막고 있는 절벽능선이 지옥의 관문으로 보였다.

정오가 되었는데도 상황은 조금도 호전될 기미가 보이지 않았고, 중대에 남은 병력은 화기소대 1개 분대와 본부요원 2~3명뿐이었다. 다음에는 제1중대가 뒤를 이어 같은 방법으로 죽음의 행진을 해야 한다.

악에 바친 제3중대장 김호정 대위는 연락병에게 물을 가져오게 하여 물을 마시려고 고개를 드는 순간 '딱콩' 소리와 함께 총탄이 그의 머리를 관통했다. 앞서 간 용사들을 지휘하기 위하여 그는 따라갔다.

제1중대장 이종철 중위의 눈에는 아무것도 보이는 것이 없었고, 아무런 감각도 느낄 수가 없었다. 제3중대장 김호정 대위의 유해를 끌어내고 목표를 공격했다. 결과는 제3중대의 전철을 그대로 되풀이했고, 남은 중대 병력은 2개 분대 규모로 줄어들었다.

"이제는 다 되었구나! 내가 죽을 차례가 왔다."

는 생각이 머리를 스치는 순간 나머지 병력을 이끌고 적진으로 돌진했다. 적 수류탄이 터져도 피할 생각을 하지 않고 앞으로만 돌진했다. 겁을 먹은 적병이 하나둘씩 진지를 이탈해 나갔다. 마침내 정상에 오른 중대장은 부하 10여 명과 함께 육박전을 벌이고 있던 중 수류탄 파편이 중대장 얼굴을 덮쳤고, 그는 뒤로 나자빠졌다.

물러났던 적은 아군 후속 병력이 없는 것을 안 듯 역습하여 중대는 물러날 수밖에 없었다. 연락병이 중대장을 끌어안고 산비탈로 굴렀고, 나머지 병력도 그 뒤를 따랐다.

제3중대장 김호정 대위와 제1중대장 이종철 중위는 어제

"이렇게 많은 부하를 죽이고 어떻게 살아남겠느냐? 내일 공격은 우리 2개 중대가 협동해서 목표를 탈취할 때까지 돌격을 반복하자. 꼭 정상에 올라가야 한다."

고 다짐하고 오늘 공격에 나섰다.

그때 두 사람은 이미 저승사자의 인도를 받고 있었던 것이다. 부하를 많이 희생시킨 책임감에서 죽음을 마다하지 않고 진두에서 중대를 지휘하다가 희생된 지휘관의 귀감이다.

무모한 공격은 참패로 끝났고, 공격에 가담한 3개 중대의 남은 병력은 80명 미만이었다. 부상한 제1중대장 이종철 중위는 후송되었고, 후임에 한동수(韓東洙) 중위가 임명되었다.

상상을 초월한 대대의 희생에도 불구하고 목표고지를 탈환하라는 사단의 독촉은 빗발치듯 계속되었다.

제1대대는 병력 50명이 보충되었다. 손실 병력에 비하면 새 발의 피다. 숲데미산의 제2대대가 전날 적의 기습공격을 받고 와해되었으므로 연대의 모든 가용병력이 제2대대를 보충하기 위하여 돌려졌기 때문이다.

제1대대장 한순화 소령은 대대의 전 병력을 긁어모아 3개 소총 중대의 건제를 유지한 채 결사대를 편성하였다. 병력은 모두 150명이었고, 이것이 대대가 가용할 수 있는 총 전투력이었다.

이날 밤에 연대 정면의 적 제15사단이 영천 방면으로 이동해 가고 적 제13사단이 진지를 교대하였으나 이러한 적의 동정을 모르고 있었다.

대대는 지금까지 남쪽 사면에서 정면 돌파를 시도하다가 실패한 경험을 살려 이를 피하고 동쪽 능선으로 우회하여 790고지(제3봉, 제2봉 동쪽 700m)를 탈취하고 837고지(제2봉), 그리고 그 서쪽 600m 지점에 있는 820고지(제1봉)선으로 이어지는 측면 공격을 시도하였다.주  국방부 「다부동 전투」 p186

21일 새벽 결사대는 대대장 한순화 소령으로부터 비장한 훈시를 듣고 제3봉을 향하여 출발하였고, 10시 30분 가벼운 적의 저항을 물리치고 제3봉을 탈취했다. 결사대는 여세를 몰아 제2봉을 탈환하였고, 11시 30분에는 제1봉을 탈환했다. 측방으로 우회 공격한 것이 적의 허를 찔러 성공을 거둔 것이다. 그러나 물러났던 적은 1시간 후에 치열한 공격 준비사격을 집중하면서 역습하여 결사대는 일단 제3봉으로 물러났다.

제3봉에서 하룻밤을 새운 결사대는 다음 날 제2봉 30m 전방까지 육박했다. 어제 적의 허를 찔러 우회 공격할 때와는 달리 적의 저항은 완강했다. 근접전을 펴다가 목표를 탈취하는 것이 어렵다고 판단되어 일제히 수류탄을 던져 적을 진내에 묶어놓고 제3봉으로 철수하였다. 그리고 긴급항공지원을 받아 적을 움직이지 못하게 견제하였다.

22일 제1대대는 23시에 야간 공격을 감행했다. 이즈음 야간 공격은 북한군 전유물이었다. 아군 병사들은 공중지원과 화력지원을 받을 수 없는 야간 공격을 꺼려했고, 상대적으로 북한군은 아군이 야간 공격을 하리라고는 상상조차 못하고 있었는 데다가 적도 여러 날에 걸친 전투에서 손실이 컸을 뿐만 아니라 지쳐 있었으므로 경계를 소홀히 하고 있었다.

제2중대 제1소대장 이준희(李俊熙) 소위는 다부동 인접 칠곡면 국우동(國優洞-지금의 대구광역시 북구) 출신이다. 그는

"내 고향은 내가 지킨다. 유학산은 내가 제일 먼저 점령하고야 말겠다."
고 다짐하고 선두에서 돌진했다.

불의의 야간 공격에 적은 당황했다. 격전을 벌인지 4시간, 자정을 넘기고 있었다. 안개가 자욱하게 끼기 시작할 무렵, 이준희 소위를 선두로 제1소대가 제2봉의 정상에 뛰어올라 적을 격멸했다.

1950년 8월 23일 02시, 제12연대 제1대대가 837고지를 목표로 공격을 시작한지 10일째, 9회에 걸친 백병전을 치른 뒤의 쾌거다. 그동안 1,000여 명의 귀한 호국 영령을 제물로 바친 대가로 얻어낸 승리다.

정상에 오른 장병은 100여 명이었다. 얼마 뒤에 해가 떠올랐다. 매일 떴다 지는 해지만 여느 날 보다 찬란하게 빛나는 햇살이었다. 병사들은 자연

발생적으로 옷깃을 여미고 애국가를 불렀다.<sup>주)</sup>   국방부 『다부동 전투』 p189

### 유학산 주봉 탈환전 - 제3대대

제12연대 제3대대는 예비대로 유학산 주봉 남쪽능선 끝자락 517고지를 목표로 진출하였으나 유학산을 점령한 적이 이미 이 고지까지 진출해 있었으므로 그 남쪽 도로 건너편 소학산을 점령하였다.

13일 유학산 주봉 839고지를 점령한 적은 제1대대가 동쪽 제2봉 837고지를 통하여 유학산을 공격하는 동안 그쪽에 정신이 쏠린 탓인지 남쪽으로는 아무런 징후가 나타나지 않았다.

17일 아침, 517고지를 점령한 적은 79번 도로(다부동~왜관)를 차단하여 제13연대와 제12연대 제2대대에 보급이 중단되었고, 사단 좌 일선 제13연대 지역이 위기에 몰렸다.

517고지는 유학산 남쪽 약 1km 지점에 있는 경사도가 가파른 고지로 학산동(鶴山洞)~팥재~배랑골(發陽谷-유학산 서쪽)~성곡동(城谷洞)~201고지 후사면으로 통하는 유학산과 숲데미산 중간을 가로지르는 계곡 접근로와 다부동~왜관 간 79번 도로를 제압할 수 있는 전술적 요충 고지다.

제3대대(박병수 소령-8월 19일 전사)는 어두워진 후에 땅재(79번 도로상-팥재 남쪽) 부근에 방어진지를 급편하고 517고지를 공격할 준비를 갖추었다.

18일 제9중대와 제10중대가 목표고지를 공격하여 18시경까지 격전을 치렀으나 경사가 45°나 되는 가파른 산비탈 위에서 수류탄 세례를 퍼붓는 적의 저항에 손실만 내고 철수해야 했다.

좌 일선 제9중대는 중대장 김병철 중위와 제1소대장 정원화(鄭元和) 중위, 제2소대장 박찬문 중위가 한꺼번에 전신에 파편상을 입고 대구 구호소로 후송되었는데 군의관이 응급치료를 하려고 저고리를 벗겼더니 전투복과 내의에 벌집처럼 파편 구멍이 나 있었다고 했다.

　예비 제11중대(강영걸 대위)가 투입되었다. 제11중대는 어둠이 깔릴 무렵에 기동하여 땅재로 은밀히 우회침투한 후 날이 어두워졌을 때 제2소대(方忠默 소위)가 적 후방 목표고지 우측을 급습했다. 적이 후방이 차단되어 당황하고 있을 때 제9, 제10중대가 정면을 공격하여 517고지를 탈환했고, 여세를 몰아 팥재(517고지 북쪽 유학산으로 가는 길목)까지 진출했다.

　19일 새벽, 동이 트자 항공기가 출격하여 유학산을 폭격했다. 제3대대는 이틈을 타서 3개 중대 병진대형으로 공격을 개시했다.

　유학산은 앞에서 본 바와 같이 해발 600m 지점에서 급경사로 변하고 9부 능선부터는 암반 절벽으로 이루어져 진격하기가 여간 어렵지 않다.

　아침에 대대장은 땅재에 있는 81mm박격포진지 부근에서 대대를 지휘하고 있었다. 공격준비사격을 시작한 지 10분쯤 지났을 때 부근 일대에 적 120mm박격포탄이 떨어지기 시작했고, 곧이어 5~6발이 박격포진지에 명중하여 대대장 박병수 소령이 전사하고 제12중대장(중화기 중대장) 최형록(崔亨錄) 대위가 전신에 파편상을 입고 쓰러졌다.

　박병수 소령은 강직하고 용감하여 빗발치는 총탄 속에서도 자세를 굽히지 않고 전투를 지휘하는 것으로 이름난 지휘관이었다. 애석한 일이다.

　졸지에 대대장을 잃은 대대는 잠시 동안 동요하는 기미를 보였으나 부대대장 류문호(柳文鎬) 대위가 대대를 지휘하고, 김병곤 중위가 중화기중대장으로 임명되어 지휘기능을 회복하였다.

　공격중대는 경사도가 변하는 지점에서 100m쯤 진출하였을 때 빗발치듯 떨어져서 폭발하는 수류탄 때문에 더 이상 진출하지 못하고 7부 능선으로 물러나 재충전을 했다.

　보급품을 운반하던 노무자의 피해도 적지 않았다.

20일, 제3대대장에 김기용(金基容) 소령이 부임했다.

제3대대는 어제에 이어 유학산 공격을 재개했다. 그러나 전날과 같이 손실만 늘어나고 별다른 진전은 보지 못했다.

항공정찰에 의하여 적 일부 부대가 547고지(유학산 서북쪽)로 우회하여 배랑골(계곡 접근로)로 진출하는 것이 관측되었는데 이를 517고지를 점령하기 위한 기도로 판단하고 전날 사단에 증원된 제10연대 제3대대(김순기 대위)를 517고지로 급진시켜 제3대대 후방의 위협을 제거했다.

21일, 제3대대는 제10연대 제3대대 엄호 아래 유학산을 공격했다.

제3대대는 이날 결판 낼 생각으로 과감하게 돌격을 감행했으나 지형조건상 제1대대가 837고지 남쪽 비탈에서 당한 것과 같은 현상이 이곳에서도 재현되어 약 300명의 인명 손실을 본 후에 공격을 중단했다.

22일, 연대는 연대특공대를 제3대대에 배속하는 한편 제10연대 제3대대를 배랑골에 투입하여 적을 견제하도록 하였는데 진격 중 팥재 부근에서 적 1개 중대 규모와 격돌하여 이를 섬멸했다.

23일, 제3대대는 주간 공격으로는 목표 탈환이 어렵다고 판단하여 야간 공격으로 전환했다. 03시에 행동을 개시한 대대는 은밀하게 목표지점으로 접근해 갔다. 천우신조하여 안개가 대대의 진격을 감싸주었다.

제9중대는 주봉 정남 암벽지대를 등반으로 진격했다. 중대장 김주명 중위(8월 18일 부임)는 지난 3일간의 상황을 분석한 결과 이 절벽에는 적의 경계가 허술하다는 것을 알아냈던 것이다.

3시간이 지난 06시경 아직도 안개가 자욱한 가운데 제9중대는 화기소대장 김경철(金慶哲) 중위를 선두로 유학산 주봉으로 뛰어들었다.

적은 해가 뜰 무렵에 각자의 개인호를 찾아가고 있었다. 이때 느닷없이 들이닥친 제9중대의 돌격병을 보고 넋 나간 사람처럼 한동안 멍하게 바라

보고 있었다. 진내에 수류탄이 터지고 총검이 휘둘러지자 그제야 뿔뿔이 흩어져서 도망치느라고 대혼란이 일어났다.

적 저항은 이외로 경미했다. 어젯밤에 제1대대의 837고지 공격에 대비하여 병력 일부를 전환했기 때문인 것으로 추측된다.주) 1

유학산 주봉과 남쪽 비탈에는 예비진지가 구축되어 있었고, 방망이 수류탄이 5~60발씩 쌓여 있었다.

고지를 점령한 제3대대 장병들은 837고지를 탈환한 제1대대 장병들이 애국가를 불렀던 것과는 달리 제20연대가를 목청껏 불렀다. 제3대대는 흡수된 제20연대 장병이 주류를 이루었기 때문이다.주) 2 1, 2. 국방부 「다부동 전투」 p197

제10연대 제3대대는 이날 오후에 547고지로 진출하여 유학산 일대에서 퇴각하는 적 패잔병을 소탕하고 제12연대 제3대대와 전선을 연결하여 주저항선을 회복했다.

### 시체로 덮힌 숲데미산 - 제2대대

8월 13일 숲데미산을 목표로 진출한 제2대대(조성래 소령)는 이미 적이 그 목표를 선점하고 있었으므로 그 서남쪽 매남동에 진지를 점령하고, 18시에 좌 인접 미 제1기병사단 포병 지원을 받아 제6, 제7중대가 숲데미산(수암산)을 공격하여 19시에 점령하였다.주)  국방부 「한국전쟁사」 제3권 p164

숲데미산에서 패퇴한 적은 그 남쪽 800m 지점에 있는 316고지를 점령하고 숲데미산 반격의 발판을 만들었다.

14일 05시 제2대대는 제5중대로 하여금 316고지(숲데미산 서남쪽)를 정면에서 공격하게 하고 주력은 숲데미산에 방어진지를 편성한 후 북에서 협공하여 20시에 316고지를 탈환했다.

이날 대대장 조성래 소령이 숲데미산에 OP를 설치한 후 숲데미산을 잘 지켜준 제6중대를 격려하다가 중대장의 상처를 보고 깜짝 놀랐다. 왼쪽 팔에서는 고름이 흐르고 오른쪽 팔에서는 출혈이 멎지 않고 있었다.

제6중대장 조기백 중위는 3일 전 왼팔에 상처를 입어 아물지 않았는데 전날 전투에서 또 오른팔에 파편상을 입었다. 그는 후송을 마다하고 진두지휘하는 투혼을 발휘하여 숲데미산을 탈환한 것이다.

대대장은 계속 중대를 지휘하겠다고 고집하는 조기백 중대장을 강제로 후송시키고 후임에 안봉희(安封熙) 중위를 임명했다.주) 국방부『다부동 전투』p199

숲데미산은 사단보급로(다부동-왜관 79번 도로)를 감제하고 369고지~소학산~동석동(東石洞)으로 이어지는 접근로를 제압할 수 있는 전술요지다.

제12연대는 방어지대 북쪽 성곡동 일대에 집결한 적 1개 연대 및 369고지에 거점을 구축하고 있는 증강된 적 1개 대대와 대치하고 있어 반월형으로 포위된 상태에 있었다.

제2대대장 조성래 소령은 이러한 적정을 감안하여 전투의 주도권을 장악하고자 369고지를 목표로 15일부터 매일 낮에는 공격하여 적진 코 밑까지 진출하고 밤에 적이 반격하면 되돌아 오는 작전을 되풀이하였다.

수암산에서 작전을 지휘하는 제12연대장 박기병 대령(오른쪽)과 제2대대장 조성래 소령

그 결과 시일이 지날수록 대대 전투력이 감소되어 갔고, 제때에 보급이 되지 않아 하루 한 끼 주먹밥으로 끼니를 때우기가 일수였는데 어떤 때는 몇 끼를 굶기도 하였다. 무엇보다도 매일 격전을 치러야 하는 장병들은 탄약이 제때 공급되지 않아 공격에 제약을 받았고, 369고지가 사단 포병의 사

정권 밖에 있어 화력지원을 받지 못하여 어려움이 더 컸다.

18일 오전 2개 중대를 동시에 투입하여 근접전을 폈으나 적의 완강한 저항에 막혀 실패했다. 주간에 치열한 전투로 탄약은 바닥 날 정도로 소모한 데다가 저녁에는 보급이 완전히 두절되었고, 지칠 대로 지친 장병들은 굶주림과 갈증이 겹쳐 산병호 속에서 축 늘어져 있었다.

밤에 지친 장병들이 깊은 잠에 빠져 있는 사이 적 약 2개 대대가 숲데미산 우측(동쪽)으로 우회하여 정상으로 은밀히 침투하였고, 조공부대는 남등이고개 부근에서 316고지로 접근하였다.

19일 03시 대대OP가 제일 먼저 기습을 받았다. 대대장 이하 지휘부 요원들이 깜박 잠든 사이 수류탄 5~6발이 주변에 떨어지면서 비명이 일어났고, 이어서 다발총 소리가 요란하게 울려 퍼지는가 싶었는데 이미 대대의 지휘기능은 마비되어 있었다.

제6중대는 배후에서 터지는 수류탄 폭음에 정신을 차리고 전투준비를 서두르는 동안 적은 이미 진중에 밀어닥쳐 백병전이 벌어졌다. 대세는 기울어졌고, 중대는 혼란에 빠졌다. 전투경험이 없는 신병들은 영문도 모른 채 무조건 남쪽으로 도망쳤다. 중대 인사계 이상배(李相培) 일등상사는 퇴로를 개척하다가 하복부에 관통상을 입고 겨우 살아났다.

제7중대는 인접 제6중대가 와해된 뒤 적과 접촉하면서 남쪽으로 철수했다. 실탄이 떨어져 소대단위로 분산되었고, 제2소대는 소대장 박규송 소위가 전신에 파편상을 입고 쓰러지면서 개인별로 흩어졌다.

이렇게 해서 수암산은 적의 수중에 들어갔다.

316고지에 있는 제5중대는 내외촌 방면에서 접근하는 적을 맞아 접전을 벌이면서 10시까지 진지를 고수하고 있었다. 이때 중대는 통신이 두절되었고, 적 일부가 측방으로 우회하여 퇴로를 차단하였다. 중대장 권보형(權保

衡) 대위는 중대 단독으로 진지를 고수할 수 없다고 판단하고 제2소대를 지휘하여 엄호하면서 중대를 철수했다.

중대장이 마지막으로 엄호 소대를 지휘하여 철수하던 중 소대장 이재수(李在守) 일등상사가 전사하고 중대장 자신도 저격병의 사격을 받아 하복부에 관통상을 입었다. 부상한 중대장은 연락병 김영택(金永擇) 하사가 죽음을 무릅쓰고 호송했고, 소대는 간신히 포위망을 탈출했다.

제2대대의 상황은 너무 비참했다. 79번 도로 남쪽 점촌(店村, 점터)~한골재 일대에서 수용한 병력은 70여 명에 불과했고, 대대장은 실종되었다.

연대는 헌병대와 수색대를 투입하여 망정~사동(寺洞, 절골) 일대에서 낙오병 수색작업을 벌였다. 골짜기마다 2~3명씩 깊은 잠에 빠져 있었다.

제2대대는 보급이 부진하여 먹지 못했고, 실탄이 부족하여 싸울 수 없었으며 무리한 공격을 반복하여 과로로 전투력을 발휘할 수가 없었다.

부대대장 박광윤(朴光允) 대위가 한골재(소학산 남쪽)에서 대대를 수습하고 연대 및 대대 본부요원 70여 명과 신병 300여 명을 보충하여 중대를 재편성했다.

좌 인접 제13연대는 328고지에서 물러났고, 우 인접 제3대대는 유학산 남봉 517고지에 진출한 적과 고전 중에 있었는데 대대장이 전사하여 대대가 혼란에 빠져 있었다. 만일 328고지를 점령한 적과 517고지에 진출한 적이 협공하여 사단주저항선을 돌파했다면 그 후방에 예비진지를 마련하지 못한 사단은 큰 타격을 입었을 것이다. 그러나 적도 그러한 여력을 갖지 못했는지 더 이상 진출하지 않았다.

한골재에서 부대를 정비하고 하룻밤을 보낸 제2대대는 8월 20일 아침 절골로 진출하여 전선을 정비하였다.

21일 행방을 알 수 없었던 대대장 조성래 소령이 복귀하여 대대를 지휘했다. 그는 패전의 책임을 통감하면서 설욕을 다짐했다.

22일 04시 제2대대는 3개 중대 병진대형으로 공격을 개시했다. 대대의 81mm박격포가 제7중대진지에 떨어져 제3소대원 7~8명이 희생되는 불상사가 일어났고, 중대는 공격기세가 한 풀 꺾이고 말았다.

05시경 제5중대는 목표 316고지를 탈취했으나 숲데미산 정상으로 진격하던 제6, 제7중대는 완강한 적의 저지에 밀려 실패했다. 얼마 후에는 제5중대마저 역습을 받고 중대장 김초동(金楚東) 대위가 전사하는 바람에 고지에서 철수했다.

23일 제2대대는 두 차례 공격을 반복했지만 전날과 같은 양상이 벌어져서 손실만 컸고 아무런 성과도 올리지 못했다.

대대장은 이날 제1대대와 제3대대가 유학산을 탈환했다는 보고를 받고 몹시 초조해 했다.

24일 제2대대는 가용전투력을 총 투입하여 공격을 감행했다. 대대는 지원화력이 미약했고, 병력은 절대 수가 모자라는데다가 그나마 80%가 전투경험이 전혀 없는 신병이어서 공격 수단이 없는데도 불구하고 이를 고려하지 않고 무리한 공격을 시도한 것이다.

9부 능선까지는 별 저항 없이 진출했다. 대대가 마지막 돌격선에 산개했을 때 적이 던진 수류탄이 쏟아져 내렸다. 유학산에서와 같은 양상이 벌어졌다. 대대는 공격이 정지되었다.

대대는 한 발짝도 물러서지 않고 정지된 지점에서 근접전을 펼치면서 돌격만을 거듭하는 무모한 공격을 감행하여 시체만 쌓여갔다.

장병들은 접근로에 쌓인 전우의 시체를 방패삼아 수류탄을 던졌고, 몇 발짝 육박하다가 그도 쓰러졌다. 그 뒤를 이어 다음 돌격대가 또 같은 방법을 되풀이했다. 유학산에서와 같은 죽음의 행진이 계속되었다.

소대 안에 남은 고참병은 3~4명이 고작이고 나머지는 수류탄을 처음 던져보는 신병이었다. 이들은 M1소총을 무턱대고 쏘아댔다. 그러다가 한 클립(8발)을 다 쏘고 난 뒤에 빈 클립이 '뎅그렁' 하고 튀어나가면 '분대장님! 총이 고장 났습니다.' 라고 소리치며 달려오기가 예사였다.

제6중대장 안봉희 중위가 전사하고, 제5중대장 대리 강주홍(姜周鴻) 소위, 제7중대장 한보석 중위, 제7중대 제3소대장 대리 전상동 일등상사가 부상하여 후송되었다.

중대에 장교라고는 제7중대 오태환(吳泰煥) 소위 한 사람밖에 남아있지 않았는데 얼마 후에는 그마저 오른 팔에 관통상을 입고 후송되었다. 이 마지막 장교의 후송에 병사들은 동요하기 시작했다. 주) 국방부 『다부동 전투』 p206, 207

연대창설 당시부터 근무했던 하사관들이 중대를 지휘하여 필사적으로 싸웠으나 병사들이 하나 둘 전선을 이탈하기 시작했고, 더 이상 어떻게 해 볼 도리가 없다고 생각될 때 적이 반격을 했다. 적은 대대 형편을 간파한 듯 기고만장하여 함성을 지르며 밀어닥쳤다. 대대는 대혼란이 일어났다. 병사들은 고삐 없는 망아지처럼 이리 뛰고 저리 뒹굴고 설치다 와르르 남쪽으로 치닫는 난장판을 벌였다.

대대장이 돌격선으로 뛰어나가 이탈자를 막으며 돌격하라고 소리쳤으나 판국을 돌이킬 수는 없었다. 다급해진 대대장은 망정동~도개동 간 도로에서 낙오자를 수용하고 있는 헌병에게 전선을 이탈한 병사들을 제지시켰으나 제정신이 아닌 병사들은 헌병의 제지를 따르지 않았다. 다급해진 헌병은 위협사격을 하였고, 이에 이탈병들이 대응사격을 하여 총격전이 벌어지는 사태가 벌어졌다.

연대는 긴급항공지원을 요청하여 정면의 적을 숲데미산 일대에 묶어놓은 다음 전투부대의 사기를 고려하여 헌병을 철수하고 대신 수색대로 하여금 낙오병을 수용하게 하여 사태를 수습했다.

이날 저녁에 파악한 제2대대의 참상은 말로 표현할 수가 없었다.

3개 소총 중대의 중대장과 소대장은 모두 전사하거나 부상으로 후송되었다. 제5중대의 경우 대대장이 상황을 확인하자 중대 교육계가

"저를 포함해서 현재원 15명입니다." 주) 1

라고 하면서 울먹였다.

중화기 중대를 합한 대대의 병력은 고작 70명 내외에 불과했다.

연대 전투상보에 대대 총 손실 349명 중 295명이 실종으로 기록되었다. 목표와 공격개시선과의 거리가 1km 안팎인 전투에서 실종이 총 손실의 84%인 것을 감안하면 혼란의 정도를 짐작할 수 있다.주) 2

1, 2. 국방부 『다부동 전투』 p208

제2대대가 참패하자 사단에서는 야단이 났다. 이 무렵 사단 방어선 전 지역에서 주저항선을 회복하여 전과를 확대하고 있는 판국에 오직 숲데미산에서만 무너졌기 때문이다.

연대에서는 신병 50명을 제2대대에 보충하고 연대 특공대를 배속하여 숲데미산을 다시 공격하게 하였다.

제2대대는 한 사람 남은 장교인 제8중대장에게 목표고지 탈환 임무를 부여하고 신병 50명과 대대 탄약소대 병력을 제8중대에 배속하였다.

제8중대장 정원혁(鄭元赫) 중위는 박격포소대 탄약수 일부 및 기관총소대 생존자와 신병 등 80명으로 3개 소대를 편성하여 야간 공격을 감행하기로 하고 '외나무솔 고지'*에서 야간 전투훈련을 실시했다.주)

국방부 『다부동 전투』 p209

＊ 국방부 『다부동 전투』(p209, 210)는 이렇게 기술했다.
"도개동에서 절골(寺洞)로 넘어가는 고갯길 남쪽 동산에 노송 한 그루가 우뚝 서

있고, 그 밑에 대대 취사장과 보급소 및 구호소가 있어 장병들과 노무자들이 이 소나무를 이정표로 삼고 있었는데 어느새 '외나무솔 고지'라는 이름이 붙여졌다."

130명으로 편성된 연대 특공대는 25일 15시경에 숲데미산으로 접근하다가 아군 야포의 오격을 받아 거의 사상하여 다음 날 연대로 복귀했다.

25일 밤 제8중대는 단독으로 공격을 개시하였다. 가듬이재(숲데미산 동쪽, 절골에서 성곡동으로 넘어가는 고개)로 진출하여 목표지점 능선 동사면을 타고 진출했다. 중대는 목표지점 가까이 접근하여 돌격대형으로 산개한 후 중대장이 진두에 서서 함성을 지르며 적진에 뛰어들어 백병전을 벌인 끝에 정상을 탈환했다. 중대장은 감개무량했다.

"드디어 내 손으로 숲데미산을 탈환했구나!"

중대장은 병력을 배치한 후 대대에 상황을 보고했고, 이어서 연대-사단으로 보고되었다. 대대OP에서는 만세를 불렀다.

그로부터 2시간 후 동이 트기 시작하고 어둠의 장막이 걷히어 갔다.

이게 웬일인가? 의당 눈 아래 굽이치는 낙동강이 보여야 할 텐데 또 하나의 산봉우리가 가로 막고 있었다. 어느 쪽에도 낙동강은 없었다.

제2대대가 점령한 고지는 숲데미산 정상(518.7m)에서 약 40m 동쪽에 있는 513m의 제2봉이었다. 이렇게 허탈할 수가 없었다. 이날 제3대대는 유학산 서쪽 1km, 제1대대는 837고지에서 1km를 각각 전진한 지점에 진지를 구축하여 당초 계획한 주저항선(Y선)을 완전히 확보한 터였다.

제2대대는 26일과 27일 숲데미산을 공격했으나 실패하였고, 28일 3일째 연이은 공격에서 마침내 숲데미산을 점령했다.*주) 국방부 「한국전쟁사」 제3권 p167

제2대대는 19일 새벽에 숲데미산에서 물러난 후 22일 반격을 개시하여 7일 동안 8회의 공격 끝에 마침내 탈환했다.

이로써 제12연대의 수암산, 유학산 지구의 싸움은 일단 끝을 맺었다.

* 국방부 『다부동 전투』(p213)는 "제2대대의 원한 맺힌 숲데미산은 끝내 탈취하지 못한 채 29일 미 제7기병연대에 인계되었다."라고 기술하였고,
  백선엽 『군과 나』(p71)는 "당초 최후의 저지선으로 잡았던 Y선을 완전히 회복하게 됐다."고 하였다.

### 적 사단사령부 습격 – 연대 수색대

8월 24일 전투가 소강상태에 이르자 연대장 박기병 대령은 적의 기도를 파악하고자 연대수색대 제1소대장 대리 배성섭(裵聖攝) 특무상사에게 적진에 침투하여 포로를 잡아오도록 지시하였다.

배성섭 상사는 대원 11명을 엄선해 전투정찰대를 편성하고 적 사단사령부가 있는 상림동 지리를 잘 아는 민간인의 안내를 받기 위해 대구 근교 피난민 수용소에서 상림동 지역에 거주하는 건장한 청년 2명을 선발하여 합류시켰다.

25일 유학산 주봉에서 예행연습을 실시한 다음 26일 해가 질 무렵에 행동을 개시했다. 2시간 후 소복동 어귀 25번 국도상에서 적병 1명을 생포하여 그날의 암호가 '소나무', '가지'라는 것을 알았고, 북쪽 1.2km 지점 도로 양편에 중기관총 진지가 구축되어 있으며, 상림동에 적 제13사단사령부가 있다는 것을 알아냈다.주)

국방부 『다부동 전투』 p215

기관총진지를 우회하여야 하지만 그럴 시간 여유가 없어서 도로를 정면 돌파하기로 하고 2개조로 나누어서 선두조가 포복으로 돌파하는 동안 후속조가 엄호하고 다시 선두조가 통과하여 엄호 태세를 갖추었을 때 후속조가 포복으로 돌파하기로 하였다. 달밤인데 마침 달이 구름 속에 들어가는 틈을 타서 돌파를 강행하여 기관총진지를 무사히 통과했다.

시간이 많이 지체되어 2시간이 지난 때 도보로 도로를 따라가던 중 신기동(新基洞)에서 농부 2명을 만났다. 상장동(上場洞-장천면사무소 소재지)에 적 1개 대대가 들어와서 밥을 지어달라고 하여 감자를 캔다고 했다.

정찰대는 그 마을을 우회하여 상림동 교차로(25번국도와 923번지방도 분기점)로 진출하여 습격조와 엄호조로 나누었다.

습격조가 사단사령부 입구 산기슭에 구축된 산병호에 산개하고, 엄호조가 북쪽 제방에 배치되었을 때 병력을 가득 실은 트럭 2대가 습격조 앞에 정차했다. 찰나(刹那)의 여유도 주지 않고 습격조가 총류탄을 발사하여 선두차를 파괴하고, 가차 없이 수류탄을 던졌다. 엄호조가 가세하여 종횡무진으로 사격을 퍼부어 적이 대항할 틈을 주지 않았다. 완벽한 기습이고 일방적인 승리였다. 적은 당황하여 도망치기에 바빴다. 이 틈에 윤백호 이등중사가 야적한 보급품에 불을 질렀다. 대장은 철수 신호탄을 발사하여 현장을 빠져 나왔다. 때는 27일 02시. 교전 5분 만이었다.

정찰대는 곧장 독립가옥으로 달려가서 총을 들고 나오는 1명을 대검으로 사살하고 잠에서 막 깨어난 듯 어물거리고 있는 4~5명을 사살하였으며 뒷문으로 도망치는 군관 2명을 붙잡았다.주) <sub>국방부 「다부동 전투」 p217</sub>

뒤에 포로의 진술에 따르면 이때 적은 밤새도록 저들끼리 사격을 하면서 싸웠다고 했고, 김점곤 중령은 연대OP에서도 치솟는 불빛을 관측할 수가 있었다고 했다.주 <sub>국방부 「한국전쟁사」 제3권 p172, 173 「김점곤 중령 증언」</sub>

약 1시간 30분이 지난 때, 정찰대는 적 기관총진지에 이르렀다. 비로소 북쪽에서 총소리가 요란하게 들려왔다. 정찰대는 한 개조가 한 개의 기관총진지를 맡아 기습하여 2개 분대병력을 전멸시켰다.

아침 해가 떠오를 무렵 정찰대는 학하동(鶴下洞-칠곡군 가산면) 소로를 따라 유학산으로 올라가다가 적 정찰대를 만났다. 접촉을 피하고 547고지를 거쳐 정상 제11중대진지에 도착했다. 대원 1명이 가벼운 상처를 입었다. 뜻밖에도 적병 1명이 대열에 끼어 있었다. 그는 조금 전에 조우한 적 정찰대원인데 자기 부대인줄 알고 따라온 것이다.주) <sub>안용현 『한국전쟁비사』 2 p153</sub>

적진에서 잡은 군관 2명 중 1명은 적 제13사단 정치부 중좌였다. 그로부터 적 제15사단이 20일 밤에 영천 방면으로 이동해 가고 적 제13사단이 그 진지를 인수했다는 진술을 들었다.주) <sub>국방부 『다부동 전투』 p218</sub>

배성섭 상사는 8월 27일 소위로 임관했고, 정찰대원들은 모두 2계급 특진했고, 포상금 10만 원씩 받았다. 배 상사는 이와 함께 미국 은성무공훈장을 신청했는데 무슨 이유에서인지 받지 못했다고 한다.

### ▌연대수색대가 습격한 것은 사단사령부인가?

국방부『한국전쟁사』제3권(p171)은 제12연대 부연대장 김점곤 중령의 증언을 인용하여 다음과 같이 기술하였다.

"배성섭 상사가 지휘하는 분대 병력(9명)이 적진 6km나 야간에 침투하여 적의 지휘소(연대급)를 기습······." 이라고 하였고, 또 "유엔군 전사 제1집(생략)에 의하면 적 제13사단사령부를 기습하였다고 되어 있으나 제12연대 부연대장 김점곤 중령의 증언에 의하면 적의 연대전방지휘소로 판단한다고 하였다. 그 이유로서는 제13사단지휘소는 상림동(접촉선에서 10km 후방)에 위치한 것으로 알고 있었기 때문에 6km 지점은 적의 연대지휘소의 전방지휘소일 것이라고 당시의 기억을 되살려 증언하였다."

안용현『한국전쟁비사』2(p153)는 다음과 같이 기술하였다.

"연대수색대 배성섭 상사 외 11명으로 침투조를 편성, 상림동(유학산 북쪽 6킬로)에 위치한 적 제13사단사령부를 습격하여 포로를 획득하도록 명령"

"적 사령부(김점곤 부연대장은 연대전방지휘소일 것이라고 증언)를 기습"

본문에 인용한 국방부『다부동 전투』는 포로로부터 "상림동에는 북괴군 제13사단사령부가 있다."는 정보를 들었고, 사단사령부 위치를 김점곤 중령이 증언한 상림동으로 기술하여 적 사단사령부로 단정하였으나 사단사령부 입구 산기슭에 매복하여 차량 2대에 가득 탄 병력을 섬멸한 것과 독립가옥에서 5~6명을 사살하고, 군관 2명을 포로로 잡은 것을 가지고 사단사령부를 습격한 것으로 보기는 어렵다.

**무모한 작전명령의 대가**

제12연대의 유학산과 수암산 전투에서도 제13연대의 328고지 전투에서와 마찬가지로 연대의 전과와 피해는 기록이 없다.

제12연대의 병력 손실도 많았다. 특히 지휘관의 손실이 많아서 소위가 중대장을, 상사가 소대장을, 일등병이 분대장을 맡았다.

제3대대는 병력 손실이 많아서 대대를 1개 중대로 재편성하였다.

국방부『한국전쟁사』제3권은 「교훈」(p169)에서 이렇게 지적했다.

"제12연대가 Y선을 점령하고자 8월 12일 22시에 상림동을 거쳐 다부동에 13일 미명 집결하였다. 이곳에서 다시 행동을 시작하여 Y선상의 목표를 점령하려고 진출하니 이미 적이 먼저 수암산과 유학산을 점령하고 있었던 것이다. 이와 같은 현상은 사단에서 수립한 작전 계획의 모순에서 온 것이다. 그 까닭은 적은 인동에서 곧바로 전진하였는데 아군은 상림동, 다부동으로 우회 남하하였다가 다시 북상한 탓으로 적에게 이미 뒤지고 말았기 때문이다. 다부동으로 돌지 않고 즉시 동진하여 유학산(제1, 제3대대)을 점령하였더라면 아군이 선제하였을 것은 뻔한 사실이다. 따라서 부대 철수 계획은 단거리 접근로를 택함으로써 시간을 낭비하지 않도록 하여야 되겠다.

결국 지휘관의 상황 판단의 잘못으로 수암산과 유학산을 탈취하는데 얼마만 한 아군의 손실을 초래하였던가를 알아야 하겠다."

북한군 희생자는 대부분 남한에서 강제로 동원한 의용군이었다.

22일 귀순한 적 제13사단 포병연대장 정봉욱(鄭鳳旭) 중좌는 유학산 전투에서 적 제13사단 병력 손실을 1,500명 정도[주]라고 했다. 이로 미루어 28일 수함산전투에서는 더 많은 손실이 있었을 것으로 짐작된다.

국방부 『한국전쟁사』 제3권 p169

호 속에서 사살된 적은 대부분 남한에서 동원한 의용군이었다. 귀순자와 포로 중에도 의용군이 많았는데 그들은 의도적으로 포로가 되었다. 북한군이 점령지에서 얼마나 많은 의용군을 동원했는가를 대변해 준다.

유학산을 점령했을 때 정상에는 우리가 그동안 흔히 보아왔던 것처럼 나무에 쇠사슬로 발이 묶인 채 죽은 기관총사수의 시체가 발견되어 저들의 잔인성을 또 한 번 실감하고 치를 떨었고, 포로나 시체에서 술 냄새가 많이 났는데 이는 공격 병력에게 술을 먹여 돌격을 시켰고, 술에 취한 적병들은 앞만 보고 사지로 뛰어들었다.

"옆에서 죽어도, 시체가 쌓여도 달려왔다."

고 우리 병사들은 몸서리를 쳤다.

## 4. 주전장 다부동 – 제11연대

### 피아 전력

아군 병력은 제11연대 약 2,300명과 제13연대 제2대대 약 600명이 배속되어 약 2,900명이었다. 전투가 피크에 이른 18일 미 제27연대(병력 약 2,300명)가 증원되었고, 19일 제10연대(약 1,500명)가 증원되어 총 전력은 3개 연대 규모로 늘어났다.

적은 제13사단 약 13,000명에 제105기갑사단 주력이 합세했다. 제105기갑사단은 제1사단 정면에 60대 이하의 전차와 4,000명의 병력이 진출한 것으로 파악되었고, 이곳과 석적 방면으로 분진했으므로 그 중 반 정도가 이곳으로 진출한 것으로 보면 전차 30대 이하에 병력은 약 2,000명이다.

이곳으로 진출한 총 병력은 15,000명 규모가 된다.

▶ 제8권 「낙동강 방어선에 전개된 피아 전력」 참조

국방부 『한국전쟁사』 제3권은 적 제1사단 5,000명(3개 보병연대와 포병연대)이 다부동에 진출한 것으로 표시(p175)하였으나 전투경과에서는 전연 기술된 바가 없고, 반면에 군위·의흥 부근 전투(p107)에 진출하여 제6사단과 작전을 편 것으로 기술하였다. 곧 이곳으로는 오지 않았다.

국방부 『다부동 전투』는 8월 16일 이후 적 제1사단 제1연대(약 1,500명)가 증원되어 17일 가산을 점령하였다고 기술하였다.주) 국방부 『다부동 전투』 p36, 121

이로 미루어 적 제1사단 제1연대의 일부 병력이 다부동 방면으로 진출하였음을 알 수가 있다. 병력 규모는 1,500명 이하로 봐야 한다. *

---

* 국방부 『한국전쟁사』 제3권은 "16일 14시경에 741고지로 침투한 적이 가산바위로 집결 중에 있었는데 그 병력은 1개 연대로 추산되었다."(p178)라고 기술. 이 적이 제1사단 제1연대로 추정된다. 그러나 가산바위로 진출할 1개 연대 병력이 있을 수 없다.
「군위·의흥 부근 전투」 "적 제사단의 제14연대(본문 제1연대) 소속인 2개 대대는…… 제17연대의 주진지를 돌파하고 365고지를 확보"(8월 20일) "제14연대의 1개 대대는 아군 제19연대 제2대대가 지키고 있던 492고지와 217고지의 중간으로 침투하여"(p112)라고 기술. 3개 대대가 제6사단 정면에 있었다.

### 다부원(多富院)

신주막은 안동에서 대구에 이르는 5번 국도와 상주에서 대구에 이르는 25번 국도가 만나는 삼거리로, 산간오지면서 교통의 요충지이다. 신주막에서 합쳐진 도로는 다부동을 거쳐 대구에 이르는데, 이 구간은 협곡을 이루어 계곡이 도로와 나란히 흐르고, 양쪽은 험준한 산맥으로 이어졌으며, 신주막에서 진목정(眞木亭)까지 약 4km 구간은 협곡길 치고는 드물게 거의 직선을 이루고 있어 도로 모양이 Y자형을 이루고 있다. 이곳 지리를 잘 아는 나는 Y선을 이 도로의 모양을 따서 붙인 이름으로 착각했었다.

대구를 향하여 신주막에서부터 약간 오르막 경사를 이루고 서서히 진행하던 길은 진목정에 이르러 경사가 가파라지면서 막바지에 다부동이 있고, 다부동에서 길은 왼쪽으로 구부러지면서 큰 반원을 그리며 오던 길로 되돌아가는 것 같은 착각을 할 만큼 반대로 가다가 숨이 턱에 차서 한숨 고르겠다고 멈춰서서 고개를 들면 지나온 진목정 길이 저만큼 발밑에 보이는데 내가 온 길인가 싶을 정도로 아득하게 느껴진다. 길은 오른쪽으로 꺾이면서 마루턱에 이르고 양쪽에 깎아지른 듯한 절벽이 솟아 하늘만 빠끔히 내다보인다. 이 마루턱이 다부원고개(쇄고개)다. 고개를 넘으면 포장도로가 나오고, 대구까지는 거의 내리막길이다.

일제시대 때 포장된 도로다. 그때 이곳 사람들은

"다부원 고개에서 대구까지 자전거를 탈래? 경상북도 지사를 할래?"

하고 물으면

"자전거를 타겠다."고 했다는 농담이 전해 오는 곳이다.

자전거에 앉아 핸들만 잡고 있으면 저절로 굴러서 대구에 이른다. 그 호사스러움이 일제시대 도지사 자리보다 좋았다고 했다.

다부동은 법정동명이고 지명은 다부원(多富院)이다. 고개 이름도 다부

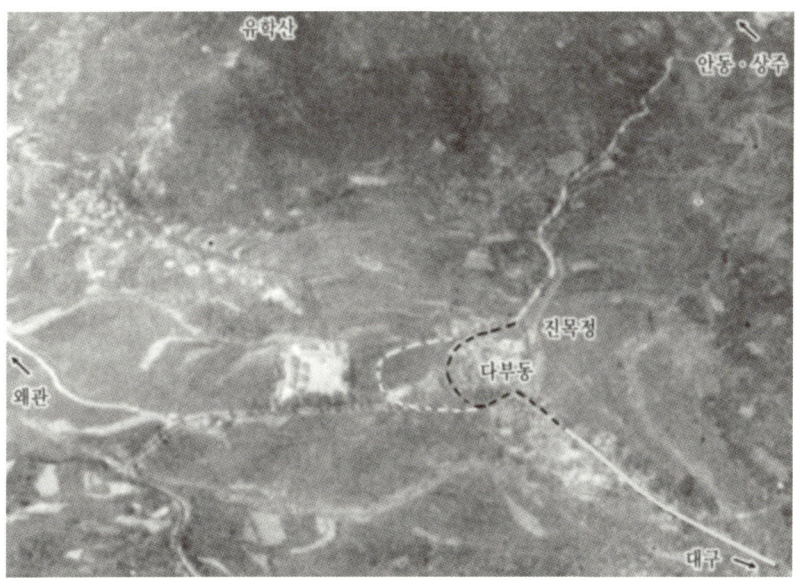

공중에서 본 다부동. 흰 점선은 다부원고개를 넘어가는 5번국도. 꽤 개발이 된 뒤의 사진으로 보인다. 1963년 국립건설연구원이 제작한 지도에 따라 당시 도로를 검은 점선으로 표시했다.

'원재'다. 전음(轉音)해서 '따반재'라고도 하고, 전의(轉意)해서 '따뱅이재'라고도 했다. '따뱅이'는 똬리의 경상도 사투리인데 고개가 똬리처럼 둥글게 생겼다고 해서 무지한 촌사람들이 그렇게 불렀다.

다부동에서 오른쪽으로 유학산 남쪽 계곡을 따라 도개동과 망정동을 거쳐 왜관에 이르는 도로가 있다. 당시 주민들은 자동차가 안 다니는 신작로라고 했다. 길 주변은 오지 중의 오지이고 산골 중에 산골이다. 지금도 큰 변화가 없어 가보면 실감을 한다.

다부동은 칠곡군에서는 가장 높은 위치에 있는 마을이다. 다부원에서 오른쪽으로는 가산과 팔공산으로 이어지고, 왼쪽으로는 유학산과 수암산으로 이어져 마치 북쪽으로 날아가는 독수리의 형상이다.

백선엽 장군은 이곳을 부채살 모양을 하고 있다고 했다.

### 신주막 공방전 – 다부동 전투

신주막~진목정 간 약 4km구간 국도와 계곡을 중심으로 벌어진 전투를 신주막 공방전으로 이름을 붙였다. 좁은 의미의 다부동 전투다. 이 정면을 제11연대가 맡았다.

대구로 통하는 적의 주공격로인 데다가 전차를 동원한 가장 많은 병력이 투입되어 주전장이라는 부제(副題)를 달았다.

국방부 『한국전쟁사』는 「다부동 부근 전투」(p175)라고 했고, 같은 『다부동 전투』는 「복곡(卜谷) 방어전」(p220)이라고 하여 지형을 이렇게 설명했다.

"복곡은 원래 소이리(所以里-속칭 수청거리)와 진동(陣洞-속칭 진번덕) 간 골짜기 이름이지만 여기서는 진목정~신주막(속칭 새술막)의 3.4km간을 가리켜 복곡이라고 한다. 이 복곡은 좌우측 양편에 경사도가 가파른 표고 300~800m의 능선이 연결되어 신주막에서 'Y'자형으로 합쳐진 5번 및 25번 양도로가 이 골짜기를 통하는 다부동~대구 축선상의 애로(隘路)이며, 적 기갑부대의 유일한 접근로이므로 전술적으로 중요하다."

제1사단 제11연대는 8월 12일 20시에 해평에서 신주막(新酒幕-칠곡군 가산면 下板洞)으로 철수하여 13일 새벽 신주막 북쪽에 방어진지를 점령했다. 제13연대 제2대대(안광영 소령)가 배속되었다.

좌측으로부터

제1대대를 25번 국도 서쪽 208고지~윗너실(上板-하판동) 일대에,

제3대대를 266고지(지금의 중앙고속도로 가산터널 서쪽)에,

제13연대 제2대대를 266고지 북동쪽 무명고지에 배치하고

제2대대는 5번 국도 우측 297고지~석우동(石隅洞)에 배치했다.

제11연대 정면의 적은 해평 전투에서 대적해 온 적 제13사단이 25번 국

신주막에서 다부동에 이르는 국도. 험준한 유학산 자락을 타고 국도와 계곡이 나란히 지나간다.

도를 따라 계속 따라 왔다.

적 제13사단은 남침을 앞두고 6월 5일 신의주에 있는 민청제1훈련소가 사단으로 승격한 사상무장이 가장 잘 된 사단이다. 이즈음 북한군 대부분이 대세가 기울어졌다고 판단하고 전의를 잃고 있었는데 반하여 사상적인 무장으로 전의를 불태우고 있는 북한군 유일의 사단이었다.

만약에 제11연대가 맡고 있는 Y선이 무너지면 적은 김일성의 의도대로 8월 15일까지 대구점령의 염원을 이루게 된다.

## 제1대대

8월 14일[*1] 새벽 적 첨병이 제3대대가 점령한 266고지 서단까지 진출하였고, 전차를 앞세운 적 일단이 208고지에 급편방어진지를 점령한 제1중대(손병준 중위)를 공격하여 교전이 벌어졌다. 제1중대는 적의 압력을 견디지 못하고 대대OP가 있는 도로 서쪽 356고지(A)[*2]로 철수했다.

---

[*] 1 국방부 『한국전쟁사』 제3권(p177)에 따라 13일 진지 점령, 14일 적이 침공한 것으로 정리했다. 국방부 『다부동 전투』는 13일 새벽에 진지 점령, 13일 새벽에 적이 공격한 것으로 기술했다. 제1대대(p222), 제3대대(p228), 제2대대(p232).

13일 05시경 "전차를 앞세운 적 주력부대가 …… 하판동 부근 개울가에 설치된 (제3)대대본부를 휩쓸고 신주막으로 진출 …… (제3대대)퇴로가 차단 ……."(같은 p228)

제11연대가 하판동 일대에 진지를 점령한 시간이 13일 새벽이다.

제12연대 제1대대는 해평에서 철수하여 이날 이른 아침에 하장동(25번 국도상)을 통과하고 있었다. 그리고 다부동을 경유 12시에 사단사령부에 도착했다.(p169)

하장동은 하판동북쪽 약 10km 지점이다. 적이 10km나 남쪽으로 진출해 있는 상황에서 대대 병력이 국도를 따라 이동하였고 퇴로가 차단된 도로를 통하여 다부동으로 진출했다고 했다. 앞뒤가 안 맞는 기술이다.

철수부대와 추적하는 적이 같은 시간대에 진출했다는 것도 사리에 어긋난다.

* 2 356고지 A : 5번 국도 서쪽(674고지 전방)에 있고, 제1대대OP가 있던 곳.
356고지 B : 국도 동쪽, A의 동남쪽 도상거리 3km 지점에 있다. 제2대대를 구출하기 위하여 제13연대 제2대대가 공격한 고지다.

208고지를 점령한 적은 제3대대(266고지)는 거들떠보지도 않고 곧장 신주막으로 진출하여 연대임시보급소를 유린한 후 복곡으로 진입했다.

제1대대는 356고지(A)를 중심으로 방어진지를 급편하고 우측 제2대대와 협조하여 전차를 후속하는 보병을 격퇴했다. 그러나 전차 2대는 계속 남진하다가 미군 항공기가 출격하자 도로가 민가에 숨었다.

837고지를 점령한 적이 제1대대의 배후를 위협했고, 신주막에서 국도로 진출한 적이 356고지(A)로 육박했다. 진퇴유곡에 빠진 대대장 김재명 소령은 연대에 상황을 보고하려고 했으나 통신이 두절되어 어디로 철수할 것인가를 고민하다가 대대의 주임무가 도로 접근로의 방어임을 고려하여 다부동으로 철수하기로 결심하였다.

민가에 숨었던 전차 2대는 항공기가 돌아간 후 다시 진출했고, 뒤에는 중대 병력이 따라오고 있었다.

천평(泉坪-가산면사무소 소재지. 신주막 남쪽-사실상 신주막과 같은 위치) 부근 도로가에 배치된 제4중대(黃聖秀 대위) 제2소대장 이덕빈 중위가 대대로부터 철수 명령을 받았을 때 도로에 적이 접근하고 있었다. 그는 사격을 통제하고 전차를 통과시켰다. 그리고 후속하는 적 보병이 진전 50m 지점에 다다랐을 때 기관총 4정을 최대 발사속도로 가격했다.

전차가 무사히 통과했다는 안도감에서 아무런 경계심도 없이 진입하던 적은 불의의 기습사격에 추풍낙엽처럼 쓰러졌다.

교전이 끝난 후 포로 2명을 잡았다. 17~8세의 소년으로 저들은 나남(羅南)교도소에서 훈련받고 선산에서 낙동강을 도하했다고 했다.

기관총 소대는 적을 격퇴한 후 356고지(A)를 거쳐 대대에 합류했다.

적 전차 2대는 보병의 엄호 없이 진목정까지 진출했으나 사단 공병이 진목교를 폭파하였으므로 그 지점에서 고립되고 말았다.

해평에서 철수하여 사단사령부에 집결한 제12연대 제1대대가 다부동 북쪽 516고지에 진출하였다. 이로써 제1대대의 위급은 한고비를 넘겼다.

11시경 제1대대는 다부동으로 철수하여 부대를 정비하고 점심을 먹고 있었다. 사단장 백선엽 준장이 328고지 제13연대 방어진지를 시찰하고 사단사령부로 돌아가다가 제1대대를 발견하고 깜짝 놀랐다. 분명히 신주막 일대를 고수하고 있어야 할 대대가 다부동에 있었기 때문이다.

사단장은 중대장 이상 지휘관을 모아놓고 674고지를 탈환하고 진목정 접근로를 방어하라고 엄명을 내렸다. 이때 674고지에서 발사한 14.5mm대전차총탄 2~3발이 부근에 떨어져 흙먼지를 튀겼고, 1발이 사단장 지프를 명중했다. 순간 제1중대장 손병준 중위가 중대를 이끌고 674고지로 질주했고, 다른 중대도 뒤따라 674고지 하단에 달라붙었다.

그런데 837~674고지의 적이 다부동으로 밀고 내려올 기미를 보이지 않았다. 첨병인 저들은 주력이 합류하지 않은데다가 도로로 진출한 적이 제4중대 기관총소대에 걸려 격퇴됨으로써 공격기회를 갖지 못한 것이다.

저들이 다부동으로 밀고 왔으면 사단은 뚫렸다.

기관총소대장 이덕빈 중위의 역할이 얼마나 중요했는가를 새삼 돌이키게 한다. 그는 그때 대대로부터 철수 명령을 받고 있었다. 그러나 그는 적이 진출해 오는 것을 보고 공격하여 격퇴함으로써 사단을 구했다.

제1대대는 제1중대가 674고지 8부 능선을 점령하여 고지정상의 적을 견제하고, 제2중대(김백영 대위)와 제3중대(이재인 대위)가 3~4부 능선에 진출하여 국도를 제압할 수 있는 방어선을 형성하였다.

전날 다부동 516고지를 점령한 12연대 제1대대가 674고지를 공격하였다. 이 사이 제1대대는 진목정으로 철수하여 병력을 보충하고 재정비한 후 진목정~소이리 사이 서쪽 능선에 방어진지를 구축했다.

대대장 김재명 소령이 유탄에 다리 관통상을 입고 후송되었다.* 후임에 부대대장 김소 대위가 임명되었다.주)

국방부 『다부동 전투』 p226

* 국방부 『한국전쟁사』 제3권은 18일 대대장이 부상한 것으로 기술(p180)

15일 이른 새벽 진목정 북쪽 4km 지점에 있는 청룡교(靑龍橋) 부근에 민간인 3명의 안내를 받은 적 정찰대가 나타나서 교량 위치를 확인하고 있었다. 부근 산기슭에 있던 제3중대(이재인 대위)가 저들이 청룡교에 접근하기를 기다렸다가 기습공격을 하여 섬멸했다.

약 3시간이 흐른 07시경 증강된 적 1개 대대 규모가 전차 6대와 장갑차 7대의 엄호를 받으며 5번 국도를 따라 진출했다.*주)

국방부 『다부동 전투』 p233

* 국방부 『한국전쟁사』 제3권은 "전차 7대와 장갑차 5대가 신주막을 거쳐 수정(水亭)까지 진출하였는데"라고 기술(p178)하였다.
인용문헌은 장갑차(Su-76) 7대라고 기술, Su-76은 76mm자주포다.

대대장 김소 대위는 긴급항공지원과 포병지원을 요청하는 한편 청룡교~소이리 간에 살상 지대를 설정하여 탄막을 형성하고, 도로 양쪽에는 중화기중대의 박격포와 기관총 화망을 구성하여 대대 화력을 총 집중하는 한편 전차의 무한궤도에 수류탄을 던졌다. 전차는 끄떡도 안 했다.

제4중대장 황성수 대위는 대전차 특공대를 편성하여 투입했다. 특공대는 수류탄을 들고 전차에 뛰어올라 굳게 닫힌 포탑 뚜껑을 열려고 안간힘을 쓰다가 후속전차의 기관총을 맞고 곤두박질치면서 죽어갔다.

살상지대에 화망을 집중하자 보병은 도로 동쪽 356고지(B)로 달아났고, 전차만 전진을 계속하다가 청룡교 앞에서 멈췄다. 교량 양쪽에 배치된 3.5인치 로켓포 2문이 가격하여 1번 전차와 2번 전차가 화염에 싸였고, 나머지 4대의 전차는 방향을 돌리려다가 전폭기가 나타나자 산기슭 아카시아 숲 속으로 달아났다.

다부동을 돌파하여 대구로 진격하고자 맹렬한 기세로 돌진해 온 적의 기도는 이렇게 제1대대에 의하여 저지되었다.

오후 가랑비가 내렸다. 항공지원이 제한된 틈을 타 적 공격이 다시 시작되었다. 제3중대진지가 점령당했고, 도로가에 배치된 제4중대 제1소대가 포위되었다. 대대장은 제3중대를 수용하고, 제1, 제2중대를 직접 지휘하여 중대 단위로 거점방어에 들어갔다. 포위된 제4중대 제1소대는 어두워진 뒤 무사히 복귀했다.

적은 소대 단위로 파상공격을 밤새도록 계속했다. 1개 분대 1명꼴로 소총을 가진 자가 앞장서고 나머지는 수류탄 5~6발씩을 가지고 '만세'를 부르면서 뒤를 따라 돌격해 오다가 진전에서 쓰러졌다. 죽은 시체에서는 술 냄새가 진동하였다. 파상공격과 술 냄새는 저들의 전유물이다.

16일 새벽에 역습하여 제3중대진지를 회복하였다. 이날 갑자기 적 포격이 치열해져서 천평~소이리 일대는 피아의 포화에 쑥대밭이 되었다. 대대는 한 치의 땅도 뺏기지 않고 진지를 고수했다. 대가는 엄청났다.

17일 현재 제1중대는 병력이 60여 명, 제2중대는 40여 명으로 줄어 있었고, 제3중대는 중대장 이하 전 장교가 전사하거나 부상으로 후송*되어 제2소대장을 대리하던 류동인(柳東寅) 일등상사가 1개 소대 규모로 줄어든 중

대를 지휘하고 있었다.㈜

국방부 「다부동 전투」 p235

> \* 제3중대장 이재인 대위는 후송되지 않았다. 계속 중대를 지휘하였고, (10월 1일로 짐작) 소령으로 진급하고도 제3중대장을 하다가 제1대대 부대대장을 거쳐서 제1대대장이 되었다. 대령으로 예편하여 지금 송파에 살고 있다.
> 인용문헌에 따라 후송한 것으로 기술했으나 다른 사람을 착오한 것 같다.

뿐만 아니라 보급이 부진하여 1일 1회 추진되었는데 그나마 운반하던 노무자가 도중에 희생되는 사례가 빈번하여 실탄이 떨어지기가 일수였고, 굶주림과 불볕더위에 시달린 장병들은 시체가 뒹구는 개울물로 갈증을 씻고, 솔잎을 씹으며 허기를 달랬다.

연대 본부요원과 직할대 병력을 차출하고 신병 300명을 보충하였다.

## ▌제2대대

제2대대(차갑준 소령)는 14일 제1대대가 철수한 후에도 297고지를 고수하고 있었다. 다음 날 신주막~천평 일대에 적이 증강되자 천평 동쪽 무명고지로 이동하여 사주방어 태세에 들어갔다. 이때 무전기의 건전지가 바닥나서 통신이 두절되었고 철수 여부를 결정짓지 못하고 주저하는 동안 퇴로가 차단되어 고립되고 말았다.

이로부터 17일까지 만 3일간 대대는 부락에서 식사를 현지 조달하거나 솔잎은 씹으면서 자체방어로 버티고 있었다.

제11연대장 김동빈 대령은 제2대대의 행방이 묘연하자\* 14~15일 이틀 동안 연대통신대장을 대동하고 소이리 북쪽까지 진출하여 제2대대와 교신을 시도했으나 허사였다.

16일 오전 쇄고개(所也峴-통칭 다부원재)에서 사단장을 만난 연대장은 제2대대를 활용할 수 없는 상황에서 그 대책을 보고하던 중 적 120mm박격포탄 5~6발이 주위에 폭발했다. 부연대장 권동찬 중령 등 3명이 부상을 당하고 연대장도 경상을 입었다. 사단장은 무사했다.주) 국방부 『다부동 전투』 p232

연대장은 제13연대 제2대대로 하여금 356고지(B, 소이리 동쪽)를 탈환하고 제2대대를 구출하라는 임무를 부여했다.

17일 제13연대 제2대대는 07시에 공격을 개시하여 2시간 격전 끝에 356고지(B)를 탈환하고 미아 신세가 된 제2대대를 구출하였다.

* 전후 상황의 연결상 제2대대가 고립된 날은 국방부 『다부동 전투』에 따라 14일로, 구출된 날은 같은 『한국전쟁사』 제3권에 따라 17일로 정리하였다.
  앞 『다부동 전투』는 "제11연대 제2대대는 1950년 8월 14일부터 5일간 가장 위급한 시기에 유병(遊兵)이 되어 전투력을 발휘하지 못하고 있었던 것이다." (p232)
  뒤 『한국전쟁사』는 15일 고립되었다가 17일 구출된 것으로 기술했다.(p179)

제11연대는 제2대대를 진목정으로 철수하여 수정과 그 동쪽 금화동(金華洞)선에서 반격태세를 갖추게 하고, 진목정에 있는 제1대대를 수정의 좌측 능선으로 전진시켰다.

## 제3대대

제3대대는 13일 이른 새벽 하판동 부근 한천(漢川, 한내)에서 부대를 정비한 다음 연대 전투전초(戰鬪前哨)대대로 5번 국도 우측 266고지를 점령하였다. 이때 연대에서 하달된 명령은

"현 위치에서 적을 지연하다가 별명이 있을 때 철수하라."

였고, 철수지점은 명시하지 않았다.

14일 05시 266고지 좌측으로 접근한 적을 수류탄전으로 격퇴했다.

얼마 안 있어 전차를 앞세운 적 주력부대가 25번 국도를 따라 진출하면서 하판동 개울가에 있는 대대본부를 휩쓸고 그대로 신주막으로 나아갔다.

대대의 퇴로가 차단되었다. 대대장의 보고를 받은 연대장은

"지체 말고 철수하라."

는 명령을 내렸다. 그러나 포위 상태에 있어 퇴로를 뚫을 수 없었으므로 밤이 되기를 기다렸다가 374고지~473고지~금곡사(金谷寺)~741고지~가산바위 등 험산준령을 거치는 고행 끝에 다음 날 12시에 사단지휘소가 있는 동석동(東石洞)으로 내려왔다.

사단사령부에서는 느닷없이 산에서 부대가 내려오자 적의 침투로 오인하여 한때 긴장된 분위기에 싸이기도 하였으나 그것이 한동안 행방이 묘연했던 제11연대 제3대대가 돌아오는 것임을 확인하자 다행으로 생각하고, 제12연대 제1대대의 공격목표 674고지를 인수케 했다.

제12연대 제1대대는 다부동 서쪽 학산동으로 이동했다.

### 466고지 공방 - 제13연대 제2대대

제13연대 제2대대(안광영 소령)는 8월 13일 아침 제11연대의 철수를 엄호한 뒤, 가산국민학교에 집결하여 보급을 받고 제11연대에 배속되어 수명동(水明洞-266고지 북쪽) 북쪽 무명고지에 방어진지를 편성했다.

14일 아침 해가 뜬 다음 인접부대 상황이 궁금하여 266고지(제11연대 제3대대)를 알아봤더니 대대는 그림자도 보이지 않고, 유학산 북쪽 비탈에서 말이 보급품을 운반하고 있는 것과 25번 국도에 마차가 120mm박격포를 견인하는 것이 보였다. 하룻밤 사이에 대대가 고립된 것이다.

제11연대와 무전망이 구성되지 않았으므로 원 소속 제13연대와 교신하여 부연대장 조재미 중령으로부터 철수하라는 지시를 받았다.

대대가 철수준비를 하고 있을 때 1개 중대 규모의 적이 수명동(중앙고속도로 장천IC) 부근에서 동진하고 있는 것을 목격하였는데 저들은 아군이 모

제1사단을 방문한 콜린스 미 육군참모총장(왼쪽에서 두 번째. 왼쪽은 워커 미제8군사령관)

두 철수한 것으로 생각했는지 아무런 경계도 없이 접근해 왔다.

적이 가까이 다가왔을 때 기습하여 섬멸했다. 전장을 정리하던 중 중좌 계급장을 단 시체의 가방에서 작전지도를 얻었는데 적의 진출 제1목표가 다부동 서남쪽에 있는 516고지(유학산 남쪽)로 표시되어 있었다.

대대는 저녁에 제11연대 제3대대가 철수한 경로를 따라 다음 날 16시경에 제11연대지휘소가 있는 학명동으로 나왔다.

15일 저녁 대대는 우계산(466고지)에 방어진지를 점령하고 좌로부터 제6중대(김국주 대위) 제5중대(정점봉 대위) 제7중대(金東煥 중위) 순으로 배치했다.

약 1시간이 흘러 초승달이 서산에 비스듬히 걸릴 무렵, 방어진지편성이 채 끝나지 않았는데 적 첨병이 우측 능선을 타고 전술종대로 대대진지에 진입하여 총 한방 쏠 겨를도 없이 곧장 육박전이 벌어졌다. 어렵게 첨병은 격멸했으나 후속한 적이 돌격대형으로 산개하여 파상공격을 줄기차게 해 왔다. 격전 1시간이 지났을 무렵 제5중대 정면에

"나는 한성여자중학생이다. 국방군아, 총부리를 돌려라. 대구가 보인다."

는 방송이 흘러나왔고, 계속 되풀이 했다.주)　　　　국방부 「다부동 전투」 p237

사병들은 동요하지 않았다.

적은 함경도 사투리를 쓰는 자가 앞장서고 뒤에는 서울말을 쓰는 의용군 5~6명이 수류탄 두 발을 양 손에 움켜쥐고 '만세'를 부르며 돌격했다. 그러다가 앞장선 지휘자가 쓰러지면 그 자의 총을 뒤를 따르던 자가 쥐고 앞장을 섰다. 이렇게 전 근대적인 방법의 공격이 반복되어 5시간이나 백병혈투를 벌였다. 수류탄이 터지고 어슴푸레한 달빛 아래 대검이 번쩍일 때마다 비명소리가 귓전을 울렸다. 진내에는 적병의 시체가 쌓여갔고, 적병의 입에서는 술 냄새가 지독하게 풍겼다.

대대는 한 발짝도 물러서지 않고 잘 막아냈다. 새로 보충된 신병들도 용감했다. 특히 학도병들의 분전이 눈부셨다.

제5중대 제1소대 제2분대장 한영석(韓英錫) 이등중사는 한꺼번에 달려드는 적 3명을 상대하여 두 명을 야전삽으로 때려눕히고 남은 한 명을 끌어안고 격투를 벌이다가 진지 밖 비탈로 굴러 떨어졌다. 이때 학도병 하나가 뛰어가서 분대장을 구출하여 진지로 돌아왔다.

제5중대장 정점봉 대위와 제6중대장 김국주 대위는

"466고지의 혈전은 한국전쟁 기간에 내가 참전한 전투 중에서 가장 치열하고 처절한 백병전이었다."

고 증언했다.주)　　　　국방부 「다부동 전투」 p238

이렇게 5시간의 혈전 끝에 466고지를 사수했다.

이 적은 제6사단과의 지경선인 금곡사와 가산동 간을 타고 침투한 게릴라이거나 유격대가 아닌가 의심스럽고 사단 후방을 교란하고자 우회 침투한 것으로 보인다. 5~6명에 1명꼴로 총을 가졌다.

466고지는 사단전선에서 한참 후방이다. 제13연대 제2대대가 466고지를

1시간만 늦게 점령했어도 돌이킬 수 없는 사태로 발전할 뻔 했다. 아슬아슬한 순간에 466고지를 점령하여 위기를 넘겼다.

466고지는 다부원고개의 5번 국도 절개지 북쪽고지다. 국도가 이 고지를 북서쪽으로 감돌고, 가산산성에서 서쪽으로 이어지는 능선 끝자락에 있다. 신주막에서 다부동에 이르는 도로와 계곡을 감제할 수 있는 전술상의 요충이고, 동쪽 가산산성에서 적이 접근하기 쉬운 통로다. 만약에 적이 466고지를 점령하는 경우 사단의 퇴로가 차단되고 그 남쪽에는 방어에 유리한 고지가 없어 대구의 관문이 열린다. 『다부동 전투』는 사단주저항선의 '아킬레스(Achilles)건'*이라고 했다.<sup>주)</sup>

국방부 『다부동 전투』 p236

* '아킬레스'는 그리스 신화에 나오는 영웅으로 걸음이 몹시 빠르고 용맹한 불사신이었으나 발뒤꿈치(腱)가 약한 치명적인 약점이 있었다.
  아킬레스 어머니는 테티스이다. 테티스는 펠레우스와 결혼식 때 모든 신을 초대하면서 에리스만을 빼놓았다. 초대하지 않은 것에 원한을 품은 에리스는 결혼식장에 황금사과 한 알을 던졌다. 사과에는 '가장 아름다운 여신에게'라는 글씨가 쓰여 있었다. 참석한 헤라, 아프로디테, 아테나는 저마다 자신의 것이라고 주장했다.
  제우스는 이 세 신을 이데산으로 보냈다. 그곳에는 아름다운 양치기 파리스가 제우스의 양떼를 돌보고 있었는데 그 파리스에게 판정을 맡겼다.
  여신들은 저마다 유리한 판정을 요구하며 파리스에게 조건을 제시했다.
  헤라는 '권력과 부'를, 아테나는 '전장에서의 영광과 공명'을, 아프로디테는 '가장 아름다운 여인을 아내'로 주겠다고 했고
  파리스는 "아름다운 아내를 주겠다."는 아프로디테에게 사과를 주었다.
  아프로디테는 파리스를 데리고 그리스로 가서 스파르타 왕 메넬라오스의 환대를 받는다. 그 왕비 헬레네가 바로 약속한 세상에서 가장 아름다운 여인이다.
  파리스는 아프로디테의 도움으로 헬레네를 데리고 트로이로 갔다.
  파리스는 트로이왕 프리아모스의 아들이었다.
  아내를 뺏긴 메넬라오스는 그리스의 왕족과 귀족들에게 아내를 찾는데 협조해 줄 것을 요청했다. 이렇게 해서 그리스 연합군이 결성되어 트로이를 침공한다.
  트로이 전쟁은 9년이나 끌었다. 아킬레스는 트로이의 핵심 인물로 프리아모스왕의 첫째 왕자인 헥토르와 1대 1의 결전을 벌여 그를 죽인다.
  아킬레스는 헥토르의 장례식에서 프리아모스 왕의 딸 폴리세나를 본 일이 있다.

그녀의 매력에 반하여 결혼하기를 간절히 바랐다. 그래서 그리스군을 설득하여 트로이와의 전쟁을 종식시키겠다고 약속하고 청혼했다.
　아킬레스가 아폴론신전에서 결혼협정을 하고 있을 때 파리스는 독약을 바른 화살을 아킬레스에게 쏘았다. 화살은 아킬레스의 치명적인 약점인 발뒤꿈치를 명중하여 결국 아킬레스는 죽게 된다.
　아킬레스의 어머니 테티스는 아킬레스를 낳자마자 그 몸을 스틱스 강물에 담가 불사신을 만들었다. 그녀는 손으로 발목을 잡고 물에 담갔는데 손에 잡힌 발뒤꿈치에 물이 닿지 않아 약점이 생겼다. 이 비밀을 아폴론신이 파리스에게 알렸다.

　이 고사는 난공불락의 요새(要塞)도 단 한 군데의 약점으로 인하여 함락되는 경우를 비유하는 뜻으로 쓰이게 되었다.
　대대는 170여 명의 손실을 입었는데 제5중대의 피해가 가장 많았다.
　16일 신병 150여 명이 보충되었다. 신병 중 2/3가 학생이었다.
　대대는 356고지(B)를 탈환하고 제11연대 제2대대를 구출하라는 명령을 받았다. 목표 후방 355고지를 중간목표로 선정하고 공격을 준비했다.
　대대는 진격을 앞두고 수색대를 보내어 소이리 일대를 수색케 하였다.
　주낙추(周洛秋) 이등중사가 수색대원 12명을 지휘하여 소이리 부근으로 침투 중 적 전차 4대가 도로변 아카시아 숲 속에 숨어있는 것을 발견했다. 즉시 공격하여 전차 주변에 배치된 경계병 23명을 사살하고 전차에 수류탄을 넣어 파괴하였다. 도주하는 전차병 7병을 사로잡고, 중기관총 5정 및 경기관총 6정과 각종 실탄 520발을 노획하였다.
　수색 활동 결과 전면에 1개 대대 병력이 배치된 것을 확인하고 3개 중대를 전개하여 공격을 개시했다. 산 위에서 골짜기로 내려가는 동안 적에게 노출되어 사격을 받고 많은 피해를 입었다. 제5중대 선임장교 채수익(蔡洙益) 중위가 부상하여 후송되고, 중대장 정점봉 대위도 왼발에 관통상을 입었으나 응급치료를 받은 후 그대로 중대를 지휘했다.

대대는 야간 공격으로 전환했다. 제6중대(김국주 대위), 제7중대(崔鳳道 대위)가 주공으로 나섰다.

17일 03시경 제6중대 제3소대 선임하사관 김재열(金在烈) 일등상사는 적이 접근해오자 소대의 화망을 구성하고 기다렸다가 적이 진내로 접근했을 때 집중사격하여 1개 중대 규모의 적을 전멸시켰다.

김재열 상사는 수류탄 파편에 머리를 다쳐 날이 샌 다음 후송됐다.

제2소대 양광탁(梁光卓) 일등상사는 소대원 12명을 지휘하여 소대진지 전방 100여m 지점에 잠복하고 있었다. 2개 중대 규모의 적이 포복으로 접근하여 돌격대형으로 산개하고 파상공격을 해 오는 것을 수류탄으로 살상지대를 설정하여 퇴각시켰다.

먼동이 틀 무렵 도주하는 패잔병 5명을 사로잡고 흩어져 있는 시체 120여 구를 확인했다. 또 61mm박격포 1문과 중기관총 2정, 경기관총 5정, 소총 57정 그리고 박격포탄과 기관총실탄 2상자씩을 노획했다.

새벽에 중간목표 355고지를 탈환했다. 적의 저항은 경미했다. 지친 장병을 쉬게 하고 부대를 정비하였다. 연대장 김동빈 대령이 장병들을 치하하기 위하여 나왔다가 부상한 제5중대장 정점봉 대위의 상처가 썩어가는 것을 보고 깜짝 놀라서 후송을 명령했다. 최종 목표를 탈환할 때까지 중대를 지휘하겠다고 우기는 것을 달래서 억지로 후송하였다.

대대는 내친걸음에 356고지(B)로 진격했다. 적의 저항은 거의 없었다.

천평동 무명고지에 고립되어 있던 제2대대는 진목정으로 철수하였다.

20일 적은 356고지(B)를 잃은 후 우측 568~741고지에 진출하여 측방에서 대대를 위협하고 120mm박격포를 쉴 사이 없이 쏘아댔다.

제8중대장 안정희(安正熙) 대위가 전사하고 대대장 안광영 소령과 제7중대장 최봉도 대위가 부상으로 후송됐다. 부대대장 장시우 대위가 대대를 지휘했고, 제5중대장에 이강환(李康煥) 중위, 제7중대장에 선임장교 김동환 중위, 제8중대장에 제13연대 특공대장 김명중 대위를 각각 임명했다. 중대장 중에 성한 사람은 제6중대장 김국주 대위뿐이다.

참고문헌 : 국방부 『다부동 전투』 「3) 아킬레스 건 466고지」(p236)

### 674고지 공방 – 제3대대

674고지는 다부동 서북쪽(국도 서쪽)에 있는 유학산 동쪽 끝자락이다. 동쪽 5번 국도와 왜관으로 이어지는 남쪽 79번 도로를 감제한다.

제11연대 제3대대(정영홍 소령)는 8월 15일 저녁에 674고지 탈환 임무를 인수하고 다음 날 아침에 원정으로 이동했다.

674고지는 제12연대 제1대대가 여섯 차례나 공격하고도 점령하지 못했다. 제12연대 제1대대는 좌측 837고지 전면으로 이동했다.

16일 14시에 대대는 좌 일선 제12연대 제1대대가 837고지를 공격할 때 동 제1중대(이종철 중위)와 협조하여 대대주력이 674~837고지선 능선으로 진격했다. 그러나 제12연대 제1대대가 당한 전철을 답습하는 꼴이 되어 9부 능선에 형성된 살상지대에서 좌초되고 말았다.

제9중대(閔燦植 중위)는 같은 시간대 위봉(威鳳) 골재 우측 무명고지(674고지 동북쪽) 8부 능선으로 진출하여 날이 저물었을 때 674고지를 공격하였으나 9부 능선에서 적의 저항을 받고 수류탄전을 펴다가 8부 능선으로 물러나 적과 대치한 상태에서 18일 아침까지 버텼다. 중대는 보급이 추진되지 않아 이틀 동안 굶어야 했고 실탄도 떨어졌다.

18일 노무자 한 사람이 주먹밥을 지고 왔다. 이틀 만에 구경하는 밥이다. 그동안 보급품을 운반하던 노무자가 적의 사격에 저지되어 올 수가 없었다. 이날 아침에도 60여 명이 출발했으나 적의 측방사격을 받아 10여 명이

희생되고 나머지는 흩어졌다.<sup>주)</sup>         국방부 「다부동 전투」 p247

주먹밥 한 덩이를 여러 사람이 나누어 먹다가 기습을 받았다. 각자 비상 실탄을 챙겨서 계곡 아래로 굴러 떨어지다시피 적을 이탈했다.

공격은 매번 실패했다. 목표고지 남쪽 비탈이 화력지원 효과를 기대할 수 없는 지형인데다가 9부 능선에 수류탄 살상지대가 형성되어 그 이상 진격하지 못하는 악순환이 되풀이 되었고, 병력만 자꾸 줄어갔다.

대대는 주간 공격이 매번 실패하자 17일부터 1개 중대씩 교대로 야간 공격을 실시하기로 하였다.

17일 밤 제11중대(김봉건 중위)는 경사도가 80°나 되는 고지 서쪽사면으로 진출하여 단숨에 목표고지를 점령하였다. 야간 공격은 저들의 전유물이다. 아군이 야간에 공격할 것이라고는 생각지 않고 방심하고 있다가 허를 찔린 것이다. 고지를 점령한 중대는 긴장이 풀리면서 쌓인 피로를 감당하지 못하고 중대장부터 경계병까지 깊은 잠에 빠져들었다.

18일 03시경 장창환(章昌煥) 하사가 인기척을 듣고 중대장을 깨웠다.

"적이 접근 중인 것 같습니다."

고요한 밤에 귀를 기울여 신경을 곤두세우고 있는데 접근해 오는 발자국 소리가 들렸다. 적병이라고 직감한 중대장은 총을 들이대고 물었다.

"어디로 가느냐?"

"소대장이 물을 떠오라고 해서 가는데 왜 그러느냐?"

귀찮다는 투로 반문하면서 갈려고 했다.

"소대장이 어디 있는데?"

다시 묻자 턱 짓으로 가까운 곳을 가리켰다. 중대장은 장 하사를 시켜서 대원들을 조용히 깨우게 한 뒤에 적병을 앞세우고 따라갔다.

1개 소대가 코를 골면서 자고 있었다. 같은 고지에서 아군과 적군이 함께 자고 있었던 것이다. 피아를 가릴 것 없이 너무 지쳐 있었다.

중대장은 고참병 10명을 횡대로 산개시킨 후 동시에 수류탄을 던지게 하여 몰살시켰다.* 폭음이 한여름 밤의 적막을 깨트리고 비명이 메아리쳤다. ㈜ 잠시 후 적은 정상에 포격을 집중한 후 역습했다. 중대는 혈전을 벌이다가 8부 능선으로 물러났다. 국방부 『다부동 전투』 p248, 249

> \* 안용현 『한국전쟁비사』는 "포로로 잡으려면 희생이 따를 것 같아서 고참병들이 1개 소대 전부를 칼로 찔러 죽였다."(제2권 p146)고 기술했다.

제10중대장 양봉직 대위는 대대장에게

"다른 중대로 하여금 오늘밤 양공을 하여 적을 자지 못하게 괴롭혀 놓으면 내일 낮에 공격하여 목표를 탈취하겠습니다."
라고 건의하여 승인받았다.

제9중대와 제11중대가 교대로 목표고지 9부 능선까지 진출하여 공격하다가 돌아오는 방법으로 밤새 양동작전을 반복하여 적을 괴롭혔었다.

19일 늦은 아침 제10중대장 양봉직 대위는 특공대 40명을 지휘하여 674고지를 아무런 지원 없이 공격했다. 특공대 1개 분대가 고지정상 적진에 이르고 보니 경계병들이 모두 자고 있었다. 특공대는 사방에서 수류탄을 일시에 호 속으로 던졌다. 호 속에서 자다가 일격을 당한 적은 혼비백산하여 방향 감각을 잃고 우왕좌왕 했고, 특공대는 틈을 주지 않고 공격했다. 고지 정상은 순간 아비규환의 도가니로 변했다.

며칠 동안 야간 공격으로 길들여 놓고 주간에 허를 찌른 것이다.

죽은 군관이 가지고 있던 작전지도에서 8월 15일까지 대구를 점령하려는 공격기동로와 목표가 표시되어 있었다.㈜ 국방부 『한국전쟁사』 제3권 p182

674고지 점령의 환희도 잠깐, 미군 포병이 특공대가 점령한 고지를 포격하는 바람에 이를 피하여 8부 능선으로 잠시 철수해 있는 동안 적은 다시 674고지를 차지하고 말았다.<sup>주)</sup>　　　　　　국방부 『다부동 전투』 p250, 251

미 제27연대를 지원하는 포병이 674고지 정상에서 총성이 울리자 고지 정상을 적진으로 오인하고 포격을 한 것이다.

양봉직 중대장은 다시 부대를 수습하여 수류탄전을 펴고 있던 중 파편에 부상하여 후송되었고,* 부대대장이 지휘하는 증원부대가 도착하여 잔적을 격퇴하고 674고지를 완전히 점령했다.

* 양봉직 대위는 후송된 후 작업복 윗주머니에 구멍이 있어 살펴봤더니 수류탄 파편이 수첩에 박혀 있었다. 그 수첩은 적 군관으로부터 노획한 것인데 수첩 덕에 생명을 구한 운명의 기구함을 느꼈다고 했다.(국방부 『한국전쟁사』 제3권 p182)

20일 13시경 제3대대는 전사면 위봉골재로 진격할 준비를 하고 있었는데 느닷없이 전폭기가 날아와 고지정상을 폭격했다. 장병들은 우군기를 보고 반갑다고 손을 흔들다가 당했다. 네이팜탄이 터지고 기총소사와 로켓포 공격에 극심한 피해를 입었다. 제1대대 지역 448고지(천평 서쪽 국도변)까지 확대되어 제11연대 전체가 곤욕을 치렀다.

대대는 폭격을 피해 고지 하단으로 물러서야 했다. 수많은 부하의 피로 대가를 지불하고 탈취한 고지를 어처구니없이 내주어야 했고, 또 다른 많은 부하의 희생을 제물로 바쳤으니 이런 통탄할 일이 또 있는가? 대대장 정영홍 소령은 땅을 치며 울분을 토했다.

이 오폭으로 280명이 사상하여 남은 대대병력이 100여 명에 지나지 않았다. 사상자 수만으로 피해를 가늠할 수는 없다. 장병들이 받은 충격은 숫자로 계산할 수 없는 피해다. 충격이 너무 컸다.<sup>주)</sup>　　국방부 『다부동 전투』 p251

연대본부 및 직할대요원을 차출하고 신병 300명을 보충하여 대대를 재편성한 후 다음 날(21일) 17시경에 674고지 8부 능선으로 진출했다.

제11연대를 지원하던 제17야전포병대대 제2중대가 674고지 정상에 끊임없이 포격을 집중했다. 그러나 정상에는 한 발도 명중하지 않았다. 사거리를 줄이면 근탄이 발생하고 늘이면 원탄이 발생하여 고지 너머 비탈에 떨어졌다. 우계산(牛鷄山)에서 관측하던 관측장교가 이틀간 포격에서 단 한 발도 명중하지 못하자 홧김에 무전기에 대고

"올려 50!" 하고 소리를 질렀다.

뜻밖에도 포탄이 정통으로 정상을 때렸다. 감격한 관측장교는

"중대 10발!"을 외쳤다.<sup>주)</sup>　　　　　　　국방부 『다부동 전투』 p252

그제야 아군 포화가 674고지 정상을 사정없이 두들겼다.

처음 도입한 관측장교제도다. 일천하여 숙련된 관측장교가 없어서 원근과 좌우 수평적인 수정은 유도할 줄 알았으나 고각수정(高角修正)을 할 줄 몰라서 경사도가 가파른 고지 정상을 때리지 못하였던 것이다.

22일 03시, 제9중대 인사계 김명술(金命述) 일등상사는 중대장 명령으로 고참병 4명을 차출하여 특공대를 편성했다. 포격이 멎자 이들은 기관총 몸통을 움켜잡고 탄대를 어깨에 걸친 채 적진으로 돌진하면서 급속사격을 퍼부었다. 적병들은 포격이 끝나고 주위가 조용해지자 꾸벅꾸벅 졸고 있다가 느닷없는 기관총 세례를 받고 혼비백산하여 흩어졌다.

뒤따라 정상에 돌입한 제9중대가 패잔병을 섬멸하였다. 이때 의용군 두 사람이 투항했는데 이들은 귀순할 기회를 노리고 있었다고 했다.

8월 14일 이후 9일 만에 고지를 아군이 완전히 장악했다. 10번이나 주인이 뒤바뀐 뒤 우리 손에 들어왔다. 같은 시간대에 제12연대가 유학산을 완전히 탈환하였으므로 적은 더 이상 역습을 시도하지 못했다.

674고지는 포화가 한 꺼풀 벗겨놨는데 불에 타고 찢어진 시체가 한 겹

다부동에서 분전하는 포병 105mm포

덮어 주었다. 간고등어 썩는 듯한 지독한 냄새가 후각을 마비시켰다.

전장을 정리하고 82mm박격포 4문, 14.2mm대전차총 2정, 기관총 8정, 소총 260정, 전화기 12대, 수류탄 및 탄약 30상자를 노획하여 대구로 보내서 시민들에게 전시하였다.

인명 피해는 누가 죽었고, 몇 사람이 죽었는지 셀 수도 없고, 누가 아군이고 누가 적군인지도 구분할 수가 없었다.주) 국방부 『다부동 전투』 p253

도하 신문이 제2905부대(제11연대)의 대전과라고 대서특필로 보도했다.

23일 제3대대는 위봉골재로 진출하여 인접부대와 전선을 연결하였다.

방한 중인 미 육군참모총장 콜린스 대장과 미 제8군사령관 워커 중장이 동명국민학교에 있는 제1사단을 방문하여 장병들의 용전을 치하했다.

### 볼링구장의 전차전 – 미 제27연대

미 제25사단 제27연대(미카엘리스 대령)가 8월 17일 오후 다부동에 도착했다.

미 제27연대는 제73전차대대 C중대(M-26 전차 20대), 제37야포대대 2개 포대(155mm곡사포 12문), 제8야포대대 2개 포대(105mm곡사포 12문)를 배속받아 막강한 화력을 가지고 있었다.주)  국방부 『한국전쟁사』 제3권 p179

워커 미 제8군사령관은 다부동 지역 전세가 불리하게 돌아가자 미 제8군 예비대로 경산에 집결한 미 제27연대를 이곳에 증원했다.

19일에는 미 제2사단 제23연대(-1개 대대)를 제1사단 후방에 배치했고, 또 제8사단 제10연대를 제1사단에 배속했다.

제11연대 작전지역에 4개 연대가 막강한 화력을 가지고 포진했다.

제1사단 정면에는 적 제3, 제13, 제15의 3개 사단이 압력을 가하고 있는데다가 우 인접 제6사단 전투지경선으로 진출한 적 제1사단 제1연대가 효령 일대에 돌파구를 형성하고 741고지~가산산성으로 침투를 꾀하고 있어 다부동전선이 위기를 맞고 있었다.

미카엘리스 대령

미 제27연대장 미카엘리스 대령은 다부동에 도착하자마자 진목정 전방 일대를 답사하며 지형을 정찰했다. 그는 통신병 1명만을 데리고 있었다. 제11연대 장병들은 미군 연대장이 통신병 1명만을 데리고 총탄이 교차하는 최전선까지 나와서 적정을 살피는 것을 보고 감탄했다.

18일 13시, 미 제27연대는 소이리 북쪽 약 500m 지점에 진출하여

제1대대를 도로 좌측에,

제2대대를 그 우측에 배치하고,

제3대대는 예비대로 우계산(466고지)에 배치했다.

또 최전방 도로와 개울가에 대전차포 4문, 3.5인치 로켓포 6문을 배치하

여 대전차 방어망을 구축하였다.

**일본 육전사연구보급회 『한국전쟁』 ② (p240)는 다부동 지형을 이렇게 설명했다.**

"진지 북쪽에는 폭 200~400m의 좁은 계곡이 가로놓여 있고 그 한가운데로는 냇물이 흐르고 있었다. 한국 특유의 포플러 가로수가 서 있는 자갈길이 냇물과 평행하면서 북상하여 봉곡(鳳谷)에서 상주도로와 군위도로로 분리되고 있었다. 이것은 한국에서 흔히 볼 수 있는 지형이다. 이 계곡에도 계단식으로 된 밭이 많았고, 냇가 양쪽은 높은 단애로 이루어져 전차는 도로 이외로는 기동을 할 수가 없다."

미 제27연대가 도로를 맡고 제11연대 제1대대는 양쪽 산악을 맡았다.

적은 이날 밤에 마침내 총 7차에 걸친 야간 공격의 첫 번째 공세를 취했다. 적은 전차 5대를 동반한 보병이 보전 협동공격을 시도했다.

20시경에 적은 맹렬한 포격으로 공격준비사격을 한 후 전차 2대와 자주포 1대를 앞세우고 미 제27연대와 제11연대 제1대대진지에 기관총으로 무차별 사격을 하면서 진격했다. 적 전차 2대가 F중대진지에 접근했을 때 3.5인치 로켓포로 가격하여 2번 전차가 화염에 휩싸였고, 1번 전차는 2발이나 명중하였는데도 불발로 파괴되지 않았다. 그러나 겁을 먹은 전차병은 전차를 버리고 도주했다. 제8야전포병대대는 뒤따르던 자주포와 차량 2대를 파괴했고, 적병 100여 명을 사살했다.

미군 포병관측장교 밀레트 중위는 개인호 전방 50m 지점까지 적 전차가 접근했는데도 후퇴하지 않고 포격을 유도하여 용맹을 떨쳤다. 뒤따르던 전차 3대와 대규모 병력은 코앞에서 작렬하는 미군의 탄막사격을 보고는 그대로 철수하고 말았다. 전투는 19일 0시 30분경에 끝이 났다.

02시 30분경 두 번째 소규모 야간 공격이 있었으나 쉽게 격퇴했다.

대전차 무기와 막강한 화력을 가진 미군이 투입되지 않았으면 계곡 접근로가 돌파되었을지도 모른다. 적은 마음먹고 야간에 전차를 앞세운 초유의 보전 협동공격을 시도했던 것이다.

저들은 미군이 온 것을 몰랐다.

미 제27연대는 이날 밤 적이 돌격신호로 녹색신호탄을 쏘는 것을 보고 저들이 공격을 시작한 후에 여러 차례 녹색신호탄을 발사하여 적을 혼란스럽게 하거나 방어에 유리한 지점으로 유인하기도 하였다.

방어진지 전방 150~200m 지점에 지뢰지대를 설치하였는데 땅을 파는 데 시간이 걸리고 때로는 적 사격을 받아 지뢰를 묻지 못하고 노상에 방치한 것이 많이 있었다. 이것이 뜻밖에도 효과를 가져왔다.

적 전차가 진격하다가 지뢰가 보이면 어김없이 정지했고, 뒤따르던 보병이 이것을 제거했는데 이 틈새에 조명탄을 발사하여 밝혀놓고 화력을 집중하여 저들에게 결정타를 먹일 수 있었던 것이다.

19일 지난밤 막대한 피해를 입고 퇴각했던 적은 이날 조용했다.

20시경 제10연대 제2대대(정순기 대위)와 제3대대(김순기 대위)*가 동명국민학교(칠곡군 東明面)에 있는 사단지휘소에 도착했다.

> *  국방부 『한국전쟁사』 제3권은 선발 부대인 2대대가 22시에 도착(p181)
> 백선엽 『군과 나』는 1개 대대가 김순기 소령 지휘로 오후 5시경에 도착(p67)
> 선착부대는 제2대대와 제3대대(인용문헌), 제2대대, 1개 대대로,
> 도착시간은 20~21시(인용문헌), 22시, 오후 5시로,
> 대대장은 김순기 대위(인용문헌), 김순기 소령으로 각각 다르게 기술하였다.
> 국방부 한국전쟁사 제3권은 제3대대장 정순기 소령(p162)으로 기술

20일 미군 항공기가 대대적인 공중공격을 하였다. 이때 제1대대가 점령

한 448고지를 오폭하여 제1대대는 진목정으로 철수했다가 저녁에 다시 진출하는 사태가 벌어졌다. 전술항공통제반(FACT)이 파견되어 있지 않아 일어난 일로 674고지를 공격하던 제3대대도 같은 일을 당했다.

제10연대 제1대대(박치옥 소령)가 사단에 도착했다. 이 대대는 수도사단에 배속되어 기계~안강 전투에 참가하고 있다가 늦게 본대에 합류한 것이다. 또 미 제8군 마지막 예비대인 미 제23연대(-1개 대대)가 증원되어 미 제27연대 후방에 배치되었다. 다부동에 4개 연대가 모여들었다.

17시경 적의 포격이 도로에 집중하더니 전차와 함께 보병이 은밀하게 접근했다. 세 번째 야간 공격이다. 저들이 진전 50m까지 접근했을 때 기습사격을 하고 수류탄으로 살상지대를 형성하여 격멸했다.

21일 아침 제11연대 제1대대가 도로 좌측 356고지(A)를 탈취하여 거점을 편성하였다. 이로써 우측 제13연대 제2대대가 점령한 356고지(B)와 함께 기갑 접근로 좌우 감제고지를 확보하여 주도권을 장악하였다.

미 제27연대 정면 5번 국도 주변에는 군데군데 백기가 보이고

"적이 투항을 원하고 있다."

는 주민 제보가 들어왔다.

정찰대를 파견하여 진위를 확인하였으나 그러한 징후는 보이지 않았다. 적의 계략으로 판단되었다.

미 제27연대는 이러한 징후를 적이 대대적인 야간 공격을 할 증조로 보고 지뢰 지대를 보강하여 도로상에 지뢰를 무질서하게 흩어 놓았다.

이때 미 제27연대 좌측고지에 배치된 제11연대 병사들이 갑자기 후퇴하는 사태가 벌어졌다. 이를 본 미 제27연대 병사들도 덩달아 후퇴하게 되어 사태가 걷잡을 수 없게 돌아갔다.

미 제27연대장 미카엘리스 대령은 백선엽 사단장에게 통고했다.

"한국군이 후퇴하므로 우리도 철수하겠다."

미 제8군사령관에게도 같은 뜻을 전달하여 8군에서도 항의가 왔다.

백선엽 사단장은 즉시 현장에 달려가서 병력을 수습한 다음 돌격 명령을 내려 목표 고지를 탈환하게 하였다. ▶ 다음 「한국군은 싸울 의지가 있느냐?」 참조

적은 일몰 직후부터 밤중까지 포격을 집중한 후에 지금까지 볼 수 없었던 대규모 야간 공격을 감행하였다. 네 번째 야간 공격이다.

도로 좌우 능선접근로에 각각 1개 대대 규모의 적이 은밀하게 접근했고, 도로에는 전차 7대와 자주포 3문이 속사를 하면서 진출했으며* 19대의 차량종대와 도로 양편에 산개한 보병이 뒤를 따랐다.주) 국방부 「다부동 전투」 p259

\* 일본 육전사연구보급회 『한국전쟁』 **2**은 "전차 9대와 자주포 수문이 속사를 가하며 접근해 왔고"라고 기술(p243)

미 제27연대는 조명탄을 발사하여 대낮같이 밝혀 놓고, 모든 화력을 총집중하여 전차와 보병부대를 분리시켰다. 미군 전차는 적 전차가 접근하기를 기다렸다가 125m 거리에서 전차포를 발사하여 선두전차를 격파했고, F중대의 3.5인치 로켓포가 세 번째 오는 자주포를 단 한방에 파괴했다. 두 번째 전차는 사이에 끼어 움직일 수 없게 되자 전차병들은 전차를 버리고 도망쳤다. 앞서 가던 전차와 자주포가 파괴되자 후속하던 전차 5대는 자주포와 함께 정지한 상태에서 포격을 했고, 이에 미군 전차가 응사하여 6·25전쟁 초유의 전차전이 좁은 계곡에서 벌어졌다.

다부동 골짜기는 형형색색의 조명탄이 밤하늘을 수놓았고, 전차가 토하는 불덩이가 교차하며 굉음이 천지를 진동했다. 수많은 별똥이 틈새를 메우며 날아갔다. 목숨을 건 사람만 구경할 수 있는 불꽃놀이다.

야간 전투는 다섯 시간이나 계속되었다. 적은 공격을 성공하지 못하고

다부동으로 진격하는 M-26퍼싱전차

패주했다. 보병들은 지뢰지대와 미군 화망에 걸려 지리멸렬했다.

야간 전투가 한창일 때 F중대 장병들은 도로상에서 이 불꽃놀이를 구경하고 있었다. T-34전차 종대가 바로 눈앞에서 속사하는 85mm포탄이 불덩어리가 되어 밤하늘을 가르면서 날아가 진지 후방에서 폭발하였고, 파열하는 소리가 골짜기에 메아리쳤다. 그 소리가 너무나도 처절하였고, 그 상황이 마치 볼링공이 핀을 쓰러뜨릴 때 모양을 연상시켰다.

미군들은 여기를 '볼링구장(Balling Alley)'이라고 이름을 붙였다.

이날 하룻밤 미군의 지원화력은 그 위력을 유감없이 발휘했다.

155mm야포 1,661발, 4.2인치 중박격포 902발, 81mm박격포 1,200발, 60mm박격포 385발을 각각 쏘았다.주)        국방부 「다부동 전투」 p260

22일 날이 밝은 뒤에 미군 정찰대는 전차 7대, 자주포 3대와 차량 여러 대 외에 1,300여 구의 시체가 유기되어 있는 것을 확인했고, 포로 11명을 잡았다.

김일성이 어려움 속에서도 대구 해방을 염원하면서 보내준 전차는 힘 한 번 써보지 못하고 반 이상을 잃고 말았다.

미 제27연대는 다부동에서 적 전차 14대와 자주포 4문을 파괴하고 적병 1,300명을 살상한 것으로 추산하였고, 포로 진술을 종합하여 적 제13사단 잔류 병력은 25% 수준으로 판단했다.주) 일본 육전사연구보급회 『한국전쟁』 [2] p243, 244

### 최후의 결전 – 북한군은 보이지 않았다

8월 22일 적 제13사단 주력은 신주막의 아군진지를 돌파하고자 결사적으로 덤벼들었으나 미군 항공기의 폭격과 야포의 포격, 미군 전차대의 공격에 막대한 희생만을 강요당하고 소득 없이 되돌아가야만 했다. 아군의 막강해진 화력을 실감케 하는 일전이었다.

10시경 제11연대 제2대대진지에서는 적 제13사단 포병연대장 정봉욱 중좌가 병사 1명을 데리고 귀순한 극적인 상황이 벌어졌다.

정봉욱 중좌가 제공한 정보에 따라 과수원에 위장하여 전개한 적 122mm곡사포 7문과 76mm곡사포 13문은 미 전폭기의 공중공격과 미군 포병의 집중 포격으로 모두 파괴할 수 있었다.

밤에 미 제27연대 정면에는 두 차례 소규모 공격이 있었다. 위력 없는 견제공격으로 판단되었고, 쉽게 격퇴하였다.

23일 미 제27연대는 오후 대치한 적이 도로를 파괴하고 지뢰를 매설하는 것을 보고 저들이 철수할 것이라고 판단했다.

자정 무렵 적 2개 중대모가 전차 5~6대의 엄호를 받으며 공격했으나 미군이 탄막을 형성하자 철수했다. 7차 마지막 야간 공격이었다.

24일 이후 제11연대 전면에 북한군의 모습은 보이지 않았다.

다부동 계곡에는 T-34전차 13대, 자주포 15문, 트럭 23대의 잔해와 헤아

릴 수 없는 많은 시체가 버려져 있었다.주) 　　　국방부 『다부동 전투』 p264

8월 25일 17시 현재 제11연대는 Y선을 회복했다.

26일 미 제27연대는 마산으로 원대 복귀하였다.

26일 이후 적의 전력은 꺼져가는 불씨에 불과했다. 몇 차례 반격을 시도했으나 위협이 되지 못했고, 27일 낮에는 1개 소대 병력이 제11연대지휘소를 습격했으나 격퇴했다.

제10연대 제1대대가 신령에 있는 제6사단으로 배속명령이 났으나 교전 중 철수가 곤란하여 대신 제15연대 제2대대가 전진했다.

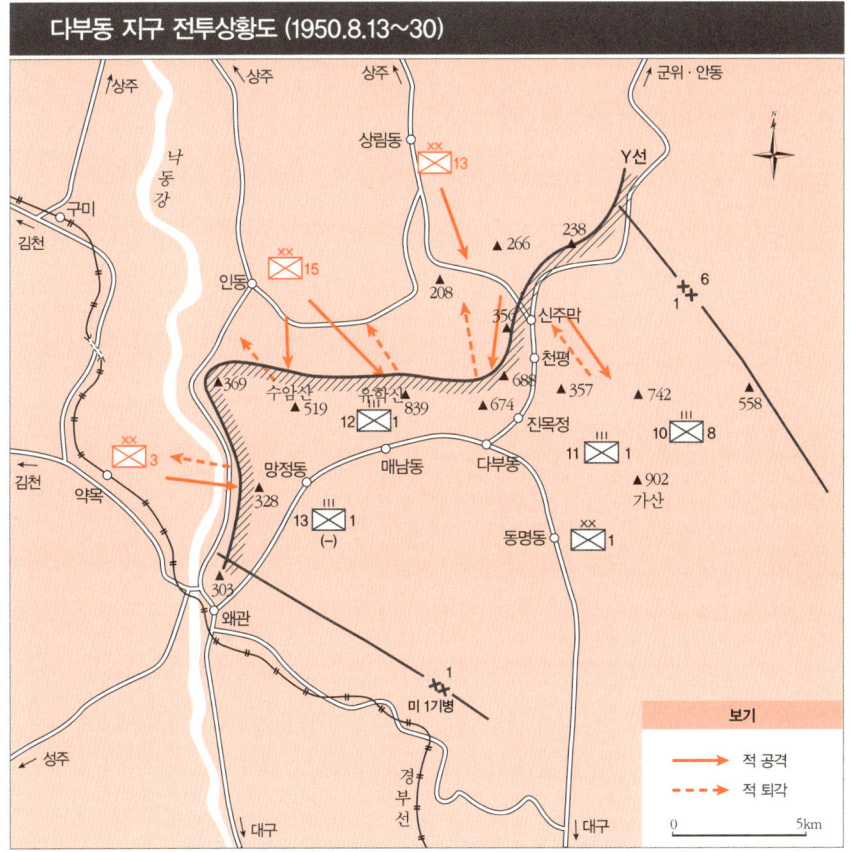

29일 현재 적 제13사단의 전투력은 병력 2개 연대, 포 10문, 전차 13대로 추산되었다.주)
국방부 『한국전쟁사』 제3권 p187

9월 21일 미 제8기병사단에 투항한 적 제13사단 참모장 이학구 총좌는 적 제13사단 잔존 병력이 1,300명 안팎이라고 하면서 사단의 전투력은 상실했다고 말했다.주)
전쟁기념사업회 『한국전쟁사』 제4권 p119

다부동 전투는 제11연대가 3배에 가까운 북한군을 섬멸하고 Y선을 확보하여 대구의 위기를 구출했고, 미 제27연대가 막강한 화력으로 적 기갑부대를 모조리 격파하여 재기 불능케 하였을 뿐만 아니라 후퇴에서 반격으로 전환할 수 있는 계기를 마련한 통쾌한 일전이었다.

### 한국군은 싸울 의지가 있느냐?

8월 21일 "제11연대 제1대대는 448고지에서 적의 반격을 받고 후퇴하게 되었다. 이 때문에 미 제27연대장 미카엘리스 대령은 그의 대대가 위협을 받게 되자 제1사단장 백선엽 준장에게 사태 수습을 건의하였다.

사단장은 현장에 이르러 제1대대 병력을 수습한 다음 …… 재공격을 명령하게 되었다. …… 공격을 시작한지 30분 만에 목표를 탈환하게 되었으니 이를 바라보고 있던 미 제27연대장 미카엘리스 대령은 감탄과 함께 국군의 숨은 용기에 찬사를 아끼지 않았다."주)
국방부 『한국전쟁사』 제3권 p183, 184

백선엽 장군은 『군과 나』에서 이렇게 기술했다.

8월 21일 "이때 미 27연대의 좌측 능선을 엄호하던 11연대 1대대(대대장 김재명 소령)가 출격 초동에 기선을 제압당해 고지를 탈취당하고 다부동 쪽으로 후퇴하고 있다는 보고가 들어왔다.

8군사령부로부터 전화가 걸려왔다.

'국군은 도대체 어떻게 된 거냐. 싸울 의지가 있느냐?'

는 노한 음성의 질책이었다.

연대의 측면이 뚫리자 미카엘리스 대령이 즉각 미 8군에

'국군이 후퇴했다. 퇴로가 차단되기 전에 철수해야겠다.'

고 즉각 보고한 것이었다.

미카엘리스는 내게도 전화를 해

'후퇴하겠다.' 고 통고했다.

'후퇴하지 말고 잠깐 기다려라. 내가 현장에 나가 확인하겠다.'

나는 동명국민학교에서 다부동으로 급히 지프를 몰았다.

과연 진목동 도로 서쪽의 11연대 병사들은 피로에 지친 모습으로 후퇴하며 산을 내려오고 있었고 고지를 점령한 적은 산발적으로 미군의 포병진지를 향해 측면사격을 가하고 있었다.

김재명 대대장을 불러

'어떻게 된 것이냐?'고 물으니 그는

'장병들이 계속된 주야 격전에 지친데다 고립된 고지에 급식이 끊겨 이틀째 물 한 모금 먹지 못했다.' 는 대답이었다.

나는 후퇴하는 병사들 앞으로 달려 나갔다.

'모두 앉아 내 말을 들어라. 그 동안 여러분 잘 싸워주어 고맙다. 그러나 우리는 여기서 더 후퇴할 장소가 없다. 더 후퇴하면 곧 망국이다. 우리가 더 갈 곳은 바다밖에 없다. 미군을 보라. 미군은 우리를 믿고 싸우는데 우리가 후퇴하다니 무슨 꼴이냐. 대한 남아로서 다시 싸우자. 내가 선두에 서서 돌격하겠다. 내가 후퇴하면 너희들이 나를 쏴라.'

나는 부대에 돌격명령을 내리고 선두에 서서 앞으로 나아갔다. 곧 병사들 함성이 골짜기를 진동했다. 김재명 소령\*도 용감하게 앞장서서 부대를 지휘했다. 대

대는 삽시간에 고지를 재탈환했다. 적은 증원부대가 공격하는 줄 알았을 것이다.

　미카엘리스 대령은 내게 다가와 '미안하다.'고 말하고 '사단장이 직접 돌격에 나서는 것을 보니 국군은 신병(神兵)이다.'라고 감탄했다."

* 김재명 소령은 8월 14일 부상으로 후송되었고, 이 때 대대장은 김소 대위다.

국방부『다부동 전투』는 앞과는 달리 기술했다.

　8월 22일 "제11연대 제2대대는 연대 명령에 의하여 제7중대에 천평리 동쪽 무명고지(356고지 북쪽) 탈취 임무를 부여했다.

　…… 제7중대는 미 제27연대 제2대대 방어진지 전단 부근 산기슭에 공격대기지점을 설정하고 이곳에 중대 병력을 대기시킨 다음 중대장과 3개 소대장이 목표 일대 지형을 정찰했으며 이때 미군 대대장도 정찰에 참가했다.

　…… 정찰을 끝내고 일어서는 찰라 적 포탄 5~6발이 동시에 폭발하여 중대장 윤용승 대위와 제1소대장 그리고 통신병이 전사하고 제2소대장 변일현(邊日賢) 소위가 전신에 파편상을 입고 쓰러졌으며 미군병사 5~6명도 부상했다. 그러자 미군은 중상을 입은 제2소대장을 전차에 태우고 후송시켰다.

　혼자 살아남은 제3소대장 대리 안창엽 일등상사는 중대장으로부터 아무런 임무도 부여 받지 못했던 까닭에 대대장에게 보고할 생각에서 공격대기지점으로 급히 달려갔다.

　중대원들은 갑자기 전방에서 포탄이 터지고 미군 전차(제2소대장 후송)가 뒤로 빠지며, 제3소대장이 뛰어오는 것을 보자 무엇인가 심상치 않은 상황이 벌어져 철수하는 것으로 속단하고 제각기 진목정을 향하여 줄행랑을 쳤다.

　이리하여 미군들도 덩달아 남쪽으로 철수하기 시작하여 복곡 일대에는 한때 수습하기 곤란한 혼란이 일어나고 말았다. 상황이 이렇게 확대되자 미군은 복곡 좌우측에 배치된 한국군이 후퇴하는 것으로 착각하였다.

제11연대 제1대대와 제15연대 제2대대는 감제고지 위에서 미군이 철수하는 것을 보고 오히려 어리둥절해 하고 있었다. 미군 지휘관들은 곧 적정이 없음을 확인하고 소이리 일대에서 병력을 수습하느라고 진땀을 빼고 있었다.

이때 미 제27연대장은 상황을 확인도 하지 않고 미 제8군에

'한국군이 싸우지도 않고 후퇴하고 있다.'

라고 보고한 후 긴급항공지원을 요청하였다.

이 보고에 놀란 미 제8군사령부는 작전참모로 하여금 그 진상을 조사토록 한 결과 미 제27연대장의 보고가 잘못된 것을 확인하였다.

…… 한편 사단장은 미군 연대장의 항의를 받고 즉시 제11연대장을 대동하고 진목정으로 나아갔다. 이때 마침 제7중대 제3소대장이 인솔하는 병력이 아무 일도 없었다는 듯이 이곳에 도착해 있었다.

사단장이 소대장에게

'왜 후퇴하느냐?'

고 힐책하자 그는 상황의 자초지종을 보고한 다음

'목표가 어딥니까?'

하고 물어보는 형편이었다.

사단장은 비로소 억측으로 야기된 상황임을 알아차리자 산비탈 고추밭에 제7중대 병력을 모아놓고 훈시를 했다.(훈시 생략 - 앞『군과 나』와 같은 취지)

그 직후 안창엽 일등상사가 지휘하는 제7중대는 사단장의 훈시에 사명감을 인식하고 천평으로 진격하여 목표를 탈취했다. 이 무렵에는 안정을 되찾은 미군들이 한국군의 과감한 공격에 찬사를 아끼지 않았다." (p262 이하)

본문 인용 문헌과 『군과 나』의 기술 내용이 많은 차이를 보인다.

후퇴하게 된 동기와 과정이 전연 다르다.

21일이 22일로, 제1대대가 제2대대로 기술된 것도 다르다.

"긴급항공지원을 요청하였다.",

"미 제8군사령부는 작전참모로 하여금 그 진상을 조사토록 한 결과 미 제27연대장의 보고가 잘못된 것을 확인하였다."

는 다음 「5. 가산산성 공방전」, 「미 제23연대와 포진지 공격」에서의 상황을 이곳 상황으로 혼동한 것 같다.

## 5. 가산산성 공방전

### 가산산성

가산은 칠곡군 가산면에 위치한 901.6m의 고지로 Y선에서 가장 동쪽에 있고 가장 높은 산이다. 팔공산(1192.3m) 서북쪽으로 이어진 능선상에 있고, 다시 서쪽으로 뻗은 끝자락에 466고지가 있다. 가산에 산성이 있어 '가산산성' 이라고 부르고 인근에 '가산바위' 가 있다.

가산 정상에 가산산성(架山山城, 일명 獨母城)이 있다. 이 성은 임진왜란과 병자호란을 겪은 후 왜적과 북방오랑캐의 침략에 대비하여 인조 18년(서기 1640년)에 경상감사 이명운(李命運)이 축성하였다. 길이가 3,768m에 이르고 총좌(銃座)가 1,887개, 포대가 4개 소가 있는 영남 제일의 보루(堡壘)다.

그만큼 현대전에서도 전략 요충이다. 백선엽 장군은 Y선을 선정할 때 이곳이 눈길을 끌었다고 하면서 이렇게 말했다.

"가산은 성터가 있는 천연의 요새이니 더 말할 필요가 없다."

그런데 이곳이 제1사단과 제6사단의 전투지경선으로 방어에 공백이 생겨 적이 침투하는 상황으로 이끌어졌다. 큰 혼란을 겪었다.

### 대구에 적 포탄이 떨어졌다

8월 17일경 인접 제7연대를 공격하던 적 제1사단 제1연대가 공백지대인 가산산성을 점령하였고, 금호강 기슭으로 침투한 저들 편의대(민간복으로 변장한 적군)가 다음 날 새벽 대구역에 82mm박격포탄 7발*을 발사하여 역무원 1명이 순직하고 민간인 7명이 부상했다.주)  국방부『다부동 전투』p121

> * 일본 육전사연구보급회『한국전쟁』2(p239)는 "이날 대구가 포격을 받았다. 여섯 발의 포탄이 대구역에 명중되어 자재와 인명에 다소의 피해가 있었다."고 기술.

공교롭게도 이날은 정부가 부산으로 천도하는 날이었다.

대구시내는 대혼란에 빠졌다. 정부의 부산 이동과 맞물려 도청에서는 시민들의 피난을 권의하였고, 시민들은 적이 대구시내에 침투해 온 것으로 알고 크게 동요했으며, 온갖 유언비어가 난무하는 가운데 시민들이 피난보따리를 챙겨 대구역과 부산가도로 몰려들어 부대 이동도 제대로 못할 지경이 되었다.

대구시민은 30만 명인데 피난민이 몰려들어 70여 만 명으로 늘어났다.

사태가 이 지경에 이르자 UN군 측에서는 시민의 피난을 중지시켰고, 신성모 국방부장관과 조병옥 내무부장관이 직접 나서서

"대구는 기필코 사수할 테니 동요하지 말라."

고 시민을 무마하여 진정의 기미를 보이기 시작했다.

### 사단사령부 피습

19일 밤 자정이 지날 무렵에 느닷없이 다발총 소리가 요란하게 울렸고, 사단사령부 주변에 수류탄이 잇달아 폭발했다. 제1사단사령부는 칠곡군 동명면 동석동에 있는 동명국민학교에 자리하고 있었다.

전투병이 아닌 사령부 장병들은 당황해서 어쩔 줄을 몰라 했고, 미 고문관은 영문을 몰라 팬티 바람으로 운동장을 헤매기도 하였다.

제1사단에 배속명령을 받은 제10연대 제2, 제3대대가 전날 오후 늦게 도착하여 운동장에서 숙영하고 있었다. 이 대대가 전개하여 반격하였고, 이때 동명국민학교와 담 하나를 사이에 둔 동명면사무소에 위치한 사단공병대대가 Cal-50중기관총으로 적을 가격했다. 적은 어둠 속으로 사라졌고 인명 피해는 없었다. 천만다행이었다.

사단장 백선엽 장군은 『군과 나』에서 이렇게 회고했다.

"이때 나는 깜박 잠들어 있었다. 부관 김판규(金判圭) 대위가 깨우는 바람에 일어나 보니 가까이서 계속적인 다발총 및 기관총의 총성과 수류탄 폭음이 들렸다. 참모들과 고문단의 미군은 복도를 포복하여 피신하고 있었고 벌써 미군 통신병 등 수 명이 전사해 사령부는 혼란에 빠져 있었다.

때마침 운동장에는 증원부대로 8사단 제10연대의 1개 대대가 대대장 김순기 소령의 지휘로 오후 5시경 도착하여 숙영 중이었다.

나는 김 소령을 찾아

'김 소령 빨리 부대를 돌격시켜라!'고 소리쳤다.

김 소령은 재빨리 부대를 돌격시켜 적군을 격퇴했다. 나중에 들으니 적 돌격대는 사단장인 나를 생포하러 사령부를 야간 기습했다는 것이었다.

평소 사단사령부에는 경비 병력이 거의 없었으나 때마침 숙영 중이던 증원부대가 도착해 있어서 수 시간 만의 위기에서 구해주었다.

이들이 도착했을 때…… 작전참모 문형태 중령은 내게

'부대를 즉시 전방에 투입하겠습니까? 아니면 내일 아침에 할까요?'

하고 물었다.

무더위 속에 영천에서 이곳까지 행군해 와 피곤해 보였기 때문에

'여기서 잘 먹여 재운 후 새벽에 출발시켜라.'
고 지시한 것이 천만다행이었다."

사단사령부를 습격한 적은 가산산성에 거점을 확보한 제1사단 제1연대 특공대로 보이고 규모는 증강된 1개 분대로 추산했다.주) 국방부 『다부동 전투』 p269

**가산산성 공격 – 제10연대**

제1사단은 8월 19일 제10연대가 배속되자 568고지~741고지~가산 접근로에 병력을 배치하였다. 741고지~가산 접근로가 공백상태로 있어 사단 후방이 교란당할 위험을 가지고 있었으나 주저항선을 지키는 것도 힘에 겨운 판에 이곳을 대비할 엄두를 못 내고 있었던 것이다.

정보 판단에 의하면 사단이 우려한 대로 적이 제6사단 지역 수동(壽洞-군위군 효령면)~가산동 계곡을 타고 산성에 침투한 것으로 파악되었다.

8월 20일 사단은 제10연대 제3대대가 가산산성을 공격하고, 동 제2대대가 741고지(가산산성 서북쪽 356고지(B)와 가산 중간)를 공격하며, 당일 16시경에 사단사령부에 도착한 제10연대 제1대대가 가산산성 후방으로 침투하여 적의 보급로를 차단하도록 하였다.

**❙ 제3대대**

제3대대는 동이 트는 즉시 두모동(豆毛洞, 속칭 두무실-동명면 학명동, 5번국도 우측)~원당동(元堂洞-가산 남쪽)으로 이어진 소로를 공격개시선으로 설정하고 3개 중대 병진 대형으로 공격을 개시했다. 가산산성 500~600m까지 진격했을 때 포격이 집중되었고, 얼마 뒤에는 총격이 가해졌다.

대대는 2~3m 높이의 성벽 아래까지 진격하여 일진일퇴 근접전을 펼쳤다. 성은 난공불락이었다. 격전을 벌이기 1시간, 대대는 뒤로 물러난 다음 화력지원을 요청했다. 성은 현대전에서도 기능을 충분히 발휘했다.

약 30분 후에 항공기 폭격이 있었고, 이어서 미군 포병과 사단 포병의 포격이 집중되었다. 아름드리 낙엽송으로 우거진 산성 안 숲은 순식간에 벌거숭이가 될 정도로 쓰러졌다. 성벽에 의지하여 웅크리고 있던 적병들은 추풍낙엽처럼 성 아래로 곤두박질쳤고, 포탄이 터질 때마다 비명이 들려왔다. 성 안에서는 피비린내가 진동했다.

그동안 대대는 화력지원을 제때 받아본 일이 없어서 그 위력을 실감하지 못하고 있었다. 장병들은 생전 처음으로 속이 후련하도록 적진을 강타하는 포격을 보고 신바람이 났고 사기가 충천했다.

장병들은 포격이 끝나자마자 칼과 활로 싸우던 전근대전을 연상하며 성벽을 뛰어넘어 성 안으로 진입했다. 성안의 적은 지리멸렬하여 갈팡질팡했다. 발악하는 잔적을 완전히 소탕했다. 성 안에는 적의 시체가 즐비하였는데 유독 군관의 시체가 많이 눈에 띄었다. 이는 최후 발악으로 독전하

어린 의용군 포로

기 위하여 군관을 많이 투입한 것으로 짐작되었다.

제10중대 제3소대가 포로 3명을 잡았는데 이들은 대구 출신으로 서울에서 학교를 다니다가 잡혀온 의용군이었다. 이들은 피난을 못하고 서울에 머물고 있었는데 청년궐기대회를 연다고 청소년들을 모아놓고

"대구가 해방이 되었으니 대구 치안유지를 위해 대구 출신을 모집한다."

는 명분으로 대구 출신 청소년 의용군을 여기까지 끌고 왔다고 했다.

소대장 최창주(崔昌柱) 소위는 그들 동료가 산성 안에 있다는 말을 듣고

"대구 출신 의용군은 무기를 버리고 손뼉을 치면서 나오라."

고 큰소리로 외쳤다. 사방에서 손뼉소리가 들리고 38명이 투항했다.

이른 새벽에 1개 대대 규모가 가산산성에 진입하였는데 아군이 공격하여 사상자가 속출하자 북한 출신 병사들은 부상병을 이끌고 가산동(가산 북록)으로 물러갔다. 이때 군관 한 사람이 이렇게 협박했다고 했다.

"너희들은 대구가 고향이니 여기서 적을 저지하다가 대구로 진격하라. 만약에 도망치면 죽음이 있을 뿐이다."

협박을 받은 이들은 이러지도 저러지도 못하고 숨어 있었다.

제10연대 제3대대는 이 전투에서 적 시체 200여 구를 확인했다.

대대도 인명 손실이 많았다. 공격개시 전에 중대당 평균 130명이었던 병력이 100명 미만 수준으로 줄었다.

대대는 산성에서 하룻밤을 새운 뒤 8월 21일 517고지로 이동하여 제12연대에 배속되었다. 가산산성은 다시 무주공산으로 남았다.

### 제2대대

제2대대의 공격목표 741고지는 효령~568고지~가산 접근로 중간에 위치하고, 제11연대 작전지역을 감제할 수 있는 전술 요충이다.

제2대대는 8월 20일 아침에 기동하여 도로를 따라 목표고지로 진격했다. 741고지는 경사도가 가파르고 암석이 많은데다가 정상에 이르는 기동공간이 좁아 제6중대(백남수 중위)가 단독으로 공격하였다. 정상의 적은 산발적으로 저항하다가 중대가 육박하자 퇴각했다.

제6중대는 다음 날 포격지원을 받아 741고지 전방 568고지까지 공격했다. 1개 중대 규모의 적이 기관총 7~8정을 난사하면서 완강하게 저항하여 6부 능선에서 공격은 저지되었고, 중대장이 왼팔에 파편상을 입었다. 중대장은 응급 치료를 받고 계속 중대를 지휘했다.

상황이 호전될 기미가 보이지 않자 제3소대장 대리 정무영(鄭茂暎) 일등상사가 소대를 이끌고 포복으로 7부 능선까지 진격하여 몇 차례 돌격을 감행하였다. 적의 관심이 이쪽으로 쏠렸을 때 배속된 기관총 분대를 남겨서 적을 견제하도록 하고 소대는 우측으로 돌아서 반대 방향을 공격했다. 성동격서(聲東擊西) 전법이다. 소대원 32명이 일렬횡대로 산개하여 수류탄 한 발씩을 동시에 던지고는 단숨에 정상으로 돌진했고, 중대주력이 뒤따라 돌진했다. 허를 찔린 적은 제대로 저항도 못하고 무너졌다.

568고지에는 적 시체 60여 구가 버려져 있었고, 유개호(有蓋壕)가 견고하게 구축되어 있었다. 중기관총 8정과 소총 50여 정 그리고 실탄 10여 상자를 노획했다.

중대 피해도 적지 않았다. 소대장 1명을 포함하여 16명이 전사하고, 중대장을 비롯하여 50여 명이 부상하여 중대 병력이 70여 명으로 줄었다.

제6중대는 568고지에서 하룻밤을 보내고 741고지로 합류하였다.

## 제1대대

제1대대는 20일 16시경에 사단사령부에 도착했다. 안강~기계 전투가 끝나자마자 차량으로 이동하여 몹시 지쳐 있었다. 하룻밤을 쉬게 하고 정비와 보급으로 충전했다.

대대는 사단장으로부터 다음과 같은 명령을 받았다.

"가산산성의 적 후방으로 침투하여 7일간 적의 보급로를 차단하라."

7일분의 보급품을 수령하고, 송림동(松林洞)~원당동(元堂洞)을 거쳐 천주사(天柱寺)에서 숙영한 후 02시경 적이 박격포와 소총을 쏘면서 접근하는 것을 피하고 목표를 향하여 진격했다.

05시경 웃산당(上山堂-가산동) 북쪽 무명고지에서 저항하는 적 1개 소대를 격퇴하고 한듬(大屯-가산동, 산성 북쪽)에 집결한 1개 중대 규모의 적을 공격하여 적 40여 명을 사살하고 10여 명을 포로로 잡았다. 이곳은 적의 중간보급소였다.

대대는 무명고지를 점령하고 전면 방어진지를 편성하였다. 그런데 이때부터 무전교신이 불통이었다. 통신병이 건전지가 무겁다고 3일분만 수령한 때문에 3일 이후부터 교신이 불가능하게 된 것이다.

연대는 대대와 교신이 안 되자 741고지 일대에 수색대를 투입하여 대대 행방을 찾는 소동을 벌였고, 대대는 3일 동안 미아 신세가 되었다.

### 가산산성 확보

| 가산산성 공격 - 제3연대 제1대대, 제10연대 제2대대

가산산성을 점령한 제10연대 제3대대는 8월 21일 제12연대에 배속되어 517고지로 이동하였고, 가산산성은 다시 무주공산이 되었다.

적은 다시 산성을 점령하고 이를 거점으로 원당동~기성동(箕聖洞-가산성 남쪽) 일대에 출몰하여 주보급로 차단을 기도하였다.

제1사단은 가산산성을 공격할 병력의 여유가 없었다.

23일 미 육군참모총장 콜린스 대장과 함께 제1사단을 방문한 정일권 총참모장은 제1사단 후방에 준동하는 적 근원지의 뿌리를 뽑는 것이 시급하다고 판단하고 제7사단 제3연대 제1대대를 제1사단에 배속했다.

제7사단은 8월 20일 세 번째로 재창설한 사단이다.

제3연대 제1대대가 가산산성을 공격하고, 741고지를 점령하고 있는 제10연대 제2대대는 산성 북쪽에서 적의 퇴로를 차단하도록 하였다.

24일 기성동으로 진출하여 야영한 제3연대 제1대대(정진 소령)는 25일과 26일 이틀 동안 가산산성을 공격하였으나 완강한 적의 저항에 밀려 실패하고 26일 오후에 기성리로 철수했다.

대대장 정진 소령은 국민학교에서 대대를 정비하면서 이틀 동안의 전투 상황을 분석하고 목표를 탈취할 묘안을 짜는데 몰두했다.

27일 새벽에 공격준비사격이 시작되자 행동을 개시했다.

대대가 가산산성 남문 전방 300여m 지점에 이르러 4개 중대를 일렬횡대로 전개하고 대대장이 진두에 섰다. 전 대대 병력이 일제히 M1소총 8발을 사격한 후 좌 일선 2개 중대가 20보 약진하여 '엎드려 쏴' 자세로 8발을 쏘고, 그 동안 우 일선 2개 중대가 20보 약진하여 좌측 중대 사격에 이어 같은 방법으로 사격을 한다. 이 동안 좌측 2개 중대가 다시 약진하여 사격을 한다. 이와 같이 좌우 2개 중대씩 약진과 사격을 번갈아 하면서 돌격선까지 육박한 후 허리총 자세로 맹렬한 사격을 퍼부으면서 돌진했다.

적은 계속되는 집중사격에 고개도 못 들고 처박혀 있다가 대대가 성벽과 남문으로 동시에 진입하자 당황하여 북쪽으로 달아났다. 그러나 이때는 제10연대 제2대대가 이미 북쪽 741고지에서 가산바위 부근에 진출하여 퇴로를 막고 있었으므로 달아날 구멍이 없었다. 대혼란에 빠진 적은 가산 동쪽으로 분산 도주했는데 그 수가 2개 대대 규모였다.

포로 진술에 따르면 제10연대 제2대대가 보급로를 차단한 후 보급이 안 되어 굶고 있었다고 했다.

제3연대 제2대대는 여세를 몰아 가산바위까지 진출하여 잔적을 소탕한 후 다음 날 가산산성을 칠곡경찰대에 인계하고 대구로 복귀했다.

**▎가산동 혈전 - 제10연대 제1대대**

적 보급로 차단임무를 띠고 21일 가산산성 북쪽에 진출한 제10연대 제1대대는 한듬과 웃산당 중간 무명고지에서 연락이 두절되었다.

8월 27일 아침, 제3연대 제1대대가 가산산성 공격을 개시한 지 2시간쯤 지났을 때 2개 대대 규모의 적이 대대방어진지 전면으로 몰려왔다. 대대는 전 화력을 집중하여 저지했다. 그러나 저들은 필사적이었다. 퇴로가 차단된 저들은 궁지에 몰린 야수와 같았다. 돌파구를 형성하고자 혈안이 되어 휴대한 실탄이 바닥이 날 때까지 치열한 사격을 집중한 다음 성난 표범처럼 진내로 쇄도했다. 글자 그대로 결사적이었다.

제4중대장 강근희(康槿禧) 대위가 전사하고, 중앙에서 진두지휘하던 제1중대장 원선경(元善慶) 대위는 적의 저격을 받고 쓰러졌다. 제2중대장 궁인철 중위와 제3중대장 김진봉(金珍鳳) 중위도 부상을 입었다.

제4중대 소대장 김영준(金永俊) 중위를 제1중대장에

제4중대 소대장 이관준(李官俊) 중위를 제4중대장에

각각 임명하였다.

대대 부관 민경중 중위는 적이 진내로 들어오기 전에 중대를 돌아다니며 상황을 파악했었다. 그때 제3중대장 김진봉 중위는

"이것이 네 번째의 부상이다. 후송된들 무엇 하나? 여기서 싸우다 죽을 각오가 되어 있다."

고 하면서 선혈이 낭자한 왼팔에 상관하지 않고 전투를 지휘하였다.

적은 중앙 돌파가 안 되자 우측 제4중대진지를 휩쓸고 들어왔다. 그래서 제4중대 방어진지에서 가장 처참한 격전이 벌어졌다. 대대 부관 민경중 중위는 제1중대 제1소대를 지휘하고 제4중대를 부원하여 역습하다가 왼팔과 가슴에 관통상을 입고 쓰러졌다. 그는 얼마 후 목표를 탈환한 우군의 만세 소리를 듣고 의식을 잃었다.

혈전을 치르기 20분, 적은 432고지 쪽으로 패주했다. 기진맥진한 적은 고지 북쪽 골짜기에서 휴식하다가 558고지에 배치된 기갑연대에 포착되어 섬멸되고 말았다.

포로 진술에 의하면 적 제1사단 제1연대*는 가산산성에 진출한 이후 전투에서 완전히 와해되어 퇴각해 간 자가 400명이었다고 했다.

* 가산산성에 진출한 적을 국방부 『한국전쟁사』 제3권은 제1사단 제1연대(p215)와 제14연대(p175)로, 같은 『다부동 전투』는 제14연대로 기술했다. 본문은 제1사단 제1연대로 정리했다.(제8권 「낙동강 방어선에 전개된 피아 전력」 참조)

가산동 일대는 태풍이 쓸고 간 듯 처참했다.

적 시체 300여 구가 널려 있었고, 82mm박격포 3문과 소총 250여 정이 버려져 있었다. 포로 10여 명을 잡았다.

대대 피해도 컸다.

중대장 4명이 모두 사상했고, 제4중대는 180여 명 중 몸이 성한 사람은 장교 1명과 사병 10여 명에 불과했다. 제1중대는 90여 명의 손실을 입어 40명 정도가 남았고, 제2, 제3중대도 남은 병력이 6~70명 수준에 불과했다.

제10연대 제1대대는 부상자 후송과 재보급이 시급했다. 27일 가산바위를 거쳐 제11연대본부에 도착하였고, 29일 대구로 이동했다.

제10연대의 나머지 대대는 8월 30일 미 제1기병사단에 진지를 인계한 후 제2대대는 대구로, 제3대대는 영천으로 갔다.

5. 가산산성 공방전 참고문헌 : 국방부 「다부동 전투」 「5. 741고지-가산접근로」(p266)

### 우연(偶然)인가? 필연(必然)인가? 운명의 장난

가산에 진출한 북한군 제1사단 제1연대에는 울진(당시 강원도) 출신으로 서울농과대학 3학년에 재학 중 의용군으로 끌려온 형 김재윤이 있었고, 가산을 공격한 제10연대에는 아우 김재철 일등중사가 있었다.

형 김재윤은 전선으로 나오면서 절대로 총을 쏘지 않겠다고 맹세했다.

"어떻게 사랑하는 대한민국과 아우에게 총을 쏠 수가 있겠는가?"

제8사단 제10연대 전투지역은 영천이다. 다부동 전투가 위기에 몰리자 제10연대를 제1사단에 증원하였다. 그의 아우가 어느 대대에 있는지는 알려지지 않았다. 3개 대대가 모두 가산을 공격하였으니 아우는 형을 공격한 것이다.

그 많은 북한군 연대 중에서 왜 형이 있는 연대와 그 많은 국군 연대 중에서 왜 아우가 있는 연대가 가산에서 맞붙어 싸웠을까?

우연인가? 필연인가? 기연인가! 악연인가!

인간의 힘을 초월한 운명의 장난!

조상이 "네 아우와 마주칠 테니 절대로 총을 쏘지 말라."고 게시한 것이다.

▶ 제7장 제1절 「3. 의용군 모병의 실태」 김재윤 수기 참조

> 형님은 인민군으로, 동생은 국방군으로,
> 아버지는 피난 가다 돌아가시고,
> 집은 폭격을 맞고, 가족은 간 곳이 없네,
> 형님아 손들어라, 형님아 손들어라.
> 승리는 아우에 있다.

구전으로 전해져 온 기막힌 사연을 담은 가사다.

그 때 진중에서 사병들이 많이 불렀다.

### 미 제23연대와 포진지 피습

21일 밤 야간 전투 중에 가산산성에 진출한 적 제1사단 제1연대 일부 병력이 미 제27연대 동쪽으로 우회침투하여 22일 낮에 대구에서 불과 15km 밖에 떨어지지 않은 두모동~570고지 일대에 배치된 미 제23연대를 기습 공격하여 교전이 벌어졌다.*주)

국방부 『한국전쟁사』 제3권 p215

* 일본 육전사연구보급회 『한국전쟁』 ②는 "군위에서 남하한 북한군 제1사단 제1연대는 미 제27연대와 한국군 제11연대 사이로 침투하여…… 미 제23연대와 미군 포병 진지에 대한 야간 공격을 개시하였다."(p245)라고 기술

그동안 우려해 왔던 사태가 현실로 나타난 것이다.

미 제23연대는 화력을 총 동원하여 접근을 저지하는 한편 긴급 항공지원을 요청하였다. 동시에 삼학동(三鶴洞)~법성동(法聖洞) 일대에 포진한 한·미 포병부대는 직접 조준사격으로 포격을 집중하여 적을 격퇴하였고, 저들의 근거지인 가산산성에도 포화를 집중했다.

격전이 한창일 때 미군 전투기와 B-26경폭격기가 가산산성 일대에 폭탄 40톤을 투하하여 5번 국도 동쪽 일대 고지를 불바다로 만들었고, 도로 남쪽으로 침투한 적은 미 제1기병사단장 게이 소장이 직접 지휘하는 M-24경전차부대가 격퇴하였다.

적은 서투른 불장난을 한 번 했다가 준비 된 화력에 큰 코를 다쳤다.

16시 05분에는 동명동 부근에 있는 미 제8군 야전포병대대진지에 적 박격포탄이 집중되었고, 25분 후에는 포병대대 사격지휘소(FDC)에 포탄 두 발이 명중하여 장교 4명과 하사관 2명이 전사하는 사태가 일어났다. 대대

본부가 이동해야 하는 혼란을 겪었지만 포대는 이 와중에서도 지원사격을 계속하여 사격 통제 기능의 우수성을 과시했다.

포병진지에 적 박격포탄이 떨어지는 순간 한 병사가 2~3m 공중으로 떠올랐다가 떨어졌다. 죽었다고 생각했는데 잠시 후 일어나서 사격을 계속했다. 이를 본 제11연대 본부요원들이 박수를 치며 격려했다.

미 제27연대장 미카엘리스 대령은 미 제8군사령부에

"제1사단이 싸우지도 않고 후퇴하였기 때문에 적이 1,000명이나 침투하였다."

고 보고하여 미 제8군사령부에서 진상조사단을 파견하는 사태가 벌어졌다.

미 제27연대와 그 지원부대는 언제나 도로에서 싸웠고, 국군 제1사단은 험준한 고지에서 싸웠기 때문에 서로 통신연락이 잘 유지되지 못하였다. 상황을 잘 모르는 미 제27연대장은 국군이 철수하였기 때문에 자기네들도 방어진지를 지탱할 수 없었다고 보고하였던 것이다.

제1사단장 백선엽 장군은 미 제27연대장이 국군 제1사단은 전의가 없어서 싸우지도 않고 철수하였다고 보고했다는 말을 듣고 크게 분개하여 미 제8군사령부에 항의를 하였다.

사건의 진상을 규명하기 위하여 8군 작전참모 및 그의 보좌관과 군사고문단 장교들이 제1사단을 방문하여 조사하였다. 제1사단은 고지를 그대로 지키고 있었다. 결국 제27연대장의 보고가 전연 사실과 다르다는 것을 알게 되었다.주)

국방부 『한국전쟁사』 제3권 p215, 216

일본 육전사연구보급회 『한국전쟁』 2 (p249, 250)는 이렇게 기술했다.

"이 전투에서는 연합작전에서 흔히 일어날 수 있는 약간의 마찰이 생겼다.

…… 미 제27연대는 도로를 중심으로 계곡을 방어하고 있었고, 한국 제1사단은 그 양측 고지를 점령하고 있었다. 그러므로 국군이 격퇴당하면 미 제27연대

는 곧 포위를 당하게 되어 있었다. 그러므로 미카엘리스 연대장의 관심이 좌우에 있는 국군의 동향에 쏠리고 있는 것은 당연하였다.

…… 8월 22일 밤에는 북한 제1사단이 연대의 우측으로 침투하여 후방을 차단하기에 이르자 미카엘리스 대령의 불만이 폭발하여 워커 장군에게

'국군에게 전의가 있는 것으로 생각되지 않는다. …… 좌측 부대가 멋대로 철수하였기 때문에 연대 좌측 후방으로 약 1천명의 적이 우회하였다. 연대는 바야흐로 포위 직전에 놓여 있다.'

고 호소하였다.

제8군은 국군의 실정을 조사하기로 하였다. 한국 사단에게 전의가 없다면 부산에 대한 방어 구상이 근본적으로 뒤집히고 마는 것이다. 그런 말을 들은 백선엽 사단장은 매우 분개하여 국군에게 전의가 없다고 한 말을 반박하고 나서

'……좋소! 그렇다면 진지를 서로 바꾸어 봅시다. 미군이 산 위에서 소총만 가지고 전투를 해 보시오. 우리들이 미 제27연대가 받은 것과 같은 지원을 받아 가면서 계곡을 지키도록 하겠소. 어떻게 되나 봅시다.'

하고 평소에 쌓였던 울분을 터뜨렸다고 한다.

제8군의 참모와 고문단이 한국 제1사단의 전1선을 답사하였다. 국군은 백선엽 사단장이 말한 그대로 그 고지를 고수하고 있었다."

## 6. 대단원의 막을 내리다

**전선 조정**

8월 19일 미 제2사단 제38연대가 부산에 상륙하여 전 사단이 8월 24일 낙동강전선(창녕~영산 지구)에 투입된 것을 계기로 UN군의 방어 정면을

넓히고, 국군의 방어 정면을 좁히는 전선 조정이 있었다.

30일 국군 제1사단의 왜관·다부동 지역을 미 제1기병사단이 맡고 제1사단은 신령 지구의 제6사단 지역 일부를 맡아 대율동(大栗洞-군의군 缶溪面-팔공산 북록 제2석굴암 있는 곳)으로 이동했다.

국군 방어 정면이 축소되어 전력 부담이 줄어든 반면 미 제1기병사단 정면이 확대되어 전력 부담이 늘어났는데 미 제2사단 제23연대가 그 일부를 맡고, 25일 부산에 상륙한 영연방 제27여단을 증원하여 보강했다.

### 다 같이 망하는 전쟁을 누가? 왜?

다부동 전투는 낙동강 방어선 전투 중 최대 격전이었다. 6·25전쟁 전 과정을 통해서도 최대 격전이다. 전투 기간이 가장 길었고(8월 13일부터 30일까지), 투입된 병력이 아군 약 11,000명, 적군 약 30,000명으로 추산되어 도합 40,000명이 넘고, 죽은 사람만 10,000명을 헤아린다.

무엇보다도 제11연대 정면 신주막에서는 좁은 계곡에서 개전 후 처음이자 마지막으로 쌍방 20대 이상의 전차가 맞붙어 전차전을 벌였다.

8월 13일부터 30일까지 제1사단이 거둔 전과를 국방부 『한국전쟁사』는 다음과 같이 기록하였다. 그러나 정확하다고는 볼 수 없다.

지금까지 치른 어느 전투에서도 전과와 피해를 제대로 파악하기는 어려운 일이었지만 특히 다부동 부근 전투(Y주저항선)에서는 진퇴가 빈번하고 혈전의 연속인데다가 행정요원들을 모두 전투에 투입하여 행정의 마비상태를 가져왔으므로 제대로 파악될 수 없었다.

### ▌인명 살상

적 사살이 5,690명, 부상자가 얼마인지는 알 수 없으며, 포로가 159명이다.

사살에 비하여 포로가 지나치게 적다. 술을 먹여서 돌격시켜 죽음으로 몰아넣었고, 독전대가 도사려 후퇴나 귀순을 할 수 없었기 때문에 포로가 거의 없었다고 해도 과언이 아니다.

▎장비 노획 및 파괴(1950. 8. 13.~30.)

| | | | | |
|---|---|---|---|---|
| 노획 | 장 총 | 901정 | 다 발 총 | 8정 |
| | 경기관총 | 98정 | 중 기 관 총 | 67정 |
| | 자동소총 | 7정 | 기 관 단 총 | 8정 |
| | 기병소총 | 26정 | 저격용 소총 | 5정 |
| | 반전차포 | 16문 | 대 전 차 포 | 10문 |
| | 박 격 포 | 19문 | M 1 소 총 | 8정 |
| | 기 관 포 | 2문 | 곡 사 포 | 14문 |
| | 신호권총 | 2정 | 경기관총 탄창 | 267개 |
| | 수 류 탄 | 387발 | 반전차 포탄 | 74발 |
| | 각종실탄 | 23,250발 | 포 차 | 5대 |
| | 전 화 기 | 4대 | 쌍 안 경 | 1개 |
| 파괴 | 전 차 | 9대 | | |

자료 : 국방부 『한국전쟁사』 제3권 p188, 189

### 참고문헌에 기록된 전과의 차이

| 전과 내용 | 국방부 한국전쟁사 제3권 p188, 189 | 안용현 한국전쟁비사 2 p154 | 일본 육전사연구보급회 한국전쟁 [2] p243-248 |
|---|---|---|---|
| 포 로 | 159명 | 216명 | |
| 각종 포 | 61문 | 89문 | |
| 기 관 총 | 165정 | 354정 | |
| 각종 소총 | 965정 | 2,297정 | |
| 전차 파괴 | 9대 | 17대 | 14대 - 13대 |
| 자주포 파괴 | | | 4문 - 5문 |

* 일본 육전사연구보급회 『한국전쟁』 [2]는 미 제27연대의 전과에서 기술한 내용이다. 전차와 자주포 파괴에서 제1사단과 미 제27연대의 것을 구분할 수는 없다.

## 아군의 피해

아군 피해에 대한 공식 기록은 없다.

백선엽 사단장은 그의 저서 『군과 나』에서 제1사단의 전사자가 2,300명이라고 했고, 다부동 전투 구국용사회가 확인한 전사자는 4,090명이다.

부상자가 얼마인지는 기록이나 증언이 없다. 제1사단 참모장 석주암 대령은 1일 평균 700여 명의 사상자를 냈다고 증언했고, 제12연대 김점곤 부연대장은 전투기간 중 제12연대에서만 3,000명의 인명 손실을 보았다고 증언했다. 엄청난 희생의 단면일 뿐이다.

죽은 사람이 누군지, 몇 사람이나 죽었는지 정확히 아는 사람은 아무도 없다. 그저 어림짐작으로 기록하거나 말한 숫자일 뿐이다.

한국전쟁비사는 "8월 13일부터 매일 평균 600~800명의 사상자가 발생하여 창군 이래 고참병은 10%도 남지 않았다."(제2권 p153)고 하면서 제12연대의 전투상보에 의한 피해 상황 일부를 소개했다.(앞 같은 p156)

| 기간 | 부대 | 지 역 | 전 사 | 부 상 | 실 종 | 합 계 |
|---|---|---|---|---|---|---|
| 8월 22~23일 | 제3대대 | 유학산 | 30명 | 147명 | 37명 | 214명 |
| 8월 24일 | 제2대대 | 수암산 | 7명 | 47명 | 295명 | 349명 |

다부동전투구국용사회가 확인한 전사자는 다음과 같다.

| | 구 분 | 전사자 수 | 비 고 |
|---|---|---|---|
| 국군 | 제1사단 | 2,504명 | 1950년 8월 1일부터 9월 24일까지(해평, 석적 전투 포함) |
| | 제7사단 제3연대 | 29명 | 1950년 8월 23일부터 28일까지 |
| | 제8사단 제10연대 | 157명 | 1950년 8월 19일부터 30일까지 |
| | 소 계 | 2,690명 | |
| | UN군 | 1,281명 | |
| | 경 찰 관 | 111명 | |
| | 기 타 | 8명 | 민간인 6명, 징용자 1명, 방위군 1명 |
| | 합 계 | 4,090명 | |

### 시산혈하

국방부 『한국전쟁사』는 제1사단이 Y방어선 전투 전과에서 적 5,690명을 사살했다고 기록했다. 그리고 낙동강 연안 전투에서 6,867명을 사살한 것으로 기록하여 낙동강 방어선이 형성된 이후(8월 3일부터) 다부동 전투가 끝난 8월 30일까지 제1사단의 공식 기록상 적 사살은 12,557명이다.

그때 상황에서 전사자나 사살한 적을 정확하게 파악할 방법은 없었다. 그래서 그 숫자를 정확하다고 보기 어렵다. 융단폭격에 죽은 수가 얼마인지 확인되지 않았고 낙동강을 건너다가 폭격에, 포격에, 소총에 맞아 죽은 사람이 수없이 많았지만 물속을 뒤져서 헤아려 볼 수는 없었다.

포남동 낙동강 백사장에는 시체가 새까맣게 쌓여 있었다고 했고, 유학산과 수암산, 328고지 일대는 시체로 산을 한겹 덮었다고 했다. 다부동 길과 계곡에는 시체가 널려 있었다.

전선을 교대한 미 제1기병사단은 시체를 치워주지 않으면 진지를 인수하지 않겠다고 했고, 제1사단은 도망치다시피 전선을 빠져 나왔다.

미 제1기병사단은 불도저로 시체를 밀어 묻었다고 한다.

귀순한 북한군 제13사단 참모장 이학구 총좌는 사단 병력이 1,300명밖에 안 남았다고 했다. 낙동강전선에 투입된 병력이 13,000명이었으니까 이 사단에서만 10,000명이 넘는 병력이 사상했다는 계산이다.

적 제3사단의 경우 중대장은 특무장이고 중대에 원래의 공산군은 2명뿐 모두 신병으로 채워졌다고 그 사단 의용군이 증언했다. 당초에 투입된 10,000명은 거의 사상했다는 계산이다.

8월 초 이후 하루에 700~1,000명씩 신병을 보충 받았다는 적 제105기갑사단 정치군관의 증언은 북한군의 실정을 대변해 준다.

이 3개 사단은 낙동강전선에서 건제를 잃은 사단이다.

이들의 시체가 산을 덮었고, 그 흘린 피가 낙동강을 물들였다. 그래서 시산혈하(屍山血河)다. 강물 속에 잠겨있는 시체는 뭐라고 하는가?

전쟁이 끝나고도 한동안 시체는 쌓여 있었다. 한동안 무서워서 산에는 가지 못했다. 몇 년이 지나고도 나무를 하러 가거나 묘사(墓祀)를 다닐 때는 능선이나 계곡에서 많은 인골(人骨)이 발길에 걸려 나왔다고 한다.

아곡동(牙谷洞, 속칭 안찔-왜관읍, 303고지 남쪽)에 사는 한 농부가 그 해 가을에 논을 갈다가 쟁기에 시체가 걸려 뒤집혔다. 기겁을 한 이 농부는 쟁기를 세워둔 채 도망을 쳤고, 종내 미쳐서 폐인이 되었다가 죽었다.

10대의 동네 아이들이 산에서 시체를 보고 호기심에서 뒤졌는데 뜻밖에도 돈과 만년필, 시계 같은 요긴한 물건이 나왔다. 이후 아이들은 무리를 지어 시체를 찾아 다녔다. 재수가 좋으면 횡재를 했다.

가난하던 시절에 새로운 풍속도가 형성된 것이다.

그뿐만이 아니었다. 총과 실탄을 주워서 사격 연습을 했고, 수류탄을 주워 가지고 강가에 널려 있는 북한군 시체에 투척하고는

'인민군 하나 죽였다.' 고 무용담을 늘어놓았다.


## 몇 가지 짚고 넘어가자

### 국방부 『한국전쟁사』의 내용이 너무 간략했다

나는 이 책을 쓰면서 전투경과는 국방부 전사편찬위원회가 편찬한 『한국전쟁사』를 기간으로 삼았다. 그러나 제9장

제2절 「중부 방면 방어전」 중 「3. 해평 지역 전투」, 「4. 석적 지역 전투」와

제4절 「구국의 전장 다부동」은 국방부 전사편찬위원회가 편찬한 『다부동전투』를 기간으로 하여 기술했다.

다부동 부근 전투는 낙동강방어 전투에서 가장 규모가 큰 전투였다.

아군 증강된 1개 사단(5개 연대)과 북한군 4개 사단이 맞붙어 싸웠다. 여기에 B-29중폭격기 98대가 출격하여 융단폭격을 한 외에 연 수 백대의 폭격기와 전투기가 가세하였다.

가장 긴 기간 싸웠다. 8월 3일부터 30일까지 꼭 한 달간이다.

가장 희생이 많은 전투였다.

쌍방의 사상자가 1만 명을 넘고 포로와 실종된 사람은 다 알 수도 없었다. 전차와 포 그리고 각종 차량과 장비 손실은 이루 말할 수 없고, 산이 뭉개지고 들이 파여 훼손된 자연은 원상으로 돌아오는데 몇 십 년이 걸렸다.

공세전환의 전기를 마련한 전투였다.

북한군 3개 사단이 궤멸했고, 꺼져가던 국군의 전의가 되살아났다.

풍전등화가 된 대구를 지켰다.

대구는 북한군 122mm곡사포의 사정권 안에 들어 있었다. 대구가 북한군 손에 들어가는 것은 시간 문제였다.

다부동 전투를 치른 후 북한군은 사실상 폐퇴의 길로 접어들었다.

이와 같음에도 불구하고 위 『한국전쟁사』는 다른 지역의 어느 전투에 비해서도 내용이 너무 간략하고 소홀하게 다루어져 있다.

단편적이 예에 지나지 않지만 양으로 비교해 본다.

| 전투지역 | 아군 | 적 | 전투기간 | 일수 | 전사 | 쪽수 | 전사 |
|---|---|---|---|---|---|---|---|
| 낙동강 연안 | 제1사단 | 3개 사단 | 8. 2~12 | 13일 | p125~151 | 27쪽 | 제3권 |
| 다부동 부근 | 제1사단 | 3개 사단 | 8. 13~30 | 18일 | p152~193 | 42쪽 | 제3권 |
| 단양 부근 | 제8사단 | 1개 사단 | 7. 8~12 | 5일 | p158~203 | 46쪽 | 개정2권 |
| 진천~청주 | 수도사단 | 1개 사단 | 7. 6~17 | 12일 | p274~326 | 53쪽 | 개정2권 |
| 풍기~영주 | 제8사단 | 2개 사단 | 7. 18~23 | 6일 | p330~378 | 49쪽 | 개정2권 |
| 문경 부근 | 제6사단 | 2개 사단 | 7. 13~16 | 4일 | p379~421 | 43쪽 | 개정2권 |
| 점촌 부근 | 제6사단 | 2개 사단 | 7. 19~28 | 10일 | p664~705 | 42쪽 | 개정2권 |

『한국전쟁사』(전 10권)와 『다부동전투』(단행본)는 같은 국방부 전사편찬위원회가 발간하였는데 다른 내용이 너무 많아 많은 혼란을 가져오게 한다.

일일이 다 열거할 수 없을 정도다. 중요한 부분에서는 양자를 함께 기술하거나 또는 *로 표시하여 비교 기술했지만 다는 아니다.

전투 상황은 특성상 참전자의 증언을 토대로 기술할 수밖에 없고, 그 증언이 증언자가 자기 본위로 진술하여 과장되거나 자신의 공으로 돌리려는 의식을 배제하기가 어려우므로 이것을 조정하는 것은 집필자의 몫이다. 그런데 그렇지 못한 아쉬움을 남기고 있다. 앞으로의 과제다.

▍소대장 대리는 모두 일등상사?

소대장을 대리한 하사관은 대부분이 일등상사로 되어있다. 「홀소나루 도하저지전」과 「154고지 공방전」에서 투혼을 발휘한 제13연대 제9중대 제3소대장 대리 박선문 이등상사 한 사람만 예외다.주) 국방부 『다부동전투』 p86, 99

일등상사가 그렇게 흔하지 않았다. 당시 소대 선임하사관은 대부분 이등상사였고, 일등상사는 중대 인사계(요즈음의 주임상사) 한 사람이었다. 물론 이등상사인 경우도 있었다. 소대장 대리는 다른 데서 일등상사를 데려다 시킨 것이 아니고 그 소대 선임하사관이 맡았다.

기록으로 확인할 수 없어서 정확하게 말할 수는 없지만 내가 제1사단에 2년이 넘게 있는 동안 대대 안에 소대 선임하사관이 일등상사인 경우는 없었다. 일등상사는 각 중대 인사계와 대대 인사계 밖에 없었다.

▍8월에 입대한 신병이 8월에 하사(병장)

① 『다부동전투』는 8월 21일 「어린 학도병의 울음」에서

"수색대장은 하도해(河到海) 하사(1934. 8. 3 생. 경북 경주. 대구문화중학교 4학년

에 재학 중 학도병으로 지원입대)*1에게 적정 보고 연락임무를 부여했다. 이때 하 하사는 첩첩산중에서 방향도 제대로 분간할 수 없는 밤중에 사단사령부로 혼자서 찾아갈 자신도 없거니와 무섭기도 했다. 그렇다고 명령에 복종하지 않을 수 없게 되자 그만 울음보를 터뜨리고 말았다.

수색대장은 그제야 그가 어린 학도병이라는 것을 깨닫고 다른 학도병 안봉근 하사(1935. 10. 5생. 당시 16세. 군위농업중학교 3학년 재학 중 지원입대)*2를 같이 가도록 지시하였다." 주)

국방부 『다부동전투』 p272

* 1 대구문화중학교는 경주문화중학교의 잘못이다.
* 2 안봉근은 2학년, 14세 입대(1950. 8. 5 입대 – 1935. 10. 5생. 14년 10월)
류형석 편저 『우리들의 아름다운 날을 위하여』 본인 수기

② 8월 24일 「자해사고」에서

"그는 대구상업중학교 6학년에 재학 중 학도병으로 지원 입대한 사병이었다. …… 잠시 뒤 수색대장은 대원들을 모아놓고 '명사수로 이름난 내가 10보 앞에서 4발을 쏘았는데도 박(朴) 하사에게 총탄이 맞지 않았던 것은 하늘의 뜻이다.'" 주)

국방부 『다부동전투』 p165

이 세 사람의 계급은 이등병이다. 당시 하사는 지금의 병장이다.

사단 수색중대는 8월 4일 사단사령부가 오상중학교에 있을 때 경주문화중학교 및 경주공업중학교 학생 100여 명과 군위농업중학교 학생 12명 등 계 120명으로 편성하였다. 이들은 8월 5일 군번과 계급을 받았다.

8월 5일 입대한 사병이 21일 하사가 될 수 없다.

▶ 제8장 제3절 「1. 학도병 – 필사즉생」 증언 참조

| 진중가요 〈전우야 잘 자라〉는 그때 나오지 않았다

『다부동전투』는 328고지 전투 상황 「5) 전우의 시체를 넘고 넘어」(p156)

에서 이렇게 기술했다.

"제3중대 제1소대 향도 정재중(鄭在中) 일등중사는 공동묘지 모퉁이의 진지로 찾아갔더니 실종된 줄로만 알았던 화기분대장 박노식(朴魯植) 이등중사가 호 속에 앉아 있기에 반가운 김에 "박 중사" 하고 손을 대니까 그의 몸은 싸늘하게 식어 있었는데 그는 기관총 손잡이를 꼭 잡고 눈을 부릅뜬 채 적진을 노려보고 있었다. …… 그의 두 눈을 살며시 감겨주는 소대 향도의 두 눈에는 이슬이 맺혔다. 이 장면을 옆에서 지켜보던 학도병 하나가 낮은 목소리로 전우가(戰友歌)를 부르자 금세 병사들이 합창하기 시작했다.

전우의 시체를 넘고 넘어 앞으로 앞으로
낙동강아 잘 있거라 우리는 전진한다.
원한이야 피에 맺힌 적군을 무찌르고서
꽃잎처럼 사라져 간 전우야 잘 자라

희생된 전우를 애도하는 …… 악에 북받친 듯한 노래 가락이 살벌한 전장과 조화되어 멀리멀리 메아리쳐 나갔다." 주)

국방부 『다부동전투』 p156

심금을 울려주는 감동적인 묘사다. 그러나 소설이다.
그때 〈전우가〉가 아닌 〈전우야 잘 자라〉는 나오지 않았다.
낙동강 안에서 허덕이고 있을 때인데 어떻게
"낙동강아 잘 있거라 우리는 전진한다."
고 할 수 있었겠는가? 생각해 보면 알 일이다.
우리는 이 진중가요를 다음해 2월 천안에서 배웠다. 1·4후퇴 후다.
〈전우야 잘 자라〉는 4절로 되어 있다.
제1절은 "낙동강아 잘 있거라 우리는 전진한다."

제2절은 "추풍령아 잘 있거라 우리는 돌진한다."
제3절은 "한강수야 잘 있었냐? 우리는 돌아왔다."
처음에는 이렇게 3절까지 나왔다.

낙동강전선의 장병들이 서울에 진주했을 때까지의 상황을 표현했다. "우리들은 돌아왔다."는 이를 의미하는 종결형이다.

제4절 "우리들이 가는 곳에 삼팔선 무너진다."
는 후에 추가된 가사다. ▶ 〈전우야 잘 자라〉 가사 : 제8권 뒷표지 참조

동시에 작사한 것이었으면 "삼팔선 무너졌다."로 됐을 것이다. 애석하게도 무너진 38선이 되살아나서 다시 무너뜨려야 할 과제로 남은 것이다.

### 赤狗(적구)와 敵軍(적군)

〈전우야 잘 자라〉는 진중가요다. 그러나 이는 국민가요가 됐다. 군인뿐만 아니라 일반인은 물론 국민학생에 이르기까지 가장 많이 불린 노래다.

그런데 가사 중 제1절 제3소절

"적구(赤狗)를 무찌르고서"가 "적군(敵軍)을 무찌르고서"

로 변질되어 불리고 있다. 방송에서도 신문에서도 모두 적군이다. 우리와 싸운 상대였으니까 당연히 적군으로 생각했을 것이다. 틀린 말은 아니다.

어느 해 다부동전투구국용사회 기념행사 팸플릿(pamphlet)에 〈전우야 잘 자라〉 가사가 실려 있었는데 역시 적군으로 잘못 표기되어 있어서 적구로 바로 잡아준 일이 있다. 그런데 그해 한번 제대로 표기하고는 다음 해에 다시 적군으로 되돌려져서 회장에게 그 이유를 물었더니 대답이 걸작이다.

"적군이 맞는 모양이야."

타성(惰性)은 이렇게 무서운 것이다.

〈전우야 잘 자라〉를 배울 무렵 사단에서 발간한 회보에 가사가 실려 있었고,

나는 그것을 보고 익혔기 때문에 구두로 선창하고 복창하며 배운 사람과는 달리 정확하게 가사를 기억하고 있다.

우리에게는 적군은 없었다. 저들은 적국이 아니었기에 적군이 될 수가 없다. 저들이 입만 벙긋하면 저들만의 전유물인양 '같은 민족'을 뇌까리지만, 실상은 국제공산당의 이념을 쫓는 저들에게서 우리는 적화의 대상일 뿐이다.

그래서 저들은 공산당의 주구(走狗) 곧 적구인 것이다.

1946년 1월 7일 반탁학생총연맹이 결정되었을 때 내건 구호가

'신탁통치배격', '적구소탕(赤狗掃蕩)'이다.

나는 그 후 헌병학교에서 교육을 받았다.

그때 헌병학교의 구호가

'적구타도(赤狗打倒)'였다.

'하나', '둘', '셋', '넷' 구호 대신에 '적', '구', '타', '도'를 외쳤다.

적군은 인간이 존재하면서부터 생겨났고, 앞으로도 없어질 수 없는 존재다. 그러나 적구는 사람에게 기생하는 병마와 같아서 있어서는 안 되는 존재다. 그러기에 소탕해야 하고, 타도해야 하고, 무찔러야 할 대상이다.

"적구를 무찌르고서"와 "적군을 무찌르고서"는 들어서 구분하기 어렵다. 의례히 '적군'이려니 하고 당연시 했을 것이다.

저들이 차라리 적이었다면 그토록 "원한이 피에 맺히"지는 않았을 것이다.

나는 속이 상했다. 내 말을 누가 믿어 주겠는가? 국방부 문화과에 전화를 걸었다. 사연을 말하고 잘못된 군가의 가사를 바로 잡아 달라고 말했다.

전화를 받은 사람은 홍일표 중령.

"선생님 말씀을 듣고 보니 이해가 갑니다."라고 했다.

가사를 확인해 보더니 군가가 아니고 '진중가요'라고 하면서 국방부에서 간여(干與)할 성질이 아니라고 했다. 그러면서도 관심을 보여 주었다.

홍 중령은 작사자 유호 선생에게 전화를 걸었다. 유호 선생 말씀이

"적구가 언제부터인가 적군으로 바뀌어 불러지더라."

고 하더라는 것이다.

나는 그것으로 만족했다. 그리고 국방일보에 전화를 걸어 사실을 알리고 보도해 달라고 부탁했다. 군인만이라고 제대로 부르게 하고 싶었다.

국방일보 윤병노 기자가 박스 기사로 보도했다. (2008년 6월 25일 보도)

구국의 전장 다부동(앞 광장에 다부동전적기념관이 세워졌다)

## 7. 이런 일도 있었다 – 전장비화(戰場秘話)

### 주저앉아 울고 싶었다

"다부동 전투로 낙동강전선 최대의 격전이라 알려진 이 전투는 나의 1사단뿐만 아니라 국군 1개 연대, 미군 2개 연대 등 3개 연대가 증원부대로 가담했다. 또 미 공군의 항공 지원이 있었고, 주변의 민간인들도 가세했다.

1사단은 여기서 장교 56명을 포함해 2,300명의 전사자를 냈다.

물론 적군은 이보다 2배 이상인 5,690명이 전사한 것으로 집계됐다.

내일 주저앉아 울고 싶을 정도의 인원 손실을 입었다. 그러나 후방의 청년 학생들은 전선을 자원하여 그 틈을 메워 주었다. 이들은 소총 사격과 수류탄 투척을 제대로 배울 틈도 없이 곧바로 전선에 투입되어 실전을 통해 전투를 배워야 했다.

인근의 주민들은 지게를 메고 나와 전방고지의 포화를 무릅쓰고 탄약, 식량, 물과 보급품을 져 올렸다.

인명피해가 너무 많아 육군본부에서 실태조사를 나올 지경이었고 고지를 미군에게 인계할 때는 미군들이 "시체를 치워주지 않으면 인수받지 않겠다."고 버틸 정도였다.

살아남은 자의 훈장은 전사자의 희생 앞에서 빛을 잃는다.

나는 이 전투가 그렇게까지 중요한지 알지 못했었다. 무아지경에서 하루하루 최선을 다해 지휘했을 뿐이다.

그 과정에서 적군이 끝없이 밀려오고 또 미군이 중첩해 증파되는 것을 보고, 그리고 정일권 육군 총참모장과 워커 8군사령관 및 미 육군 참모총장 콜린스 대장까지 사단을 방문하여 전황을 점검하고 격려해 주는 것을 보고 이 전선의 막중함을 차차 깨닫게 됐다."(백선엽 장군의 『군과 나』에서)

### 북한군 포병연대장 귀순

8월 22일 10시경에 북한군 제13사단 포병연대장 정봉욱 중좌(중령)가 제11연대 제2대대에 귀순했다. 한 손에 백기를 들고 사병 1명을 데리고 왔다. 그가 허리에 찬 가죽 가방에는 작전지도가 들어있었다.

그는 남침에 대하여 불만을 가지고 있었다.

첫째는 남침을 해 놓고 적반하장으로 남한에서 북침을 했다고 주장하는 간교한 김일성의 태도에 혐오감을 느끼고 있었고,

둘째는 1인 독재 체제를 유지하는 수단으로 정치군관을 일선 부대에 배치하여 작전에까지 일일이 간섭하는 것에 굴욕을 느껴 왔다고 했다.

어느 날 정봉욱 중좌는 사단장 최용진에게 불려가서 유학산과 다부동에 대한 포격을 잘못하여 작전이 실패했다고 책임 추궁을 받았다.

당시 적 제13사단의 포 위치에서 제1사단진지까지는 10km가 넘어 포 사거리가 짧았으므로 적정 사거리를 유지하려면 포진지를 앞으로 옮겨야 하는데 그렇게 되면 포 위치가 노출되어 미군 전폭기의 공격대상이 되기 때문에 현재의 과수원진지를 떠날 수가 없었다.

정봉욱 중좌는 이러한 사실을 들어 변명하다가 사단장과 언쟁이 벌어졌고, 이로 인하여 정봉욱은 신변의 위험을 느끼고 고민하다가 탈출을 결심한 것이다. 다른 한편으로는 전세가 기울어 달리 살 길을 찾아야 했던 것도 원인이 됐을 것으로 판단되었다.

### ▌정봉욱

정봉욱 중좌는 귀순 후 국군에 편입되어 사단과 군단 포병사령관을 지냈고, 제3사관학교 교장과 육군제1훈련소장을 역임하면서 강병 양성에 기여했다. 제3사관학교장 재직 중에는 실전 같은 훈련과 독특한 교육방법을 도입하여 사관 교육에 새로운 전기를 마련하였다.

한 여름에 분대단위로 완전무장을 하고 10km구보를 시켰다. 교관이 따라 가면서 생도들의 동태를 관찰하여 완급을 조절하고 이상징후가 보이면 열외시켜 안정을 취하게 하거나 심하면 응급처치를 하여 안전사고에 만전을 기했다.*

---

\* 후임 교장이 "쩨쩨하게" 분대단위가 뭐냐고 하면서 소대단위로 구보를 시켰다가

통제불능으로 일사병환자가 발생하여 사망하는 사고가 일어났다. 구보훈련은 취소되었다. 정봉욱 장군이 분대단위로 구보훈련을 시킨 것은 "쩨쩨해서"가 아니라 그런 형태의 강압훈련을 가장 효과적으로 통제할 수 있는 단위를 정한 것이었다.

연병장에 원을 그려 링을 만들어 놓고 2개 분대를 몰아넣어 분대단위 집단권투를 시킨 것은 유명한 이야기다. 권투 장갑을 끼고 상대방을 사정없이 두드려 패게 하여 그로기 상태에 이른 생도는 교관이 밖으로 끌어낸다. 마지막에 남은 숫자를 가지고 승패를 판정한다.

분대전투, 소대전투훈련 등을 따로 하지 않는다. 한번 야외 훈련을 나가면 복합적으로 실시했고, 며칠씩 산악에서 야영을 하며 훈련을 계속하여 실전을 방불케 하였다. 일반적으로는 해가 지면 학교로 돌아왔다.

"전투를 하다가 해가 졌다고 철수하면 되겠느냐?"는 것이 그의 변이다.

한겨울에 야영을 할 때는 한 사람씩 반대로 눕혀 다리를 반대편 사람의 가랑이 사이에 끼어 넣고 자게 한다. 예를 들면 A생도의 가랑이 사이에 오른쪽 반대편에 누운 B생도의 오른쪽 다리와 왼쪽 반대편에 누운 C생도의 왼쪽 다리가 끼이고, A생도의 오른쪽 다리는 B생도의 가랑이에, 왼쪽 다리는 C생도의 가랑이에 각각 들어간다. 서로의 체온이 상가작용을 하여 어떤 추위도 견뎌낼 수 있고 동상에 걸리지 않는다.

제2군사령부에서 생도의 특식용으로 소가 공급되었다.

'전투 중에 며칠씩 굶었는데 소가 발견되면 어떻게 잡아먹겠느냐?'고 하면서 연병장에 전 장교들을 모아 놓고 소 잡는 시범을 보였다.

"인민군을 나보다 더 잘 아는 사람이 있으면 나와 보라고 해라."고 하면서 기존 틀에서 벗어난 독특한 교육을 시켰다.

**안용현『한국전쟁비사』2는 다음과 같이 소개했다.**

"정 중령은 후일 한국 육군에 편입되어 후진 양성에 기여했으며, 특히 제2사관학교장 시절에는 육본 작전참모부장 이병형 소장에게 '현재 초급지휘관 양성 요령은 학술에 치우쳤다. 초급지휘관이라면 자기가 보유한 전 장비의 성능은 물론 적 장비에 이르기까지 눈을 감고도 분해 · 결합 · 조작할 수 있어야 하고 산과 계곡을 다람쥐같이 펄펄 날 수 있어야 한다. 또한 자동차운전은 필수적이며 전문지식을 갖추어야 한다.' 고 건의하는 것을 저자는 옆에서 듣고 감명을 받았다. 그의 결론은 '장교는 일반학과보다 전투기술을 위주로 교육이 되어야 한다.' 는 것으로 그는 많은 일화를 남기고 소장으로 예편했다."

논산훈련소장 재임 중에는 부정의 온상 주보의 납품비리를 척결하였다. 주무부서인 원호과장과 감시부서인 헌병, 감찰참모 등의 보직을 바꾸어 먹이사슬의 연결고리를 모두 끊음으로써 납품에 따른 부정이 더 이상 발을 붙이지 못하게 하였다. 그는 이렇게 말했다.

"부정은 용수철 같아서 힘이 약해지면 언제든지 다시 튀어 오른다."

그가 있는 동안 부정은 발을 붙이지 못하였다.

### ▌정봉욱 장군의 분신 류동석(柳東錫-중령 예편)

그는 정봉욱 장군이 사단 포병사령관을 할 때 예하 포병대대 S-3(작전관, 대위)로 있으면서 알게 되었고, 소령으로 진급하여 제5군단 포병사령부 통신과장을 맡았다. 예하의 통신이 유무선 가리지 않고 제대로 소통이 되지 않자 포병사령관이 작전통인 그를 통신과장에 보임한 것이다. 그는 사령관의 기대대로 포병사령부 예하의 통신을 완전무결하게 소통시켰다.

포병사령부 자체경계시범훈련이 있었다. 진지 전방에 인계철선으로 폭약을 연결하여 어느 폭약에 소총 한 방만 맞아도 전체 폭약이 연쇄적으로 폭발하여 적이 접근할 수가 없게 된다.

통신관장 류동석 소령이 주관하여 훈련계획을 작성하고 지휘를 보좌했다. 공병이 따로 없는 포병이어서 전선 가설을 통신병이 맡은 것이다.

포병훈련에 관심이 많은 제5군단 부군단장이던 정봉욱 소장이 훈련을 참관했고, 훈련에 만족하면서 류동석 소령의 능력을 높이 평가했다.

정봉욱 장군이 제3사관학교 창설준비위원장으로 임명되자 류동석 소령을 창설요원으로 발탁했고, 개교 후에 학술학부 일반학과 과장으로 보임했다가 얼마 후에 생도의 학력평가에서 부정사건이 일어나자 평가실장으로 전임시켰다. 그는 정봉욱 장군보다 한 술 더 뜨는 꽁생원이다.

사관학교에서 기강의 핵심은 학생들의 공정한 평가에 있다. 소수점 이하의 점수 차이로 임관에서 탈락하는 현실에서 부정이 없을 수가 없다.

정봉욱 장군이 논산 육군제2훈련소장으로 전임하면서 그를 데리고 가서 원호관장을 시켰다. 원호과장은 주보를 관리하고 주보물품을 구매하는 중요한 직책인 동시에 현실적으로 부정의 연결고리 역할을 하는 자리이므로 아무나 갈 수 있는 자리가 아니었다. 이러나저러나 훈련소장의 신임이 두터운 일급참모가 가는 자리다.

정봉욱 소장이 훈련소에서 처리하여야 할 최우선 과제는 주보 운영을 혁신하는 것이었다. 납품 비리를 제거하고, 독점으로 운영되어 선택의 여지 없이 이용할 수밖에 없는 장병가족들의 원성을 해소해 주며, 나아가서 부정의 연결고리를 삼제하는 것이다. 이를 처리할 사람은 류동석 소령밖에는 없었다. 제3사관학교에서 평가실장을 맡긴데 이어 두 번째 개혁업무다.

정봉욱 장군은 그가 원하는 개혁을 류동석 소령을 통하여 실현하였다. 능력과 소신과 추진력 그리고 청렴강직한 생활태도가 정봉욱 소장과 한 바리(소나 말에 싣는 짐)에 실어 기울지 않는다.

　이어서 중령으로 진급시켜 본부사령을 맡겼다.

　어느 날 정봉욱 장군은 류동석 중령에게 돈 5만 원을 주면서 "다른데 쓰지 말고 꼭 TV를 사라." 고 당부한 일이 있다.

자신도 여유가 없으면서 어렵게 사는 부하의 처지를 딱하게 여긴 배려이고, 혹시라도 생활비에 보탤까 봐 간곡한 부탁을 곁들인 것이다.

　그때가 1971년, 중령 집에 TV가 없는 것은 드문 일이었다.

　정봉욱 장군은 또 그와 닮은 한 사람, 박정희 대통령의 신임을 받았다.

　자신의 능력과 소신을 바탕으로 한 거리낄 것이 없는 그의 생활신조는 주위에 오만으로 비춰질 수 있었고, 자기 소신을 지나치게 주장하여 주위로부터 빈축을 사는 경우가 있을 수 있었다. 그리고 그에게는 끌어주거나 밀어줄 인맥이 없었다. 오직 대통령 신임이 전부였다.

　외줄타기 인생. 줄을 놓치면 끝장이다.

　중장으로 진급하여 군단장으로 영전한다는 말이 도는가 싶었는데 느닷없이 육군본부 특별검열단의 감사를 받았다. 그리고 그는 옷을 벗었다.

　류동석 중령은 적어도 그때까지는 군을 천직으로 알고 정력을 다 쏟아 헌신했는데 모든 것이 한순간에 허물어졌다.

　그동안의 보람은 절망으로 변했다.

　존경하던 상관을 따라 그도 옷을 벗었다.

　논산훈련소에서 법무관으로 복무한 헌법재판관출신 모 법조인은 류동석씨는 검찰총장이나 감사원장을 했어야 할 사람이라고 평가했다.

### 여기는 전쟁터요!

| "이곳에서 우리 병사들이 피를 흘리며 싸우고 있소."

1950년 8월 21일 육군본부에서는 제1사단이 일보를 제출하지 않는 이유를 규명하고자 고급부관실(지금의 부관감실)의 중령 1명을 반장으로 한 참모방문반을 다부동에 파견했으며, 사단에서는 그들을 제15연대 제3대대로 안내했다. 제3대대장 최병순 소령은 행정규정만 따지는 그들에게

"전장에 직접 가보면 알게 될 것이다."

라고 말한 뒤에 대대장이 직접 270고지로 데리고 갔다. 참모방문반 일행이 반계동에 이르자 벌써 시체 썩는 냄새가 풍기더니 7부 능선에 진출했을 때는 머리가 아찔해질 정도로 지독해졌다. 그러자 참모방문반 일행은 참지 못하여 손수건으로 코를 가렸다. 이것을 본 대대장이

"그 손수건 치우시오. 이곳에서 우리 병사들이 피를 흘리며 싸우고 있소."

라고 준엄하게 힐책하자 그들은 아무 말 못하고 슬그머니 땀을 닦는 척하며 얼버무리는 것이었다. 이리하여 270고지에 올라서자 눈앞에 펼쳐진 참상에 모두가 어안이 벙벙해져 숨도 제대로 쉬지 못하고 있을 때 포탄 4~5발이 근방에서 폭발했다. 기겁을 한 방문반 일행은 납작 엎드리고 귀를 가리며 일어설 생각도 하지 않고 있었다.

옆에서 태연하게 서 있던 대대장이 쓴 웃음을 지으며

"인명은 재천이니 이제 그만 일어나시오."

라고 한 다음 일선중대에 가보자고 하니까 창백해진 방문관은

"이제는 알았으니 그만 갑시다."

라고 한 후 총총히 산 밑으로 내려가고 말았다. 육본에서는 더 이상 제1사단에 일보를 제출하라는 독촉을 하지 않았다.

이는 곧 상급부대는 책상머리에서 전투부대의 지엽적인 문제를 트집 잡

아 왈가왈부하지 말라는 본보기이기도 했다. (국방부 『다부동전투』 p158, 159)

▎"싸우는 병사들 앞에 그런 모습을 보이지 마시오."

안용현『한국전쟁비사』(제2권 p157, 158)는 이와 다르게 기술했다.

어느 날 육군본부에서는 고급부관 황헌친 대령 일행이 제15연대를 방문하여 최영희 연대장에게

"일보를 며칠씩 보고치 않고, 보고된 것도 틀려 병력 및 보급 판단에 지장을 주고 있는데 그 원인이 어디에 있는가?"

를 따지듯 물었다. 최 연대장은 연대 실정을 소상히 설명했으나 황 대령은 이해할 수 없다는 눈치였다. 그래서

"그렇다면 실상을 알기 위해서 328고지에 가 보는 것이 어떻겠는가?"

라고 말하고 고지로 안내하였다. 328고지 밑에 도달하면서부터 시체 썩는 냄새가 코를 찔러 황 대령을 수행한 중령이 손수건을 꺼내 코를 막았다. 최 연대장은

"여기는 전쟁터요. 싸우는 병사들 앞에 그런 모습을 보이지 마시오."

하고 주의를 환기시키고 중턱으로 올라갔다.

이때부터 한 발을 내디딜 때마다 썩은 시체를 밟게 되고 포탄이 비 오듯 작열하자 황 대령은 '이제 알겠다.'는 한 마디를 남기고 돌아가고 말았다.

▎애! 진짜 군인 같습니다

군인이면 다 같은 군인인가?

이 군인과 그 군인은 분명히 다르다.

전투지휘관인 장교와 사무관리자로서의 장교, 전장을 누비는 병사와 후방에서 근무하는 병사는 많이 다르다. 그래서 '군인 같은 군인'과 '회사원 같은 군인'이 생겨난다. 전시에 말이다.

적을 보고 달려드는 자와 적을 보고 피하는 자,

시체를 끌어다 방패로 삼는 자와 시체를 보고 고개를 돌리는 자,

시체에 걸터앉아 밥을 먹는 자와 시체 냄새에 코를 막는 자,

땀에 절고 흙먼지투성이 옷을 입고 땅바닥에 뒹굴며 먹고 자는 자와

칼날 같이 줄이 선 옷을 입고 티끌이 묻을까 털면서 침대에서 자고 식당에서 밥을 먹는 자

확실히 진짜 군인과 군복 옷걸이와는 차이가 있었다. 그때는 그랬다.

일본 육전사연구보급회 『한국전쟁』 3 (p206)은 「인천상륙작전」, 「한강도하계획」에서 다음과 같은 분위기를 전했다.

"회의장에 들어온 제1선 지휘관들은 서로의 무운을 기원하고 전사한 전우들의 명복을 빌면서 내일 새벽에 있을 도하작전에 대해서 이야기들을 나누었다. 실내는 담배연기로 자욱했다. 마침내 군단 및 사단 참모들이 입회하기 위하여 실내로 들어섰을 때, 제1선지휘관들은 참모들의 깨끗하고 단정한 복장, 말쑥한 얼굴 등을 하나의 존경과 선망의 눈빛으로 바라보았다. 어떤 지휘관은 친구인 참모를 붙들고

'하루라도 좋으니 휴가를 얻어 우리들이 이 전쟁에서 어떻게 싸우고 있는가를 한번 보러 오게.' 하고 농담을 하였다."

내가 소속한 제1사단 제11연대는 1951년 3월 15일 서울을 수복하고, 임진강선에 진출하였다. 대대CP는 문산에 있었다.

4월 어느 날 파주경찰서 경찰관이 위문을 왔다. 전 경찰관이 정성껏 준비한 작품을 가지고 와서 열심히 공연을 했다. 그 무렵 문산에서 피난 갔던 파주군청과 파주경찰서가 금촌(金村-파주시청소재지)에 수복했고, 파주군

민도 많이 수복하여 사람 사는 세상을 만들어 가고 있었다.

대대CP 앞에 있는 밭에서 공연을 했다.

산비탈 이쪽저쪽에서 중대가 모여들었다. 이때 종군기자가 대대CP에 와 있었는데 이 광경을 본 그 기자의 첫마디가

"아! 진짜 군인 같습니다."

그때 우리는 겨우내 입었던 방한복에 방한화를 신고, 방한모를 쓰고 있었다. 흙과 때로 범벅이 된 몰골이 말이 아니었다. 위장을 한 병사도 있었다. 그들은 모두 훈련을 하다가 모인 병사들이다.

"진짜 군인이라니?"

전장에 있는 군인을 처음 본 그 기자, 후방에서 군인 같지 않은 멋만 부리는 군복 옷걸이만 보아왔기에 감탄사가 저도 모르게 터져 나온 것이다.

그는 정신없이 펜을 놀려댔다.

그 기자는 화가였다. 전투 장면을 스케치해서 보도하는 것이다. 그가 온지 며칠 안 되어 전투가 벌어졌다. 새벽 4시경이다. 중공군의 제1차 춘계대공세다.

당시 겨울 복장을 한 저자. 방한복, 방한모, 방한화에, 카빈소총을 메고 권총요대를 띠었다. 중대 소총수들은 M1소총을 가졌고, 투박한 탄대(彈帶)를 허리에 띠었다.

대대OP가 있는 문산국민학교 뒷산으로 올라갔다. 야트막한 산이지만 약 5km 전방에 흐르는 임진강돌출부가 한눈에 들어온다.

천지를 진동하는 포성과 콩 볶듯 하는 총소리가 고막을 울렸다. 형형색색의 불꽃이 하늘을 수놓았고, 그 사이 수많은 별똥이 허공을 갈랐다. 강을 사이에 두고 시뻘건 불덩이가 수없이 오갔고, 고막을 찢을 것 같은 굉음과 함께 천둥소리가 들리면서 곳곳에서 뭉게구름이 피어올랐다.

그 기자 처음 보는 광경에 지금 무슨 일이 벌어지고 있는지도 모르고 흥분해서 어쩔 줄을 몰라 했다. 스케치북에 부지런히 손만 놀렸다.

전투는 며칠간 계속되었고, 우리는 후퇴하여 1주일 후에 수색까지 밀려났다. 경황이 없어 그날 이후 그 기자를 보지 못했다. 그날의 좋은 소재 하나만으로 밥값을 했다고 생각하고 돌아갔을 것이다.

그때 나는 대대무전병이었다. 대대장 옆방에서 기거했고, 그 기자와 며칠 동안 한방에서 지내면서 정이 들었다. 그는 기념으로 나의 초상화를 그려(스케치) 주었다. 귀한 것이어서 집에 부쳤는데 휴가 때 집에 갔더니 아버지께서 사랑방에 붙여놓고 계셨다.

## 파리 목숨

### 무명용사로 취급할 수밖에

1950년 8월 19일 제3대대 인사장교(부관)로 보직된 엄금세(嚴今世) 소위는 이렇게 증언했다.

"대대본부에 가 보니 일보는 물론 각 중대의 현재원 명단도 없고, 행정요원은 한 사람도 남기지 않고 소총 중대로 차출되어 갔다. 오직 위급한 상황을 타개하기 위해서 온갖 노력이 집중되고 있었다.

신병이 대대에 도착하면 명단도 작성할 겨를 없이 소총 중대에 보충되므로 누가 전사하고 어느 병사가 후송되었는지 조차도 알 수 없었다.

중대장과 소대장들도 자기 부대의 현재원이 몇 명인지도 파악하지 못하고 있었다. 그럴 수밖에 없는 것이 쉴 새 없이 떨어지는 포탄이 폭발할 때마다 2~3명씩 희생되고 하룻밤의 격전을 치르고 나면 총원의 30~40%씩 손실되어 다음 날 아침 또 신병이 보충되었으니 무리도 아니었다.

나중에는 분대장이 분대원의 얼굴과 이름도 기억 못하는 지경에 이르기도 했다. 그러니 전몰한 병사들은 무명용사로 일괄하여 취급할 수밖에 없었던 것이다." (국방부 『다부동전투』 p159)

## ▎손전등으로 얼굴을 비추어 보이며 "내가 중대장이다."

8월 18일 제12연대 제1대대는 837고지를 공격 중 적의 저항과 우군기 오폭으로 많은 병력을 잃어 제1중대 병력이 30명 미만으로 줄었다.

제1대대는 행정요원 80명과 신병 180명을 일선 중대에 배치하였다. 통상 보충병과 보급품은 밤 22시 30분~23시에 중대에 도착한다.

제1중대(이종철 중위)는 보충된 병력을 소대에 배치한 후 좁은 산비탈에 건제 순으로 소대를 정렬해 놓고 중대장이 앞으로 나가서 중대에 단 하나밖에 없는 손전등으로 자신의 얼굴을 비친 다음

"내가 제1중대장 이종철 중위다."

라고 소개했다.

다음 소대장을 소대 앞에 서게 하여 같은 방법으로 소개했다. 선임장교를 겸하고 있는 화기소대장만 장교였다. 신병 중에서 중학교 이상 졸업자를 앞으로 나오게 하여 분대장을 임명했다. 이렇게 재편성은 끝났다.

중대장은 신병에게 부상했을 때 스스로 찾아가도록 구호소의 위치를 알려주고 전우가 부축하는 것을 금했다. 그런 다음 소대별로 적진을 향하여

일렬횡대로 산개시킨 후 M1소총 한 클립씩 쏘게 하고 이어서 수류탄 2~3발을 골짜기에 던지게 했다. 신병에게 전투훈련을 겸하여 적에게 건재를 과시하는 시위다. 일석이조의 효과를 노리고 한 작전이다.

소대장들은 화랑담배갑에 소대원 이름을 적어서 보관하고 분대 단위로 통성명을 시켰다. 담배갑이 땀에 젖었거나 문드러졌을 때는 그것도 못한다. 모든 것이 끝났을 때는 03시였다. 잠시 눈을 붙이게 하지만 극성을 부리는 모기떼와 고약한 냄새 때문에 신병들은 잠을 잘 수가 없다.

8월 19일 제12연대 제1대대는 신병 450명이 또 보충되었다.

제1대대 작전관 육장균(陸障均) 중위는 같은 마을(충북 영동)에 사는 중학생 박시대와 민준식 두 사람의 얼굴을 보았다. 격려해 주고 손을 흔들며 보냈는데 다음 날 전사자 명단에 올라 있었다.(국방부『다부동전투』p179~182)

**지옥이 이보다 더 할까!**

328고지 일대는 간단없는 공중공격과 포격으로 갈기갈기 찢어진 시체가 산을 덮었고, 나뭇가지에는 터져 나온 창자와 잘라진 팔다리가 걸려 있다. 암반이라 가매장 할 수가 없었지만 그럴 여가도 없었다. 시체에는 엄지손가락 마디만한 파리가 새까맣게 달라붙었고, 상처에는 구더기가 들끓었다. 무더위가 기승을 부렸고, 고약한 냄새에 숨을 쉴 수가 없다.

병사들은 그 진물이 흐르고 냄새가 진동하는 시체를 쌓아서 차폐물로 삼았다. 암반이라 땅을 팔 수가 없고, 나무 한 그루 없어 달리 차폐물을 만들 수가 없었다. 이때 노무자가 주먹밥을 가지고 왔다. 병사들은 땀과 진물과 흙먼지로 뒤범벅이 된 손으로 밥을 받아먹어야 했다. 그 순간 흰 밥덩이는 파리떼가 달라붙어 새까맣게 변한다. 그래도 먹어야 한다. 그때 적 포탄이 날아와서 시체로 쌓아놓은 차폐물을 박살을 낸다. 살점을 뒤집어 쓴 병사들의 비명이 여기저기서 들린다. 지옥이 이보다 더 할까?

밤이 되면 파리와 모기의 극성에 견딜 수가 없다. 틈새만 있으면 모기가 달라붙어 피를 빨아 먹는다. 인민군보다 더 지독하다고 했다.

### 인명재천

**▎포탄이 떨어져도 죽지 않은 중대장**

8월 17일 제11연대 제1대대는 신주막에서 첫 전투를 치른 뒤 병력 손실이 많아 제1중대가 60여 명, 제2중대는 40여 명으로 줄었고, 제3중대는 중대장 이하 전장교가 전사하거나 부상으로 후송되어 제2소대장 대리 류동인 일등 상사가 1개 소대로 감소한 중대를 지휘하고 있었다.

연대본부 및 직할대요원과 신병 300여 명을 보충하여 재편성했다.

제1중대장 손병준 중위는 재편성을 끝내고 천평동 일대 적정을 정찰하고 돌아왔는데 그때 중대장 연락병이 중대장 호 속에서 깊은 잠에 빠져 있었다. 중대장은 그를 깨우지 않고 옆에 있는 벼랑에 몸을 기대는 순간 호 속에 포탄이 명중하여 자고 있던 연락병이 전사했다.

얼마 후 제1중대에 배속된 제4중대 제1소대장이 찾아와서 야간방어에 대하여 의논하고 있는데 이때 한 발의 포탄이 두 사람이 있는 호 속에 떨어졌다. 순간 어쩌지 못하고 서로 멍하니 쳐다보고만 있었다. 그런데 그 포탄은 불발탄이었다. 불과 10분 사이에 두 번이나 죽음을 면한 손병준 중위는 '인명재천'을 실감했다고 했다.(국방부 『다부동전투』 p236)

**▎수류탄을 맞고도 안 죽은 연락병**

8월 21일 제12연대 제1대대가 837고지를 마지막으로 공격하고 있었다. 접근전을 펼치던 중 소대장을 뒤따르던 제2중대 제1소대 연락병이 갑자기 비명을 질렀다. 소대장이 뒤돌아보았더니 적이 던진 수류탄이 연락병이 입고 있는 헐렁한 작업복 저고리 속으로 들어갔다. 기겁을 했으나 천행으로 불발하여 놀라는 것으로 그쳤다.(국방부『다부동전투』p188)

### 자다가 포로가 된 통신병

"졸면 죽는다."

내가 일선에 있을 때 호 입구에 붙어 있던 구호다.

천근같이 내리누르는 눈꺼풀을 이기지 못하고 상관의 눈을 피해서 잠을 자다가 죽거나 포로가 된 일이 흔히 있었다.

제11연대 제1대대 통신대 김수청(金壽靑-포천 거주) 이등중사는 여러 날 전투에서 잠을 못 자서 지칠 대로 지쳐 있었다. 옆에 있는 동료에게 무슨 일이 있으면 깨워달라고 부탁하고 자리를 옮겨 소나무 그늘에서 눈을 붙였다. 그가 눈을 떴을 때는 해가 서산에 기울어져 있었고, 사방은 고요했다. 고지에서 내려와 남쪽으로 가다가 적군에게 잡히고 말았다.

청주교도소에 수용되어 있다가 대대가 청주에 진격했을 때 복귀했다. 북한군은 후퇴하면서 교도소 건물에 휘발유를 뿌리고 불을 질렀다.

교도소에는 국군 포로 약 400명, 일반죄수와 정치범이 1,000여 명 있었는데 휘발유가 모자라서 한 쪽만 뿌리고 나머지 한 쪽은 뿌리지 못했다. 도망가기가 다급했던 적은 휘발유를 뿌린 쪽에만 불을 지르고 도주했다. 휘발유가 뿌려지지 않은 쪽에 있던 국군포로들은 모두 탈출했다.

북진 중에 내가 있는 대대 통신대에서만 3사람이 복귀했다. 김수청 중사 외에 박성수(朴聖洙) 일등중사, 안상준(安相俊) 이등중사다.

### 산에서 기다리는 우리 애들이 굶지 않느냐?

8월 17일, 제12연대 제1대대는 유학산 837고지를 공격 중 적의 강력한 저항에 막혀 8부 능선으로 물러나 재정비하고 있었다. 병력 희생이 많았고, 보급이 추진되지 않아 장병들은 굶고 있었다.

해걸음에 대대에서 노무자 150명을 동원하여 837고지 중턱으로 보급품을 추진했다. 노무자들이 흰옷을 입은 탓에 적에게 노출되어 공격을 받고 10여 명이 희생되었다. 그러한 상황에서도 농촌 출신인 4~50대 노무자들은

"우리가 하지 않으면 누가 합니까? 젊은 애들이 피를 흘리고 있는데 가만히 보고만 있습니까?"

라고 하면서 60~70kg이나 되는 무거운 보급품을 지고 가파른 산비탈을 5~6시간씩 걸어서 일선 중대까지 운반했고, 내려올 때는 부상병을 후송했다.

제1대대장 한순화 소령은

"유학산 전투의 절반은 노무자들이 수행했다고 해도 과언이 아니다."

라고 술회했다.

그만큼 그들의 수고와 희생정신이 나라를 구하는데 일조를 했다.

이 무렵 제13연대는 328고지에서 밀고 밀리는 공방을 치르고 있었다. 이로 인하여 망정동~사동(절골)~숲데미산에 이르는 보급로를 이용할 수가 없었고, 설상가상 격으로 숲데미산 너머에 있는 성곡동 일대에서 발사하는 적 포탄이 숲데미산 남쪽 능선에 떨어지면서 보급품을 운반하던 노무자의 손실이 많이 발생하여 보급 차질을 가져온 데다가 주보급로부터 대대진지까지 운반거리가 멀고 지형이 험난하여 노무자들이 보급품을 지고 길을 헤매다가 목적지에 도착하지 못하는 경우가 많이 있었다.

제11연대 제9중대(민찬식 중위)는 16일 오후에 674고지 8부 능선에서 고립되어 있었는데 보급이 추진되지 않아 굶어야 했고 실탄도 떨어졌다. 찌

는 무더위에 갈증이 겹쳐 초인적인 인내로 버텼다.

18일 중대장 민찬식 중위는 철수 승인을 받고 철수시기를 노리고 있던 중 노무자 한 사람이 주먹밥을 지고 왔다. 이틀 만에 구경하는 밥이다. 그동안 보급품을 운반하던 노무자가 적의 사격에 저지되어 올 수 없었다. 이날 아침에도 60여 명의 노무자가 출발했으나 적의 측방사격을 받아 10여 명이 희생되고 나머지는 흩어졌는데 그 혼자 왔다고 했다.

이날 밤 대대 탄약소대 1개 분대가 신병 100명과 식량과 탄약을 진 노무자 200명을 데리고 790고지로 올라갔다. 도중에 적탄에 희생된 자가 많았고, 실족하거나 길을 잃은 노무자도 많이 있었다.

어떤 노무자가 죽은 동료의 짐을 지는 것을 본 병사들이
"한 사람 짐도 힘에 겨운데 버리시오."라고 하자

포탄을 운반하는 노무자

"이것을 버리면 산에서 기다리는 우리 애들이 굶지 않느냐?"

고 하면서 그것을 목적지까지 운반했다.

참고문헌 : 국방부 『다부동전투』

### 적진에서 나타난 여인

다부동전선에서 공산군에게 잡혀 총살당한 한 여인은 계곡으로 굴러 떨어져서 얼마 있다가 의식을 찾았다. 분명히 총에 맞았는데 다친 데는 없다. 그녀는 나뭇가지를 꺾어 지팡이로 의지하고 기다시피 얼마를 갔다. 어떤 할아버지를 만나 대구 가는 길을 물었더니 계곡을 따라 50리쯤 가면 된다고 알려주었다.

"이렇게 산길을 얼마쯤 걸었을 때 '정지!' 하는 소리가 들려요. 보니까 100m 전방쯤 총을 겨눈 4명의 공산군 병사가 서 있더군요. '또 공산군에 잡혔구나!' 하며 털썩 주저앉았어요. 이제 더 도망할 기력도 없구요.

'여기서 무얼 하고 있어?'

4명이 걸어오더니 총을 들이대며 물어요.

'대구로 남편 만나러 가요.'

'거짓말 마라. 간첩이지?'

'아니에요. 거짓말이라고 생각하다면 도라지부대 군의관한테 물어 보세요. 얼마 전까지 도라지부대 의무대와 함께 왔었으니까요.'

'도라지부대' 라는 말을 듣더니 이들은 서로 얼굴을 마주보며 '저리로 가자' 하면서 고지 위로 데려가데요. 거기서 장교 같은 사람이 '뭐냐?' 하고 물으니까 '도라지부대 여자입니다.' 라고 대답합니다.

'뭐, 틀림없나?'

'저 여자 자신의 자백입니다.'

'이봐, 너 정말 도라지부대에서 왔나?'

이번에는 나에게 물어요.

'네, 그렇습니다.'

'응, 그래 즉결처분!'

나는 처음에는 그것이 무슨 말인지 잘 몰라 멍하고 있으니까 네 병사들이 '이리 와!' 하며 큰 바위 앞으로 데려가더군요. 그러고는 총을 겨누는 거에요.

'아! 총살이구나. 이제 정말 죽는가보다.'

남편의 얼굴이 떠오르더군요. 남편의 환상에 미소 지으며 총소리가 나기만 기다렸지요. '잠깐!' 하면서 아까 그 장교가 '유언이나 듣고 총살하자'고 해요.

이제 신분을 속일 필요도 없다. 오히려 똑바로 신분을 밝히면 혹시 여기 있는 자들의 입을 통해 내가 어떻게 죽었는가의 소문이 남편의 귀에 들어갈지도 모른다. 나는 눈을 감은 채 마지막 있은 힘을 다 내어 소리쳤습니다.

'나는 사랑하는 남편을 한 번이라도 보려고 서울서 여기까지 왔습니다. 그러나 만나지 못하고 여기서 죽어요. 후회는 없지만 남편 못 만난 것이 슬퍼요. 내 남편은 당신네들 적인 국방군 장교이지만 만약 그이가 당신들한테 포로가 되거나 또는 전쟁이 끝나 만날 기회가 있다면 부디 이렇게 전해 주세요. 당신의 아내는 끝까지 당신을 찾아 헤매다가 당신의 아내라는 행복감을 안고 죽어갔다고요……'

여기까지 소리치자 그 장교가 뛰어 오더니 '남편 이름이 뭐요?' 하고 물어요. 나는 눈을 감은 채 '헌병소령 장우주(張禹疇)!'라고 떳떳이 말했어요. '아니 정말이요? 장 소령은 내 육사 동기인데……' 하며 어쩔 줄 몰라 해요."

이 여인은 헌병 장우주(육사 제3기) 소령의 아내다.
이름은 이정송, 당시 23세, 임신 5개월이었다.

"6·25사변이 나던 날 하오에 남편은 원남동 집 앞을 지나는 길에 들려 '수원까지 후퇴했다가 곧 돌아올 테니 집 잘 보고 있으라.'는 말만 남기고 훌쩍 떠나 버렸어요. 그 전해 10월에 결혼한 나는 그때 임신 5개월이었습니다. 27일 아침에 남편 부하가 지프로 허겁지겁 달려오더니 '아주머니 빨리 피난 가세요. 우리는 후퇴 중입니다.'라는 말을 남기고 사라져 버려요."

이때부터 그녀의 고난이 시작되었다. ▶ 제7장 제2절「1. 학살의 현장」이정송 수기 참조

그녀는 9월 28일 부산역에서 남편을 만났다. 남편은 아내가 "효창공원형장으로 끌려 가더라."는 소문을 듣고 죽은 줄만 알고 있었다.

이정송 여사가 남편을 찾아 고행을 한 여정은 거리로 약 2,000km(750리) 기간으로 3개월의 대장정이었다.

그녀를 잡은 사람은 제12연대 특공대였다.

다부동 전투 기간 중 제12연대에 배성섭 상사가 지휘하는 10명의 특공대가 활동하고 있었다. 이들은 북한군의 복장을 하고 적진에 들어가 적정을 탐지하거나 포로를 잡아오는 등 활약을 많이 했다.

이정송 여사를 즉결처분하라고 했던 그 장교는 제12연대 제1대대장 한순화 소령이다. 그는 육사 제3기생으로 장우주 소령과 동기생이었다.

'즉결처분' 하라고 명령한 것은 진실이 아니다. 실체를 알아내기 위한 수단으로 총살 모양새를 위장한 것이다. 결국 그렇게 해서 실체를 밝혀낸 것이다. 우리 국군은 전선에서 잡은 사람을 현장에서 총살한 경우는 없었다. 그렇게 할 수 없게 되어 있었다. 붙잡은 사람은 그것이 적군이던 민간인이던 모두 후방으로 이송한다. 그들을 조사하여 최대한 정보를 수집한 후에 적군은 포로수용소로 보내고, 민간인은 조사하여 공산당이나 간첩 혐의가 있는 경우에 수사기관에 이첩하여 사법처리했다.

이정송 여사의 경우 결과가 말해 주듯이 죽음에 이른 사람은 진실을 말하게 되어 있다. 사람은 살기 위하여 거짓말을 한다. 이정송 여사는 그동안 '선무공작원', '도라지 부대와 함께 왔다.', '친정에 간다.', '이웃마을에 간다.' 등 거짓말을 많이 했다. 그러나 죽는 마당에서까지 그런 거짓말을 할 필요가 없다. 진실을 밝혀 그 사실이 그가 원하는 누군가에 알려지기를 바라는 마음이 생기게 된다.

**당시 제12연대 부연대장 김점곤 중령은 다음과 같이 증언했다.**

"한순화 소령의 제2대대에는 우수한 수색대가 있어 적의 부연대장을 생포해 오는 등 많은 전과를 올렸어요. 裵 상사를 장으로 한 4명의 수색대인데 공산군복을 입고 적진에 들어가 적정도 탐지하고 포로도 잡아오는 거지요. 그런데 하루는 한순화 소령한테서 장우주 소령의 부인이란 여인을 잡았다는 전화가 왔어요. 장 소령은 내 후배고 또 그와 한 소령은 동기(3기)예요. 그러니 그 부인에 대해 조금도 의심할 게 없지요. 이야기를 들어보니 참 장 소령 부인은 초인적인 용기와 인내를 가지고 적중을 돌파해 왔더군요. 나도 놀랐습니다." (중앙일보사 편 『민족의 증언』 2 p82)

▶ 앞 3. 「적 사단사령부 습격」 참조

배성섭 상사의 수색대는 김점곤 중령의 증언과는 달리 연대수색대다. 세월이 흘러 착각한 것 같다. 배성섭 상사가 복귀하면서 가까운 제1대대진지로 가서 한순화 소령의 지휘를 받은 것으로 보인다.

## 제5절 해·공군과 경찰대작전

### 1. 한국 해군작전

**해안봉쇄작전**

8월 5일, 진해 방어를 위하여 부산경비부 소속 사병 140명을 진해에 배치하고, 마산 및 함안 방어를 위하여 포항경비부 병력 300명을 진해로 이동 배치했으며 제2정대사령관 김충남 중령을 진해군항방어 및 경비를 위하여 진해기지로 전속시키고, 제2정대사령관은 포항경비부사령관 남상휘 중령이 겸임하도록 하였다.

8일 해군본부는 해상 봉쇄를 강화하기 위하여 작명을 하달했다.

(1) 701함은 인천해역에 출동하여 그 해역을 경비하고 있는 502, 505정을 통합지휘하여 인천해상봉쇄를 강화하고 적 수송선단을 포착섬멸하라.

(2) 704함은 군산해역에 출동하여 그 해역을 경비 중인 309, 301정을 통합지휘하여 군산~목포 해상을 순항하면서 그 해상봉쇄를 강화하라.

(3) 통제부사령장관(統制府司令長官)은 예하 함정 3척을 출동시켜 동경 128°에서부터 진해해역 안의 적정 수집과 유격대의 해상이동을 봉쇄하라.

이와 함께 해군이동기지를 대흑산도에서 어청도로 이동하였다.

31일, 해군은 인천해역 봉쇄를 강화하기 위하여 함정을 증파했다.

어청도 일대에　　702함

인천 해상에　　　513함

군산 앞바다에　　313함

8월 11일 진해통제부지구방위대 제1대대는 통영 방위를 위하여 03시 30분 제58호정으로 마산을 출항하여 06시 45분 통영에 도착한 후 통영국민학교에 대대본부를 설치하고 병력을 배치했다.

12일 적이 해로를 이용하여 점령지구에서 병력과 군수품 수송을 기도하고 있었으므로 503, 504정을 횡견수로(橫見水路) 동쪽 입구에 파견하여 수로를 봉쇄하였다.

해군은 해상 작전을 중점적으로 수행하기 위하여 다음과 같이 함대를 편성하고 경비 구역을 지정하였다.주)　　　　국방부 『한국전쟁사』 제3권 p333

(1) 제1, 제2정대로 제1함대를 편성하고 손원일 총참모장이 지휘한다.

(2) 제3정대는 통제부사령장관 김성삼 대령이 지휘한다.

(3) 함대 및 정대의 편성과 담당 해역은 다음과 같다.

　(가) 제1정대 : 담당 해역 – 서해안

　　함정　701, 702, 703, 704, 303, 304, 306, 308, 309, 310, 313, 501, 502, 503, 505, 513, 514, 22 LT-1호

　(나) 제2정대 : 담당 해역 – 동해안

　　함정　506, 509, 510, 516

　(다) 제3정대 : 담당 해역 – 남해안

　　함정　504, 507, 512, 515, 301, 302, 307, 105, 106, 801, 518, 901

8월 3일, 502정은 안면도(安眠島) 항에서 군수품을 싣고 있는 적 범선 7척을 발견하고 포격으로 격침시켰고, 6일, 509정은 인천 근해에서 적 발동선 60톤 급 1척과 범선 5척을 격파하였으며 7일 인천해역을 경비 중이던 301, 502, 505정은 인천 근해에서 100톤 급 적 발동선 1척과 화물선 2척, 범선 13척을 격파했다.

10일, 701정은 덕적도(德積島)를 공격하여 적 70여 명을 격멸했고,

11일 11시에 704정은 안마도(鞍馬島)에 상륙하여 309정의 도움을 받아 적 11명을 사살하고 섬 치안을 확보했다.

12일 12시, 301정은 안면도를 초계 중 적 보급선단 4척을 발견하고 포격하여 적 선단을 대파하고 적 70여 명을 사살하였으며, 24시, 702정은 덕적도를 초계 중 양곡을 가득 실은 적선을 격침시켰다.

13일, 702정은 안마도에서 적 12명을 사살했고, 20시에 황도(黃島) 근해를 초계 중이던 503정은 적의 병력을 가득 실은 대형범선을 격침했다.

14일 08시, 311정은 덕적도 부근 해상을 초계 중 적의 소형연락선을 격침하고 적 4명을 사살하였으며, 15시경에는 횡견수로를 초계하던 514정이 적의 대형발동선을 포격하여 격침시켰다.

15일, 309, 301정과 704정은 서해상의 낙월도(落月島)에 상륙하여 경찰관 4명을 구출하였고, 이어서 309, 301정은 안마도 근해에서 적 28명을 사살하였으며, 이날 12시경 503정이 해남도(海南島) 남단을 초계하던 중 군수품을 가득 실은 적의 소형선박 15척을 격침시켰다.

7월 28일부터 8월 15일까지 해군의 종합 전과는

적 187명을 사살하고 적 선박 53척을 격파하였다.

선박은 대형발동선 3척, 화물선 7척, 범선 42척, 연락선 1척이다.주)

국방부 「한국전쟁사」 제3권 p335

702함의 위용(네모 안 손원일 해군총참모장)

### 해군통제부 방위부대 활동

6월 30일, 진해통제부사령장관 김성삼 대령은 진해군항 방위를 위하여 해군통제부방위대를 설치하고 송인명(宋寅明) 중령을 사령(司令)에 임명하였다. 방위대는 4개 소대로 된 7개 중대와 1개 선박중대로 편성하였다.

7월 16일, 손원일 총참모장 명령에 따라 방위대에 1개 독립대대를 추가 편성하여 군항뿐 아니라 육상 및 해상을 포함한 진해 일대 경비를 강화하는 한편 진해전역에 대한 경비책임을 맡겨 해상방위임무를 해상방위대사령이 총지휘하게 하였고, 7월 22일부터는 군수 물자 및 병력수송 임무도 함께 수행하게 하였다.

8월 11일, 전황이 긴박해지자 방위대를 3개 대대, 1개 선박중대 체제로 확대 개편하고, 각 대대는 3개 중대로 편성하였다. 방위사령에 김석범 대령을 임명하고, 송인명 중령은 제2대대장으로 전임했다.

18일 방위 제1대대(김충남 중령) 제1중대(金錫根 중위)를 통영에서 전투 중인 해병대를 지원하기 위하여 통영에 파견하였다.

9월 1일 17시 30분, 창원에 파견된 방위 제3대대(金光玉 소령)는 창원군 북면 구룡산(九龍山) 부근에 침투한 적 게릴라와 교전하여 3명을 사살하고, 구룡산 산봉에 잠복한 수 미상의 적과 교전하여 1명을 사살하였다.

4일 진해통제부는 창원 이남에 침투한 적 유격대를 토벌하기 위하여 제1대대와 제2대대에서 4개 소대씩, 제3대대에서 5개 소대를 선발하여 진해 주변에 배치하고 적 유격대를 섬멸하도록 하였다.

8일 창원 지구에 주둔하고 있는 해군방위대 백 부대(白南豹 소령)는 동면(東面-창원시)지서 서방 1km 지점에 잠입한 게릴라 5명을 소탕하기 위하여 우조도(禹照道) 소위 이하 28명을 파견하여 3시간 교전 끝에 4명을 사살하고 1명을 생포하였으며, 다발총 1정, 기관소총 2정, 소제장총 1정, M1소총 1정과 각종 실탄 380발을 노획했다.

선박중대(白基祚 소령)는 8월 14일 수양리(水陽里) 피난민 406명, 15일과 16일에는 창원군 진동면 고현리(古縣里) 피난민 2,602명을 장승포(長承浦)로 수송했고, 예하의 54, 56정은 9월 2일까지 학도(鶴島-창원군 龜山面) 피난민 291명을 거제도로 수송했다.

방위대 제1대대 주력은 통영에 주둔하고 있다가 9월 20일 인천 지구로 전진한 해병 김성은부대와 임무를 교대했고, 일부 병력이 9월 25일 삼천포, 고성, 통영 지역에 진격하여 침투한 적 섬멸작전을 수행하였다.

방위대 제2대대는 해남도에 상륙하였고, 29일 미명에 제1대대 일부 병력과 합동작전으로 여수반도에 상륙하여 일대 해역을 확보했다.

진해방위사령부는 7월 말에서 9월 말에 이르기까지 적의 점령지역으로부터 9,659명의 피난민을 안전지역으로 수송했고, 진해 및 창원 일대의 치안 유지와 적 유격대의 준동을 저지했다.

## 2. 한국 해병대작전

### 통영상륙작전

킨특수임무부대에 배속되었던 해병대는 킨특수임무부대 해체와 함께 배속이 해제되어 8월 14일 02시 30분 진해기지로 이동했다.

이때 사천 부근에서 작전 중이던 미 제5해병연대가 마산으로 전진하자 그 공백을 이용하여 적 제7사단 아니면 제104치안연대 소속으로 보이는 약 1개 연대가 고성과 통영 방면으로 진출하였다.

8월 16일 미명에 소속 불명의 적 1개 대대로 추산되는 병력(약 650명)이 고성을 점령하였고, 이어서 다음 날 01시경에는 통영을 점령하기에 이르렀다. 만약에 이 적이 거제도를 점령하는 경우 진해가 저들의 포격권에 들고, 마산과 부산이 위협을 받는다.

16일 손원일 총장은 진해에 대기 중인 해병대 김성은 부대장에게

"이 적을 거제도에서 섬멸하라."

고 명령을 내렸다.

해병대는 22시에 소해정 512호정과 FS 평택호 편으로 진해를 떠나 17일 03시에 통영반도 동남단에 있는 지도(紙島)에 기착하여 날이 밝기를 기다렸다가 2개 정찰조를 편성하여 거제도와 통영반도에 침투시킨 결과 거제도에는 아무런 적정이 없고, 통영에 약 650명이 침입하여 해안부두에 집결중

인 것을 확인했다.

　김성은 부대장은 통영을 직접 공격하는 것이 효과적이라고 판단하고 통영상륙작전을 감행할 것을 계획하여 총참모장의 승인을 받았고, 아울러 해군함정 PC 703, 901, 312, 504, 302, 307호 및 FS 평택호를 통합지휘하라는 명령을 받았다.

　17일 정오, 통영해역을 초계하고 있던 703함 함장 이성호(李成浩) 중령이
"적은 해안선 일대와 시가지 북쪽 고지에 방어진지를 구축하고 있음."
이라는 적정을 알려주었다.

　김성은 중령은 함장 이성호 중령과 협의하여 상륙지점을 적정이 없는 장평리(長坪里) 해안으로 정하고 17일 18시에 발동선 2척에 나누어 타고 출발하여 19시에 상륙을 완료하였다. 이 동안 통영항 내에 접근한 해군 703함을 비롯한 302, 307정이 적이 집결하고 있는 망일봉(望日峯)과 남성산(南聖山) 부두를 포격하여 적을 혼란에 빠뜨렸다.

　해병대 상륙을 감지한 적은 해병대가 통영 정면으로 상륙할 것으로 판단하고 병력 일부를 남성산과 해안선 일대로 이동하여 함포사격을 하고 있는 아군 함정에 사격을 가하였다. 이로써 육지의 적과 해상의 함정 사이에 치열한 총격전이 벌어졌다.

　이보다 앞선 8월 16일 24시쯤 진해 해군통제부사령장관 김성삼 대령은 진해비행장에 있는 공군 T-6비행대장 신유협(申攸浹) 소령을 찾아가서 해병대의 통영상륙작전을 지원해 줄 것을 간청했다.

　우리 공군은 그동안 대구에서 작전을 수행하다가 조종사 훈련을 위하여 7월 27일 진해비행장으로 이동해 있었다. 8월 1일 공군은 T-6연습기 6대에 기관총 2정씩을 무장하고 시험사격을 마친 후 출격을 벼르고 있었던 처지였으므로 김성삼 사령장관의 요청이 오히려 반가웠다.

17일 17시 공군 T-6 4대의 편대가 고성 상공에서 정찰비행 중 적 포병부대가 고성에서 통영으로 진출하고 있는 것을 발견하고 진해기지에 보고하였다. 진해기지에서 F-51 전폭기 3대가 출격하여 로켓포와 기총사격으로 적의 포병부대 대열을 격파하였고, 이어서 T-6기 편대가 기총사격을 하여 적의 예봉을 꺾어 놓았다. 정확한 전과는 확인되지 않았다.

18일 05시를 기하여 전날 장평리 교두보를 확보한 해병대는 일제히 공격을 개시하였다. 07시 30분 제2중대(김광식 대위)는 원문(轅門)고개를 점령하였고, 제3중대(이봉출 대위)는 화포리(花浦里) 능선에 진출하였으며 제7중대(안창관 대위)는 망월봉(望月峰)으로 접근하였다.

해병대 진격을 알아차린 적은 박격포사격을 집중하면서 만만치 않게 저항을 했다. 망월봉을 먼저 점령한 제7중대는 100m 지근거리에 접근해 오는 적과 치열한 화력전을 전개하였는데 아침햇살을 마주보고 있는 적은 사격방향 감각을 잃어 사격 효과가 없는 데다가 해군함정이 적진지에 포격을 집중하자 적은 더 버티지 못하고 많은 시체만 남긴 채 퇴각하였다. 적 퇴로에 박격포를 집중하여 적을 궁지에 몰아넣었다.

12시 20분경 미 공군 F-51 전폭기 3대와 우리 공군 T-6기 4대가 출격하여 로켓포와 기총사격을 퍼부었고, 이어서 우리 공군 T-6기 편대는 진동리~사천~고성~삼천포 상공을 초계 비행하여 적 보급차량과 후속부대를 공격하였으며, 삼천포해안에서 적 범선 4척을 침몰시켰다.

해병대는 계속 공격의 고삐를 늦추지 않고 시가지 탈환에 나섰으나 16시 함포의 포탄이 떨어져서 지원을 할 수 없게 되자 공격을 중단하지 않으면 안 되게 되었는데 마침 진해에서 김석근 중위가 지휘하는 해군방위대 제1중대와 탄약이 도착하여 공격 속도를 가속했다.

8월 19일 08시 해병대는 통영시가지를 완전히 장악했다. 12시경에는 시내 질서가 회복되었고, 피난 갔던 시민들이 복귀했다. 3일만이었다.

통영탈환작전은 완전한 육(해병대)·해·공군의 입체작전이었다.

1950년 8월 23일 뉴욕 헤럴드 트리뷴지는 "귀신을 잡을 정도로 용감했다"고 보도했다. 귀신 잡는 해병의 별명이 생겨난 계기가 되었다.

### 원문고개 방어전

원문고개는 통영반도를 육지와 연결하는 목으로 폭이 약 900m에 불과하다. 통영시가지를 확보하기 위해서는 이 원문고개를 지켜야 한다.

통영시가지를 탈환한 해병대는 원문고개에 제2중대(김광식 대위)와 제7중대(안창관 대위)를 배치했다.

8월 19일 15시 40분경 고성 쪽에서 적 포탄이 원문고개에 떨어지기 시작하여 3시간 동안에 580발이 작렬하였다.

진해비행장(K-10)에서 공군연습기 T-6 4대가 원문고개 서북쪽 제석봉(帝釋峰) 뒤쪽에 있는 적 포진지를 공격하였고, 해군함정에서도 포격을 하여 한동안 포격전이 벌어졌다. 적은 약 3시간에 걸친 포격을 끝내고 약 1,000명으로 추산되는 병력이 원문고개를 공격했다. 해병대 제2, 제7중대는 PC-703함의 함포지원을 받으면서 총력 저지하였으나 적은 결사적으로 덤벼들어 사격전이 4시간이나 계속되다가 23시 50분경에 이르러 공격이 멎었다.

20일 02시 40분경 적은 다시 공격을 시작했다. 중대는 병력 증원을 요청하고자 하였으나 부대지휘소와는 통신이 두절된 상태였고, 연락병을 보냈으나 부대지휘소 위치를 몰라 되돌아왔다. 적은 야음을 타서 진지를 돌파하여 수류탄전에 이어서 백병전이 벌어졌는데 밤중이라 피아를 구분하지 못하고 오른손에 대금을 들고 왼손으로 머리를 만져보고 깎은 머리를 찌르는 난전을 벌였다.

날이 밝은 뒤 공군 T-6기 편대가 출격하여 적 주력과 포진지를 공격하자 혼란에 빠진 적은 08시 20분경 많은 시체를 남겨둔 채 퇴각했다.

21시경 적은 포격과 함께 재차 공격했으나 2시간 교전 끝에 격퇴했다.

21일 22시 적은 원문고개를 다시 공격했다. 해병대는 제3중대와 해군방위대 제1중대를 원문고개 제2선에 배치하여 방어종심을 증강하였다.

해군방위대 제1중대장이 김석근 중위에서 조정석(趙丁石) 소령으로 바뀌었다. 해병대는 그간의 야간 전투경험을 살려 침착하고 자신 있게 적을 물리쳤다. 이 싸움에서 기관총은 250발이 든 탄통 25개를 소모했다.

이 전투에서 적 중대장과 사병 3명을 포로로 잡았고, 다음 날 아침 적 시체 62구를 확인했다. 아군의 피해는 2명이 전사하고 6명이 부상했다.

23일 20시 해군총참모장 손원일 제독이 통영에 있는 김성은부대지휘소를 찾아와서 승리를 축하하고 장병들을 격려하였다. 이날 해군방위대 제1중대장이 조정석 소령에서 염봉생 소령으로 또 바뀌었다.

24일 대인지뢰가 처음으로 보급되어 진지 전면에 매설하였는데 그 후 전투에서 위력을 발휘했다.

26일 해병대 김성은부대는 해병대 제161부대 제1대대로 명명되었고, 안창관 대위가 지휘하는 해병대 제7중대가 제1중대가 되고, 중화기중대인 제1중대가 제4중대로 바뀌었다. 또 통영 지구 청년방위대원 33명이 방위군 전(全) 모 중위 지휘하에 자원하여 작전에 참가했다.

27일 17시, 청년방위대는 전 중위 지휘하에 원문고개 서쪽 8km 지점에 있는 수월리(水月里) 일대에서 적을 공격하여 지방공산분자 7명을 체포하고 몇 명의 적을 사살했다. 이 전투에 PC-704함이 지원사격했다.

28일 15시, 청년방위대는 PC-704함의 엄호사격을 받으며 범선으로 수월리 북쪽 해안에 적전상륙을 감행하여 적의 중대 규모 병력과 접전 끝에 14

명을 사살하고 1명을 생포했다.

24시부터 적은 죽림리(竹林里)에 있는 광산 갱도에 확성기를 걸어 놓고 아군에게 귀순을 권고하는 방송을 했다.

29일 14시, 청년방위대는 범선으로 다시 상륙하여 수월리 뒷산 봉화산 (烽火山-325고지)과 매봉산(300고지)을 좌우에서 동시에 공격하였다가 어둠을 이용하여 철수했는데 아군이 철수한 것을 모르는 적은 두 고지에서 저들끼리 밤새도록 총격전을 벌였다. 뒷날 주민으로부터 들은 바에 의하면 두 고지에 죽은 적의 시체가 60여 구나 있었다고 했다.

9월 2일, 해군방위대 제1중대는 제2중대(김동준 소령)와 임무를 교대했다.

3일, 03시, 청년방위대는 양(梁) 모 소위 지휘하에 원문고개 서쪽 5km 지점 해안에 있는 법송포(法松浦)에 상륙하여 적 5명을 사살하고 6명을 생포했다. 적도 밤중에 원문고개를 공격했으나 퇴각시켰다.

진해에서 해병 1개 중대 병력이 증원되어 각 중대에 보충하였다.

5일 05시, 적이 원문고개 방어진지를 공격했으나 물리쳤다.

이날 해군방위대 제2중대는 진해로 복귀하라는 명령을 받았다. 11시경 적정이 조용해지자 백남표 소령*은 방위대 제2중대와 진동리전선에서 지원받은 병력 155명을 합한 270명을 지휘하여 진해로 돌아갔다.

* 해군방위대 제2중대장은 누구인가?
"이날(9월 2일)은 해군방위대의 염봉생 소령이 지휘하는 제1중대가 김동준 소령이 지휘하는 제2중대와 서로 임무를 교대하였다." (국방부 『한국전쟁사』 제3권 p300)
"이날(9월 5일) 11시경 적정이 비교적 잔잔해지자 백남표 소령은 해군방위대의 제2중대와 진동리전선에서 지원받은 병력 155명을 합하여 270명을 지휘하고 진해항으로 귀항했다." (상동 p301)
제2중대장이 교대된 기록이 없이 사람이 바뀌어 있다. 무슨 착오인가?

8일 05시, 적은 1개 대대 규모의 병력으로 최후 발악적인 공격을 했다.

함포의 지원사격을 받으면서 4시간에 걸친 사투 끝에 적을 물리쳤다. 적은 손실만 내고 물러갔다. 이 전투에서 잡은 포로는 해병대를 공격한 적이 제104연대 제21, 제22대대라고 진술했다. 이 부대는 남한 점령지 행정을 위하여 편성한 부대로 대부분이 남한에서 강제로 징집한 학생 의용군으로 구성됐다.  ▶ 제7장 제1절 1.「점령정책의 특징」 참조

적은 통영을 점령하고자 원문고개 방어선을 9회에 걸쳐 공격했으나 끝내 우리 해병대에 의하여 좌절을 맛보아야 했다.

21일 해병대 제161부대 제1대대는 김충남 중령이 지휘하는 해군방위대 제1대대와 진지를 교대하고 인천상륙작전에 참가한 해병대 주력과 함께 서울 탈환전에 참가하기 위하여 9월 23일 11시에 인천으로 갔다.

통영상륙작전에서 올린 전과는 적 사살 469명, 생포 83명과 야포 3문을 비롯한 많은 무기를 노획했다.

한편 해병대도 15명이 전사하고 47명이 부상하는 피해를 입었다.

### 기회가 없어서 머리를 깎지 못했습니다

해병대 제2중대는 원문고개에서 적의 역습에 대비하여 경계병을 증가했다. 도로 고개에는 제3소대 1개 분대가 배치되어 있었는데 첫 번째 보초는 김 모 3등병조였다.

분대진지 15m 전방에서 독립수를 의지하여 경계 중, 인기척이 있어 수하(誰何)를 하자 암호 대신에

"나야!"

라고 하면서 계속 걸어왔다. 소대장이 순찰 오는 줄 알고 경계심을 풀고 있었는데 다가와서 갑자기 권총을 겨누며 총을 빼앗아 메고는

"누구야?"

하고 반대로 수하를 했다. 순간 "속았다!" 생각하면서 자세히 살펴보았더니 적의 장교가 틀림없었다.

"군관 동무! 저는 서울에서 의용군으로 이곳에 왔다가 국방군의 공격을 받고 부대가 분산되어 하는 수 없이 고성으로 탈출하는 중입니다."
라고 둘러댔다. 군관은 철모를 벗으라고 했다.

"저는 도중에 편입되었기 때문에 기회가 없어서 머리를 못 깎았습니다."
라고 하면서 낮에 적으로부터 노획한 수건을 보여주고는

"오늘 지급 받았습니다."
라고 말했다. 적 군관은 수긍이 가는지 김 3등병조를 앞세우고 앞으로 가자고 하면서 뒤따랐다. 조금 전진했을 때

"정지 누구얏?"
하는 우리 보초의 '수하' 소리가 들렸다. 서슴지 않고

"적이다!"
하고 소리치며 옆으로 도망쳤다. 순간 초소에서는 사격이 집중되었고, 김 3등병조는 죽음의 위기에서 벗어나 사격이 멈춘 후에 복귀하여 소대장에게 전후 사정을 보고했다. 이때가 19일 02시였다. 진지 전면에 적 대위의 시체가 있는 것을 날이 밝은 뒤에 확인했다.

「2. 한국해병대작전」 참고문헌 : 국방부 「한국전쟁사」 제3권 「6. 한국해병대의 통영탈환전」 p288
「7. 한국해병대의 원문고개 방어전」 p296

## 3. UN해군의 작전

**해안포격 및 해안봉쇄작전**

7월 26일, 히긴스(John M. Higgins) 소장이 토레도(Toledo, USS)함을 지휘

하여 포항에 도착하였다. 토레도함은 8인치 포를 장착한 중순양함으로 이 함이 포항에 도착함으로써 그동안 동해안에서 포격지원을 하던 구축함과 함께 한층 더 강화된 위력으로 지상군을 지원할 수 있게 되었다.

7월 27일부터 토레도함은 적 병력 집결지 및 보급품 집적지(集積地)를 목표로 주야를 가리지 않고 8인치 포로 두들겼다. 야간에는 조명탄을 쏘아 전선 상공을 밝혀 놓고 포격 했는데 이러한 포격을 11일간 계속하여 지상군이 전선의 안정을 유지하는데 크게 기여하였다.

17일, 히긴스 소장은 이 지역 전황이 우리에게 유리하게 전개되자 삼척 근해로 북상한 후 이곳에서 항공사진으로 선정한 목표를 해안으로부터 25마일 떨어진 해상에서 함포사격을 하였는데 확인 결과 터널 2개와 교량 1개가 파괴되었고, 대부분의 도로가 파괴되는 성과를 올렸다.

8월 4일 대만해협에서 헤레나전대를 지휘하던 하트먼 소장이 헤레나함 (Herena, USS)과 구축함 함대를 이끌고 동해안에 진출했다.

항공관측결과 북위 40°에서 42°에 이르는 해안(興源에서 淸津에 이르는 해

동해안에서 함포사격을 하는 미 해군순양함 토레도

안)에 많은 화차가 집결해 있는 것이 확인됐다.

7일 헤레나함 및 구축함 함대가 북진하여 함포사격을 했다. 이 포격은 해상봉쇄구역 최북단에 대한 포격이었다. 이 포격은 VP-6 통제기와 협조하여 목표물의 75%를 파괴하여 만족할 만한 성과를 올렸다.

헤레나호는 포격을 끝낸 후 야간에 남진하여 속초 부근 철로와 도로를 포격했고, 다시 남진하여 영덕 지역에서 히긴스 소장의 함포지원 임무를 인수하였다. 히긴스 소장의 토레도 전대는 사세보로 돌아갔다.

8월 5일 서해안에서는 영국 앤드루스 소장의 전대가 한국 해군과 협동하여 해안봉쇄 임무를 성공적으로 수행하고 있었다.

12일, 코레트(Collett, USS)함이 여수시를 포격하기 위하여 여수항에 진입했고, 이 무렵 항공모함 필리핀씨(Philippine Sea, USS)가 미국 서해안을 떠나서 한국으로 오고 있었다.

이 기간 중 UN해군은 해안포격 및 해안봉쇄작전을 효과적으로 수행하여 동력선 6척 및 범선 7척을 격침시켰고, 해안 및 연해 지역의 교통망을 봉쇄하였으며, 적 후방지역 철도, 도로, 교량, 터널 및 산업시설까지 파괴하여 적 후방을 차단하는 성과를 올렸다.

### 해군기의 근접항공지원

8월 1일, 밸리포지(Valley Forge)함의 동료함 필리핀씨가 항모 트라이엄프 대신에 극동해역에 도착하여 제77기동부대에 합류하였다. 또 7월 10일 극동해군사령부 조치로 샌디에고 기지를 떠난 제15호송항모분대 소속 호위항공모함 시실리(Sicily)와 항공모함 바동 스트레이트(Badoeng Strait)가 러블(R. W. Ruble) 해군 소장 지휘하에 한국 해역에 도착하였다.

필리핀씨함은 대서양 함대 소속 항공모함으로 활약하다가 1950년 6월

10일 임무를 마치고 샌디에고(San Diego)에 도착하였고, 그해 10월 10일 밸리포지함과 임무를 교대하기로 되어 있었으나 6·25전쟁 발발로 두 함이 모두 한국전에 참전하게 된 것이다.

바동 스트레이트함은 제214, 제323해병항공대를 보유하였고, 보유 항공기는 코르세어기 70대와 관측기 8대 그리고 헬리콥터 6대이다.

시실리함은 7월 27일 괌도 아가나(Agana) 해군항공기지에 제21대잠항공전대(對潛航空戰隊)를 양륙시키고, 31일 일본 고베(神戶)항에서 제214해병항공대의 지상부대 및 장비를 적재한 다음 항모 바동 스트레이트와 합류하여 8월 1일 한국해역에 도착하였다.

두 항모는 제96.8기동전대로 지정되어 해병대 비행전대를 탑재하고 낙동강 방어선에서 근접항공지원작전을 수행하였다.

8월 5일, 제77기동부대가 한국해역으로 이동했다.

이 당시 낙동강 방어선의 근접항공지원통제와 지대공통신(地對空通信) 유지가 불충분하였으므로 항공모함 밸리포지와 필리핀씨에서 항공통제에 우수한 조종사를 대구 제5공군합동작전본부(JOC)에 파견하여 해군항공기의 폭격통제와 모함과의 연락유지임무를 수행케 하는 동시에 전선을 4개 구역으로 구분하여 각 전선마다 공군통제기와 해군통제기를 각각 1대씩 체공시켜 근접항공지원을 통제케 하였다.

이 조치로 통신 혼란을 많이 해소하여 근접항공지원 성과를 향상시키는 데 기여했으나 만족스러운 것은 아니었다. 일본기지로부터 출격한 제트기들은 체공시간이 매우 짧았기 때문에 전술항공통제관(TACC)들은 연속적으로 도착하는 공군제트기들을 통제하는데 급급하였고, 상대적으로 체공시간이 긴 함재기들은 한동안 계속 표적의 상공에서 대기하거나 스스로 표적을 찾아 무장정찰(武裝偵察)을 수행하는 어려움을 겪어야 했다.

VA-55 편대장 허드슨(Hudson) 소령은 모스키토기의 통제를 받고 AD기를 지휘하여 항모 밸리포지를 이함한 후 고성 부근에서 많은 적을 사살하고 적 보급품 집적소를 불태우는 전과를 연 이틀 반복하여 올렸다.

잭슨(Billy Glen Jackson) 중위는 배리포지함 함재기 스카이 레이다기 4대를 지휘하여 김천 근처에서 트럭 2대, 전차 1대, 열차 1대를 파괴했다.

8일, 맥아더 원수는 7일부터 지상전의 상황이 악화되자 8일부터 17일까지 함재기를 포함한 모든 항공기가 지상군 근접항공지원과 후방차단(Interdiction)작전에 전념하도록 지시하였다.

8월 10일부터 19일까지 출격한 편대장들은 그들의 전과와 함께 문제점들을 다음과 같이 보고했다.<sup>주)</sup>   국방부 『한국전쟁사』 제3권 p344, 345

필리핀씨 항모에서 F-4기 2대와 AD기(이상 프로펠러기) 2대를 지휘한 달젤 2세(LTS Dalzell, Jr.) 대위의 보고

적 지상군의 바라크(baraque)에 소이탄과 GP탄으로 공격하여 성과가 컸으나 공격시에 적절한 통제를 받지 못하였다.

8월 16일 밸리포지함에서 AD기 5대를 지휘하여 출격한 갤러퍼(LT. M. D Gallagher) 대위는 이렇게 보고했다.

트럭 8대와 지프 1대를 파괴하고 트럭 3대와 적이 집결한 부락 1곳을 파괴하였다. 이 공격에서 경험이 부족한 모스키토기의 통제를 받았다.

필리핀씨에서 AD기 8대와 F-4US기 8대를 지휘한 치크(Lock L. Chick) 소령

적이 집결하고 있는 9개 부락을 폭격하여 적 지상군부대에 치명상을 주었고, 수원에서는 적이 숨어있는 3개 처에 로켓포탄을 퍼부어 적병과 차량에 손실을 주었다.

필리핀씨에서 4대의 F-4U기를 지휘한 스미스(LTCE Smith) 대위

대구 근처에서 보급품 집적소와 휘발유 창고 및 적이 집결해 있는 4개 부락을 폭격하여 불태웠다.

필리핀씨에서 F-4U 10대와 AD기 8대를 지휘한 디컨(LCDR Deacon) 소령 지정한 통신망으로 모스키토기와 접촉은 하였으나 통신이 혼잡하여 계속 양호한 접촉은 할 수가 없었다. 동쪽에 집결한 적 부대와 보급품 집적소를 폭격하여 큰 손실을 입혔고, 낙동강에 연한 전선지역이 완전히 소각되었다.

근접항공지원을 위하여 출격한 해군항공기의 대부분은 상공에서 목표를 지정받지 못하고, 전선에 연한 도로를 무장정찰하다가 목표물을 발견하면 공격하고 그렇지 못하면 그대로 돌아오는 경우가 있었다.

실례로 일본기지를 떠난 F-80기 편대가 전선 상공에 나타나서 모스키토기와 접촉하였으나 모스키토즈는 "준비하세요." 또는 "준비되었어요?"라는 지시만 반복하면서 항행 거리가 멀어 상대적으로 체공시간이 짧은 항공기에 신속히 목표를 지정해 주지 못하여 어려움을 겪게 하였고,

또 중무장한 해군 함재기가 목표 상공에서 선회하고 있을 때 먼저 와서 단 5분간 상공에서 대기한 경무장한 항공기의 공격이 끝날 때까지 대기하라는 지시를 받는 난처한 경우도 있었다. 이 경우 중무장 항공기에 우선권을 주었어야 했고, 무엇보다도 같은 목표 상공에 항공기가 중복하여 출격하는 일은 피했어야 했다.

항공기의 중무장이란 근접항공지원을 할 때 취하는 무장 방식으로
F-4기 탄약 800발, 500kg 폭탄 1개, 로켓탄 8개로 무장, 4시간 체공,
AD기 탄약 400발, 250kg 폭탄 3개, 로켓탄 12개로 무장, 4시간 체공
하는 것을 말한다.주) 국방부 『한국전쟁사』 제3권 p344

8월 31일 11시 01분, 부산 JOC(제5공군합동작전본부)에서 제77기동부대에

긴급요청이 왔다. 적이 낙동강 방어선에 대하여 대규모 공격을 시작하였으므로 최대한 근접지원을 요청하는 것이었다.

제77기동부대(고속항모부대) 사령관 이웬(Edward C. Ewen) 소장은 서울~인천 간에서 목표물을 공격하고 있는 항공기들을 항모로 귀환시키고 기동부대를 남동부 해상으로 긴급히 이동시켰다.

이웬 소장은 부산 JOC에 다음과 같이 타전했다.

"근접항공지원폭격은 9월 1일 14시 30분에 개시된다. 최초의 강습은
12대의 스카이레이다기가 3개의 50kg 폭탄으로 각각 무장하고,
16대의 고르세아기는 500kg 폭탄 1개와 로켓탄 4개 그리고 기관총 탄약을 각각 만재하여 행할 것이다.
제2차의 강습도 제1차의 것과 같은 편대가 감행할 것이고 필요하면 더 많은 후속편대가 따를 것이다."

9월 1일 13시 15분, 제1차 강습편대가 모함을 떠났다.

이날 항공지원활동상황과 함께 근접항공지원이 제대로 효과를 발휘하지 못한 실례를 모함은 다음과 같은 요지로 보고했다.

### 밸리포지 항공모함의 행동 보고서

9월 1일 13시 15분, 14대의 항공기가 접촉 퓨즈로 된 500kg 폭탄을 적재하고 낙동강전선 상공으로 날아갔다. 그러나 그곳에는 그만한 폭탄을 투하할 만한 목표가 없었으므로 통제사로부터 선회하라는 명령을 받았다. 45분간이나 선회하고 있는 동안 통제사는 F-51기 1개 편대를 호출하여 집결해 있는 적 부대에 로켓탄 및 기총공격을 하도록 명령을 내렸다. 고르세아기 편대에는 개평동* 근처 1개 마을을 공격하라는 명령을 받고 공격하여 적의 보급품 집적소를 파괴했고, AD기 편대에게는 적이 집결하고 있는 3개 마을을 공격하라고 명령하여 그 마을

을 파괴했다.

* 개평동은 괴평동의 착오로 보인다. 괴평동(槐坪洞)은 구미시(당시 선산군) 고아읍 괴평동이다. 낙동강 서안에 있는 마을이고, 짓골, 평촌 나루가 있다.
  국방부 『한국전쟁사』 제3권(p141) "다식동(多食洞) 쪽에서 낙동강을 도강한 수 미상의 적이 옥골(金谷)로 진출하여……."에서 다식동에 인접하였고, 위 두 나루는 북한군 제15사단이 도하한 것으로 추정되는 곳이다. 이 두 나루는 구미~선산 간 도로에서 자동차 통행이 가능한 도로가 연결되어 있고, 자동차가 도선할 수 있는 도선 시설을 갖추고 있어 병력집결지와 보급품 집적소가 있을 만한 곳이다.(제2절 3.「다부동으로 전진」 * 참조)

14시 30분, 항공기 15대가 근접항공지원을 위하여 전선으로 들어갔다. F-4U기 6대가 JOC의 지시를 받아 적군이 집결하고 있는 함안읍의 1/3을 거의 파괴했고, 이어서 함안읍에서 서쪽으로 뻗어난 도로상에 있는 트럭 8대를 태워 버리고 12대를 파손시켰다. 또 5대의 AD기 편대는 함안 서쪽에 있는 교량을 파괴하라는 지시를 받고, 500kg 폭탄 14개를 투하하여 완전히 파괴했으며, 이어서 중암리(中岩里)에서 50kg 폭탄으로 건물 3동을 폭격했다.

16시 15분, 제트기 8대가 근접항공지원에 나섰다. 목표지역 상공에 이르렀는데 이때 상공에 머물러 있는 항공기가 많아서 모스키토즈와 접촉할 수가 없었다. 항공기 4대가 2대의 모스키토기를 감싸고 선회하였으나 그들도 통신 회선이 복잡하여 모스키토즈와 접촉할 수가 없었다. 항공기 4대는 근처에서 기관차 1대를 발견하고 이를 파괴했다.

17시 45분, 8대의 제트기 최종 편대가 근접항공지원을 위하여 출격했다. 목표지역 상공에 너무 많은 항공기가 모여들었는데 반하여 모스키토기가 부족하여 항공기를 제대로 통제하지 못하였다. 결국 항공기를 4대씩 분리하여 2개 편대를 만든 후 1개 편대는 낙동강 동쪽에 있는 약 10척의 소형 주정을 공격했고, 나머지 편대는 적의 포상(砲床)을 공격해야 했었다.(국방부 『한국전쟁사』 제3권 p348)

**필리핀씨함의 행동보고서(앞 같은 p348, 349)**

9월 1일 13시 12분에 출격하기 시작한 CPA 항공기 4대와 기본공격 강습전대 (F-4U기 8대, AD기 6대로 편성)가 목표지역 상공에 이르렀을 때 항공통제사와 접촉하지 못했으나 곧 목표지역 동부에 집결하고 있는 적 전차를 공격하라는 명령을 받았다. VF113의 편대장 패트슨 대위는 저공비행으로 목표를 식별하였는데 그것은 미 육군 탱크로 판명되어 또다시 자신들에 주워진 새로운 목표를 찾아야만 하게 되었다. 목표를 탐색한 나머지 그들은 집결한 적을 발견하고 공격하기 시작하였으며 1개 교량도 폭격하여 경간 한 개를 완전히 파괴해 버렸다.

14시 30분 먼저와는 달리 기본공격 강습전대에 F-4U기 2대를 추가하여 전선으로 출격했으나 이들 비행전대도 역시 항공통제사와 접촉할 수 없었고, 먼저번 전대보다도 더 성과를 거두지 못하였다. 그들은 목표지역에 있는 적의 집결 부대 및 창고 건물을 폭격하였다. 뒤이어 창고 1개와 연료저장소 1개를 파괴하였으며, 또 적이 집결하고 있는 마을 2개소를 공격하여 상당한 손상을 주었다.(항공통제사는 모스키토즈, 앞의 모스키토기는 항공통제기를 말한다.)

그 다음에 출격한 제트기로 편성된 편대들도 통제사와 접촉할 수 없었다.

조종사들에게 과중한 임무를 부여하여 어려움을 겪게 한 경우도 많았다. 8월 10일 밸리포지함에서 F-4U기 4대를 지휘하고 출격한 스미스 대위가 대구 상공에 이르자 대구의 JOC에서

"진주 상공에 있는 미 공군연락기 모스키토 Wildes기와 접촉하라."

는 명령을 받았다. 스미스 대위는 모스키토기와 접촉하여

"4대의 항공기가 각각 VT 퓨즈(Fuse) 폭탄인 250kg 폭탄 1개와 5인치 로켓탄 8개, 기관총 실탄을 가득히 실은 편대무장을 했다."

고 보고했다.

모스키토즈는 마을 서쪽에 있는 작은 다리를 목표로 지정하여 주었다. 해군함재기는 그 다리를 찾아서 폭격하여 파괴했다.

스미스편대는 모스키토즈로부터 다음 목표를 진주에서 북쪽으로 1.5km 떨어진 도로에 있는 적의 부대와 장비를 파괴하라는 제2차 임무를 받았다. 스미스편대는 최대한 저공비행을 하면서 숨겨져 있는 장비와 병력, 연료드럼들을 발견하는 대로 폭격하여 파괴했다.

항공기 4대로 편성한 편대에 이와 같은 형태의 과중한 임무 부여는 몇 번 거듭되었고, 항공기의 적절한 활용에 무리를 가져왔다. 이러한 임무는 무장정찰 또는 후방차단이지 지상군 근접항공지원은 아니었다.

근접항공지원이 제대로 이루어지지 못한 이유는

첫째, 훈련된 지상통제단의 부족

둘째, 모스키토기의 부족

셋째, 항공기 통제를 위한 장비의 부족을 들 수 있다.

**제77기동부대를 지휘한 이웬 소장은 근접항공지원에 대하여**

"현재와 같은 방법으로 근접항공지원을 계속한다면 결국 항공력을 낭비하는 비효과적 결과를 가져오게 될 것이다. 이것은 나의 사견이긴 하지만 대구식 (Daegu-type) 근접항공지원에서는 함대가 기지고 있는 지원능력의 30%도 제대로 발휘하지 못 한다."

고 평가했다.(국방부『한국전쟁사』제3권 p345)

8월 5일부터 9월 3일까지 제77기동부대는 근접항공지원을 위하여 2,481 소티(Sortie=단기출격회수)의 항공기를 출격시켰다. 그 중 583소티는 항공통제관 통제 하에 임무를 수행하였고, 나머지 1,898소티는 무장정찰 형태로 전투지역 상공을 비행하면서 목표물을 찾아 임무를 수행했다.

근접항공지원이 해군 지휘관들의 기대에는 못 미쳤다고 평가되더라도 여러 가지 어려움과 인원 및 장비 부족에도 불구하고 적에게 막대한 손실을 입혔고, 낙동강전선을 향한 적의 진격 속도를 둔화시키는데 결정적 역할을 했으며, 종국적으로 적에게 주 작전을 거의 포기하도록 강요한 해군 항공기의 공헌은 높이 평가되어야 한다.<sup>주)</sup> 전쟁기념사업회 『한국전쟁사』 제3권 p396, 397

**제7함대사령관 스트러블 중장은 이렇게 평가했다.**

"함재기의 작전 활동이 끝나고 함대가 사세보로 돌아왔을 때에는 지상부대의 전투가 잠정적인 소강상태를 유지하고 있었다." (국방부 『한국전쟁사』 제3권 p345)

한편 제96.8기동부대 호위항모 시실리와 바동 스트레이트에 탑재된 해병항공대 항공기들은 그들이 개발한 '해군·해병대의 근접항공지원 교리'에 따라 해병대의 지상전 지원임무를 훌륭하게 수행하였다.

8월 7일, 한국에 도착한 미 제5해병연대는 해병항공대와 함께 제1임시해병여단에 편성되어 한국전선에 투입되었다.

8일 이후 제96.8기동전대는 주로 제1임시해병여단을 지원했다.

7일 제1임시해병여단은 킨특수임무부대에 배속되어 진주 방면 전투에 투입되었고, 해병 항공기는 해병대 지상전을 근접지원했다. 해병여단의 잘 훈련된 지상전술항공통제반은 지상에서 관측한 표적 정보를 항공기에 제공하면 항공기는 지체 없이 정확하게 표적을 공격하여 근접항공지원 팀워크의 조화를 잘 보여주었다.

이어서 제1임시해병여단은 영산의 낙동강돌출부 전투에 투입되었다.

8월 17일 오봉리능선 일부를 탈환하고 다음 날 공격을 개시하였는데 불과 50야드 전방에 있는 기관총진지에서 뿜어 나오는 화력으로 인하여 진격할 수가 없게 되자 항공지원을 요청하였다. 바동 스트레이트에서 출격한 항공기는 표적 상공을 선회하다가 5분 안에 공격을 시작하여 해병대진지에서 불과 50야드 밖에 안 떨어진 기관총진지를 정확하게 폭파하여 제1임시해병여단은 능선을 점령했을 뿐만 아니라 낙동강의 위기를 극복했고, 적은 4,000여 명의 희생자를 내고 낙동강을 건너 패주했다.

낙동강돌출부의 근접항공지원작전은 그 진수를 보여준 것이다. 패주한 적이 다시 교두보를 복구하는데 10여 일이 걸렸고, 이 10일의 시간이 '낙동강 방어선이 먼저 붕괴되느냐, 인천상륙작전이 먼저 성공하느냐?'의 시간 경쟁에서 UN군에게 무엇과도 바꿀 수 없는 귀중한 순간이 됐다.

제96.8기동전대는 9월 14일까지 총 1,359소티의 항공기를 출격시켜 부산교두보 전선을 지원하는데 있어서 능력을 유감없이 발휘하였다.

### 제3사단 해상 철수작전

8월 7일, 하트먼 제독이 지휘하는 헬레나함과 구축함들이 함경남도 단천(端川)을 포격했다. 단천에는 철도와 조차장, 교량과 소규모 공장들이 있었는데 탄착 관측기의 지원을 받아 조차장의 유개화차(有蓋貨車)와 공장의 동력시설을 포격했고, 철교 75%를 파괴했다. 또 야간을 이용하여 남진하면서 속초 부근 철교와 도로를 포격했다.

포항 방면 적의 압력을 약화시키기 위해서는 소련 연해주(沿海州)에서 연결된 해안병참선을 차단하는 것이 시급한 과제였다.

14일과 15일, 전투함들이 연안철도에 포격을 가하는 동안 고속 수송함 배스(Bass)와 수송잠수함 퍼치(Perch)가 특공대를 단천과 고성에 기습 상륙시켜 3개의 터널과 2개의 교량을 파괴하는 개가를 올렸다.

10일, 포항 북방에서 작전하던 제3사단이 내륙 쪽에서 돌파당하여 청하에서 포위되었고, 해상철수가 불가피하였다.

14일 북한해역에서 작전 중이던 헬레나 단대가 급히 남진하여 제3사단 해상철수에 화력지원을 하였고, 일본에서 16일 저녁에 도착한 LST 3척과 한국 LST 1척이 함포의 엄호를 받으며 해안에 접안했다.

17일 06시경 제3사단 병력 약 9,000명, 경찰대 1,200명, 공무원과 노무자 및 피난민 등 약 1,000명이 LST에 승선 완료했고, 차량과 장비도 빠짐없이 싣고 무사히 철수하여 구룡포에 상륙했다.주) 제1절 1.「장사동철수작전」참조

8월 하순에 들면서 적 병참선에 대한 해상공격은 해상봉쇄선 북방한계선(북위 41°)보다 더 북쪽 50마일에 위치한 청진까지 확장되었다.

19일, B-29가 청진을 폭격하였고, 20일 구축함 스웬슨이 청진제철소, 항만시설, 철교, 통신소 등에 함포사격을 하였으며, 이후에도 청진, 성진, 단천 등지의 수송시설에 지속적인 포격을 하여 막대한 손실을 입혔다.

남부전선이 위기를 맞자 미 극동해군사령관은 미 제25사단 방어선 진동리와 마산으로 연결되는 진해만에 화력지원구역을 설정하여 지원하였다.

26일, 미 구축함 월트시(Wiltsie)가 미 제25사단 화력 지원을 맡았다. 이후 9월말까지 여러 척의 구축함이 교대로 진출하여 화력지원을 계속했다.

미 제25사단에는 잘 훈련된 화력통제반이 있어 지원이 효과적이었다.

## 4. 한국 공군작전

### F-51 비행부대 훈련

7월 27일 진해기지로 이동한 공군은 8월 1일부터 훈련에 들어감으로써 김정렬 공군총참모장은 전투기 조종사들의 전투능력 미숙을 해결하고자 하는 두 번째 방안인 훈련 기회를 가지게 되었다. ▶ 제6장 제3절 3.「항공작전」참조

한국공군 F-51 전투기 조종사들은 부대시설이 좋은 진해비행장을 모기지로 하여 숙식은 진해기지에서 하고, 훈련은 활주로 시설이 좋은 김해비행장에서 실시하였다. 아울러 진해기지에서의 이착륙은 금지했다.

F-51 전투기에 익숙해진 조종사들은 미 제6146부대(헤스부대) 조종사들로부터 수신호법과 비행기 동체요동에 의한 신호법, 적 지상군 식별법과 공격목표물 탐색법, 사격법과 대공포화를 피하는 방법 등의 훈련을 받았고, 낙동강전선에 출격하여 적 지상군을 공격하는 실전에도 참가하였다.

하루 일과가 끝나면 헤스부대는 헤스 소령과 윌슨(Wilson) 중위 그리고 크레이그웰(Craigwell) 중위가 T-6기로 F-51 전폭기를 진해기지로 옮겼고, 국군 조종사들은 T-6기와 차량 편으로 진해기지에 돌아왔다.

한국조종사들의 전투력이 향상되자 김정렬 총장은 그동안 내려졌던 진해기지에서 이착륙금지 명령을 해제하고 이륙을 허용하였다. 그러나 낙동강전선의 전황이 위급해지자 8월 15일부터 비행훈련을 중지하고 미흡한 대로 출격을 감행하여 실전에 투입되지 않을 수 없게 되었다.

비행기를 바꾸었을 때 필요한 전환훈련은 60시간이 정론인데 국군조종사들은 교육기간 중 비행시간이 평균 15~20시간에 불과했다.

### F-51 비행부대 작전

2주일간의 재훈련을 받은 조종사는
박희동, 강호륜 대위,
정영진, 이상수, 장동출, 김성룡 중위
등 6명이다.

이들 F-51 전폭기 조종사들은 전황이 급박해지자 2주일간의 훈련을 마치고 8월 15일부터 후방차단작전에 들어갔다.

8월 17일 미 제25사단은 서북산과 전투산 그리고 필봉에서 적 제6사단의 공격을 받아 치열한 공방전을 벌이고 있었다.

진해에 기지를 둔 한국공군과 미 제6146부대는 고전하고 있는 지상군을 지원하기 위하여 매일 출격했고, 헤스 소령은 하루에 5~6회라는 기록적인 출격을 했다. 그는 자기의 애기에 信念의 鳥人(신념의 조인)이라고 써 붙이고 출격했다.

한국공군 F-51 전폭기들은 8월 15일부터 9월 30일까지 사이에 주로 낙동강 방어선의 적 후방과 전방 가까이서 이동하는 적 병력과 보급품 집적소에 대한 공격을 127회 감행하였다.

15일부터 17일까지 사흘 동안 하동~광양~함양~순천~통영~장성 등 적 제6사단과 제7사단의 후방을 공격하여 적 전차 2대와 차량 5대, 야포진지 5개소를 격파하고, 70여 명을 사살하였다.

18일부터 21일까지 사흘 동안은 영동~옥천~김천~상주 등 주로 경부축선으로 출격하여 적 전차 9대, 차량 4대를 격파하였고, 22일에는 군산~이리~목포 방면에서 적 해안방어진지 5개소를 파괴하였다.

28일부터 30일까지 왜관~김천~선산~청송~안동 등 제2군단과 대치하고 있는 적 후방을 공격하여 보급품 수송차량 27대와 전차 6대를 파괴하고 보급품집적소 4개소를 불태우는 등 많은 전과를 올렸다.

적은 아 공군의 후방차단작전에도 불구하고 야간에 차량과 우마차 그리고 강제로 동원한 주민들을 이용하여 보급품을 릴레이 방법으로 낙동강전선까지 운반한 후 9월 공세를 취했다.

공군은 적의 9월 공세를 저지하기 위하여 9월 2일 의성~함창~상주, 4일 무주~대전, 5일 논산, 6일 공주 등지를 폭격하였다.

9월 10일 11시 장동출 중위와 이상수 중위가 미 공군 조종사 윌슨 중위와 함께 청주로 출격하기 위하여 진해기지에서 이륙 중 장동출 중위*가 탄 비행기가 활주로를 벗어나 진해 앞바다로 빠져 전사했다.

* 장동출 중위는 경북 출신으로 일본육군소년비행학교(제17기)를 졸업한 일본항공병 출신이다. 7월 3일 F-51 전투기를 조종한 이래 15회 출격한 배테랑 급 조종사인데 일찍 전사하여 매우 안타깝고, 공군 전력에 큰 구멍이 생겼다.

김정렬 총장은 다시 진해기지에서 출격하는 것을 금지하고 김해비행장에서만 출격하도록 명령을 내렸다.

김정렬 총장은 이근석 대령 전사 후 비행단장을 겸하고 있다가 8월 28일부로 후방사령부 참모장 장덕창 대령에게 인계했다.

9월 15일 인천상륙작전이 성공하여 낙동강전선에서 지상군 총 반격이 시작되자 9월 20일 F-51비행부대는 대구기지로 이동하였고, 연일 출격하여 패주하는 적에게 폭격의 세례를 퍼부었다.

21일, 대구기지에서 출격한 F-51 전폭기 4기 편대가 영천과 의성 사이를 비행하던 도중 화성동(花城洞-영천시 新寧面) 근처에서 적 화물열차가 터널 속으로 들어가는 것을 보고 로켓탄과 기총소사로 공격하여 병력 다수를 살상하였는데 이때 미 공군 F-8 전투기 4기 편대가 합세하여 집중공격을 감행했다.

23일, F-51비행부대는 대구기지에서 여의도 비행장으로 이동했다. 이때 신유협 소령, 김두만 중위, 전봉희 중위가 새로 합류하여 조종사는 7명으로 늘어났다.(장동출 중위 전사로 1명 감소)

F-51비행부대는 9월 23일부터 38° 이북 지역에 대하여 집중공격을 했다. 23일 신의주, 24일 용암포~선천, 27일 곽산, 29일 평양~중화, 30일 신안주 등지의 군사 목표를 강타하여 많은 전과를 올렸다.

F-51비행부대는 8월 15일 낙동강전선에 출격하기 시작한 이래 9월 30일까지 연 127회(스미스부대 출격 45회 포함) 출격하여 다음과 같은 전과를 올렸다.

| 살상 | | | 적병 | 263명 | | |
|---|---|---|---|---|---|---|
| | 전차 | 24대 | 차량 | 135대 | 기관차 | 3대 |
| 파괴* | 건물 | 52동 | 보급품집적소 | 8개소 | 연료집적소 | 2개소 |
| | 진지 | 10개소 | 역 | 2개소 | 우마차 | 1대 |

자료 : 국방부 『한국전쟁사』 제3권 p358

* 파괴는 전부격파와 일부파괴를 포함하여 계산하였다.

### 정찰비행대 작전

오점석 대위가 지휘하는 정찰비행대는 전선이 남하함에 따라 7월 1일 대전에서 김천으로 이동하였고, 같은 날 T-6기 2대가 F-51전폭기의 작전을 지원하기 위하여 대구로 이동하였으며, 나머지 L형 4대를 가지고 육군 제1군단과 제2군단 작전을 지원했다.

7월 26일 정찰비행대는 김천에서 의성으로 이동하여 8월 1일까지 중부전선 제2군단에 대한 정찰 임무와 연락 임무를 수행하였다.

낙동강 방어선을 형성하였을 때 정찰비행대는 기지를 의성에서 신령으로 옮겼고, 정찰비행구역이 동해안 영덕에서 영주~문경을 거쳐 김천에 이르는 지역으로 넓어져서 정찰기 1대가 하루에 5~6회 정찰비행을 해야 했고, 정찰 정보는 육해공군총사령부와 미 제5공군에 보고되었다.

미 제5공군은 통보된 목표물을 대부분 파괴하였다.

적 제5사단과 제12사단이 포항과 안강 및 기계 지구에 대하여 공격을 감행하자 8월 13일 정찰비행대는 대구기지로 이동했다.

8월 14일, 정찰대의 L형 연락기에 SCR-300무전기를 장착했다. 이날 공군 군수국장 박두선 소령이 미 제8군으로부터 무전기를 인수하였고, 통신대장 이복현(李福鉉) 대위가 지휘하여 연락기 L-4기와 L-5기에 무전기를 장착함으로써 공지간 연락이 훨씬 신속하게 이루어져 작전에 크게 기여했다. 그동안은 연락기와 지상군 간의 연락을 통신통에 의존하는 전근대적인 방법을 사용하여 많은 불편이 있었다.

8월 15일경, 왜관 북쪽 포남동에 있는 328고지에서 제1사단 제13연대가 적 제3사단을 맞아 일진일퇴의 혈전을 벌이고 있었다. 연락기 조종사 천봉식(千奉植) 중위는 지상의 제3중대장 이신국 중위와 교신하여*목표물을 정확하게 파악하고 미 해군함재기 F-51 전투기 1개 편대를 유도하여 적을 강타하였다. 근접지원작전의 효과를 100% 발휘한 작전이다.

* 제13연대 제3중대장 이신국 중위는 이렇게 증언했다.
"연대장이 항공지원을 요청하자, 우리 정찰기 2대가 날아왔다. SCR-300무전기로 적과 아군의 위치를 알린 바 10분 후에 F-51전폭기 4대가 와서 328고지를 강타하였다. 이를 본 병사들은 사기가 충천하여 15일 17시 30분에 동 고지를 점령하기에 이르렀다." (국방부 『한국전쟁사』 제3권 p359)

17일 정찰비행대는 일부 병력을 대구기지에 남겨 놓고, 영천기지(영천중학교)로 이동하여 의성~청송~영덕을 잇는 지역을 정찰했다.

8월 하순에 들면서 포항과 영천 지구에 대한 적의 공격이 강화되자 8월 23일 정찰비행대는 영천에 파견대를 설치하고 대구로 이동하여 9월 17일까지 작전을 수행했고, 적 제15사단의 공세로 영천 지구가 위기를 맞게 되자 영천 파견기지를 폐쇄하고 대구기지로 합류했다.

24일, 구선진(具仙鎭) 소위는 L-4기로 경주 지구를 정찰 중 적의 지상포에 맞아 추락하여 구 소위는 경상을 입었고, 연락기는 전소했다.

제1군단 작전지역 안강에 적 제5사단이, 기계에 적 제12사단이 공격해 오자 제1군단을 지원하기 위하여 8월 15일, 김신 소령이 지휘하는 연락기 L-4기 2대를 경주로 파견했고, 제1군단의 반격과 함께 9월 30일 강릉기지로 전진했다.

9월 1일 07시 30분경, 천봉식 중위는 육군포병단 신정현(申貞鉉) 중위와 함께 연락기를 타고 다부동~의홍 방면을 정찰 중 신화동(新花洞-군위군 缶溪面) 부근 상공에서 적 쌍발기 1대와 전투기 2대의 공격을 받아 우익(右翼)이 절단되면서 화염에 싸여 추락했다. 두 중위도 함께 산화했다.

정찰비행대는 8월 1일부터 9월 15일까지 상실한 연락기는 미 제8군이 보충해 주었다. 그러나 연락기에 필요한 부속품은 파괴된 기체에서 떼어내어 사용해야 하는 구차함을 면치 못했다.

### 공군 여의도기지로 전진

인천에 상륙한 미 제1해병사단이 9월 22일 여의도비행장을 점령하였고, 23일에는 F-51비행부대가 대구기지에서 여의도로 옮겼다.

정찰비행대는 지상군 반격과 함께 전진하였다. 김신 소령이 지휘하는 제1군단 파견대는 9월 30일 경주에서 삼척을 거쳐 강릉으로 전진했고, 8월 30일 영천에서 대구기지로 합류하였던 제2군단파견대는 10월 6일 여의도로 이동함으로써 공군 주력이 여의도기지로 복귀하였다.

9월 24일 공군본부는 한용현 중령 지휘하에 20명으로 선견대를 편성하여 대구에서 진해로 출발하였고, 9월 27일 진해에서 LST 단양호 편으로 출발하여 29일 인천항에 상륙한 후 영등포(대방동)에 있는 성남중학교로 이동하였다가 곧 서울 회현동에 있는 공군본부청사로 복귀했다.

10월 3일 공군본부의 주력과 비행단의 나머지 병력이 육로와 해로를 이용하여 일주일 만에 서울에 복귀하였고, 10월 16일 마지막으로 공군사관학교가 성남중학교로 이동했다.

### 공군 병력 현황
1950년 10월 1일 현재

| 단위 부대 | 정규병 | 가 입대 | 군속 | 징용자 | 계 |
|---|---|---|---|---|---|
| 공 군 본 부 | 469명 | 65명 | 42명 | 414명 | 990명 |
| 비 행 단 | 503명 | | 2명 | 46명 | 551명 |
| 정찰비행대 | 102명 | | 1명 | 17명 | 120명 |
| 대 구 기 지 | 133명 | | | 47명 | 180명 |
| 김 해 기 지 | 66명 | | | 17명 | 85명 |
| 제 주 기 지 | 30명 | 20명 | | 37명 | 87명 |
| 병     원 | 103명 | | 5명 | 9명 | 117명 |
| 헌 병 대 | 426명 | | | 17명 | 443명 |
| 계 | 1,832명 | 85명 | 50명 | 606명 | 2,573명 |

### 항공기 보유 현황
1950년 9월 23일 현재

| 항공기 | 보유대수 | 비 고 |
|---|---|---|
| L-4 | 12대 | 1950년 6월 25일 현재  8대 |
| L-5 | 2대 | 1950년 6월 25일 현재  4대 |
| T-6 | 7대 | 1950년 6월 25일 현재 10대 |
| F-51 | 6대 | 1950년 7월  2일 현재 10대 |
| 계 | 27대 | 22대 |

자료 : 국방부 『한국전쟁사』 제3권 p362

## 5. UN공군 작전

### 폭격사령부의 전략폭격

북한 내에는 전쟁 수행을 직접 또는 간접으로 지원하는 많은 군수산업시설을 보유하고 있었으나 미 공군은 명확한 목표물을 파악하지 못하여 효율적인 폭격을 하지 못하였다.

UN군총사령부 목표선정위원회는 제2차 세계대전 때 미 공군이 사용한 목표록(目標錄)을 기초로 목표 선정 작업에 착수하여 7월 25일에 이르러서야 95%에 해당하는 목표를 결정하였고, 선정된 목표물에 대하여는 제54정찰부대로 하여금 항공사진을 만들도록 하였다.

이렇게 하여 폭격사령부가 선정한 목표지역은 평양~청진~원산~흥남~나진~진남포 등 군수산업도시 및 석유산업도시와 교통요지 및 발전소 등을 포함하였다.

8월 들어서 북한 지역에 대한 본격적인 전략 폭격이 실시되었는데 동원된 폭격전대는 폭격사령부 소속 6개 폭격전대 중 고성능 레이더 폭격이 가능한 3개 전대로 결정하고 격일제로 출격하였다.

7월 21일, 미 극동공군사령관 스트랫메이어 중장은 폭격사령관 오도넬 소장에게 흥남화학공업지대에 대한 폭격을 지시했다.

31일 09시 45분, 제22폭격전대와 제92폭격전대의 B-29중(中)폭격기 47대가 V대형으로 편대를 이루고 흥남을 향하여 출격했다. 난니 에이블(Nannie Able)이라고 이름을 붙인 폭격작전이다.

흥남 목표 상공에는 검은 구름이 덮여 있어 목표물을 식별할 수 없었다. 선두 폭격대대가 레이더 조준폭격(APQ-13)을 하여 상공의 구름을 제거했다. 폭탄이 공장 중심부에 떨어지자 화염이 치솟았고, 이 화염이 구름의 일부를 걷어냈다. 이 틈을 타서 후속 폭격전대가 레이더 조준폭격과 시각(視覺) 폭격을 함께 실시하여 집중타를 날렸다.

흥남질소화학공장은 시설 30% 파괴, 전체 공장 40%의 손해를 입혔다.

8월 1일, 전날과 같이 두 개의 폭격전대 중폭격기 46대가 출격했다. 난니 베이커(Nannie Baker)라 불려진 폭격작전이다. 흥남 상공은 맑게 개여 있었다. 흥남질소비료공장에 250kg짜리 폭탄을 집중 투하했다. 폭음이 흥남시를 뒤흔들었고, 5,300m 상공을 비행하던 폭격기에서도 진동을 느낄 수 있었다고 한다.

8월 6일, 제3차 폭격을 실시했다. 세 차례의 폭격이 끝나자 스트래트메이어 장군은 이렇게 말했다.

"아시아 최대의 이 화학공장과 화약공장은 더 이상 한국전쟁에 기여하지는 못 할 것이다."

7일 B-29중폭격기는 평양의 조병창과 평양역을 폭파했다.

8일부터 10일까지 원산~나남(羅南) 간 철도와 원산역 그리고 연간 250,000톤의 석유를 생산하는 원산의 조선정유공장을 파괴했다.

12일, 나진을 폭격하였다. 나진은 소련과의 국경선으로부터 27km밖에 떨어지지 않았다. 이곳을 폭격 목표로 선정하였을 때 미 국무부는 나진을 폭격함으로써 소련이 한국전에 참전할 수 있는 구실을 주지 않을까 주저했었다. 미 공군은 나진을 폭격할 때 시각폭격이 가능한 조건하에서 목표를 확인한 뒤 폭격하라고 경고하는 전문을 미 극동공군사령부에 보냈다. 미 극동공군사령부는 무슨 이유에서인지 이 전문을 폭격사령관 오도넬 소장에게는 전달하지 않았다.

B-29중폭격기전대는 레이더조준방법을 사용하여 폭격을 실시하였는데 진입 각도 착오로 목표를 벗어나고 말았다. 다행히 소련 국경을 침범하지

는 않았다. 미 공군부(空軍部)는 스트래트메이어 장군에게 시각폭격이 가능한 조건에서만 나진을 폭격하라고 다시 강조하는 전문을 보냈다.

22일 B-29중폭격기전대가 다시 나진을 공격하기 위하여 출격했으나 악천후로 인하여 청진을 폭격하고 돌아왔다.

8월 28일, 성진제철소에 326톤의 폭탄을 투하하였고, 31일에는 진남포의 알루미늄과 마그네슘공장에 284톤의 폭탄을 퍼부어 대파했다.

9월 1일, 미 합동참모본부는 나진을 폭격금지구역으로 지정했다. 그 이유는 나진이 적의 중요한 보급의 중심지이기는 하나 나진을 직접 폭격하지 않더라도 적이 보급품을 전선으로 수송하는 도중 어느 지점에서든지 포착하여 폭격할 수 있을 것이라는 판단에서였다. 그러나 그보다는 소련과의 국경에 인접하여 있다는 이유에서 미 국무부는 처음부터 나진폭격을 달갑지 않게 여기고 있었는데 이것을 그 이유로 보는 것이 옳다.

21일 미 극동공군사령부는 북한 내 수력발전소를 폭파해야 한다고 워싱턴 당국에 건의하였다.

26일 UN군총사령부 브리핑 석상에서 작전참모 히키 소장은 맥아더에게
"북한을 점령할 것과 수력발전소를 폭파할 것"
에 대하여 건의하였고, 맥아더가 결정을 내렸다.
"수력발전소를 계획대로 폭격하라."

미 극동공군 작전부장 웨일랜드 소장은 미 극동공군 폭격사령관 오도넬 소장에게 북한 내 수력발전소 폭격 임무를 맡도록 지시했다.

폭격사령부 소속 제92폭격전대 B-29중폭격기 8대가 풍산 동쪽 10km 지점에 위치한 허천강수력발전소를 폭격하여 변전탑과 수압관을 파괴하였다. 이것이 북한에 대한 마지막 전략 폭격이다.

9월 15일 미 극동공군사령관은

"적은 전쟁 수행에 필요한 산업시설이 거의 무력화되기에 이른 단계다."
라고 지적했고, 허천강수력발전소가 파괴된 9월 26일 미 합동참모본부는
"북한 내 중요 군사목표를 더 이상 폭격할 필요가 없다."
고 통보하면서 앞으로 UN공군은 북한 내 전술상 목표를 파괴하는 데 주력하라고 UN군총사령부에 지시했다.

### 후방차단작전

전선이 남하하고 있던 7월 미 극동공군 주력이 전투지역에 집중 투입되고 있는 동안 북한군은 서울 이북의 철도와 도로를 이용하여 탄약과 보급물자를 전선으로 수송하였다.

항공정찰 보고에 의한 정보가 들어왔다.

청진~함흥 간에는 보급수송열차를 운행하고 있고,
신의주~서울, 원산~서울 간에는 조차장과 교량을 보수하고 있으며,
7월 22일 항공사진에 의하면 한강철교를 보수하는 것이 판명되었다.
한강인도교 옆에 부교를 가설하여 야간에 대부분의 보급품을 차량으로 수송하고 있고,
서울~전의 간에는 보급품을 기차로 수송하고 있다.

미 제8군사령관 워커 중장은 적이 이와 같은 방법으로 보급품을 전선으로 운반하고 있는 한 UN군은 계속 고전을 면할 수 없다고 결론을 내리고 7월 24일 미 극동공군사령부 목표선정위원회에

"지상군작전 근접지원에 투입되어 있는 2개의 B-29중폭격기전대를 38°선 이북의 적 후방차단작전으로 전환시켜 줄 것"을 요청하였다.

7월 26일, 맥아더 원수는 미 극동공군이 2개 B-29중폭격기전대로 수원~강릉선 이북 철도와 교량 및 교통중심지를 폭격하도록 명령하였다.

미 극동공군은 후방차단작전 44개(북한 31개, 남한 13개) 목표를 선정하고 3단계로 구분한 목표록을 작성하여 8월 2일 폭격사령부에 전달했다.

8월 3일, 미 극동공군사령관 스트래트메이어 중장은

폭격사령부는 38°선 이북의 목표를 폭격하고,

제5공군은 38°선과 37°선 사이의 목표를 폭격하며,

서울 지역 목표는 폭격사령관 오도넬 소장과 제5공군사령관 파트리지 소장이 협의하여 폭격하라고 지시하였다.

8월 2일, 스트래트메이어 중장은 미 극동공군의 임무가 과중하다는 것을 고려하여 미 극동해군사령관 스트러블 제독에게 서울에 있는 교량파괴 임무를 맡아줄 것을 요청하였다.

8월 3일 미 극동해군은 지상군에 대한 근접지원작전이 없는 경우에 한하여 후방차단작전에 참여하기로 미 극동공군과 협의했다.

38°선 이남 지역에 대한 작전은 미 제5공군사령부와,

그 이북 목표물을 공격할 때에는 폭격사령부와

각각 사전협의를 거쳐 극동공군사령부에 통보한 뒤에 작전을 수행한다.

이날 저녁 UN군총사령부 제1빌딩에서는 맥아더 원수 주재로 후방차단 작전에 관한 회의가 열렸다. 여기에는 참모장 아몬드 소장, 작전참모부장 라이트 소장, 미 극동공군사령관 스트래트메이어 중장과 그의 작전부장 웨일랜드 소장이 참석했다.

이때 미 제8군사령관 워커 장군으로부터 긴급 보고가 들어왔다.

"현재 3개의 열차가 북한에서 서울로 이동하고 있으며, 또 많은 열차가 서울 이남에서 전선으로 이동 중이다."

맥아더 원수는 즉석에서 스트래트메이어 중장에게

"서울 이남으로 향한 전 교통망을 차단하기 위해서는 서울 이북의 수송

망을 모조리 파괴해야 한다."

고 강조하고 3개의 중폭격기전대를 사용하라고 명령했다.

8월 2일 수립한 작전계획 및 8월 3일 미 극동해·공군의 협의에 따라
미 극동해군은 항공모함을 서해안으로 진출시켜 북한 내 후방 목표를,
폭격사령부는 서울과 38°이북 지역의 목표를,
미 제5공군은 서울 지역을 제외한 38°선 이남 지역의 목표를
각각 공격하기 위한 임무에 들어갔다.

### 폭격사령부 작전

8월 2일 미 극동공군이 수립한 후방차단작전에서 폭격사령부가 담당한 지역은 서울과 38°선 이북 지역이다.

8월 4일, 제19폭격전대가, 5일 제22, 제92폭격전대가 각각 서울 지구에 출격하여 연 이틀 동안 서울 지구의 수송시설을 중점적으로 파괴했다.

8월 7일, 제22, 제92, 제98폭격전대는 평양조차장과 평양조병창을 폭파했고, 다음 날 새로 도착한 307폭격전대는 평양역을 파괴했으며, 10일, 제22, 제92, 제98폭격전대는 원산조차장과 정유공장을 폭격했다.

6일간의 폭격에서 중요한 철도 수송의 중심부를 파괴했고, 여러 곳에 저장되어 있는 많은 보급품을 폭파했다.

8월 12일부터 20일까지 3개의 B-29폭격전대를 교량폭파작전에 집중적으로 투입하였다. 그러나 8월 중순경 이후 일기가 고르지 못하여 교량폭파작전을 수행할 수 없었으므로 다시 조차장폭파작전으로 전환하여 진남포~길주~고원~나진~청진~신안주~사리원 등지의 조차장과 원산과 평양의 철도수리창을 격파하였다.

8월 말까지 후방차단작전을 끝낸 폭격사령관 오도넬 소장은 스트래트메

이어 사령관에게 이렇게 보고했다.

"8월 2일 지시한 폭격목표 44개의 교량 중 7개를 제외한 교량을 전부 파괴하였고, 7개도 크게 파손되어 사용 불가능한 상태다."

폭격사령부의 작전 중 가장 힘들었던 것이 한강복선철교 폭파였다.

폭격기 조종사들은 한강철교를 탄성교(彈性橋-Elastic Bridge)라는 별명을 붙였다. 철교폭파 임무는 1,000kg 폭탄을 장치할 수 있는 제19폭격전대가 담당하였다. 여러 차례 출격하여 폭격하였으나 효과를 거두지 못하자 마침내 철교를 설계한 일본인으로부터 설계도 청사진을 입수하여 가장 취약한 부분을 공격하여 파괴하였는데 적은 이 철교를 보수하여 사용하거나 부서진 부분에 판자를 깔아 사용하였다.

스트래트메이어 중장은 이 철교를 완전히 절단하기 위하여 제19폭격전대로 하여금 대량의 폭탄을 집중 투하하도록 명령을 내렸다.

8월 19일 제19폭격전대의 B-29중폭격기 9대가 500kg 폭탄 54톤을 이 복선철교에 퍼부었고, 이어서 이날 오후에는 해군함재기가 날아와서 이 철교에 폭탄 8개를 투하했다.

8월 20일 제19폭격전대의 폭격기가 재차 출동하여 목표 상공에 나타났을 때 복선철교의 2경간(二俓間)이 물속에 떨어져 있는 것을 확인했다. 어제 폭격에서 파괴된 것은 확실하나 공군기와 해군기 중 어느 쪽이 파괴했는가는 확인할 길이 없었다.

맥아더 원수는 해·공군 양쪽의 공로를 높이 치하하고 제19폭격전대와 해군항공대에 UN트로피와 스카치위스키 한 상자씩을 나누어 주었다.

한강철교를 절단하기 위하여 폭격사령부가 출격한 회수는 86회에 이르고 사용한 폭탄의 양은 643톤으로 추산했다.

### 제5공군 작전

8월 2일 미 극동공군이 미 제5공군에 부여한 임무는 서울을 제외한 38°선 이남 지역에서 적 병력 이동 및 보급수송 차단이었다.

미 제5공군은 이 임무를 위하여 전 공군력의 1/3을 투입하였다.

미 제5공군은 8월 중순, 남으로 향한 적 수송망 47개소를 파괴하였는데 그 중 9개소는 서울과 대전에 이르는 간선교통망이고, 나머지는 각 지선상에 있는 목표였다.

8월 말까지 폭격사령부와 미 제5공군 및 해군항공대가 거둔 성과는 서울~전선 간에 위치한 교량 140개 소와 전선의 직 후방에 위치한 교량 93개소를 파괴하였다.

이 기간 중 미 극동공군의 최대 관심사는 한강인도교 아래에 가설되어 있는 부교(浮橋)를 파괴하는 것이었다. 이 부교는 야간에 설치하여 이용하고 주간에는 철거하여 폭파할 수가 없었다.

미 제5공군사령부는 이 부교를 B-29폭격기로 야간에 폭격하도록 하고 제3폭격전대에 그 임무를 맡겼다.

미 극동공군 작전부장 웨일랜드 소장과 제5공군사령관 파트리지 소장은 이 부교가 가연성인 것으로 판단하고 네이팜탄을 사용하도록 지시했고, 폭격전대는 수차례에 걸쳐 네이팜탄을 투하했으나 파괴되지 않았다. 그 후에 사진을 판독한 결과 이 부교는 미 해군이 사용하는 것과 같았고 부분적으로 강철판을 사용한 것이 판명되었다.

8월 30일 새벽, 제3폭격전대는 B-29폭격기가 조명을 밝히고 B-26폭격기 8대가 수차례 폭격을 시도했으나 부교를 발견하지 못했다.

한강 부교는 끝내 파괴하지 못한 채 미 제5공군의 숙제로 남았다. 한때는 스트래트메이어 중장이 명령하여 한강인도교 일대에 시한폭탄을 투하하기까지 하였으나 적에게 심리적인 타격을 주었을 뿐 한강을 도하하여 계속 전선으로 수송되는 보급의 물결을 막아내지는 못하였다.

　미 제5공군은 서울 이남의 철도와 교량을 파괴하여 적의 전차 및 중장비 수송에 많은 지장을 주었지만 한강이남 하천은 수심이 얕아서 적은 차량과 우마차를 이용하여 큰 어려움 없이 보급품을 수송했고, 파괴된 교량은 주민을 동원하여 야간에 모래가마니와 목재로 복구했으며, 낙동강에는 소련식 수중가교를 가설하여 공중정찰을 피하면서 보급수송을 강행했다. 열차수송은 철도가 차단된 지점에서는 인력과 우마차로 운반하여 다음 열차에 옮겨 실었고, 주간에는 터널 속에 숨어 있다가 야간에만 운행했다.

　미 제5공군은 이러한 후방차단작전의 어려움을 타개하기 위하여 무장정찰작전과 야간정찰작전이라는 새로운 전술 방법을 모색하였다.

　미 제5공군은 F-51전폭기를 지상군근접지원작전에 전용(專用)하도록 하고, F-80 전투기를 무장정찰에 사용하도록 하였다.

　F-80 전투기는 속력이 빨라서 적의 대공화력을 피할 수가 있고, 적병이 대피하기 전에 공격할 수 있는 이점을 가지고 있었다.

　8월 초부터 실시된 F-80 전투기 무장정찰작전은 적 주간 이동 병력 및 보급품과 후방지구에 쌓아둔 보급품을 폭파하기 시작하여 8월 들어서는 적이 병력과 보급품을 야간에만 수송할 수밖에 없도록 하였다.

　8월 5일, 제18비행단과 제67전투폭격대대의 1개 편대가 함창(咸昌-상주시) 부근 제방에 집결한 부대와 포진지를 폭격하던 중 편대장 세빌레(Louis J. Sebille) 소령이 전사했다.

　미 극동공군사령관 스트래트메이어 중장은 제5공군에 야간 정찰을 실시하라고 명령을 내렸다. 그러나 제5공군은 야간정찰기를 가지고 있지 않았다. 제2차 세계대전 중 이탈리아전선에서 야간폭격 임무를 수행한 제47폭격전대가 미 본토에서 교리 발전 훈련을 받고 있었을 뿐이다.

미 제5공군은 8월 8일 B-26폭격기와 F-51, F-52, F-80전폭기를 동원하여 매일 밤 50회 이상 출격하였다. 야간폭격에서 제트기가 고정 목표를 공격하는 데는 약간의 효과가 있었으나 이동 목표를 발견하고 공격하기는 어려웠고, F-81전폭기는 목표물을 용이하게 포착하였으나 고도 측정이 곤란하여 로켓탄과 기관총을 정확하게 발사할 수가 없었다.

미국 본토에서 훈련을 마친 제47폭격전대 조종사들이 일본으로 이동하여 제3폭격전대를 야간폭격에 투입할 수 있었다.

미 제5공군사령관 파트리지 소장은 야간폭격을 중시하여 B-26폭격기를 야간 공격에 집중 사용하였고, 제3폭격전대의 반수를 야간폭격으로 전환하였다. 이렇게 하여 8월 24일 무렵에는 매일 35회를 출격했다.

9월 6일, 미 전략공군사령관 반덴버그 중장은 제3폭격전대를 야간출격으로 전환시키고, 제452폭격전대를 주간 폭격에 사용하도록 하였는데 그 중 제452폭격전대의 제731폭격대대는 일찍 야간폭격훈련을 받아왔으므로 이 대대를 제3폭격전대에 배속하였다.

8월 말부터 제3폭격전대는 B-29폭격기와 합동 작전을 실시하였다. B-29폭격기가 목표 상공 약 2,300m 고도에서 선회 비행하면서 고도 2,000m 상공에서 발화하도록 장치된 M-26조명탄을 투하하고 그 불빛을 받아서 제3폭격전대가 폭격을 하는 것이다.

이러한 방법으로 약 2주간 작전을 실시한 결과 M-26조명탄은 50~60%가 불발탄이 되어 작전에 큰 성과를 올리지 못하였다.

9월 3일 폭격사령관 오도넬 소장은 M-26조명탄 사용을 금지하고 그 대신에 브리티시-1950조명탄을 사용케 하였다. 이 조명탄은 48개 중 불발탄이 6개일 정도로 성능이 우수했다. 9월 중에 제13폭격대대의 B-26폭격기는

B-29폭격기가 투하한 브리티시-1950조명탄의 불빛을 이용하여 이동 중인 3개의 열차를 폭파하는데 성공했다.

이와 같은 전술 변화 과정을 통하여 미 극동공군은 후방차단작전에서 많은 성과를 올렸지만 전과에 비하여 전력과 장비 소모가 필요 이상으로 많았기 때문에 계속 사용할 수 있는 전술적인 방법이 되지 못했다.

미 극동공군은 새로운 기술적인 개선을 모색하기에 이르렀는데 그것은 무선조종 레이존폭탄(Radio-controlled Razon Bomb)의 사용이다.

미 공군은 8월초에 무선조종레이존폭탄을 오키나와에 수송해 놓았었다.

8월 23일, 제19폭격전대의 B-29폭격기가 대동강철교를 절단하기 위하여 무선조종레이존폭탄 15개를 투하했는데 그 중 1개만 목표에 명중하였다. 이 폭탄은 종래 B-13폭격기에만 사용했었기 때문에 B-29폭격기가 사용하는 데는 어려움이 있었다. 이 작전에서 폭격기가 폭탄을 투하하고자 40분간이나 목표 상공을 비행하는 동안 적의 고사포탄을 맞고 B-29폭격기 1대가 추락하는 비운을 맞았다.

9월 3일 밤, B-29폭격기가 평양 부근에 있는 교량을 폭파하기 위하여 무선조종레이존폭탄을 투하하였는데 그 중 1개가 명중하여 교량 경간 1개를 파괴하는 성과가 있었다.

무선조종레이존폭탄 투하는 실전이면서 실험이었다. 그 후도 실전 실험은 계속되어 9월 27일까지 10회 출격하여 8회의 실험폭격을 하였는데 투하한 120개의 폭탄 중 42개가 목표에 명중하였고, 그 뒤 6회의 실험폭격에서는 108개 중 68개가 명중하여 명중률이 60%를 넘었다.

처음에는 기술적인 문제와 수신기의 성능 불량 등 어려움으로 실효율이 낮아 승무원들로 하여금 비관적인 전망을 갖게 했으나 실전과 실험을 반복하는 동안 경험이 축적되고 기술이 향상되어 야간 교량폭파작전에서 가장 효과적인 무기로 평가되기 시작했다.

### 융단폭격

8월 16일, 폭격사령부는 B-29 98대*를 동원하여 11시 58분부터 왜관 북쪽 낙동강 연안에 융단폭격을 실시했다. 마지막 비행기가 목표상공을 떠난 시각은 12시 24분이었다. 26분간 폭격이 이루어졌다.

사용한 폭탄은 500파운드 GP폭탄 3,084개, 1,000파운드 GP폭탄 150개다. 투하한 폭탄 총량은 960톤으로 야포 중포탄(重砲彈) 3만 발과 맞먹는 파괴력을 가졌다. 이 폭격은 제2차 세계대전 중 노르망디 상륙작전 이래 최대 공군력을 투입한 것이라고 했다.주)    전쟁기념사업회 『한국전쟁사』 제3권 p440

* 일본 육전사연구보급회 『한국전쟁』 ②는 B-29 5개군 90대, 폭탄 총중량 900톤(p234)이라고 기술.

이보다 앞선 8월 14일 미 제8군사령부 정보처는 왜관 서북 방면에 적 대부대가 집결해 있는데 그 규모는 3개 사단과 제105기갑사단이고 병력은 약 4만 명 정도로 추산하고 있었다.주)    국방부 『한국전쟁사』 제3권 p208

적 제3사단이 왜관 북쪽 낙동강 서안에서 미 제1기병사단의 303고지와 국군 제1사단 제13연대의 328고지에 압력을 가하고 있었다. 제1사단 제12연대도 수색대 보고를 통하여 연대 정면에 2개 사단이 집결해 있다는 것을 확인하고 사단에 보고하였고, 보고를 받은 백선엽 사단장은 경비행기로 직접 확인한 후 육군본부에 보고했다.주)    국방부 『한국전쟁사』 제3권 p208

이 무렵 미 제1기병사단에서도 같은 내용의 정보를 보고하였다.

미 제8군사령부는 전 전선에서 적이 대공세를 펴고 있었으므로 왜관 정면에 특단의 대비책을 강구할 수단이 없었다.

융단 폭격

　미 제8군작전처는 제2차 세계대전 중 노르망디 상륙작전에서 쌩·로 (Saint Lo) 지구에 실시한 융단(絨緞)폭격을 떠올리고, 이를 연상하여 융단폭격을 실시하면 어떻겠는가를 맥아더 사령관에게 건의하기에 이르렀다.
　맥아더는 이 건의를 받아드려 극동공군사령관에게 폭격을 지시했다.
　UN군총사령부와 극동공군사령부는 협의 검토 끝에 왜관 맞은편 낙동강 서쪽 제방과 평행한 5.6 12km 지역을 폭격하기로 했다.
　미 제1기병사단장 게이 소장은 북한군의 도하가 이미 끝났기 때문에 왜관 동북부 지역(강 동안)을 폭격해 주도록 몇 번이나 건의했으나 극동공군은 오폭을 우려하여 이를 거절하였다.(노르망디 상륙작전 때 오폭으로 군단장이 전사했다) 이에 게이 사단장은 연막으로 표시를 하던가, 경비행기로 유도하면 되지 않겠느냐고 거듭 제의해 보았지만 공군 측은 서안에 대한 폭격 결과를 보고 결정하자며 거절했다.
　8월 14일, 스트래트메이어 중장은 폭격사령관 오도넬 소장에게 낙동강 서안에 대한 융단폭격을 지시하였다.

폭격이 끝난 후 폭격사령관 오도넬 소장은 폭격 성과를 확인하기 위하여 2시간 이상 폭격지역 상공을 선회했으나 연막과 먼지 때문에 확인할 수 없었고, 지상정찰을 실시했으나 적진이라 현지에 다다를 수가 없었다. 구체적인 폭격 성과는 아무 것도 확인된 것이 없었다.

우리 제1사단 제12연대 전면에서 수백 명의 적이 죽어 있는 것을 확인했다는 수색대의 보고가 있었다.

폭격 후 전선에서의 북한군 압력은 달라진 것이 없었고, 제1사단과 미 제1기병사단 정면에서는 북한군의 포격이 많이 약화되었다.

폭격 후 미 제8군사령관 워커 중장, 제5공군사령관 파트리지 소장, 폭격사령관 오도넬 소장은 폭격 성과에 대하여 의문을 가지고 19일로 예정됐던 낙동강 동안에 대한 제2차 폭격은 하지 않기로 했다.

후일 포로 진술에 따르면 이때는 이미 북한군의 도하는 완료되었고, 강 서안에 소수의 후방부대만이 남아있었다고 했다.

북한 출판물에서는 융단폭격에 대하여

"닭 두 마리가 시끄럽게 떠들어 댄 것과 다를 바 없다."

고 비꼬았다.주)　　　　　　　　　　　　　　　일본 육전사연구보급회 『한국전쟁』 [2] p235

종격 12km는 왜관을 기점으로 할 경우 지금의 구미대교까지이다. 16일 이 폭격권 지역에 집결한 것으로 볼 수 있는 적은 제3사단(포병연대 포함), 제105기갑사단(약 4,000명)과 적 제15사단 및 제2사단의 포병연대다. 이들 부대의 병력을 모두 합쳐서 2만 명 수준이다.

적 제15사단은 이때 낙동강을 건너서 유학산과 숲데미산을 점령하고 있었으므로 강 서안에 남아있는 병력은 없었다고 보아야 한다. 적 제3사단도 강 동안 328고지와 154고지에서 공방을 벌이고 있었으므로 주력이 강을 건너온 상태이다. 강 서안에는 전차(일부)와 포병 및 일부 병력이 남아있었을 뿐이다.

의용군으로 편성된 '충남예비부대' 2,000명이 8월 15일부터 약목 부근에서 수중가도를 설치하고 있었다. 이들은 폭격 피해를 입지 않았다.

결국 낙동강 서안에 있는 적 병력은 최대 1만 명 수준이다.

미 제1기병사단장의 말을 들었어야 했다.

융단폭격 결과는 병력 몇 만 명 살상, 전차 몇 대와 포 몇 십 문 파괴처럼 숫자로 계산된 전과는 확인하지 못하였고, 또 보잘 것 없었다고 평가될지라도 하룻강아지 범 무서운 줄 모르고 덤벼든 저들의 간담을 서늘하게 하여 전의를 상실시킨 효과는 어디에도 비할 바 없이 컸다.

위로는 김일성으로부터 아래로는 전사에 이르기까지 혼쭐이 났을 게 분명하고 사기가 곤두박질쳐서 싸우고 싶은 마음이 쑥 들어갔을 것이다.

"닭 두 마리가 시끄럽게 떠들어 댄 것과 다를 바 없다."

고 비꼰 것으로 김일성은 자위하였지만 일선 지휘관들은

"전선은 물론 후방까지 마비되었다."

고 할 정도로 엄청난 부담을 안고 있었다.

반면에 한미연합군에게는 사기가 하늘로 치솟게 하는 효과가 있었다.

미 제8군의 한 상사는 8월 30일 폭격사령관 오도넬 소장에게 다음과 같은 감사의 편지를 보냈다.[주]                                전쟁기념사업회 『한국전쟁사』 제3권 p440

"우리 미 보병은 귀하가 왜관 지역을 폭격하여 준 데 대하여 워커 장군과 같이 모자를 벗고 정중히 감사드려야 한다고 말하고 있습니다. 미 제1기병사단이 왜관 지역을 방어하고 있던 8월 16일 새벽 적은 전차와 야포의 지원을 받으며 우리의 방어선을 돌파하기 위한 공격을 개시하였습니다. 적의 공격을 받고 당황하고 있을 때 우리들의 머리 위를 지나가던 폭격기가 적진에 무수한 폭탄을 투하하자 우리들의 기쁨은 형용할 수 없었습니다. 그것은 실로 장관이었습니다. 위기는 완전히 해소되고 적은 소탕되었습니다. 이것은 우리 지상군에게 극도의 사기를 앙양시켜 준 것이며 완전한 공지(空地) 협동작전인 것입니다."

당시 북한군 제3사단 포병연대장 임헌일 씨는

"공산군 전선은 물론 후방까지 모조리 마비됐고, 은폐했던 장비 · 차량 · 탱크 · 포열, 각종 보급품이 파괴되었으며, 전선은 阿鼻叫喚(아비규환)의 생지옥으로 변했다. 또 장비의 손실도 손실이지만 이 폭격으로 공산군 사기는 아주 땅에 떨어졌다."고 증언했다.주) 중앙일보사 「민족의 증언」 2 p175

포로가 된 북한군 어떤 중좌(중령)는

"왜관폭격에 대하여 알고 있으나 피해가 어느 정도인지는 알지 못한다."고 하면서 북한군의 사기를 위하여 왜관폭격을 비밀에 붙였다고 했고,

어느 피난민은 이렇게 증언했다.

"강제동원한 약 4만 명의 노무자가 폭사하거나 행방불명되었다는 유언비어가 퍼져 노무자 징용에 고충이 있었다." 주) 전쟁기념사업회 「한국전쟁사」 제3권 p441

## 6. 국립경찰의 활동

### 경찰력 증강

7월 15일 조병옥 박사가 내무부장관에 임명되었다. 전임 백성욱 장관은 자진하여 사임했다.

조병옥 장관은 군정 때 경무부장으로 있으면서 해방 후 혼탁한 사회질서와 민생치안을 수습하는데 크게 공헌한 사람이다.

6·25남침 당시 국립경찰의 총수는 약 25,000명이었다. 조병옥 장관의 취임 무렵에는 13,000명이었고, 장비는 일부 카빈 소총을 가졌을 뿐 대부분은 일제 99식 소총을 가졌는데 그나마 6,000정 정도밖에 되지 않았다.

조병옥 장관의 당면 과제는 경찰관을 늘이고 무장을 강화하는 것이었다.

경찰관 수를 전시 치안을 유지하는데 최소한도로 필요한 65,000명으로 대폭 증강할 것을 계획하고 대구와 부산에 경찰관훈련소를 설치하여 경찰 인력증강에 착수한 결과 그 해 말까지 48,010명으로 늘였고, 미 제8군사령부 참모장 앨런(Leven C. Allen) 소장에게 요청하여 M1과 카빈소총 및 경기관총과 중기관총 그리고 박격포 등 70,000여 점에 이르는 무기와 함께 피복까지 지원받아 시급한 당면 문제를 해결하였다.

조병옥 내무부장관은 피난민을 가장한 적 유격대가 침투하여 UN군부대를 기습하는 일이 자주 일어났으므로 경찰병력 15,000명을 미군부대에 배속하여 대비함으로써 미군 작전에 많은 기여를 했다.

▶ 제11장 제1절 2. 「미군사단에 한국인병사 편입 – 카추샤제도」 참조

### 낙동강 방어선 전투

7월 27일, 대구방위사령부 군경연석회의에서 수립한 대구 방위 계획에 의하여 경찰관에게 다음과 같은 전투임무를 부여하였다.

(1) 군 경력자와 전투경험이 풍부한 자 및 대공전투의식이 강한 정예경찰관으로 독립전투대대를 편성하고 UN군과 국군 전투부대에 배속하여 전투에 참가하거나 전략거점 및 중요시설 경비에 투입한다.

(2) 이상 외의 경찰관들은 각 경찰국장 지휘하에 경찰서 단위로 부대를 편성하여 방위상 필요한 지역에 고정 배치한다.

8월 1일, 경기도 경찰국장 한경록(韓景錄) 경무관은 지휘소를 와촌(瓦村)에 설치하고

제1대대와 제2대대를 진량(珍良-경산군)에 배치하여 대구외곽 방어에,

제3대대를 와촌에 배치하여 현풍(玄風) 지구 방어에,

제5대대를 청도에 배치하여 대구 외곽지역 방어에 들어갔다.

성주지구전투사령관 심형택(沈亨澤-충남경찰국장) 경무관은 경찰 제6대대와 충남경찰대를 지휘하여 성주 방면 적 진출에 대비하고,

고령지구전투사령관 신상묵(辛相默) 총경은 서울경찰 제7대대와 경북경찰부대를 지휘하여 고령 방면의 적을 저지케 했다.

8월 6일, 대구에 집결한 전국 경찰국장은 지역경비사령관이 되어 전투구역을 설정하고 관하 경찰부대를 지휘하여 전투지역 군과 협동작전을 펴는 한편 전투교육과 경비 임무에 들어갔다.

서울시경찰국장 이익흥(李益興) 이사관

    지휘소 : 성북(城北)지서. 병력 : 성북지서 1개 대대, 칠곡 1개 대대

경기도경찰국장 한경록 경무관

    지휘소 : 와촌. 병력 : 와촌 2개 대대, 진량 2개 대대, 청도 1개 대대

충청남도경찰국장 심형택 경무관

    지휘소 : 공산(公山). 병력 : 공산 2개 대대

충청북도경찰국장 정태섭(鄭泰燮) 경무관

    지휘소 : 지천(枝川). 병력 : 지천 2개 대대

경상북도경찰국장 조준영 경무관

    지휘소 : 신동(新洞). 병력 : 신동·칠곡예하대대

    양홍식(楊弘植) 총경대대 – 비슬산(琵瑟山, 1084고지-대구 남쪽)

    신상묵 총경대대 – 월배(月背) 예하 병력과 월배 지역 경찰 병력

강원도경찰국장 윤명운 경무관
    지휘소 : 경주
    예하부대 - 제1군단 배속, 김향산(金享山)경위부대 - 보현산 지구
전라북도경찰국장 윤기병 경무관
    지휘소 : 진동리(鎭東里). 예하부대 - 미 제25사단 배속
철도경찰대장 전득수(田得秀) 경무관
    지휘소 : 대구. 전 병력 - 철도호송임무
제주도경찰국장 이성주(李成株) 경무관
    제주도 방위 임무 수행
연락참모 선우종원(鮮于宗源) 경무관
    수사 및 정보경찰관으로 오열(五列) 및 용공분자 색출 임무


8월 10일과 11일, 적이 낙동강을 건너 비슬산으로 침투하였고, 다른 1개 대대 규모의 적은 대구 서쪽 칠곡군 지천면 칠전리(七田里)로 침투하여 대구침공 기회를 노리고 있었다.

대구시내 및 대구외곽에 주둔하고 있는 경찰부대에 비상경계와 함께 검문검색을 강화하고 경찰전문학교 학생을 출동 대기시키는 한편 경북경찰국장을 대구방위기간부대 지휘관으로 임명하였다.

낙동강을 도하한 적은 비슬산에 집결 중이었고, 영천 방면에서 운문산(雲門山)으로 침투한 적 약 2개 대대 병력이 대구 후방을 위협하고 있었다.

8월 14일, 적이 대구~부산 간 철도를 차단하고자 기도하고 있었으므로 경북경찰 1개 대대 및 경남경찰 1개 대대를 청도와 밀양에 진출시켜 철도 연변산악지대를 탐색케 하면서 철도경비를 강화했다.

비슬산에 침투한 적의 위협이 계속되고 있었으므로 충남경찰 1개 대대

와 경북전투경찰 제25전투대대를 증파하여 대구 서남측방에 대비하였고, 창녕 방면으로 침공한 적 1개 대대가 밀양으로 침투하여 경부축선의 교통을 차단하고자 기도하였으므로 경남경찰부대와 전남경찰부대가 협동하여 적의 기도를 분쇄하고 대구~학산(學山) 간 거점을 점령하여 보급로를 확보했다.

8월 15일 영천~신령을 잇는 제6사단 전투지역에는 많은 피난민이 처절하게 벌어지는 혈전을 직접 목격하고 있었다. 이들은 더 이상 한 발자국도 피난을 하지 않겠다고 굳게 다지고 옥쇄의 각오로 군·경전투부대를 찾아 진지구축과 보급품운반 등 작전을 도왔다.

경기도경찰 제5독립대대는 팔공산 전투에서 세운 전공으로 한우 한 마리를 상으로 받았는데 대대장 김억순 경감은 부하들과 협의하여 이 소를, 절식하여 모은 쌀과 함께 피난민에게 나누어 줌으로써 피난민들이 생사를 초월하여 군경의 작전을 도운 고마움에 보답하였다.

대구 외곽을 방위하고 있던 국군 병참단, 대전차포단, 통신대대가 작전상 전선으로 전진(轉進)해 가자 그 지역을 서울경찰 제7전투대대와 경북경찰전투대대 그리고 충남경찰 및 충북경찰 각 1개 중대가 맡아서 제2군단의 지휘하에 본격적인 전투임무에 들어갔다.

8월 24일, 대구 동북방 가산에 침투한 적을 제1사단에 배속된 제10연대가 공격할 때 경찰전투대가 합동작전을 펴서 물리쳤다.

경찰부대의 지휘체계를 강화하기 위하여 팔공산지구전투사령부를 설치하고 경기도경찰국장 한경록 경무관을 사령관으로 임명하여 지구 내에 있는 경찰 병력을 통합지휘하게 하였다.

    사령관              한경록 경무관
        참모장          문석제(文錫濟) 총경

제6전투대대장　　전봉수 총경
　　　제8전투대대장　　최정득 경감
　　　제9전투대대장　　류충렬(柳忠烈) 총경
　　　제13전투대대장　 김회동(金會東) 총경

　9월 1일 03시 30분, 밤중에 현풍 지구에 적 1개 대대 규모가 침공하였다. 09시 30분경 가비사(珈琵寺)에 배치된 경찰대대가 맞아 치열한 교전이 벌어졌는데 11시에 미군 항공기가 지원하여 이 적을 타격하자 적은 비슬산으로 진출하여 능선에 배치된 경찰부대와 공방전을 계속했다.

　비슬산에서 육군과 합동작전을 펴고 있는 양홍식 총경이 지휘하는 대대에 충남경찰국 1개 전투중대, 경찰전문학교 학생으로 편성한 청룡대대 제1중대를 증원하고 전차를 동반한 미군 보병이 합동작전을 펴서 비슬산에 침공한 적을 완전히 섬멸했다.

　최정득 경감이 지휘하는 제8전투대대는 영천 동쪽 채약산(采藥山, 498고지-영천시 대창면, 금호읍, 영천시 경계)에 침투하여 경주~학산 간 보급로 차단을 기도하는 적을 교전 끝에 물리쳤다.

　권오철 총경이 지휘하는 강원도경찰대,
　신상묵 총경이 지휘하는 경북경찰대,
　이강학 경감이 지휘하는 경주경찰대,
　김세걸(金世傑) 경감이 지휘하는 1개 대대가 합동작전을 펴서 안강 부근으로 침공하는 적을 격퇴하여 경주의 위험을 제거하였다.

　제2군단에 배속된 경기경찰 제5독립대대(김억순 경감)는 대구기습을 노리고 팔공산 동쪽 산악지대로 침투한 적 1개 중대와 격전을 벌여 섬멸하고 적 중위 1명, 소위 3명, 사병 11명, 게릴라 정찰병 4명을 생포하는 한편 적의 공세기도를 파악할 수 있는 중대한 정보를 입수하였다.

군위경찰서부대는 팔공산 서쪽 대율동(大栗洞) 방면에서 적 진출을 저지하고 있었다.

경찰비상경비 총사령부는 경찰 부대를 다음과 같이 재배치했다.

| 서울경찰 | 제9전투대대장 류충렬 총경 | 주둔지. 대구 |
|---|---|---|
| 충북경찰 | 제11전투대대장 김대옥(金大玉) 총경 | 지천 |
| 충남경찰 | 제12전투대대장 김종대(金鍾大) 총경 | 임천(林川) |
| 전남경찰 | 제24전투대대장 김광섭 총경 | 부산 |
| 경북경찰 | 제25전투대대장 양홍식 총경 | 대구 |
| 경남경찰 | 제36전투대대장 강신창(姜新昌) 총경 | 부산 |

9월 2일 제2군단에 배속되어 팔공산 지구에서 분전하던 경기경찰 제5독립대대는 2개 중대를 통합하여 반으로 팔공산 전투를 수행하고, 나머지 반은 미 제1기병사단에 배속하여 대구 북쪽 동명 지구에서 작전을 했다.

### 경찰만으로 대구를 지키겠다

9월 4일, 적의 소위 9월 공세가 절정에 이르자 대구 북쪽 미 제1기병사단 전선이 후퇴하였고, 대구 동쪽에서는 영천에 적이 침공하여 대구방어가 위기에 몰렸다.

미 제8군사령관 워커 중장은 국방부장관에게 부산으로 이동할 것을 권고했고, 신성모 국방부장관은 조병옥 내무부장관에게 함께 부산으로 이동할 것을 권유했다. 그때까지 대구에 남아있던 정부부처는 국방부와 내무부 밖에 없었다. 미 제8군사령부는 이날 아침 일찍 부산으로 이동했고, 이어서 육군본부도 따라갔다. 소문이 퍼지면서 대구시내는 큰 소동이 벌어졌다. 피난 보따리를 이고 진 시민들이 대구역으로 몰려들었고, 피난민 행렬이 국도를 매워 보급로가 마비되었다.

국방부와 내무부의 이동 문제를 논의하기 위하여 경상북도지사실에서 내무, 국방 양 장관과 김활란 공부처장 그리고 국방부 정훈국장 이선근 대령이 참석한 가운데 1시간 이상 격론을 벌였다.

조병옥 내무부장관은 적극적으로 반대 입장을 표명했다.

"대구 주변에는 전국에서 모여든 수천의 경찰관이 대구의 안전을 위하여 사찰망과 경계망을 펴고 있고, 대구 주변 팔공산과 가산 일대에는 국군과 UN군에 많은 경찰관이 배치되어 군과 협동으로 작전을 수행 중에 있으며, 내무부는 이들 경찰관들의 안전과 분전을 위하여 끝까지 책임을 다 하여야 하므로 대구에서 철수할 수 없다."

"내무부가 부산으로 이동하면 경찰병력이 철수하게 될 것이고 이것은 곧 군의 작전에도 큰 영향을 주게 될 것이며, 나아가서는 UN군이 부산을 고수할 수 없게 되어 궁극적으로는 한국을 버리는 결과로 이어질 것"

이라고 하며 내무부의 부산이동 문제는 거론하지 말아달라고 부탁했다.

당시 국무총리를 겸하고 있던 신성모 국방부장관은 난색을 표하며

"워커 사령관의 명령이라 어쩔 수 없다."

고 말했다. 조병옥 장관은 워커 사령관을 찾아가서

"대구에서 경찰의 철수는 부산에서 미군의 철수를 뜻한다."

고 전제하고 위에서와 같은 취지로 대구에서의 철수를 반대했다.

조병옥 장관의 확고한 의지와 간청에 감명을 받은 워커 사령관은 미 제8군사령부도 부산으로 이동하지 않겠다고 약속했다.

이승만 대통령은 대구 북쪽 전황이 불리해지자 신성모 국방부장관의 권고를 받아들여 진해별장으로 옮겨가 있었다. 이승만 대통령은 9월 4일 국방부와 내무부가 부산으로 이동한다는 소식을 듣고 대구에 있는 경북지사실로 와서 내무, 국방 양 장관을 불러 놓고

"나보고 진해에 가 계십시오 그래 놓고서 대구 철수가 무슨 소리야. 나는 이곳에서 나의 동포와 같이 있겠어."

하면서 단호하게 말했다. 조병옥 장관이 워커 사령관과의 면담 결과를 보고하고 대구 사수의 의지를 보고하자 대통령은 안도의 빛을 보였다.

신성모 국방부장관은 이선근 정훈국장에게 대구시민에게 대구에서 철수하지 않는다고 전하게 하였고, 이선근 국장은 피난준비를 하고 있는 대구시민에게 전황을 설명하고 피난을 중지하라고 촉구하는 국방부의 발표를 방송과 전단 그리고 벽보로 전달했다.

조병옥 내무부장관은 김태선(치안국장) 경찰비상경비총사령관을 비롯한 각 참모들을 내무부장관실에 소집하여 국립경찰의 나아갈 바를 비상훈령으로 전 경찰에 시달하였고, 경감 이상의 경찰 간부를 도청광장에 집합시켜 놓고, 경찰의 사명에 호소하여 대구를 사수할 것을 당부했다.

대구방어는 비상경비총사령부 참모장 최치환 총경이 대구시내에 몰려 있는 경찰관 5,800명과 전투경찰 10,000명을 지휘하여 맡았다. 전 경찰관과 전투경찰대는 총 결속하여 국가와 민족과 운명을 같이할 것을 다지고 대구 사수에 들어갔다. 이것이 대구 포기를 막았고, 그래서 대구시민을 안정시켜 정국수습에 일대 전기를 마련한 계기가 되었다.

참모장 최치환 총경(오른쪽)

9월 8일, 영천이 적의 수중에 들어가면서 대구가 위기를 맞았고, 이 틈을 타서 일부의 적은 대구 후방을 차단하고자 운문산(雲門山, 1,188고지-청도군 운문면과 밀양군 山內面 경계)을 중심으로 채약산과 구룡산(九龍山, 675고지-청도군 운문면, 영천시 북안면과 대창면 경계) 일대로 침투하였다.

경찰비상경비총사령부는 운문산지구경찰전투사령부를 설치하고 경기경찰국장 한경록 경무관을 사령관에 임명한 후 청도, 경산, 영천, 경주 지구에 주둔하고 있는 경기, 경북, 충남경찰국 소속 경찰병력을 지휘하여 이에 대비했다.

9월 12일, 제2군단이 영천을 탈환하여 대구위기를 한시름 놓게 되었다.

9월 14일, 창녕경찰서 전 병력과 증원된 경찰병력은 미 제2사단과 합동작전으로 창녕을 탈환했다.

9월 15일, 인천상륙작전 성공과 한미지상군의 반격작전으로 2개월간에 걸친 경찰부대의 대구방위 임무는 그 대단원의 막을 내린다. 경찰은 국가의 위기를 맞아 스스로 신체상의 위해를 감내하면서 국토방위의 일익을 담당하여 국민의 생명과 재산을 지켜냄으로써 그 사명을 다하고, 그 위상을 드높여 국립경찰의 면모를 확고히 다졌다.

이보다 앞선 8월 15일, UN군의 요청에 따라 경찰 화랑부대를 편성하고

대대장에　　박정준(朴正俊) 총경
제1중대장　　이근복(李根複) 경감
제2중대장　　전장한(全璋漢) 경감
제3중대장　　문학동(文鶴東) 경감

을 각각 임명한 후, 미 제7사단에 배속하여 부산에서 수송선을 타고 도일 후 일본으로 가서 후지산록(富士山麓) 고덴바(御殿場)기지에서 1개월간 특수훈련을 받고 미 제7사단과 함께 인천상륙작전에 참가하여 서울, 수원, 용인 등지에서 많은 전공을 세웠다.

### 서남부 지구 전투

8월 들면서 서남부 지역으로 우회 진출한 적 제6사단은 호남 전역을 석권하고 마산 접경 진동으로 진출하였고, 미 제25사단과 한국 해병대가 저들을 맞아 혈전을 벌이고 있었다.

호남 지역에서 철수한 전라남북도 경찰병력과 적에게 점령당한 서부경남 일대에서 철수한 경찰병력으로 전투대대를 편성하고 전북경찰국장 윤기병 경무관, 전남경찰국장 김응권 경무관 그리고 경남경찰국장 최천(崔天) 경무관이 협동 지휘하여 미 제25사단과 합동작전을 폈다.

8월 3일, 진동에서 혈전이 시작된 첫날 미 제25사단은 적의 기습공격을 받아 당황하고 있을 때 진주경찰서부대가 반격하여 적을 퇴각시키고 미군 사기를 회복시켜 주었다.

전남 곡성경찰서장 한정일 경감이 지휘하는 '한정일유격대'는 7월 29일 압록(鴨錄-곡성군 梧谷面, 전라선 압록역)에서 적 1개 대대 규모의 공격을 받고 봉두산(鳳頭山, 752.5m-곡성군 竹谷面과 순천시 黃田面 경계)에 전진해 있었다.

▶ 제6장 제5절 「9. 호남남부 지역 전투」 참조

8월 6일 미명, 적 1개 연대 규모가 봉두산을 공격했다. 경찰유격대는 유리한 지형을 이용하여 적에게 많은 피해를 주었으나 시간이 지나면서 전황이 불리해지고 희생자가 40여 명에 이르렀다.

한정일 경감은 비상경비사령부에 전황을 보고하면서

"금후의 무전통신 여하는 이 전투의 승패를 결정할 것임. 동지들의 건투를 기원함" 주)

국방부 『한국전쟁사』 제3권 p599

이라는 비장한 메시지를 남기고 남은 대원을 이끌고 백운산(白雲山, 1,218m)으로 들어가 반격작전을 개시할 때까지 유격전을 폈다.

8월 8일, 전남경찰국 김용래(金容來) 경감이 지휘하는 전투경찰대대는 서촌(西村) 동쪽에서 적 200여 명을 맞아 3시간에 걸친 격전 끝에 30명 사살, 1명을 생포에 중기관총 및 경기관총 1정씩을 노획했다.

8월 12일, 최천 경남경찰국장이 지휘하는 경찰부대는 통영과 고성으로 침공하는 적을 맞아 분전했으나 전력 열세로 이를 지키지 못했다.

8월 19일, 전남경찰 김동진(金東鎭) 경위가 지휘하는 중화기특수전중대는 19시 30분 적 2개 중대를 만나 격전을 치른 끝에 30명을 사살하고, 다발총 8정을 노획하는 전과를 올렸다. 사살자 중에 제15연대장 중좌 이동빈(李東彬)이 있었다.<sup>주)</sup>

국방부 『한국전쟁사』 제3권 p600

아쉽게도 인용문헌에 전투지역이 표시되지 않았다.

이날 마산 공략을 목표로 집요하게 공격하는 적을 맞아 다음 경찰부대가 미 제25사단과 합동으로 저지전을 폈다.

경남경찰     현덕휘(玄德輝) 경감의 1개 전투 대대
             김원용(金源湧) 경감의 1개 전투 대대
전북경찰     김만수(金萬壽) 총경의 1개 전투 대대
전남경찰     조재용(曺在容) 총경의 1개 전투 대대

또 다른 2개 전투 중대가 증원되어 법수(法守-함안군 법수면)~함안~미산령(眉山嶺-서북산으로 이어지는 능선)으로 잇는 선에서 격전을 벌였다.

9월 1일, 마산을 노리는 적의 공세는 절정에 이르렀다. 날씨마저 폭우에 안개가 끼어 경찰대로서는 더없이 불리한 조건이었다. 이러한 조건에서 악질적인 독전대에 떠밀린 적은 필사적으로 덤벼들었다. 미 제24사단과 인접하여 분투하던 경찰부대는 적에 밀려 미산령에서 마산 서북방 12km 지점 칠서(漆西)까지 철수하여 마산이 풍전등화의 위기로 몰렸다.

9월 15일, 인천상륙작전이 성공하고 다음 날부터 지상군의 공세 이전에 의한 반격이 개시됨으로써 마산 위기가 해소되었다.

9월 17일, 경남경찰 강신창 총경이 지휘하는 제36전투대대는 창녕 화왕산(火旺山, 766.6m)으로 진출했다. 적 1개 중대 규모가 천막 속에서 회식을 하는 듯 술을 마시고 노래를 부르며 즐기고 있었다. 경계병도 없었다. 밤이 되기를 기다렸다가 잠입하여 천막 줄을 모두 끊었다. 갑자기 내려앉은 천막 속에 갇힌 적은 당황하여 아우성을 치다가 급기야는 저들끼리 총질을 하면서 혼란에 빠졌다. 이때 경찰전투대가 공격하여 적 1개 중대를 전멸시켰다. 이어서 경찰중대는 화왕산 관음사(觀音寺//寺??)에서 군관 1명을 포함한 적 10여 명을 사살하고 권총 1정과 소총 15정을 노획하는 전과를 올린 후 계속 의령, 합천 방면으로 적을 추격하였다.

드물게 보는 경찰부대의 독자적인 작전으로 많은 전과를 올렸고 반격전에서 일익을 담당한 전투로 기록되었다.

### 동해안 지역 전투

8월 1일, 동해안 강구에서 제3사단은 적 제5사단을 맞아 치열한 공방전을 벌였다. 영덕경찰서 부대와 상원경찰국장 윤명운 경무관이 지휘하는 제1, 제2전투대대는 제3사단에 배속되어 처절한 사투를 벌였고, 8월 15일 제3사단과 함께 장사동에서 철수하여 다음 날 구룡포에 상륙했다.

8월 20일, 경북경찰부대는 제3사단과 합동으로 포항탈환작전에 참가하였고, 이후 제3사단과 함께 형산강공방전을 치렀다.

9월 18일, 지상군 총반격에 밀려 적은 비로소 총퇴각하기 시작했다. 군과의 협동작전에서 항상 제일선에서 용감하게 싸워 온 경북경찰 영덕서대대와 영일서대대는 시민의 환호를 받으며 포항시내에 진격했다.

9월 15일 인천상륙작전이 성공하자 9월 20일부터 국립경찰은 독자적인 작전으로 전환하였다.

조병옥 장관이 경찰선발대에 훈시를 하고 있다.

수복된 관할지역으로 진출하여 잔적을 토벌하면서 경찰 본연의 임무에 들어갔다.

9월 25일 경인 지구가 수복되자 경찰경비총사령부 연락참모 선우종원 경무관 지휘하에 김억순 경감을 대장으로 하는 경찰선발대를 편성하고 부산 제2부두에서 UN군 수송선을 타고 10월 1일 02시에 인천에 상륙한 후 수복지역으로 진출하여 잔적을 소탕하면서 치안확보에 들어갔다.

「6. 국립경찰의 활동」 참고문헌 : 국방부 『한국전쟁사』 제3권 「4. 국립경찰의 활동상황」(p588)

## 제10장
# 인천상륙전

## 인천상륙의 노래

이승하 작사 유태종 작곡

1. 먹구름 몰아치며 신음의 팔십 일간
   원수의 이리떼를 총칼이 난동할 때
   자유의 함포 앞에 흩어지고 쓸어져
   먼동이 트기 전에 상륙한 우리 해병
   태극기 높이 들고 돌아온 대한용사
   아 잊지 못할 환희의 인천상륙

2. 피구름 덮어 눌린 생지옥 팔십 일간
   독사의 붉은 무리 살인강도 판친다
   자유의 반격 앞에 발악 치다 도망쳐
   먼동이 트기 전에 상륙한 우리 해병
   늠름한 모습으로 돌아온 대한 용사
   아 잊지 못할 환희의 안천상륙

# 제1절 상륙작전 계획

## 1. 크로마이트 계획

**상륙작전 구상**

6월 29일 맥아더 원수는 한강전선을 시찰했다. 한강교는 폭파되었고, 조각배를 타고, 또는 수영으로 한강을 건넌 수많은 피난민과 낙오병이 도로를 따라 남으로 가고 있었다.

맥아더 원수는 서울시가지를 바라보면서 한동안 생각에 잠겨 있었다. 그는 여기서, 적을 수원에서 저지하고 1개 사단쯤을 인천에 상륙시켜 적 배후를 강타하는 동시에 적 병참선을 차단할 구상을 했다.

전쟁발발 1주일쯤 지난 어느 날 맥아더 원수는 참모장 아몬드 소장에게 서울에서 적 병참선을 차단하고 적 일선 부대를 배후에서 공격하기 위한 상륙작전계획과 상륙지점을 연구하도록 지시하였다.

아몬드 참모장은 작전참모부장 라이트 소장과 함께 극동군사령부 내 참모진에서 엄선한 전문가들로 합동전략기획 및 작전단(Joint Strategic Plans and Operations Group-JSPOG)을 구성하고 맥아더 원수가 구상하는 인천상륙작전계획을 수립하였는데 이것이 블루하트(Blueheart) 작전이다.

이와는 별도로 맥아더 원수는 상륙작전을 염두에 두고,

7월 2일 워싱턴에 해병 1개 전투단을 보내달라고 요청했고,

다음 날 수륙양용 전차를 운전할 특별요원 1,200명을 요청했으며,

5일 상륙전 훈련을 받은 특수공병여단과 1개 공정연대를 요청했다.

블루하트는 7월 22일 제1기병사단과 해병연대가 인천에 상륙하여 서울 한강이북에서 적을 가로막고, 미 제24사단이 수원에서 적을 저지한 다음 한강으로 밀어 올려 협공함으로써 적을 괴멸시킨다는 계획이다.

7월 6일 맥아더 원수는 미 제1기병사단장 게이 소장을 사령부로 불러 인천상륙작전 계획을 설명하고 준비하도록 지시했다. 맥아더는 미 제1기병사단을 인천상륙작전에 투입하기 위하여 대기시켜 놓고 있었다.

이때까지 맥아더 원수를 비롯한 미군의 지휘관은 물론 사병에 이르기까지 북한군을 과소평가하여 북한군의 전투력과 기동력을 대수롭지 않게 여기고 있었다. 심지어 사병들도 북한군은 미군의 모습만 보면 도망가기에 바쁠 것이라고 생각하고 있었다.

북한군의 공격 속도는 예상보다 훨씬 빨랐다. 미군을 비웃기라도 하는 듯 7월 4일 수원을 점령하였고 5일에는 오산에서 미군 선발대인 스미스부대를 괴멸시켰으며, 20일 미 제24사단을 밀어내고 대전을 점령했다.

7월 18일 포항에 상륙한 미 제1기병사단은 이러한 긴박한 상황에서 미 제8군전선의 구멍을 메우기 위하여 인천이 아닌 영동으로 가야 했다.

7월 10일경 블루하트 작전은 취소됐다.

합동전략기획작전단(JSPOG)은 맥아더 원수의 구상을 더 크게 발전시켜 다음과 같은 새로운 상륙작전 계획을 마련하였다.

100-B 서해안 인천에 상륙하는 안

100-C 서해안 군산에 상륙하는 안

100-D 동해안 주문진에 상륙하는 안

 이 세 가지 안 중 100-B가 채택되어 인천상륙을 위한 작전 계획에 들어갔는데 이것을 크로마이트(Chromite) 작전이라고 불렀다.

 7월 23일 맥아더는 마음속에 100-B 안을 굳혀놓고, 워싱턴에

"한국전선에 나가 있는 미 제1해병연대와 일본에 주둔하고 있는 미 제2보병 사단을 9월 중순쯤 적의 배후에 상륙시키는 동시에 미 제8군으로 하여금 정면에서 반격하도록 하는 계획을 추진하고 있다."

고 보고했다.

 그러나 북한군의 진격 속도가 워낙 빨라서 미 제2보병사단도 지상전투에 투입하지 않을 수 없게 되어 맥아더의 계획은 또 수포로 돌아갔다.

 7월 29일 맥아더 원수는 합동참모회의에 다음과 같이 보고했다.

 "이제 나의 손에 남아있는 마지막 예비대로 일본에 주둔하고 있는 미 제7사단을 하루 빨리 원래 상태로 증강시켜 상륙작전에 투입하겠다."

 8월 12일 맥아더 원수는 100-B 계획을 확정한 후 상륙부대가 점령할 지역을 인천·서울로 지정하고 15일 이 계획을 추진할 특별기획단을 구성했다.

 8월 23일 17시 30분 도쿄에서 크로마이트 작전 최종회의가 끝난 다음

 제7함대  사령관 스트러블 해군 중장과

       부사령관(공격함대 사령관) 도일 해군 소장,

 제1해병  사단장 스미스(Oliver P. Smith) 해병 소장이

크로마이트 계획 수립과 작전 실행 책임을 맡았다.

 이 세 사람은 제2차 세계대전 중 서남태평양에서 지휘관으로 또는 참모로 활약했으며 미 해군에서 상륙작전에 관하여 그 이상 경험을 가진 고급장교는 없었고, 스미스 소장은 미 해병대 상륙작전 전문가 중 한 사람이며,

도일 소장의 참모들이 7월 초순부터 상륙작전을 연구하게 된 것은 매우 다행한 일이라고 평가했다.

그 후 크로마이트 계획에 관계된 지휘관과 참모들은 사세보, 고베 등지에서 일련의 회합을 가진 후 인천상륙작전에 대한 다음과 같은 요지의 기본계획을 수립하였다.

(1) 인천 월미도를 확보하기 위하여 본 상륙(Major landing) 전에 해병대 1개 대대가 조조만조(早朝滿潮) 시간인 06시 30분에 선견대(Initial Landing)로 월미도에 상륙한다.

(2) 월미도를 확보한 후에 미 제1해병사단은 인천의 청색, 황색, 적색의 전 해안에서 본 상륙을 실시한다.

(3) 서울 서부 한강과 김포비행장을 확보하기 위하여 해안 교두보를 조속히 확장하고 서울을 탈환하기 위하여 계속 공격한다.

(4) 증강된 미 제7보병사단은 D-Day 이후 제2, 제3호송부대로서 인천에 상륙하여 제10군단장의 지휘를 받는다.

미 제1해병사단장 스미스 소장의 지휘전대와 계획참모들은 8월 22일 캘리포니아의 펜들턴(Pendleton) 기지에서 도쿄로 이동하여 미 해군함정 마운트 맥킨리(Mount Mckinley) 함상에 전진지휘소를 설치하였다.

기본계획에 이어 세부계획으로 공중지원계획, 해상지원계획, 지상군계획 등 방대한 작전계획을 수립하는데 23일 밖에 소요되지 않았다.

태평양전쟁에서 과달카날 상륙작전은 8개월, 북아프리카 상륙작전은 1년이 걸린 것에 비하면 초고속으로 이루어진 작전 계획이다.

### 인천상륙작전에 참가할 부대와 그 임무

전진전대 – 히긴스 소장이 지휘

미 제7함대 기함을 포함하였다. 9월 13일 인천 지역을 정찰하여 인천 인근 지역과 월미도에 설치된 적 포대를 제압하고, 구축함 7척으로 월미도 근해에 접근하여 적 포격을 유도한 후 이를 포격하여 제압하며, 미·영 순양함 2척의 항공통제를 받으면서 장거리 포격으로 적의 방어력을 약화시킨다. 월미도제압작전은 9월 14일까지 반복수행하도록 한다.

공격함대(공격부대) - 도일 제독 지휘
 상륙부대를 위한 근접항공지원과 함포지원을 통제하고, 상륙부대가 상륙을 완료한 후에도 상륙부대를 계속 지원한다.

상륙군부대 - 아몬드 소장 지휘
 지정된 해안에 상륙하여 지상작전을 수행한다. 해병부대가 해두보(海堡)를 확보하고 미 제7보병사단은 해병부대에 이어서 상륙한다.

경계 및 정찰부대 - 헨더슨(George R. Henderson) 소장 지휘
 상륙군부대를 엄호하고, 장거리 정찰과 항공기에 의한 경계를 실시한다.

봉쇄 및 엄호부대 - 앤드루스 소장 지휘(영국해군)
 특수정찰임무를 수행하고 목적지로 향하는 상륙부대를 엄호한다.
 서해안 봉쇄 임무도 함께 맡는다.

고속 항모부대 - 이웬 소장 지휘
 목표지역 제공권을 확보하고 그 지역을 고립시키기 위한 공격작전과 함께 상륙작전부대의 지원과 엄호작전을 병행한다.

병참지원부대 - 오스틴(Bernard L. Austin) 대령 지휘
 작전지역에서 탄약, 연료, 식량 등 모든 보급을 지원한다.

참고문헌 : 국방부 「한국전쟁사」 제3권 제25장 1 다. 「(1) 일반계획」(p625)
전쟁기념사업회 「한국전쟁사」 제4권 제1장 제2절 「1. 최초의 구상」(p16)
구범모 역 「맥아더회고록」 「인천상륙작전」 p413

### 인천의 입지 조건

인천은 인구 25만 명의 도시로 남한에서 세 번째로 크고, 두 번째로 큰 항구도시이다. 서해안에 위치하여 서울의 관문 역할을 하는 도시다.

인천은 부동항이고 간만의 차가 세계에서 두 번째로 심하여 그 차가 평균 6.9m에 이르고 가장 간만의 차가 클 때는 10m가 넘는다. 바다는 경사가 완만하여 선박이 부두에 바짝 대기가 어려우므로 부두에는 5m가 넘는 안벽을 구축하여 접안 시설을 갖추어 놓았다.

인천 앞바다는 모래가 없고, 간조 때는 최대 6km의 갯벌이 형성된다.

### 워싱턴의 반대

워싱턴 군 수뇌부는 맥아더 원수가 적의 배후에 대한 상륙작전을 시도하고 있다는 의도를 알고 그 준비를 지원해 주고 있었다. 그러나 상륙지점이 인천이라는 사실을 알게 되자 갑자기 우려를 나타내기 시작했다.

『미 육군 공간사』에 따르면 브래들리 합동참모회의 의장과 콜린스 육군참모총장 그리고 셔먼 해군참모총장이 인천을 반대한 기본적인 이유를 다음과 같이 기술하였다.

(1) 인천은 부산으로부터 240km나 떨어져 있기 때문에 인천에 상륙한다는 것은 그렇지 않아도 부족한 UN군의 병력을 더욱 분산하게 만든다. 더욱이 인천에 상륙할 예정 병력이 겨우 2개 사단에 불과하므로 이 적은 병력으로는 각개 격파를 당할 위험성이 많다.

(2) 제8군으로부터 해병여단을 차출하여 상륙 제1제대로 사용하게 되어 있는데 이 해병대를 낙동강전선에서 빼내게 되면 부산교두보의 확보가 의심스럽게 된다. 부산이 무너지면 인천도 무너지게 될 것이다.

(3) 미 제7사단을 사용하게 되면 일본의 육상방위력은 공백상태가 되어

북으로부터의 위협과 일본의 치안유지에 문제가 생길 염려가 있다.

(4) 상륙작전용 선박이 충분치 못하여 제8군의 보급용 선박까지도 상륙용으로 사용해야 하는데 만일 작전이 실패로 돌아갈 경우에는 수습책이 없는 사태(제8군이 한국으로부터 철수하려 해도 수송할 선박이 없어질 염려)가 벌어지지 않는다고 누구도 장담할 수가 없다.

(5) 인천의 지리적, 지형적, 해상적인 조건은 상륙작전에 아주 부적당하다. 특히 해군참모총장 셔먼 제독은 그의 직책상 인천이라는 상륙지점에 대해 반대하였다. 인천은 수로학적 견지에서 보더라도 너무나 위험도가 높기 때문이다. 물론 셔먼 제독뿐만 아니라 관계되는 극동해군의 장교들 대부분이 그들의 전문적인 견지에서 인천은 분명히 위험하다고 생각하고 있다. 그러나 해군장교 누구도 "인천상륙작전은 해군으로서는 불가능하다."고 맥아더 원수에게 직언한 사람이 없었다. 그 이유는 맥아더 원수의 위세에 눌려 직언을 할 수가 없었고, 해군 장병들 사이에 공통적으로 "해군은 용감하지 못하다."는 평을 듣게 되지 않을까 하는 두려움이 있었기 때문이라고 생각된다.

워싱턴이 반대한 이유는 순수한 군사적인 관점에서 인천이란 상륙지점에 반대한 것이며 상륙작전 그 자체를 반대한 것은 아니었다.

맥아더 원수는 워싱턴 군 수뇌들의 반대 이유는

"당면한 군사상의 관점에서 이견이 있는 것이 아니라 오히려 정치적인 의미에서 반대하고 있는 것으로 생각"하고 있는 것 같았다.

맥아더는 워싱턴의 반대이유에 대하여 다음과 같은 편지를 친구에게 보냈다고 한다.

"브래들리 대장이나 콜린스 대장이 인천상륙에 반대하는 이유는 그들은 이제 제2차대전형의 상륙작전은 현대전에서 통용이 안 된다고 생각하고 있기 때문이다. 브래들리 대장은 전에 가끔 그러한 자신의 군사적인 견해를 공적으로 표현한 바가 있다."*

> * 브래들리 대장은 1949년 10월 상원군사위원회에서 "상륙작전은 시대에 뒤떨어진 것이다."라고 증언한 바가 있었다고 했다.(일본 육전사연구보급회 『한국전쟁』 3 p44)

브래들리 합참의장은 콜린스 육군참모총장과 셔먼 해군참모총장 그리고 공군 대표로 에드워드 중장을 도쿄로 파견하였다. 그 이유는 맥아더와 협의하여 상륙지점을 인천이 아닌 다른 곳으로 변경시키기 위해서였다.

이들은 8월 20일 도쿄에 도착하였다.

인용문헌 : 일본 육전사연구보급회 『한국전쟁』 3 「워싱턴의 반대」(p41)

### 해군과 해병대의 반대

블루하트 계획에 참여한 해군참모들은 인천에 대한 연구가 진행되면서 인천의 지리적, 해양적, 전술적 조건이 상륙작전에 부적합하다는 결론에 이르게 되었고 그래서 7월 10일 블루하트 계획이 취소되었을 때 안도의 한숨을 쉬었다고 한다.

미군 상륙작전교범에는 상륙지점으로 구비해야 할 조건이 10개 항목으로 나열되어 있는데 인천은 그 조건 중 한 가지도 충족하지 못하고 있다고 했다. 특히 인천은 조류 속도가 빠르고, 간만의 차가 심하다는 것이 해군이 반대하는 중요한 이유다.

(1) 인천은 한국 제2의 항구이지만 부두시설이 빈약하여 1일 하역 능력이 3,000~4,000톤*으로 부산항의 1/10에 불과하므로 약 7만 명으로 추산되는 상륙군 보급기지로는 부족하다.주)1

\* 전쟁기념사업회 『한국전쟁사』 제4권(p19)은 하역 능력 11,000톤이라고 기술.

(2) 항구 내 준설 상황을 잘 모르고, 북한군의 화력과 기뢰부설 여부도 몰라 불확실한 요소가 너무 많다.

(3) 비어수로(飛魚水路)가 너무 좁고 얕아서 흘수(吃水-배 밑부분이 물에 잠기는 깊이나 정도)가 깊은 군함은 유속이 빠른 조수에 떠밀려 개펄에 좌초될 위험이 커서 상륙준비사격을 하는 포격함이 정박하기가 어렵다.

어느 지휘관은 이렇게 말했다.

"월미도에서 생긴 부상자를 수송하기 위하여 10분 정도 상륙했다가 돌아와 보니 배가 개펄 위에 좌초되어 있었다." 주2 일본 육전사연구보급회 『한국전쟁』 ③ p60

(4) 함포사격 위치가 되는 월미도 주변 해면이 협소하여 구축함 같은 작은 함선도 선회할 수 없는 형편이다. 전함의 경우 만일의 사태에 대비하여 탈출할 수 있도록 선수를 외항 쪽을 향하게 돌려놓아야 하는데 이러한 시간적, 지리적 제약으로 상륙작전 지원에 어려움이 많다.

(5) 상륙지점과 양륙선단의 정박지점 간 거리는 8~10해리가 적정한데 인천의 경우는 간만의 차가 크고 항내가 협소하여 30해리나 떨어져서 양륙선단이 정박해야하므로 연락이 곤란하고 선단 통제가 어려워 양륙속도가 늦어질 염려가 있다.

미 극동해군사령부는 이상의 지리적 해양적 조건 외에도 북한군의 기뢰부설 가능성과 중공군의 동향에 깊은 관심을 가지고 있었다.

이 무렵 북한군이 인천항에 기뢰부설을 준비하고 있다는 정보를 탐지하였는데 만약 북한군이 협소한 수로에 계유(係維)기뢰와 자기(磁氣)기뢰를 적당히 배합하여 부설한다면 당시 UN군이 가지고 있는 소해 능력으로는 이를 빨리 제거할 수 없으므로 상륙작전은 불가능하다고 판단했다.

또 중공군은 8월 중순경에 압록강 북안에 3개 군을 집결해 놓고* 전쟁의 추세를 지켜보고 있었다. 따라서 극동군총사령부에서는 인천상륙작전이 한국전 개입 구실을 찾고 있는 중공군에게 그 구실을 만들어 주는 것이 아닌가 우려하고 있었던 것이다.주) <sub>일본 육전사연구보급회 『한국전쟁』 3 p61, 62</sub>

* 6·25남침 시점에 만주에 배치된 중공군은 10만 명인데 그 중 야전군은 제42군 약 4만 명이었다. 8월 중순경에 해남도 작전을 끝낸 정예 제40군과 호남의 제38군을 만주에 배치하였고, 화남의 제39군과 화중의 제27군을 산동으로 추진시켜 놓고 전쟁의 추이를 지켜보고 있었다.(인용문헌 p62)

맥아더 원수는 인천상륙작전을 기습적으로 인천을 점령하는 것이라고 했는데 해군은 여기에 치명적인 난점이 있다고 판단했다. 상륙작전기지를 일본에 설치해야 하는데 일본에서는 상륙작전준비를 비밀리에 하는 것이 불가능하기 때문이다.

간첩활동이 가장 활발한 항만도시 요코하마 지역과 고베 지역에서 선단 집결, 방대한 보급품 집결과 출하, 대규모 병력 집결과 훈련 그리고 승선 등을 비밀에 붙인다는 것은 불가능하였다. 극동군총사령부 내에서도 이 작전을 '공개된 작전(Common Knowledge Operation)'이라는 별명으로 부를 정도로 이미 인천상륙작전은 많은 사람에게 알려져 있었다.

적에게 탐지된 작전이 성공을 거두기는 불가능하다.

해병사단장 스미스 소장이 인천항을 보고 나서

"이런 장소에 상륙한다는 것은 당치도 않은 일이다."

라고 생각했고,

"상륙작전에서 시가지는 큰 장애물이다. 방어하는 자는 시가지를 거점으로 충분히 이용할 수 있지만 공격자는 상륙 속도가 지연되어 전과 확대를 방해받기 때문이다."라고 말했다.

해병대 장병들은

"상륙부대는 저녁에 상륙할 수밖에 없기 때문에 해가 질 때까지의 짧은 시간에 기지를 확보하고 목표를 점령하여 방어태세로 들어가 다음 날의 공격을 위해 물자를 양륙시켜야만 하는데 이런 일이 얼마나 어려운가는 누구나 쉽게 이해할 수 있는 일이다."

라고 불평을 했다.

### 상륙작전교범에서 금기 사항만 추리면 그게 바로 인천이다

8월 23일 17시 30분 UN군총사령부 회의실에서 회담이 열렸다.

참석자는 워싱턴에서 온 육·해군 참모총장과 공군대표 외에

맥아더 원수와 JSPOG(합동전략기획작전단)의 대표자

미 태평양함대 해병사령관 셰퍼드(Lemuel C. Shepherd) 중장,

미극동공군사령관 스트래트메이어 중장,

미극동해군사령관 조이 중장,

제7함대사령관 스트러블 중장,

상륙부대를 지휘하기 위하여 새로 제10군단장이 된 아몬드 소장,

제7함대부사령관 도일 소장,

미 극동사령부 부참모장 히키 소장[1],

미 극동사령부 작전참모부장 라이트 소장[2] 등이었다.

---

[1] 전쟁기념사업회 『한국전쟁사』 제3권은 UN군 작전참모 라이트(소장-p347), 총사령부 작전참모부장 히키 소장(p433)으로 기술하였다. 히키 소장은 참모장 대리다.

[2] 국방부 『한국전쟁사』 제3권, 전쟁기념사업회 『한국전쟁사』 제3권과 제4권, 일본 육전사연구보급회 『한국전쟁』 [1], [3]에서 라이트 작전참모부장의 계급을 준장과 소

장으로 혼동하여 기술하였다.
본문에서는 소장으로 정리했다.

맥아더의 인사말에 이어 작전참모부장의 기본계획에 대한 설명이 있은 후 해군측 설명이 시작되었다. 해군은 9명의 전문장교가 1시간에 걸친 장황한 설명이 있었는데 인천이 상륙지점으로는 적합지 않다는 방향으로 문제점을 제시하였다.

(1) 인천은 수세기 동안 황하가 실어 나른 황토가 침전되어 특유의 늪지대를 이루고 있고, 간조 때에는 3.2km나 되는 갯벌이 노출되며, 상륙용 주정이 기항할 수 있는 지점은 인천항의 안벽밖에는 없다.

(2) 간만의 차가 평균 6.9m로 세계에서 두 번째로 심하고 가장 차가 클 때는 10m에 이른다. 간조 때에는 모래늪 사이로 생긴 넓이 1.8~2km, 길이 약 90km, 수심 11~18m의 구불구불한 수로(미 해군은 飛魚水路라고 이름 붙였다)가 생기고 수로의 유속은 시속 10km에 이른다.

간조시에 선박이 입항하려면 이 수로를 이용해야 하는 데 용이하지 않고, 또 이 수로는 기뢰(機雷)부설이 적합하므로 선박이 1척이라도 기뢰에 격침되는 경우에는 수로는 완전히 막히고 만다.

따라서 수로를 통해서는 야간 선단항해가 불가능하므로 주력부대의 상륙은 저녁때가 되어야 가능하다.

(3) 이러한 제약 때문에 인천에서의 상륙은 저녁 때 만조를 이용하여 인천항의 안벽으로만 할 수 있고, 그러한 날짜는 9월 15일, 10월 11일, 11월 2~3일밖에 없으므로 상륙 시기를 숨길 수가 없다. 더구나 10월 이후 현해탄과 황해에는 강한 계절풍이 불기 때문에 선단 항해나 양륙작업이 어려우므로 9월 15일이 적기인데 날짜가 너무 촉박하다.

(4) 9월 15일의 만조는 06시 59분과 17시 19분(일몰 시간 18시 44분)이다. 심한 간만의 차이로 인하여 자재를 양륙할 수 있는 시간은 만조시의 2시간밖에 없다. 2시간 이내에 양륙하지 못한 공격용 주정은 적 해안포의 공격을 받아 늪지대에 좌초하고 만다.

(5) 인천항 입구에 해발 105m의 월미도가 가로막고 있다. 인천항에 상륙하기 위해서는 먼저 월미도를 확보해야 하는 데 이 섬을 확보하기 위해서는 적어도 2일간은 제압사격이 필요하고 이것 때문에 상륙작전에 필수 불가결한 전술적 기습효과를 달성할 수가 없다.

(6) 주력의 상륙은 저녁밖에 할 수가 없는데 자재 양륙에 사용할 수 있는 시간은 2시간밖에 없다. 따라서 병력과 자재를 양륙하기 위하여 특별한 방법을 강구하지 않으면 안 된다.

(7) 인천항은 5m가 넘는 안벽이 조성되어 있다. 병력 상륙과 자재 양륙은 이 안벽을 통해야 하고 갈고리를 걸고 밧줄을 타거나 줄사다리를 타고 기어 올라가면 인천시가지가 앞을 가로막는다. 상륙부대는 인천시가지 중심을 향하여 공격하게 되고, 인천시가지의 모든 건축물은 적의 저항거점으로 사용될 것이므로 상륙시간이 지연되고, 해두보(海頭堡) 확보에도 막대한 장애 요인이 된다.

(8) 다행인 것은 인천 부근에 적의 방어 태세가 미약하다는 것이다. 현재 인천 지역의 적 병력 현황은 서울에 5,000명, 인천에 1,000명, 김포에 500명 수준으로 추산되고, 월미도에 약간의 병력이 배치되어 있으나 조직적으로 편성된 방어진지는 발견된 것이 없다.

해군 측 설명이 진행되는 동안 맥아더는 도중에 단 한 번 질문을 했다. 맥아더는 이 설명을 열네 번이나 들었다.

이어서 공격함대(상륙작전군) 사령관 도일 제독이 진지한 표정으로 맥아더에게 건의하는 어조로 이렇게 말했다.

"인천상륙작전이 불가능한 것은 아니지만 작전책임자로서는 추천할 수가 없습니다."

해군참모총장 셔먼 제독이 조용히 해군측 입장을 전달했다.

"인천은 상륙작전에 부적격한 모든 조건만 갖추고 있습니다."

같은 이유로 인천상륙작전을 많은 사람들이 반대했지만 특히 가장 심하게 반론을 제기한 사람은 상륙작전에 이론이 뛰어나고 경험이 많은 해군과 해병대의 전문가들이었다. 그들은 이렇게 혹평을 했다.

"상륙작전 교범을 들춰보아라.

그 속에서 금기사항만을 추려보아라.

그게 바로 인천이다." 주)

전쟁기념사업회 『한국전쟁사』 제3권 p19

콜린스 육군참모총장이 의견을 제시했다.

"인천은 부산으로부터 너무 떨어져 있습니다. 그래서 인천상륙이 낙동강변에 투입되어 있는 적의 주력에게 미치는 영향이 적을 것 같습니다. 이 상륙작전을 제한된 현재 병력으로 강행하려면 현재 적과 교전 중에 있는 제8군으로부터 해병대를 차출해야 하는데 그렇게 되면 제8군이 돌파당할 염려가 있습니다. 또 서울을 점령했다고 하더라도 260km나 떨어져 있는 제8군과 연결해야 하는 어려운 문제가 남아 있는데, 그 가능성은 희박합니다. 오히려 북한군이 서울로 대병력을 집중할 가능성이 크므로 그러한 적을 돌파하고 서울을 점령할 수 있겠느냐가 문제입니다. 그러므로 대안을 제시하고 싶습니다. 인천을 단념하고 군산으로 하는 것이 어떠할지요. 군산은 현 전선에서 가깝고, 인천과 같은 지형과 해양조건의 장애도 없습니다."

셔먼 제독이 즉석에서 콜린스 장군의 군산 안에 동의하였다.

"위험한 인천은 중지하고 안전한 군산으로 변경하는 것이 좋겠습니다."

## 적을 이기려면 아군 속에 있는 적을 먼저

참석자들의 말이 모두 끝나고 맥아더 원수의 차례가 왔다. 그는 지금까지 여러 사람의 말을 파이프 담배를 피우며 아무 말 없이 듣고만 있었다.

맥아더 원수는 1:50,000 지도가 걸려있는 단상으로 올라갔다. 회의실 분위기는 조용한 가운데 긴장이 감돌았다.

맥아더 원수는 아무런 표정 없이 조용하게 대화를 하는 듯 상대방을 설득시키고야 말겠다는 기백과 매력 있는 어조로 긴 연설을 시작했다.

맥아더는 연설에 앞서 그의 심경을 이렇게 토로했다.

"나는 잠시 침묵을 지키면서 생각을 정리하였다. 실내 공기가 점차적으로 긴박해져 가고 있음을 나는 분명하게 느꼈다. 아몬드 참모장이 의자에 앉은 채 어색하게 몸을 움직이고 있었다. 숨이 막힐 듯한 침묵이라고 형용하는 것이 적합할 것 같은 분위기였다. 나는 전에 나의 아버지가 '더그! 전쟁회의라는 것은 망설이면 패배주의를 낳는 결과가 된다.' 고 하신 말소리가 생생하게 되살아오는 것을 느꼈다." (일본 육전사연구보급회 『한국전쟁』 3 p50)

맥아더는 다음과 같은 요지의 연설을 했다.

(1) 북한군은 대부분 제8군 방어정면에 고착되어 있고, 인천에는 충분한 방어준비를 갖추지 못하고 있다. 지금 여러분들이 실행 불가능하다고 거론한 내용은 그만큼 기습효과가 크다는 것을 의미한다. 왜냐하면 적의 지휘관들도 여러분과 같이 그러한 작전이 불가능하다고 생각하기 때문에 우리가 감히 그러한 작전을 감행하리라고는 생각하지 않을 것이다.

기습이야말로 전쟁에서 성공을 거두는 최대의 요소이다.

예를 들면 1759년 영·불 케나다 전쟁 때 프랑스 몬트감 후작은 성벽으로 둘러싸인 퀘벡 남쪽의 가파른 언덕으로는 어떠한 군대도 등반이 불가능할 것으로 생각하여 공격이 용이한 마을 북쪽에다 강력한 방어진지를 구축하였다. 그러나 제임스 울프 장군은 소부대(5천명)를 이끌고 세인트로렌스강을 거슬러 가서 남측의 절벽을 기습 공격하여 대승리를 거두었고, 사실상 영·불의 케나다 전쟁에 종지부를 찍게 한 결과를 가져왔다.

북한군은 몬트감 후작처럼 인천상륙은 불가능하다고 생각하고 있을 것이다. 나는 울프 장군처럼 기습으로 인천을 탈환해 보이겠다.

(2) 조수, 수위, 지형, 기타 모든 물리적인 장애에 대하여 해군 측에서 제시한 난점들은 분명히 타당한 이유가 있다. 그러한 난점들은 극복할 수 없는 것은 아니다. 해군은 태평양전쟁 당시 나의 지휘하에서 실시했던 수많은 작전에 참가하였기 때문에 풍부한 경험을 가졌고, 특히 인천작전과 같은 어려운 작전들을 경험했기 때문에 해군의 능력을 믿는다.

(3) 군산으로 상륙하는 제안은 그럴 듯하다. 그러나 군산에 상륙한다고 해도 결정적인 전과는 기대할 수가 없다. 적을 포위할 수도 없고, 적의 보급선을 차단할 수도, 보급소를 파괴할 수도 없기 때문에 상륙해 봐야 별 소득이 없다. 다만 제8군의 좌측을 연결하는 효과밖에 없다. 그럴 바에는 복잡하고 희생이 따르는 상륙작전을 하지 말고 직접 부산으로 제8군을 증원하는 부대를 보내는 편이 낫다.

다시 말해서 군산상륙은 단순하게 "현재의 태세를 분발해 주기 바란다."는 의미의 중원부대를 보내는 것에 불과하지만 우리의 형편은 현재의 정세에 만족할 수가 없고, 제8군이 현재의 방어선에서 방어적인 작전을 계속하는 것만으로는 전쟁이 끝나지 않는다.

(4) 부산으로 직접 증원군을 보내어 정면 돌파를 시도한다면 희생만 더 낼 뿐이고 결정적인 전과는 바랄 수가 없다. 이 경우 적은 현 전선에서 약간 뒷걸음질 칠 뿐이다.

(5) 인천과 서울을 탈환하면 적 보급선을 차단할 뿐 아니라 한반도 남반부를 북에서 차단하는 것이 된다. 적의 약점은 바로 보급선에 있다.

북으로부터의 적 보급로는 어느 것이나 서울을 거쳐서 각 전선으로 연결된다. 그러므로 서울을 통제하면 적의 보급통로가 완전히 차단되고 적의 전력은 마비된다.

내가 제안하는 적에게 타격을 줄 수 있는 방법을 지금 쓰지 않는다면 희생이 많은 전쟁을 구원할 방책이 없이 그대로 계속할 수밖에 없는 상태에 놓이게 되고, 우리 장병들을 마치 도살장의 소처럼 그 피투성이의 방어선에다 못 박아 둔 채 만족하고 있을 자가 있겠는가? 그러한 비극의 책임을 도대체 누가 지겠단 말인가? 나는 그 책임을 질 수가 없다.

(6) 지금 우리는 "자유진영의 위신을 보전할 수 있느냐, 없느냐?"의 분기점에 서 있다. 그리고 또 전 세계가 한반도에서의 전쟁을 주시하고 있다. 공산측이 세계 지배에의 첫 번째 착수로 이 아시아를 선택했다는 것은 이제 명백한 사실로 판명되었다. 대결의 장소가 베를린도 아니고, 빈도 아니며, 런던, 파리, 워싱턴도 아니다. 그것은 바로 한국의 낙동강 유역이다.

우리는 지금 이 전장에서 실재로 그 적과 대치하고 있다.

유럽에서의 대결은 입씨름 정도지만 우리는 지금 이곳에서 무기를 들고 싸우고 있다. 만일 아시아에서 우리가 공산주의자와의 전투에서 패배한다면 그 다음에는 유럽이 중대한 위기를 맞게 될 것이다. 만일 우리가 여기서 승리한다면 유럽에서는 전쟁이 일어나지 않을 것이다. 이렇게 되면 유럽은 평화로운 자유를 오래도록 누릴 수가 있을 것이다. 그러나 만일 여기서 소극적인 생각으로 치명적인 실책을 범하여 그릇된 결단을 하게 된다면 만사는 끝장이 나고 만다. 이렇게 말하고 있는 사이에도 운명의 초침이 째깍째깍하고 돌아가고 있는 소리가 들리고 있는 것 같다. 지금이야말로 우리는 용감하게 행동해야 할 시기라고 생각한다. 그렇게 못하면 자유세계의 죽음이 기다리고 있을 뿐이다.

(7) 만일 나의 판단이 그릇되어 인천에서 당해낼 수 없을 정도의 방어선에 부딪치는 일이 생긴다면 나는 그때 현장에 나가 있을 것이므로 결정적인 반격을 받기 전에 부대를 철수시킬 생각이다. 그러한 경우 우리들의 손해는 내 개인의 지휘관으로서의 명성에 손상이 가는 것으로 끝날 것이다. 그러나 인천상륙작전의 실패는 없다. 반드시 승리한다. 그리고

"우리는 10만 명의 생명을 구할 수 있게 될 것이다."

45분간에 걸친 긴 연설이었다.

맥아더는 스스로 '10만 명을 구한 연설'이라고 말했다. 왜냐하면 낙동강 교두보에서 반격을 개시하여 한국을 되찾으려면 10만 명의 피해를 각오하지 않으면 안 될 것이라고 판단했기 때문이다.

회의실은 너무 정숙해서 아무 소리도 들리지 않았다.

맥아더는 그의 회고록에서 이렇게 말했다.

"조금 있으니까 태평양전쟁에서의 나의 옛 친구인 셔먼이 일어나면서 '고맙소, 위대한 목적을 위한 위대한 발언이었소'라고 말했다."

미 해군공간사는 조이 제독이 연설을 들은 감상을 다음과 같이 전했다.

"나 자신의 인천상륙작전에 관한 불안감은 사라졌다. 아마도 맥아더 원수의 설득력에 넘어간 것 같다. 셔먼 제독의 생각은 달랐는지는 모르겠으나 필경 참

석한 전원이 나와 같은 심경이었을 것으로 생각한다."

맥아더가 워싱턴에서 온 군 수뇌들을 완전히 설득한 것은 아니다.
콜린스 대장은 여전히 인천 안에 대하여 회의적이었다.
그는 라이트 작전참모에게
"인천이 채택되지 않거나 실패할 경우의 대안으로 군산에 대한 연구나 계획이 되어 있는가?"
를 물었다. 군산으로 변경시키고자 하는 의지의 단면이다.
"되어 있다."
는 라이트의 대답에 그는 안도의 빛을 보였다.

상륙작전 전문가인 도일 제독은 셔먼 제독이 설득되지 않았다고 생각되어 이날 밤 셔먼 제독과 함대해병사령관 셰퍼드 중장을 방문하고 독자적으로 연구해 두었던 '맥아더가 싫어하는 군산보다는 북쪽에 있고 인천보다는 남쪽에 있는 남양만(南洋灣) 포승(浦升)'에 상륙하는 안을 설명하고 적극적인 지지를 얻었다.

셰퍼드 중장

도일 제독은 다음 날 셰퍼드 중장과 함께 맥아더에게 직접 건의했다.
그러나 받아들여지지 않았다.
또 셔먼 제독도 걱정을 떨치지 못하고 맥아더를 방문하여 1시간 반 동안 그의 번의를 촉구해 보았으나 허사였다.

그럼에도 불구하고 맥아더는 그의 회고록에서 다음과 같이 기술했다.
"셔먼 제독은 나의 의견을 완전히 이해해 주었다. 펜타곤에서 인천상륙작전을 승인해 주는 문제가 최종적으로 검토될 경우 그가 결정적인 지지자가 되어 줄 것이 틀림없다."

콜린스, 셔먼 두 대장은 목적을 달성하지 못하고 워싱턴으로 돌아갔다.
8월 29일 합동참모본부는 극동군총사령부에 지령을 내렸다.
"한국의 서해안에 대하여 해상기동에 의해 병력을 이동시킬 준비를 갖추고 또한 이것을 실행하는 것에 동의한다.
상륙지점은 인천이나 인천 남방의 상륙에 적합한 지점, 어느 곳도 좋으나 인천은 북한군 방어가 미약하다고 판단되었을 경우에 한한다.
또한 귀관이 극동군사령관으로서 군산에 상륙하여 적의 우 측방을 포위하겠다는 생각을 갖고 있다면 이것을 준비하는데도 동의한다.
우리들 일동은 발생한 상황을 가장 유리하게 이용 확대할 수 있는 대안이 이미 작성되어 있은 것으로 알고 있다."
매우 미묘한 뜻이 포함되어 있다. 인천상륙안을 동의하되 조건을 붙였고, 가능하면 군산으로 변경하는 것이 좋겠다는 희망을 강력히 시사했다.
그러나 맥아더 원수의 결심에는 변함이 없었다.
8월 30일 UN군총사령부는 인천상륙을 위한 작전 명령을 예하부대로 내려 보냈다. 상륙일은 9월 15일로 예정했다. 상륙지점이 결정되지 않은 채 시간이 흘러가고 맥아더 원수로서는 마냥 기다리고만 있을 수 없었다.
"적을 이기려면 아군 속에 있는 적을 먼저 제압해야 한다."
는 속담이 있다. 맥아더가 당면한 이때가 바로 그러한 상황이었다.

「상륙작전교범에서……」 이후 참고문헌 : 일본 육전사연구보급회 「한국전쟁」 ③ 「2. 도쿄회담」(p44)
전쟁기념사업회 「한국전쟁사」 제4권, 「2. 검토와 결정」 p18
구범모 역 「맥아더회고록」, 「인천상륙작전」 p413

### 9월 공세의 파문

8월 31일 북한군 9월 공세가 시작되었다. 미 제8군은 도처에서 국부적으로 돌파 당했고, 전세는 갑자기 예측할 수 없는 국면으로 접어들었다.

9월 4일 미 제8군은 데이비드슨선으로 철수를 논의하게 되었고, 다음 날 미 제8군사령부와 한국 육군본부가 부산으로 이동해야 할 정도로 압박을 받았다. 워싱턴과 도쿄에서도 비관적인 견해가 짙어졌고, 워커 장군은 도저히 부산을 지탱하지 못할 것이라는 관측까지 하고 있었다.

9월 2일 워커 장군은 인천상륙작전 제1파로 예정되어 부산으로 이동을 대기하고 있던 제5해병연대를 영산반격작전에 투입했다. 이것은 인천상륙작전에 영향을 미칠 수도 있는 상황이었다. 격분한 해군은 제5해병연대의 복귀를 강력히 요구하기에 이르렀고, 이로 말미암아 육군측과 의견 충돌까지 빚었다. 그러나 상황은 해병연대를 전선에서 빼낼 처지가 못 되었다. 미 제8군 전선이 붕괴될 위급한 상태였기 때문이다.

일본의 아사히(朝日)신문은 연일 UN군의 고전을 보도했다.

 9월 1일  "포항에서 격전 전개"
 9월 2일  "북한군 함안 점령, 낙동강 일대에서 총공격"
 9월 3일  "미군 함안·영산 탈환"
 9월 4일  "대구 북방으로 진출, 북한군 북부공세 개시할 것인가?"
 9월 5일  "북한군 경주로 육박, 동부전선 대구 동쪽 위협"
 9월 6일  "북한군 영천에 육박"
 9월 7일  "대구 위기에 분전, 미군, 영천 포항을 잃다."
 9월 8일  "북한군 공격 가열."[주] 일본 육전사연구보급회 『한국전쟁』 ③ p66, 67

워싱턴에서는 이러한 상황을 맞은 맥아더 원수가 워커를 구하기 위하여

"부산에서 가까운 군산으로 상륙하겠다."

"낙동강전선으로 직접 증원하겠다."

는 보고를 해 올 것으로 기대하고 있었다. 그러나 맥아더 원수의 결심에는 변함이 없었으므로 그러한 보고거리는 없었다.

9월 5일 합동참모회의 의장 브래들리 대장은 참다못하여 맥아더 원수에게 다음과 같은 메시지를 보냈다.

"전황에 따라서는 계획을 변경할 필요가 있다고 생각되는데 제8군의 방어전망이 어떤지 보고하라."

9월 6일 맥아더 원수는

"계획에 변경을 가할 필요는 없다."

고 답신을 보내고, 휘하의 모든 지휘관에게 서면을 발송하여 그동안 구두로 내린 준비명령을 재확인하면서 D-Day를 9월 15일로 못 박았다.

9월 7일 합동참모본부는

"모든 문제를 다시 한 번 생각하는 동시에 유리한 결과를 가져올 가능성이 과연 얼마나 되는지 최후적으로 검토해 달라."

고 요구했다.

합동참모본부는 낙동강전선에서 북한군의 맹렬한 공격 기세에 비추어

"미 제8군이 과연 방어선을 깨뜨리고 반격을 개시할 수 있을 것인지,

미 제10군단이 인천상륙에 성공하여 계획처럼 인천과 서울 지역을 빠른 시간 안에 점령할 수 있을 것인지"

에 대하여 걱정이 태산 같았다.

맥아더 원수는 당시 심경을 그의 회고록에서 다음과 같이 피력했다.

"공격 개시 1주일 전까지는 이 마스터플랜의 세부가 완성되어 있었다. 일본과

미국은 물론, 멀리 지중해에서 빼돌린 부대들은 사실상 모두 도착하였다. 각 단위부대는 모두 독자적인 임무를 맡고 있었으며 상륙작전에 참가할 해병과 보병들은 이미 한국 서해안의 바다에 떠 있었거나 그렇지 않으면 한참 배에 오르고 있는 중이었다. 그런데 이 마지막 단계에 합동참모본부로부터 나에게 냉수를 퍼부어 골수까지 얼어붙게 하는 전보가 날아들었다.

이 전보는 인천상륙작전의 성공에 대하여 의구심을 나타내고 계획 전체를 포기하라는 듯한 암시를 주고 있었다."

"도대체 이 마지막 순간에 와서 이와 같은 의문을 제기하다니 그 원인은 무엇이었을까? 워싱턴의 어느 누가 갑자기 겁이라도 집어먹었단 말인가? 대통령이었을까? 막 국방부장관이 된 마셜이었을까? 아니면 브래들리였을까? 그렇지 않으면 작전에 실패하는 경우에 발뺌을 하기 위하여 이와 같은 전보를 보내온 것이었을까? 마지막 순간에 주저하게 된 이유가 무엇이든 간에 이 전보는 이때까지 들어간 방대한 노력과 시간과 경비에도 불구하고 계획을 포기하라는 명령을 내릴지도 모른다는 가능성을 분명히 시사하고 있었다. 나는 즉시 연필로 다음과 같은 회답을 기초하였다." (구범모 역 『맥아더회고록』 p419, 420)

9월 8일 맥아더는 간곡한 어조에 연설문 같은 장문의 이 회신을 그야말로 최후적인 회답으로 합동참모본부에 보냈다.

"나는 작전실행에 관해서는 조금도 불안을 가지고 있지 않다. 나는 성공의 가능성이 충분히 있다고 확신하고 있다. 나는 인천상륙작전이야말로 적으로부터 주도권을 장악하고 그들에게 결정적인 타격을 줄 수 있는 유일한 방법이라고 믿고 있다.

만약 인천이 아닌 다른 곳으로 상륙을 하게 되면 북한군의 병참선을 차단할 수 없다. 북한군은 병력과 물자면에서 우리보다 대량의 보급 능력을 가지고 있으므로 북한군은 차단되지 않은 보급로를 사용하여 전력을 크게 증강시킬 수 있는 반면에 우리는 전망이 없는 전쟁을 계속하면서 점차 전력만을 소모하게 되어 전혀 가망 없는 전국으로 빠져들게 된다.

인천을 탈환하면 적은 현 전선에서 전력을 증강하는 것이 불가능하다.

귀관들이 염려하고 있는 부산교두보의 방어는 절대로 위험하지가 않다. 혹 앞으로 전선을 축소해야 할 필요성이 생길지도 모르겠으나 그러한 사태에 대비할 준비는 되어있다. 아군이 부산교두보로부터 쫓겨날 만한 일은 절대 일어나지 않는다. 또한 제8군이 부산교두보의 방어로부터 공세로 전환할 가능성도 결코 적지 않다. 북방으로부터 포위하게 되면 부산방어진지에 가해지고 있는 압력은 곧 완화될 것이기 때문이다. 인천상륙이야말로 부산 주변 부대가 공세로 전환할 수 있는 유일한 방법이다.

더구나 북방으로부터의 포위 기동의 성패가 반드시 미 제10군단과 제8군의 급속한 연결을 전제 조건으로 하고 있지는 않다. 서울 부근의 북한군 보급 조직의 중추를 탈환하면 현재 남쪽에서 작전 중인 북한군 주력부대의 군수지원이 완전히 마비되기 때문에 결국에는 북한군을 붕괴시킬 수가 있게 된다. 인천상륙작전의 주목적이 바로 여기에 있다. 양부대가 신속하게 연결한다는 것은 적의 완전한 붕괴를 극적으로 상징하는 것이기는 하지만 이 작전의 중점은 아니다.

귀관들은 상륙군이 각개 격파당할 것을 염려하고 있으나 그런 걱정은 할 필요가 없다. 우리는 절대적인 제공, 제해권을 가지고 있으므로 각 부대는 완전히 독립적으로 작전이 가능하기 때문이다. 양개 군에 포위당한 적은 병참선의 차단과 남북으로부터 협공에 의해 반드시 분쇄될 것으로 확신한다.

이상과 같은 이유에 의해서 신중한 고려 하에 계획되고 이미 보고된 계획을 이제 와서 변경해야 할 그런 본질적인 정세의 변동은 없다.

부대의 승선과 해·공군의 사전 준비는 계획대로 진행 중에 있다.

다시 말한다. 나는 물론이지만 나의 각 군 사령관이나 참모들은 한 사람도 빠짐없이 이 작전에 찬의와 열의를 가지고 있으며 성공도 확신하고 있다."(일본 육전사연구보급회『한국전쟁』③ p71~73)

맥아더 원수는 회신을 하고 난 뒤의 심경을 이렇게 토로했다.
"나는 회답을 보내고 난 다음에도 합동참모본부의 반응을 기다리는 동안 점점 커지는 불안을 누를 길이 없었다. 이와 같이 큰 작전 행동을 이제 와서 취소한다는 것은 도저히 불가능한 일이었다. 그런데 작전지역에서 수만 마일이나 떨어져 있는 겁 많은 관리가 비록 대통령이라 할지라도 패배를 승리로 전환시킬 수 있는 이 절호의 기회를 놓치게 강요할 수 있을까 하고 나는 스스로에게 물어 보았다."(구범모 역『맥아더회고록』p420, 421)

### 해병대 반환 논쟁

한국전에 제일 먼저 투입된 미군해병부대는 임시 제1해병여단이다.
제1해병여단은 제1해병사단 제5해병연대가 주축이 되어 편성되었고 8월 3일 한국에 도착하여 8월 6일 함안 전투에 참가하였다.
인천상륙작전부대로서 제1해병사단을 편성할 때에 펜들턴기지에 잔류하고 있는 제1해병연대를 보강하고 한국에 이미 참전한 임시 제1해병여단을 제5해병연대로, 그리고 제7해병연대를 새로 편성하였다.
임시 제1해병여단이 제5해병연대가 되어 인천상륙작전부대로 지정되자 미 제8군사령관 워커 중장은 제5해병연대를 예비대로 돌려 부산으로 이동할 것에 대비하고 있었다.
9월 1일 미 제8군사령관 워커 중장은 북한군 9월 공세에 밀려 미 제8군 정면이 위급한 상황을 맞았을 때 가장 위험한 곳을 영산으로 판단하고 제

27연대를 영산 지역으로 이동시켰다.

　9월 2일 서남부전선의 위기는 절정에 이르렀고, 영산 정면의 위급함은 군의 존망을 좌우하는 것으로 생각되었다. 사태가 이에 이르자 워커 장군은 마침내 해병대로써 역습을 감행할 결심을 했다. 해병대가 아니면 영산에서 북한군을 물리칠 수 없다고 판단했다.

　09시 30분 워커 장군은 맥아더 원수의 승인을 받아 제5해병연대를 미 제2사단에 배속하여 영산 전투에 투입하였다.

　미 제5해병연대가 영산 전투에 투입되었다는 소식이 전해지자 미 제1해병사단장 스미스 소장과 해군수뇌들은 인천상륙계획이 뿌리부터 흔들리고 있다고 생각하고 해병대의 복귀를 강력하게 요구하고 나섰다. 스미스 사단장은 직속상관인 제10군단장 아몬드 소장에게 얼굴을 붉히면서 항의했고, 미 제8군사령관에게 직접 전보를 쳤다.

　아몬드 소장은 워커 장군으로부터
"해병대를 빼면 낙동강전선을 끝까지 지켜낼 수가 있을지 의문이다."
라는 전화를 받고 제8군의 어려운 사정을 고려하여 제5해병대 대신에 제1해병연대를 상륙 제1파로 삼으면 될 것으로 생각하고 스미스 사단장에게는 미 제5해병대 대신에 미 제7사단 제32연대를 배속시킬 것이니 미 제1해병연대를 제1파로, 제32연대를 제2파로 사용하면 되지 않겠느냐고 권유했다.

　스미스 사단장은 사상 유례가 없다고 생각되는 인천상륙작전에서 제1파는 역전의 정예인 미 제5해병연대가 아니면 해낼 수 없다고 믿고 있었기 때문에 아몬드 소장의 권유를 거부하였다.

　이때 미 제1해병연대는 일본 고베에서 작전을 준비 중에 있었지만 편제를 갖춘지 얼마 되지 않았고, 미 제7해병연대는 집결 중에 있었으므로 미 제5해병연대와 같은 전투력을 갖추지 못하고 있었다.

논쟁은 계속되고 결론은 나지 않았다.

미 극동해군사령관 조이 제독이 끼어들었다.

"미 제5해병연대는 스미스에게 돌려줘야 한다. 그렇지 않으면 인천상륙이란 문제가 성립되지 않는다. 대안으로써 미 제5해병연대 대신에 일본에 주둔 중인 1개 연대를 해상 예비로 부산 앞바다에 대기시키고 필요에 따라 제8군에 배속하도록 하면 어떤가?"

라고 아몬드에게 말했다. 아몬드는

"워커가 들어줄지 모르지만 해병연대를 빼낼 방안을 검토해 보겠다."

고 대답했다. 그리고 라이트 작전부장에게 지시하여

"미 제7사단 제17연대를 한국에 급파하여 제5해병연대와 교대할 경우 제5해병연대가 상륙일까지 인천에 도착할 수 있는지 검토하라."

고 지시했다.

결론은 NO였다. 제5기병연대가 작전준비를 할 시간이 없었다.

제5해병연대가 아무리 정예부대라고 하더라도 휴식과 정비, 보급과 병력 보충 그리고 예행연습 없이 강습상륙을 성공하리라는 보장은 없었다.

스미스 사단장은 미 제5해병연대를 돌려주지 않으면 인천에 가지 않겠다고 버텼지만 미 제8군의 어려움을 아는 아몬드도 물러서지 않았다.

부산 교두보가 확보되지 않으면 인천상륙은 의미가 없다는 것과 미 제1해병대가 미 제5해병연대의 역할을 대신할 수 있다고 설명하는 아몬드의 주장과 제5해병연대의 필요성을 주장하는 스미스의 의견이 맞서 결론 없는 논쟁이 계속되었다.

9월 3일 아몬드 소장은

그의 참모장 러프너(Clark L. Ruffner) 소장,

미 극동군사령부 작전참모 라이트 소장,

극동 해군사령관 조이 제독,

미 제7함대사령관 스트러블 제독,

공격함대사령관 도일 제독,*

미 제1해병사단장 스미스 소장

과 이 문제를 해결하기 위하여 UN군총사령부 건물에서 회담을 가졌다. 갑론을박 격론을 벌였지만 결론이 나지 않았다.

아몬드 장군이 맥아더의 집무실로 들어갔다. 사정을 들은 맥아더는

"워커에게 해병대를 포기하라 하시오."

다음 날 맥아더의 작전참모 라이트 소장은 대구로 가서 워커에게 맥아더의 결단을 전달했다. 대신 미 제7사단 제17연대를 6일 요코하마에서 부산 앞바다로 이동시켜 예비로 두었다가 미 제8군의 상황이 위급할 때 쓸 수 있게 하고 또 미국 본토를 떠나 18일에서 20일 사이에 극동에 도착 예정인 미 제3사단 제65연대를 미 제8군에 주겠다고 약속했다.

워커 장군은 미 제8군이 반격을 개시할 날짜를 하루 늦추어 달라고 요구했고, UN군총사령부는 워커의 요구를 들어주었다. 맥아더 사령부는 낙동강 방어선에서의 공세일자를 미 제10군단이 인천에 상륙하는 날에 맞추어 9월 15일로 결정했었다. 워커의 요구로 9월 16일로 변경한 것이다.

워커 장군은 미 제7보병사단에 배속된 국군 제17연대를 미 제8군 전선에 투입하고 미 제5해병연대를 전선에서 빼서 부산으로 보내기로 했다.

때맞추어 낙동강전선이 호전되는 바람에 대체부대를 투입하지 않고 제5해병연대는 9월 5일 전선에서 빠져 부산으로 이동했다.

* 도일 제독의 직함을 공격함대사령관으로 통일했다. 문헌에 상륙함대사령관, 공격함대사령관, 상륙작전단사령관, 상륙공격함대사령관, 공격부대사령관 등으로 각각 기술하고 있어 혼동이 심했다. 공식 명칭은 제90기동함대사령관이다.

참고문헌 : 일본 육전사연구보급회 『한국전쟁』 [2] 「해병대 투입에 따른 파문」(p302)과 「결정」(p307) 같은 「3. 9월 공세의 파문」(p108~110), 전쟁기념사업회 『한국전쟁사』 제4권 「4. 논쟁」(p39)

## 우리는 귀하의 계획을 승인한다

9월 9일 미 합동참모본부로부터

"우리는 귀하의 계획을 승인하며 대통령에게도 그렇게 보고되었다."

는 전문이 왔다. 전례 없이 짧은 전문이었다.주) 전쟁기념사업회 『한국전쟁사』 제4권 p24

인천상륙작전은 맥아더 원수의 확고한 의지와 신념으로 이루어졌고, 많은 우려와 반대의 목소리 속에서도 맥아더를 지지하는 목소리가 있었으니 그것은 국방부장관 존슨이었다. 그는 인천상륙작전을 찬성하면서 트루먼 대통령에게 이를 승인하도록 강력하게 건의하였다.

오랫동안 벌여온 인천상륙작전에 관한 논쟁은 종지부를 찍었다.

남북전쟁 때 북군사령관이었고, 후에 대통령이 된 그랜트(Ulysses Simpson Grant) 장군은

"전쟁에서는 눈앞의 적과 싸우는 힘이 30%, 후방의 정치가들과 싸우는 힘이 70% 필요하다."

고 했고, 아이젠하워 장군은 그의 저서 『유럽십자군』에서

"어떤 사령관일지라도 국민의 눈을 피할 수 없다. 전국을 좌우할 만한 결심을 할 때 순수한 군사적인 판단만으로 결정할 수 있는 경우는 매우 적다."

고 기술했다.주)                                            일본 육전사연구보급회 『한국전쟁』 [3] p74

맥아더의 심정도 이와 같았을 것이다. 맥아더 원수는 최종적인 반대자가 트루먼 대통령으로 알고 있었다. 그래서 합동참모본부의 전문에

"대통령에게도 그렇게 보고되었다."고 한 대목을 가지고

"이 전문의 내용으로 미루어 보아 대통령 자신이 순전히 군사적인 문제

에 개입하고 이에 관한 군 수뇌부의 의견을 뒤엎으려고 시도하였다고 밖에 볼 수 없다."
고 술회했다.<sup>주)</sup>

구범모 역 『맥아더회고록』 p421

맥아더 원수 편에 서서 인천상륙작전을 적극적으로 지지했던 당시 국방부장관 존슨은 워싱턴 수뇌들의 태도, 특히 트루먼 대통령이 취한 입장에 대하여 다음해에 있은 맥아더 청문회에서 이렇게 증언했다.

"인천상륙작전 결정에 대해서 나는 맥아더 원수와 일체가 되어 그 책임을 지고 있었다. 콜린스 대장은 감독관의 입장에 있었으므로 위험한 인천상륙안을 폐기시키려고 생각하고 있었다. 그는 인천상륙에 위험을 느끼고 있었다. 그리하여 맥아더를 설득하려고 도쿄까지 갔으나 맥아더 원수는 그의 초지를 끝까지 굽히지 않았다. 나는 맥아더 원수를 지지하고 있었다. 대통령은 이 건에 대해서는 전부터 나를 지지해 주었다."<sup>주)</sup>

전쟁기념사업회 『한국전쟁사』 제4권 p74, 75

맥아더가 주장하는 인천상륙작전이 성공한다면 위대한 성과가 있으리라는 것은 누구나 이해하고 있었다. 그러나 실질적인 논쟁의 초점은 그 가능성에 있었다. 그럼에도 불구하고 맥아더는 그 가능성에 대한 과학적인 근거는 무엇 한 가지도 설명하지 않았고, 아무런 보장도 없었다.

인천상륙안에 대한 성공 가능성을 결정하는 요인을

"북한군의 인천방어는 미약하다. 적은 우리가 이곳으로 상륙한다는 예상을 못하고 있다. 그래서 그곳을 기습한다."

고 하였다. 그러나 북한군이 그렇게 생각하고 있다는 증거는 아무 데도 없었다. 만일 북한군이 인천에 매복하고 있다면 인천상륙작전은 유례가 없는 대실패로 끝나게 되어 단지 맥아더 원수의 명성을 손상시키는 것만으로 끝나지 않는 중대한 결과를 초래하게 될 것이다. 인천상륙작전의 성패는 오로지 북한군에게 달려 있다고 해야 할 것이다.

이것은 도박이었다. 맥아더 원수의 경험과 영감에 의존한 도박이었다. 실은 맥아더 원수도 이 작전이 커다란 도박이라는 것을 알고 있었다.

이에 대해 조이 제독은 이렇게 술회했다.

"맥아더 원수는 이 작전이 커다란 도박이라는 것을 잘 알고 있었으며 '인천의 승산은 5,000분의 1일세. 그러나 나는 이 도박에서 이기는데 자신이 있네.' 하고 털어놓았다." 주)
일본 육전사연구보급회 『한국전쟁』 ③ p76

인천상륙작전이 세기의 도박이라는 것은 바로 이 때문이고 워싱턴의 수뇌들이 반대한 것도 결국은 이러한 점에 있었던 것이다.

## 2. 상륙군 편성

### 제1해병사단

7월 25일 미국 캘리포니아 펜들턴 지역에 주둔하고 있는 미 제1해병사단은 8월 중순까지 사단편성을 완료하라는 명령을 받았다.

7월 중순에 제5해병연대를 기간으로 증편한 임시 제1해병여단을 한국에 급파했기 때문에 기지에는 3,459명*의 병력밖에는 남아있지 않았다.

* 제1해병사단의 잔류 병력 3,459명(국방부 『한국전쟁사』 제3권 p638)
  6월 30일 7,789명이 있었으나 여단편성으로 3,386명으로 감소(같은 p637)
  임시 제1해병여단 병력 약 4,500명(전쟁기념사업회 『한국전쟁사』 제4권 p35)
  4,713명(일본 육전사연구보급회 『한국전쟁』 ② p82)

6월 30일 병력 7,789명 - 임시여단 병력 4,500명 = 잔류 병력 3,289명
　　　　　　　　　　　　　　　　 4,713명 = 잔류 병력 3,076명
잔류 병력이 3,459명, 3,386명, 3,289명, 3,076명으로 차이가 있다.

합동참모본부는 해병 1개 사단을 완전편성하기 위해서는 대서양 쪽 해병대(제2해병사단)를 지나치게 약화시켜야 하는데 이것이 걱정이었다.

7월 19일 맥아더 원수가 제1해병사단을 요구할 때 9월 10일까지는 도착해야 한다는 조건을 달았었다. 맥아더가 해병사단을 인천상륙작전에 투입하고, 작전 시기를 9월 15일로 결심을 굳히고 한 요구였던 것이다.

그러나 합동참모본부는 완전한 해병 1개 사단은 11월이나 12월쯤에 극동으로 갈 수 있을 것이라고 맥아더에게 알렸다.

완전 편성된 해병사단이 9월 10일까지 도착하느냐의 여부는 맥아더가 구상한 상륙작전계획의 성패를 판가름하는 절대적인 요소였다.

"이 시점에서 이보다 더 중요한 곳은 또 있을 수 없다."

고 생각한 맥아더는 격분했다. 맥아더 원수는 평소에 미국 군 수뇌부가 태평양보다 대서양 쪽을 턱없이 중시하는 것에 불만을 가지고 있었다.

이때 맥아더를 지원하기 위한 물밑 작전이 따로 진행되고 있었다.

해군 태평양지구사령관 레드퍼드 중장은 태평양함대해병사령관 셰퍼드 중장과 상의한 후 맥아더 원수가 바라는 부대를 빨리 보내주어 그가 바라는 방식대로 쓰게 하는 것이 옳다는 주장을 서면 제독에게 피력했고, 육군부의 작전참모

레드퍼드 중장(왼쪽)과 맥아더 원수(오른쪽)

부장 볼트(Charles L. Bolte) 소장은 육군참모총장 콜린스 대장에게 맥아더의 요구대로 완전한 1개 해병사단을 9월 10일까지 보내주도록 합동참모회의에서 주장하는 것이 좋겠다고 건의했다.

이 물밑작전이 주효하여 합동참모본부는 셔먼 제독의 의견을 들어 완전한 2개 연대로 편성된 해병사단을 9월 상륙작전 전까지 보내주기로 결정했다. 나머지 1개 연대는 빨라도 겨울이 돼야 마련할 수 있을 것이라고 보았다.

당시 미국의 형편으로 해병 1개 사단을 완전히 편성하여 극동으로 보낸다는 것은 쉬운 일이 아니었다. 7월 30일 현재 미국 해병대의 총 병력은 74,279명이었다. 이들은 함대해병대와 해상대기병력, 각 지역의 경계부대 등으로 된 작전 병력 약 40,000명과 그 외에 본토와 해외의 각 곳에 있는 행정, 교육 등 비작전 병력을 합한 숫자이다.주) 전쟁기념사업회 『한국전쟁사』 제4권 p34

제2차 세계대전이 끝난 직후 해병대 병력은 475,000명이었다. 종전 후 군비축소계획에 따라 대폭 감축한 것이다.

함대해병대는 제1해병사단과 이를 지원하는 제1해병항공단이 태평양쪽에, 제2해병사단과 제2해병항공단이 대서양 쪽에 있었다. 두 사단 병력을 합해도 완전한 하나의 전투사단을 편성하기가 어려운 실정이었다.

해병대사령부는 대서양에 있는 제2해병사단은 골격만 남긴 채 7,182명을 차출하고, 나머지는 유럽 및 기타 지역으로부터 차출한 기간병 3,630명과 예비역에서 소집한 2,891명을 편입하여 급편한 제1해병사단 총 병력은 17,162명*(임시 제1해병여단 제외)이다.주) 국방부 『한국전쟁사』 제3권 p638

* 미 제1해병사단 병력 25,040명(한국군 2,780명 포함 - 일본 육전사연구보급회 『한국전쟁』 ③ p84) 한국군을 빼면 22,260명이다. 같은 문헌은 임시제1해병여단병력을 4,713명(② p82)이라고 했고, 전쟁기념사업회 『한국전쟁사』 제4권은 여단 지상병력 약 4,500명에 따로 여단 33항공대 인원 1,350명이 있다(p35)고 했다. 여단병력은 4,713명

과 5,850명으로 1,137명의 차이가 있다. 그만큼 사단 병력도 차이가 있다고 봐야 한다. 사단 병력은 17,162+4,713명 = 21,875명, 17,162+5,850 = 23,012명, 앞의 22,260명으로 각각 다르게 기록했다.

해병여단은 8월 2일 한국에 도착했으므로 다소의 희생이 있었다고 봐야 한다.

사단 편성은 이미 한국에 파견된 임시 제1해병여단을 제5해병연대로 하고, 펜들턴 기지에서 제7해병연대를 새로 편성하여 기존의 제1해병연대와 같이 3개 보병여대로 구성하였으며, 포병으로 된 제11해병연대와 해병제1항공단 등을 편제하여 사단의 면모를 갖추었다.

스미스 소장

7월 25일 스미스 소장을 사단장에 임명했다.

### 해병대 소집 – 아들아 행운을 빈다

한동안 말없이 침묵하시던 아버지가 떠나는 아들의 손을 잡고

"아들아, 행운을 빈다."

고 마지막 순간에 입을 뗀 아버지,

예비역 소집에 아무 불만 없이 응했으나

"한 가지 걱정은 세 살과 6개월 된 딸이 세례를 못 받은 것"

이라고 걱정하는 병사 등

한국의 6·25전쟁으로 소집된 예비역 해병들의 소집 광경을 들어보면 가끔은 코끝이 찡하고, 때로는 눈물이 핑 도는 격정을 느끼게 한다.

### ▌데이비스 중령

데이비스 중령은 8월 21일 아침에 펜들턴으로 출두하라는 명령을 받았

다. 2시간 뒤 그는 제7해병연대 제1대대장으로 명령을 받았다. 이때 대대장 요원이 불과 수 명밖에 되지 않아 대대막사로 지정된 천막에는 인기척이 없을 정도로 적막했다.

데이비스 중령은 기간요원들을 모아 놓고 첫 번째 훈시를 했다.

"1개 대대를 편성하는데 1주일간의 여유밖에는 없다. 우리 생애에서 이처럼 중대한 책임을 맡게 된다는 것은 그리 흔히 있는 일은 아닐 것이다. 대원의 60%는 예비역이다. 그 중에는 제2차 대전 당시 역전의 용사도 있지만, 대부분은 경험이 없는 예비역들이다. 바로 이들에게 전투준비를 시키는 것이 우리들이 할 일이다. 이것이 잘못되면 이들을 헛되게 죽게 하는 결과가 되어 버린다. 하루는 24시간뿐인데 우리는 그 24시간을 모두 사용해야 할 것이다."(일본 육전사연구보급회 『한국전쟁』 3 p34)

### 윌리엄 홉킨스 대위

버지니아주 로아노크(Roanoke)에 살던 홉킨스(William B. Hopkins) 대위는 8월 8일에 소집되어 개업한 지 2년밖에 안 되는 법률사무소 문을 닫아야만 했다. 그는 이렇게 회고했다.

"어떻게 작별인사를 해야 할지 생각하느라 매일 밤 자다가 깨곤 했습니다."

날씨가 흐린 로아노크 지역에서 소집된 예비역들은 무기고 앞에 집결하여 내발 리저브(Naval Reserve)대로를 따라 노크포 웨스턴 역으로 행군했다. 교회에 가던 중인 성 요한성공회 교회 앞의 몇 명을 포함하여 길 옆 보도에 서 있던 소수의 행인들만이 조용히 지켜보는 가운데 군인들이 신은 정글화가 자갈길을 밟아내는 절그럭거리는 소리만 들렸다. 기차역에서 《로아노크 타임즈》 신문 사진기자가 아버지와 악수하는 홉킨스의 사진을 찍었는데 신문에 실린 사진 제목은 "아들아, 행운을 빈다."였다.

▎로이 펄 상병

동원예비역 상당수가 겨우 5년 전에 끝난 제2차 세계대전 참전자들이었는데 미네소타주 둘루스(Duluth)에 거주하는 로이 펄(Roy Pearl) 상병은 부겐빌(남태평양 솔로몬 제도의 섬-1943년 11월 미 해병대가 점령), 팔라우(서태평양 팔라우 제도의 섬-1944년 9월 미 제1해병사단이 점령), 괌, 오키나와 전투에 참전했었다. 전후 동원예비역에 편입된 그는 주말 군사훈련과 하계병영훈련에 참가하였으며, 얼마 안 되는 예비역 수당을 받아 자동차 정비공으로 버는 수입에 보탰다. 대부분의 동료들과 마찬가지로 그도 아무 불만 없이 동원소집에 응했으나 몇 가지 걱정거리가 있었다. 그 중 하나는 세 살과 생후 6개월 된 두 딸이 아직 세례를 못 받은 것이었는데

"우리 교구 목사님이 집에 들려 거실에서 세례식을 베풀어주기로 해서 안심이 됐습니다."
라고 회고했다.

둘루스 지역 동원예비역들은 다음 날 아침 기차역까지 행군했다. 두 딸과 함께 기차역에서 남편과 만나기로 약속했던 헬렌 펄은 처음에 기차에 이미 승차한 해병들 가운데서 남편을 찾지 못했으나 미친 듯이 찾아 헤맨 끝에 씩씩하게 웃고 있는 그를 만날 수 있었다.

"헬렌이 로이에게"라는 글이 새겨진 기념 반지를 주고 작별키스를 하고 나니 출발시간이 되었다.

▎츄엔 리 중위

츄엔 리(Chew-Een Lee) 중위는 50여 년이 지난 지금도 집 떠날 때의 일을 생생하게 기억하고 있다.

"우리 가족은 생계 수단이 뚜렷하지가 않았는데, 중국식 이름의 뜻이 '현명한

학자'였던 아버지는 새크라멘토 지역 호텔과 식당에 과일과 채소를 배달하는 일을 했습니다. 그날 아침 아버지는 일을 나가지 않으셨고, '금비취'라는 중국식 이름을 가진 어머니는 별식을 만들어 주셨습니다. 벽시계가 출발 시간을 알리자 분위기가 잠시 어색해졌습니다. 어머니는 씩씩한 분이셨지만 아무 말도 하지 않으셨고, 아버지는 중국어 신문을 읽는 척하고 있었습니다. 아버지는 대담한 분이셨고 나는 그런 대담함을 존경했는데 자리에서 일어서시더니 갑자기 나에게 악수를 하시는 것이었습니다. 뭔가 말씀을 하시려고 했지만 아무 말씀도 못하셨고, 그때 어머니가 울음을 터트리셨습니다. 나는 집안의 맏이였고 이제 집을 떠나려하고, 또 어쩌면 영원히 돌아오지 못할 지도 모르니까 그러시는 것 같았습니다. 살아남기 위해 그렇게 열심히 일하는 분들을 두고 집을 떠난다는 것이 무척 어려웠습니다."

### ▎프란시스 패리 소령

포병 장교였던 패리(Francis Parry) 소령은 다음과 같이 회고했다.

"1950년 9월 1일 초저녁에 우리가 탄 배가 샌디에이고 항을 빠져나와 석양을 향하여 항해하기 시작했는데 그것은 잊을 수 없는 경험이었습니다. 해병 군악대가 그 당시에 유행하던 '잘 자라 아이린(Goodnight Irene)'이란 노래를 연주하자 베이필드호의 갑판에 서 있던 수 백 명의 해병들이 노래를 따라 부르기 시작했고, 부두에 모여 있던 가족과 친구들도 함께 노래를 불렀습니다. 배가 로마(Loma) 포인트를 지나 검푸른 태평양으로 들어섰는데도 그 노래의 후렴이 항구 쪽에서 들려왔습니다."

갑판 난간에 서 있던 18살의 소총수 데이비드슨(Fred Davidson) 일병은 컴컴한 산 그림자와 도시의 불빛, 그리고 그 노래를 아직도 기억하고 있다.

"큰 교회 성가대 대원이 된 것 같은 기분이었습니다."

인용문헌 : 임상균 역 「브레이크 아웃」

### 미 제1해병사단 이동

8월 7일 맥아더 원수는 사단 병력 승선과 작전계획을 수립할 계획수립단(Planning Groups)을 사단장과 함께 극동으로 공수하도록 요청하여 8월 16일 장교 12명과 사병 6명으로 구성된 선발대가 항공편으로 출발하였다.

스미스 사단장과 사단사령부는 공로로 8월 22일 일본에 도착했다.

8월 18일 사단 전 병력이 승선을 완료했는데 이때가 D-28일이었다.

사단사령부 직할부대와 제1해병연대 및 마지막으로 편성된 제7해병연대참모진은 8월 28일부터 9월 6일 사이에 일본에 도착했다.

마지막에 편성된 제7해병연대는 8월 17일 펜들턴 기지에서 2개 대대로 창설하고 9월 3일 미국을 떠나 17일 고베에 도착했고, 21일 인천에 도착했다. 해군참모총장 셔먼 제독은 기왕에 마지막 연대까지 극동에 보내기로 한다면 때를 맞추어 보내야한다고 서둘렀다. 그러나 새로 편성된 부대의 최소한도의 훈련 때문에 제날짜를 맞추지 못하였다.

제7연대를 편성할 때 본국에서 소집한 인원으로는 부족하여 2개 대대만 편성하고 1개 대대는 지중해 제6함대에 배속되어 있는 1개 대대를 극동으로 이동시켜 제3대대로 편입했다. 이들은 함정 두 척에 타고 8월 16일 크레타(Creta) 섬을 출발하여 9월 9일 부산에 도착했다.

이미 한국전에 참전하여 낙동강돌출부에서 격전 중인 제5해병연대는 8월 30일 부산으로 이동하라는 명령을 받았다.

이렇게 미 제1해병사단은 부산과 고베에서 각각 출동준비를 갖추었다.

한국 해병대는 신현준 대령 지휘하에 미 제1해병사단에 배속되었다.

스미스 사단장이 도쿄 하네다 공항에 내렸을 때 도일 소장(제7함대부사령관 겸 제90기동함대사령관)이 마중을 나갔다. 도일 소장은 스미스 사단장을 그의 기함 마운트 맥킨리호로 안내한 후 맥아더와의 회담에 대비하여 인천상륙에 관한 예비지식을 들려주었다. 맥아더와의 회담은 17시 30분에 예정되어 있었다.

스미스 사단장은 인천상륙작전이 9월 15일로 예정되어 있고, 미 제1해병사단이 선봉부대로 결정되어 있다는 사실을 비로소 알았다. 9월 15일까지는 24일밖에 남아있지 않았고, 그가 지휘할 부대는 태평양과 인도양에 있거나 아니면 캘리포니아에 있었다.

스미스 소장은 걱정하지 않았다. 해병대는 그렇게 길들여져 있었고, 그것이 해병대가 하는 일이었다. 아일랜드 진주 때는 23일간, 과달카날 상륙 때는 31일간의 준비기간이 주어졌던 것과 비슷한 기간이다.

스미스는 아몬드를 만나 상륙작전을 검토 한 후 맥아더를 찾아갔다.

맥아더 원수는 스미스 소장을 따뜻하고 정중하게 맞아주면서 인천상륙작전의 필요성을 설명했다. 그리고 다음과 같이 말했다.

"해병대의 인천상륙은 전쟁의 승부를 좌우하는 것이므로 해병대가 이 작전에 성공한다면 해병대의 지위는 향상되고 높이 평가될 것이며, 다시는 해병대의 존재 가치를 논할 자가 없을 것이다." 주)

일본 육전사연구보급회 『한국전쟁』 [3] p40

미국에서는 해병대를 불필요한 존재로 인식하고 폐지하자는 논의가 거세게 일어나고 있을 때다. 맥아더 원수는 평소에 해병대가 미국 방어를 위해 필요 불가결한 것으로 믿고 있었기 때문에 해병대로 하여금 공훈을 세우게 하여 자신의 주장을 뒷받침하고자 하는 의도가 은밀하게 내포되어 있었던 것이다.

전후에 발간된 『한국에 있어서 미 해군의 작전』은 이렇게 기술하였다.

"최단 시간 내에 계획되어 최대의 장애를 극복하지 않으면 안 될 상륙작전을 수행해야 할 부대는 해병대 이외에는 없다. 장기간 해군과 협동하여 많은 상륙작전 훈련을 태평양에서 실시해 온 해병대는 전후에 여러 가지 비판과 제약을 받으면서도 군의 정비와 훈련을 계속하면서 해병대 전통의 기본 정신을 견지해 왔다. 때문에 인천상륙작전에 성공한 것이다. 인천상륙작전을 계획한 사람, 작전을 관철시킨 사람 모두가 해병대의 존재 가치에 대하여 같은 의견을 가지고 있다." 주)

일본 육전사연구보급회 『한국전쟁』 ③ p40

### 미 제7보병사단

미 제7보병사단은 일본에 남아있는 맥아더 원수 휘하의 유일한 사단이다. 미 제24사단, 제25사단과 제1기병사단이 한국전에 투입되면서 그들 사단의 부족 병력을 메우기 위하여 장교 140명, 사병 약 1,500명을 넘겨주었다.

버 소장

7월 26일 미 제7사단(David G. Barr 소장)이 한국으로 이동하라는 명령을 받았을 때 병력은 편제인원의 절반 수준에도 못 미쳤고, 특히 화기중대의 초급장교와 하사관 및 기술병 부족 현상은 심각했다. 껍데기만 남아있었다.

숫자로 보면 장교 290명, 준사관 126명, 사병 8,701명이 부족했다.

8월 23일부터 9월 3일까지 미 극동군에 전입된 장병은 모두 미 제7사단에 충원하고, 9월 3일부터 8일까지 전입된 병력은 포병요원으로 보강하였다. 따지고 보면 충원 병력은 모두 미 제8군으로 가야할 것을 빼돌린 것에 불과한데 그 시점에서 미 제8군의 병력 보충도 시급했지만 미 제7사단 사정이 급박하여 극동군사령부로서도 어쩔 수가 없었다.

그렇게 하고도 모자라는 병력은 한국인 신병으로 충원하였는데 그 수가 8,637명이었다. 전 사단 병력의 1/3에 해당하는 수다.

이들 한국인 장정이 처음 일본에 갔을 때 몰골은 말이 아니었다. 전화에 시달려 지칠 대로 지쳤고, 찌들고 일그러진 모습에 생기라고는 찾아볼 수가 없었다. 얼굴에는 땟국이 흘렀고, 누더기가 다 된 옷을 입었으며, 발에는 짚신과 해어진 고무신을 신었다.

"방금 논에서 모 심다가 나온 사람 같다."

고 표현했다.

이들은 100명씩 단위로 묶어 미군의 각 소총 중대와 포대에 배치되어 함께 훈련을 받았다. 미국 포트·벤닝(Fort Benning)의 보병학교와 포트·실(Fort Sill) 포병학교에서 온 고참하사관들이 단기간에 최소한의 필요한 교육을 시켜서 인천상륙작전태세에 들어갔다.

9월 초 사단이 일본 요코하마에서 승선했을 때의 병력은 한국인을 포함해서 24,845명이었다.

사단장은 버 소장이다.

국군 제17연대는 백인엽 대령이 지휘하여 미 제7사단에 배속되었다.

참고문헌 : 전쟁기념사업회 『한국전쟁사』 제3권 「3. 제7보병사단」(p37)

### 국군 해병대

통영 지구 전투에서 수훈을 세운 해병대는 해병대사령관 신현준 대령이 지휘하여 제주도에서 약 3,000명의 신병을 모집하여 보충하고 전투경험이 많은 김성은부대에서 2개 중대를 보강하여 1개 연대를 편성했다.

9월 6일 부산에서 미 제5해병연대와 합동으로 상륙작전을 위한 특수훈련을 받고, 11일 출동 준비를 완료했다.

한편 통영을 방어하고 있는 해병 제2중대(김광식 대위)와 제3중대(이봉출 대위)는 9월 10일 07시 통영에 도착한 해병대 2개 중대와 임무를 교대하고, 11일 24시 부산으로 이동하여 새로 편성된 해병연대에 편입되었다.

해병연대는 미 제1해병사단에 배속되어 인천상륙작전에 참가하였다.

신현준 대령

### 국군 제17연대

수도사단 제17연대는 9월 15일 13시부로 수도사단에서 육군본부 직할연대로 예속이 변경되었다. 수도사단에는 기갑연대가 예속되었다.

제17연대는 14일과 15일 이틀 동안 야간 이동으로 부산에 도착하였다.

백인엽 대령이 다시 제17연대장에 임명되었고, 미 제7사단에 배속되어 인천상륙작전에 참가하게 되었다.

상륙 명령을 시달하는 제17연대장 백인엽 대령(왼쪽 끝)

### 제187공정연대

맥아더 원수는 진작(한강전선 시찰 당시) 인천상륙작전을 구상하였고, 여기에 투입하기 위하여 7월 5일 증원요구서를 제출할 때 제2보병사단, 제2특수공병여단과 함께 제82공정사단의 1개 공정연대를 보내 줄 것을 요구했었다.

이에 따라 미 제187공정연대가 캘리포니아에서 출항준비 중에 있었으나 9월 19일 이전에는 일본 고베항에 입항할 수 없어서 9월 15일 인천상륙작전에서의 공수낙하계획은 취소되었다.

당시 미국에 전투능력을 갖춘 공정부대는 제82공수사단 밖에 없었다. 한국전에 공정부대를 파견하기 위해서는 병력 보충과 교육 등이 필요했고, 이 때문에 제187공정연대가 D-Day까지 극동에 진출할 수 없어 인천상륙작전에는 참가하지 못하였는데 만약에 조수조건만 좋다면 공정연대를 사용할 수 있을 때 상륙작전을 시작하려고까지 생각했을 정도로 공정연대의 필요성이 중요시되었다. 그러나 사정이 그렇지 못하여 공정연대가 없는 상태로 작전을 진행하였다.주) 일본 육전사연구보급회 「한국전쟁」 [3] p85

제187공정연대는 9월 20일 일본에 도착하였고, 24일 김포에 공수되어 제10군단 예비가 되었다.

### 제10군단

맥아더 원수가 구상하는 인천상륙작전은 그 성격과 수행될 지역에 비춰 워커 장군이 지휘하는 제8군과는 별도로 다른 하나의 사령부를 설치하여 그 지휘하에서 이루어지는 것이 바람직하다고 판단하였다. 인천상륙작전에 투입될 병력 규모를 대체로 2개 사단쯤 될 것으로 예상하여 군단 수준의 사령부가 필요하였다.

극동군총사령부 작전참모부장 라이트 소장은 맥아더 사령관에게 두 가지 방안을 제시하였다.

하나는 진주만에 주둔하고 있는 미 함대해병사령부를 원래 모습 그대로 극동군총사령부로 옮겨 상륙작전을 수행하게 하는 것이고,

다른 하나는 극동군총사령부를 모체로 새로운 군단사령부를 창설하여 상륙작전을 수행하는 것이다.

맥아더는 자신이 구상한 작전을 계획에서부터 실행에 이르기까지 그의 뜻을 충실히 받아드릴 수 있는 사람들이 치러주기를 바라고 있었다.

첫 번째의 경우 멀리서 빌려온 해병대지휘부는 아무래도 그의 의도와 개념을 충실하게 받들어 작전을 수행하기 어려울 것으로 보였고, 또 상륙부대가 뭍에 오르고 나면 지상 전투로 전환해야 하는데 지상 전투에서는 해병대지휘부의 역할은 그리 중요하지 않으므로 육군을 중심으로 지휘부를 구성하는 것이 바람직하다고 판단하였다.

그래서 맥아더는 두 번째 안인 극동군총사령부에서 인원을 뽑아 새로운 군단사령부를 창설하는 방안을 채택하였다.

UN군총사령부는 8월 15일 실질적인 상륙군사령부를 편성하고, 그 예하에 미 제1해병사단, 미 제7사단을 주축으로 하고 한국육군과 한국해병대를 배속하는 것으로 구상하여 미 육군부에 부대인가신청을 하였고, 8월 21일 인가를 받아 8월 26일 정식으로 제10군단을 편성하였다.

8월 중순 어느 날 참모장 아몬드 소장이 상륙작전에 관한 연구결과를 맥아더에게 보고하면서

"이제 상륙군단의 사령관을 임명할 때가 된 것 같습니다."

라고 의견을 말하자, 주저 없이

아몬드 소장

"그것은 바로 자네일세."
라는 천만 뜻밖의 대답을 들었다.

맥아더 원수는 자신이 구상한 상륙작전을 자신의 뜻에 따라 충실하게 수행할 사람은 극동군총사령부 참모장으로 자신을 보필하고 있는 아몬드가 가장 적임자라고 판단하고 일찌감치 점찍어 두었던 것이다.

아몬드 소장은 극동군총사령부 참모장직을 겸하면서 제10군단장이 된 것이다. 또 중요참모들도 극동군총사령부요원을 겸임시켰는데 이들은 모두 임시로 빌려주는 것으로 했다. 상륙작전은 별로 오랜 시일이 걸리지 않을 것이고, 또 이 작전이 성공하면 전쟁 자체도 별로 오래가지 않을 것이라고 판단하여 곧 원래 직위로 복귀시킬 것을 전제로 한 발령이었다.

군단참모장에는 러프너 소장을 임명했다.

미 제10군단이 완전 편성된 총 병력은 69,450명이다.
- 미 제1해병사단 25,040명(국군 해병대 2,780명 포함)
- 미 제7보병사단 24,845명(한국군 8,673명 충원. 국군 제17연대 배속)
- 미 제92, 제96야전포병대대(155mm곡사포)
  - 제50고사포자동화기대대
  - 제56수륙양용전차 및 트랙터대대
  - 제19공병대대
  - 제19공병전투단
  - 제2공병특별여단[주)]  일본 육전사연구보급회 『한국전쟁』 [3] 「군단장 아몬드 소장」(p31)

## 제7합동기동부대 편성

### 제7합동기동부대(JTF-7) 편성

**제7합동기동부대 : 사령관 해군중장 스트러블**

**제90기동함대(공격함대) : 사령관 해군소장 도일(James H. Doyil)**
- 92 · 01 - 상륙부대 - 미 제1해병사단 : 사단장 해병소장 스미스
- 90 · 00 - 기함단(旗艦團) : 리만 K. 사그레 소장
  마운트 맥킨리(AGC), 엘도라도(AGC)
- 90 · 01 - 전술항공통제반 : 전술공군 1개 편대
- 90 · 02 - 해군해안작업단 : 해안통제반, 주정반, 수륙양용건설대대, 수중장애처리대
- 90 · 03 - 통제반 : APD 3척, PCEC 1척
- 90 · 04 - 관리단 : 4H, LSU, 기타 살베이지, LSD 등 8척
- 90 · 1 - 전진공격단 : J. M. 히긴스 소장
  전진상륙부대(제5해병연대), 수송대(포트마리온), 수송반(APA 3척)
- 90 · 2 - 수송단 : APA 5척, AKA 8척, AP 1척, LSD 2척, LSU 3척
- 90 · 3 - 화물수송대 : LST 47척, LSM 1척
- 90 · 4 - 제14수송대 : 제7해병연대 - APA 4척, AKA 3척, LSD 2척
- 90 · 5 - 항공지원대 : 호위항모단 - 바동 스트레이트, 시실리호
  항모단경계대 - DDR 1척, DD 3척
- 90 · 6 - 함포지원대 : J. M. 히긴스 소장
  순양함단 - 토레도, 로체스트(C), 케냐, 자메이카(LC)
  구축함단 - 맨스필드, 데하벤, 헨더슨, 리만 K 스웬슨, 콜레트, 거크 외 6척
  로켓지원정단 - 로켓양륙지원정 3척
- 90 · 7 - 초계정찰대 : DD 1척, DDR 1척, PF 15척, 양용전함정 1척
- 90 · 8 - 제2기동제대 : 미 제7보병사단 - AP 3척, TIAP 4척
- 90 · 9 - 제3기동제대 : 제10군단 직할부대 - AP 1척, TIAP 1척

**제91기동함대(봉쇄·엄호함대) : 영국해군 소장 앤드루스(William G. Andrews)**
드럼프(CVL), 세이론(LC), DD 8척, 한국 해군 PC 4척, YMS 11척

**제92기동함대 : 제10군단 육군소장 아몬드(Edward M. Almond)**

**제77기동함대(고속항공모함부대) : 해군소장 이웬(Edward C. Ewen)**
제1항공전대 - 필리핀 씨
제3항공전대 - 밸리포지
제5항공전대 - 보고시
지원단 - 맨체스터, 위세스터(LC)
초계단 - DD 9척, DDR 3척, DDE 2척

| 제99기동함대(초계·정찰함대) : 해군소장 헨드슨(George R. Henderson) |
|---|
| 정찰단, 제6초계대, 제88항공정찰대, 제209항공정찰대, 초계호위단, 제42초계대, 제47초계대 |
| 제79기동함대(군수함대) : 해군대령 오스틴(Bernard L. Austin) |
| 기동병참지원단 – 탱커 2척, AE 1척, AF 1척 |
| 목표지역 병참단 – 탱커 1척, AKA 1척, AK 1척, AKL 3척 |
| 병참지원단 – AD 2, AGR 1, ARH 1, AO 1, AKA 2, AOG 1, AF 1 |
| 살베지 공작단 – ATF 1, ARS 1 |
| 합계 230척* |

자료 : ① 일본 육전사연구보급회 『한국전쟁』 ③ 「JTF-7의 편성」(p80),
　　　② 국방부 『한국전쟁사』 제3권 p651

* ①은 "9월 15일 아침, 260척에 달하는 공격함대"(p132)
　16일자 「아사히신문」 일면······ "참가함정 260척"이라고 한 제목(p179)
　②는 "함정 총수 261척"이라고 기술(p651)

미 극동해군사령관 조이 제독은 인천상륙작전 실시부대로 미 제7합동기동부대(Joint Task Force Seven. 약칭 JTF-7)를 편성하였다. 한 사람의 지휘관 밑에 미 해군 제7기동함대를 주축으로 하고 미, 영, 한국 해군과 상륙군부대로 편성한 한미지상군 및 해병대를 통합한 연합부대다.

제7합동기동함대는 상륙부대인 미 제10군단과 상륙지원함대로 구성하였고, 상륙지원함대는 다섯 개의 기동함대로 구성하였다.

### 제7합동기동함대 기본 작전 계획

제7합동기동함대 사령관 스트러블 제독은 제7합동기동함대의 작전 계획을 다음과 같이 확정했다.

미 호위항공모함에 실린 미 해병대 함재기들과 미 해군 항공모함 박서(Boxer)에 실린 미 해군기들 그리고 영국 해군 경항공모함에 실린 영국기들이 상륙지역 일대에 최대한의 화력을 지원한다.

함재기의 공중지원작전은 상륙부대 기함 마운트 맥킨리에서 통합지휘하고, 공격 목표는 상륙해안에서 내륙으로 반경 30마일에 이르는 지역이다.

공격함대사령관 도일 제독은 제1해병사단을 주축으로 제1상륙단을 지휘하여 교두보를 확보한 다음 해병대를 제10군단에 돌려주기로 하였다.

미 제10군단장 아몬드 소장은 해병대 중심의 적전상륙이 진행되는 동안 실 병력의 작전지휘권을 스트러블 제독에게 위임하였다가 교두보를 확보하고 미 제7보병사단이 후속상륙을 완료하면 부대 지휘권을 넘겨받아 교두보를 돌파하고 전과를 확대한다.

도일 소장

스트러블 제독 지휘소는 기함 로체스터호 (Rochester)이고, 도일 제독의 위치는 마운트 맥킨리호로 지정되었다.

상륙부대의 첫 공격목표는 인천항 교두보이다. D-Day H-1시인 9월 15일 06시 30분 제5해병연대 제3대대가 아침 밀물을 타고 월미도에 상륙하여 섬을 탈취하고 D-Day H-Hour인 15일 17시 30분에 저녁 밀물을 타고 제5해병연대의 나머지 2개 대대와 제1해병연대가 상륙한다.

상륙해안을 녹색, 적색, 청색 3개로 나눈다.

녹색해안은 제5해병대대 제3대대가 상륙할 월미도 일대 해안이다.

적색해안은 제5해병연대의 나머지 2개 대대가 그날 오후에 상륙할 해벽으로 감싸여 있는 부두 일대 해안이다.

청색해안은 인천시 동남쪽 넓은 평지이고 해안선에는 개펄과 염전이 펼쳐져 있는 곳으로 오후 밀물 시각에 제1해병연대와 그 뒤를 이어 제11해병연대가 상륙한다.

미 제1해병사단이 상륙하고 나면 미 제7보병사단이 뒤따라 상륙한다.

미 제1해병사단은 인천 일대 교두보를 확보하고 난 다음 동북쪽으로 국도를 따라 16마일 지점에 있는 김포비행장을 목표로 공격하고 이어서 한강 남쪽 일대를 점령한 후 강을 건너 수도 서울을 공격할 것이다.

한편 인천상륙작전이 진행되는 동안 북한군의 상황 판단을 흐리게 하기 위한 견제 작전으로 전함 미주리호(Missouri)를 동해로 보내어 삼척과 주문진 일대 철도와 도로 등 요충 시설에 대한 집중 함포사격을 실시하면서 동해안에서 양동작전을 실시하고, 동시에 인천 남쪽 군산항 일대에서도 적은 규모의 병력을 보내 양동작전을 펴기로 하였다.

미주리호는 1945년 9월 2일 도쿄만에서 맥아더 원수가 일본의 항복을 받은 장소로 쓰인 전함이다. 구경 40cm 거포를 가지고 태평양전쟁에서 위력을 발휘했으나 전후 전함이 필요 없다는 여론에 밀려 격납고에 들어가 있었는데 거포의 위력으로 태평양전쟁에서 흔히 사용되었던 상륙작전 준비사격을 재현하기 위하여 한국전쟁에 참전하게 된 것이다.

참고문헌 : 전쟁기념사업회 『한국전쟁사』 제3권 「3. 해군작전계획」(p28)

## 3. 정보 수집과 작전기도 은폐

### 정보 판단

**▎경인 지역 북한군의 지상 병력**

맥아더 원수는 북한군이 모든 전투병력을 낙동강선에 집중하고 있었으므로 서울~인천 지역에는 극소수의 병력만 주둔하고 있어 UN군 상륙부대를 저지할 힘은 없다고 처음부터 내다보았다.

8월 28일 미 제10군단 G-2는 서울에 약 5,000명, 인천에 약 1,000명, 김포에 약 500명쯤 배치된 것으로 파악하여 맥아더 원수의 생각과 크게 어긋나지 않았다. 9월 4일에 인천 지역 병력이 1,800~2,500명 정도로 파악되어 약간 늘어났으나 더 이상 변동 조짐은 보이지 않았다.

서울 병력은 서울위수제18사단이고, 인천 병력은 인천해안경비대이며, 김포 병력은 제31사단의 1개 대대인 것으로 확인되었다.

UN군 정보기구는 북한군이 서울과 인천 지역을 지키기 위하여 증원해 올 수 있는 예비병력은 가지고 있지 못한 것으로 파악하고 있었다. 그 이유는 북한군 가용병력은 전부 낙동강전선에 투입되었기 때문에 후방지역에는 경비 및 보급부대와 훈련 부족으로 전투력을 갖지 못한 신편 부대가 산재하고 있어 증원할 능력이 없기 때문이다. 굳이 전용한다면 서울~대구 간 국도 주변에 전개한 북한군 제3, 제13사단 및 현풍 정면 제10사단 정도가 있는데 이들 사단은 오래 계속된 격전 속에서 전력이 소진되어 전력이 보잘 것 없는데다가 그나마 낙동강전선의 위험을 감수해야 하는 모험을 해야 전용이 가능하다.

항공정찰결과 한·만 국경지역에서 남쪽으로 교통이 빈번해 진 것이 포착되었는데 그것이 병력 이동인지, 보급 수송인지 또는 둘 다인지 확인되지 않았고, 병력 이동인 경우 북한군인지, 중공군인지도 알 수 없었다.

중공군이 만주에 집결하고 있다는 보고가 끊임없이 있었고, 일부는 한반도에 진출했다는 정보도 있었으나 확인할 자료는 없었다.

| 북한 해군

북한 해군은 소형 초계정으로 장비한 5개 선단이 편성되어 있고, 그 주력은 원산에, 1개 선단이 진남포에 있었으나 2개 항구가 모두 UN해군에 의

하여 봉쇄되었으므로 무기력한 상태에 있었다.

북한 해군은 UN군 상륙을 탐지하고 이를 지연시키기 위하여 전 항만과 전 수로에 기뢰를 부설하여 UN군이 이를 소해(掃海)하는 동안에 병력을 동원하여 대비하고자 한 것으로 판단되었다.

8월 말 블라디보스토크에서 기뢰를 적재한 무개화차가 만주를 거쳐 북한으로 들어오고 있었는데 이 화차에는 진남포, 인천, 군산, 목포, 원산이라는 행선지가 쓰여 있었다.

8월 29일 밤, 북한 해군의 유일한 기뢰 전문가 장 모 대위는 부하 4명과 함께 자기기뢰(磁氣機雷) 10개를 가지고 진남포에서 인천으로 향했다. UN 해군은 이러한 사실을 모르고 있었다. 인천 해역에 기뢰를 부설할 가능성이 가장 높았고, 어려운 작업이기 때문에 최대 관심을 가지고 정보 수집에 노력했지만 그러한 징후는 탐지해 내지 못했다.

9월 7일 아침에 한국 해군 초계정 PC-703호가 인천 북쪽 수역에서 기뢰 부설 중인 것으로 생각되는 소형 함정을 발견하고 사격을 가하자 굉장한 굉음과 함께 대폭발이 일어나면서 순식간에 선박은 침몰하였고 그 자리에서 기뢰 몇 개가 탐지되었다.

이것은 대단히 큰 사건이었다. 미 해군이 가장 두려워하는 기뢰가 발견된 것이다. 극동해군사령관 조이 제독은 셔먼 해군참모총장, 래드포드 태평양함대사령관, 스트러블 제7기동함대사령관 앞으로 긴급 전문을 쳤다.

"북한군은 한국 서해안에 기뢰 부설을 개시했다. 아직은 그 규모가 작으나 금후 증대될 가능성이 있다. 소해정을 긴급히 증파해 주기 바란다."

### 북한 공군

UN공군은 북한 공군이 보유하고 있는 비행기를 19대로 추산하고, 그들의 방해 능력이 없는 것으로 판단하였다.

그래서 인천상륙에 기뢰 외에는 별로 걱정이 없는 것으로 판단했다. 따라서 UN군총사령부의 관심은 인천의 직접방어능력 파악에 집중되어 있었다. 다음에 보는 바와 같이 인천에 대한 정보 수집에 목을 매고 있었다.

월미도와 소월미도에는 포진지가 확인되었다. 섬 곳곳에 동굴을 판 듯한 흙더미가 발견되어 방어준비를 완전히 해 놓은 것으로 판단되었으나 인천항구 자체에 대한 방어시설은 대단치 않게 보였다. 인천항의 서 안벽을 내려다 볼 수 있는 묘지 구릉에서 대공, 대지 겸용의 포 3문에 확인되었으나 동쪽에 있는 고층 건물에는 아무런 장비가 설치되어 있지 않았다.

정보판단 참고문헌 : 일본 육전사연구보급회 『한국전쟁』 [3] 「유엔군의 정보판단」(p76)

### 사다리 제작

인천항에 설치된 안벽 높이를 측정하기 위하여 미국에서 항공측지 권위자 3명을 초빙했다.

이들은 RF-80 제트 정찰기로 계산된 시간에 4회에 걸쳐 고도 60~70m에서 촬영한 2,100매의 항공 사진을 기초로, 다른 정보 자료에서 나온 것을 가미해 가면서 분석하여 조수 높이에 따르는 안벽 높이를 측정해 나갔다.

간조 때 안벽 높이가 5.3m이고 만조 때에는 1m 내외가 되었다. 이 측정 오차는 전후에 조사한 바에 의하면 10cm 이내였다고 한다. 이 측정결과에 의거하여 일본 고베(神戶)에서 알루미늄과 나무로 사다리를 만들어 해병대의 상륙에 사용되었다.주)

일본 육전사연구보급회 『한국전쟁』 [3] p112

### 인천상륙에 필요한 정보

인천상륙에 앞서 가장 필요한 것은 다음과 같은 정보를 얻는 것이다.

① 개펄의 경사와 수로의 심도가 상륙주정 운항에 적당한가?
② 미주리호와 같은 대형전함의 진입이 가능한가?
③ 해수면 변화에 따른 해벽의 높이는 얼마나 되는가?
④ 상륙한 병사들이 개펄을 도보로 진격할 수 있는가?
⑤ 전차 등 중장비는 어떻게 상륙할 것인가?
⑥ 적의 주 방어선과 월미도 방어능력은 어떠한가?
⑦ 경인 지구에 배치된 병력 상황은 어떠한가?

미군은 1945년 9월부터 1949년 6월까지 4년간 한국에 주둔하고 있으면서 인천을 주 보급항으로 사용하고 있었음에도 불구하고 인천 항구에 대한 정보 기록은 하나도 가지고 있지 않았다.

UN군총령부는 정보 수집 활동을 활발히 전개하였다.

정찰기는 매시간 수백 매의 조수 사진을 찍어 분석하고 해도를 연구했다. 사진 분석을 위하여 미 공군에서 필브리크(Richard W. Philbrick) 대령과 그의 조수인 카츠(Amon H. Katz) 및 그레이브스(Donald J. Graves)를 초청했다.

군정기간 중 한국에 근무했던 해군 장병들을 소환하여 개별적으로 의견을 들었고, 포로인 적병의 진술까지 들어 정보를 수집했다.

군정 당시 인천에서 1년 동안 LSU와 LCM을 운전한 경력이 있는 육군의 밀러(W. R. Miller) 준위를 소환하여 의견을 들었다.

미국 CIA요원 혼(Kluck Hohn) 씨와 한국 육군 계인주 대령, 해군의 연정(延禎) 중령 및 미 제1해병사단 G-2요원으로 구성된 트루디잭슨(Trudy Jackson)이라는 첩보대가 많은 정보를 입수했다. 계인주 대령은 한국인 첩보요원 22명을 인천 지구 약 90개소에 파견하여 첩보활동을 실시하였고, 250명의 공정대원을 투하하여 많은 정보를 입수했다.주)

국방부 『한국전쟁사』 제3권 p641

## 클라크 대위

### 클라크 대위 영흥도 점령

8월 26일 UN군총사령부 정보참모부는 인천항 정찰문제가 논의되었을 때 제일 먼저 선발된 사람이 미 해군 클라크 대위였다.

비밀회의에 불려온 클라크 대위에게 이렇게 말했다.

"인천상륙작전이 결정되었는데 정보가 부족하다. 인천항을 정찰하여 적정과 지형을 확인하지 않으면 안 된다. 그 정찰의 성과는 본 작전 성패의 분기점이 되는데 이 임무를 완수할 수 있는 사람은 귀관밖에 없다."

클라크 대위는 그러한 말을 듣고 난 뒤 기분을 이렇게 말했다.

"이 중요한 임무를 맡았을 때 그것을 영광으로 생각하고 기쁨에 넘쳤다고는 할 수 없지만 한 번 시도해 보자는 마음이 생긴 것은 사실이다."

클라크 대위는 8월 26일 오후 대구로 가서 제8군으로부터 한국인 통역 두 사람을 구했다. 그는 두 사람에게 샘과 조라는 이름을 붙여 주었다.

클라크 대위는 두 사람을 데리고 밤에 일본 사세보로 돌아와서 그를 전적으로 지원해 주기로 되어 있는 영국 해군사령부에 들러 8월 30일 저녁때까지 모든 계획과 협조를 마치고 C레이션 30상자, 기관단총, 자동소총, 카빈소총 수정과 각 총기마다 탄약 한 상자, 수류탄 한 상자, 물물교환용 위스키 두 상자, 휴대용 무전기, 의료품, 음료수와 정수약, 현금 1백만 원(당시 환율 1달러에 1,800원)을 준비하였다.

클라크 대위는 현지에서 현금보다는 쌀이 더 귀할지도 모른다는 생각을 하고 밤중에 나가서 쌀 90kg과 건어물 30kg을 샀다.

클라크 대위 일행은 8월 31일 07시 영국 순양함 자메이카호의 엄호를 받으면서 영국 구축함 차리디호(H. M. S Charity)를 타고 9월 1일 07시 인천 서남쪽 30해리에 있는 덕적도(德積島) 근해로 가서 한국 해군의 PC-703호에 옮겨 타고 영흥도(靈興島) 해변에 상륙했다.

영흥도는 거북이 등 모양으로 생긴 직경 5km의 작은 섬으로 인천항 앞의 섬으로는 아직 북한군이 진입하지 않은 유일한 곳이었다.

클라크는 이 섬을 수색거점으로 정하였다.

면장으로부터 섬 인구는 4,000명 정도이고 동쪽에 있는 대부도(大阜島)에 300명 정도의 북한군이 진주했으나 영흥도에는 적이 온 일이 없다는 것을 확인하고 면장의 협조를 얻어 14세부터 18세까지의 소년 약 150명을 모아 청년단을 조직하였다. 그 중에서 40명으로 초병을 편성하여 8시간씩 3교대로 섬 주위를 경계하도록 하고, 간조 때는 대부도와 도섭으로 왕래가 가능하므로 도하지점에 중기관총 2정을 거치해 놓았다.

클라크 대위는 섬 주민 중에 적색분자가 있을 수도 있다고 생각하여 민가를 이용하지 않고 섬 북단에 8인용 천막과 4개의 부속 막사를 세웠다. 그리고 청년단에게 총기를 지급하고 훈련을 실시하였다.

9월 2일 아침에 섬 내 어선을 파악했다. 모두 24척이 있었고 그 중에 모터가 설비되어 있는 것이 1척 있었다. 면장이 자랑하는 배다. 길이가 8m, 폭이 3m로 낡은 소형선박인데 엔진은 단기통으로 녹이 슬어 볼품이 없었으나 보기보다는 성능이 좋았다.

이 배를 빌려서 기함(?)으로 삼고 정찰활동을 하기로 하였다.

배 주인은 어렸을 때부터 어부였다. 지금은 이가 다 빠졌고, 볼에는 털이 허옇게 나 있는 노인인데 배를 빌려달라고 하자 자기 배를 선택해 준 것에 대하여 매우 만족해하는 것 같았다.

클라크 대위는 이 어부에게 키를 잡히고 샘과 조 그리고 마을 청년 2명을 데리고 어부를 납치하기 위하여 영흥도 북방 10km에 있는 대무의도(大舞衣島)로 갔다. 근처 바다에는 여러 척의 범선들이 조업을 하고 있었다.

범선 3척을 연행하여 영흥도로 돌아왔다. 모두 대한민국 국민이었고 매우 우호적이었으며, 가치 있는 많은 정보를 제공해 주었는데 인천 앞바다에는 아직 기뢰가 부설되지 않았다는 것을 알았다.

클라크 대위는 정보보고 제1호를 타전했다.

클라크 대위는 서울과 인천 지역 정찰을 위하여 어부와 청년단원으로 6개 조를 편성하여 파견하였다. 정확한 정보를 얻기 위하여 같은 지역에 복수의 조를 파견하고 정보가 같을 때만 활용했다.

이들의 임무는 월미도에 설치되어 있는 포진지 위치와 수, 인천항 안벽 높이, 서울시내 병력배치상황 등이었고, 특히 관심을 둔 것은 북한군이 UN군의 인천상륙기도를 탐지하고 있는지의 여부였다.

9월 7일 밤에 대부도에 있는 북한군이 눈치를 챈 듯 공격을 했다. 동력선 1척과 범선 2척이 영흥도 남쪽으로 진입하는 것을 보고 클라크 대위는 기관총 1정을 기함에 싣고 적 37mm포탄이 날아오는 속을 뚫고 진격하여 병력을 가득 태운 적 선박을 모두 격침시켰다.

밤 간조 때 적이 공격할 것이라고 생각한 클라크 대위는 만약의 사태를 생각하여 무전으로 한국 해군의 초계정 지원을 요청했다.

클라크 대위는 어떠한 경우에도 포로가 되어서는 안 된다고 결심했다. 그는 UN군의 인천상륙작전 기밀정보를 알고 있으므로 그가 포로가 된다면 UN군은 파멸을 가져올지도 모른다. 그래서 그는 자살용 수류탄을 허리에 차고 다녔다. 밤새 적의 공격은 없었다.

8일 오후 미 구축함 한슨호가 철수 명령을 가지고 그를 구원하러 왔고, 상공에는 그를 엄호하는 코르세아기 4대가 선회하고 있었다.

클라크 대위는 상부에서 그를 배려해 주는 것에 감사히 생각하면서 위험한 시기는 지났고, 아직 할 일이 남아있었으므로 철수를 거절했다.

"뭔가 도와줄 것이 없는가?"

함장의 물음에

"대부도를 포격해 달라."

고 요청했다.

한순호는 즉각 125mm 함포를 일제히 쏘아댔고, 코르세아기도 이에 맞추어 요란한 굉음을 내면서 지상으로 내려 꽂혔다. 60개의 로켓탄과 5백 파운드의 폭탄 4개를 투하했고, 기총소사를 반복했다. 삽시간에 대부도는 화염 속에 묻혔다. 이후 대부도는 한동안 조용했다.

상륙일이 가까워지는 것과 함께 클라크 대위의 임무 범위가 확대되었고, 중요성도 증대되었다.

계속 청년단을 동원하여 정보를 수집하였고, 매일 밤 도쿄로 타전했다.

① 인천 부두 암벽을 따라 설치된 참호에 북한군 1개 중대가 있다.

② 월미도 전 미국통신소 건물 부근에 고사포 2문이 설치되어 있다.

③ 월미도 서쪽에는 기관총이 4~5정, 남쪽에는 2정이 있다. 보병용진지는 바닷가에서 수 피트 후방에 구축되어 있다. 소월미도에는 소형포가 3문 있고, 구경 미상의 포 1문이 방파제 선단에 있다.

④ 월미도의 큰 적색 건물에 포병지휘소가 있는 듯 하다.

⑤ 소월미도에 25정의 기관총과 120mm곡사포 5문이 배치되어 있다.

⑥ 월미도 해변 정면에 해안 중포 20문이 있고, 콘크리트 참호와 터널이 섬 가운데에 구축되어 있다. 병력은 1천 명 정도로 예상. 노무자 이외에는 출입이 금지되어 있다.

**┃ "9월 14일 24시에 점화하라." - 팔미도 등대**

클라크 대위는 14일간 영흥도에 머물면서 청년단원과 충성을 다짐한 어부들을 월미도, 인천항, 김포 및 서울과 수원 일대에 잠입시켜 놓고 정보를 수집했는데 후에 확인된 바에 의하면 그들이 제공해 준 정보는 대체로 정확했다. 이들 중에는 4일 동안이나 안 돌아온 사람은 있었지만 적에게 잡히거나 희생된 사람은 없었다.

9월 14일까지 매일 어선을 연행하여 도합 30여 척에 이르는 어선을 연행했으나 쓸모 있는 정보는 얻지 못했다.

좀더 큰 범선을 접촉하면 유익한 정보를 입수할 것이라고 생각하고, 북한군이 주둔하고 있다는 대무의도와 영종도 근해로 갔다. 도중에 적당한 범선을 발견하고 접근하다가 총격을 받았다. 총격을 하는 것은 북한의 군경이 타고 있다는 증거였고, 북한 경찰은 포로로서 가치가 있다고 생각되어 이를 나포하는 데만 열중한 나머지 대무의도에 너무 가까이 접근하여 대무의도로부터 총격을 받았다. 그 총격은 맹렬했다. 저들은 피아를 구분하지 않고 사격하는 바람에 적 범선은 섬과 클라크 대위 양쪽에서 총격을 받게 되자 바다 쪽으로 도망을 쳤다. 클라크 대위는 기함에 탑재한 구경 50mm 기관총으로 이를 제압하여 범선과 함께 북한 내무서원 3명을 생포했다.

9월 10일 클라크 대위는 기함을 타고 인천 앞바다 수로를 거슬러 올라가서 수로상의 유일한 표지인 팔미도 등대를 정찰했다. 등대는 무인등대였는데 북한군은 등대에 불을 켜지 않았다.

등대는 대형 프랑스제 유연식(油燃式)으로 반사경회전용 전지의 전선이 절단되어 있었을 뿐 등기(燈器)에는 이상이 없어 조금만 손을 보면 점화가 가능했다. 그는 도쿄로 타전하여 등대 상황을 보고하고 상륙할 때 필요하면 점화할 수 있다고 보고했다.

"9월 14일 24시에 점화하라."

는 회신이 왔다.

클라크 대위는 상륙이 임박한 어느 날 샘을 데리고 인천 앞바다 늪지대를 확인하러 갔다. 인천 앞바다 3km 지점까지 가서 작은 배로 옮겨 타고 23시경 개펄에 도착했다. 지도상 2.4km나 되는 개펄은 대부분 가슴까지 빠질 만큼 깊은 늪지대였다. 무장 병력이 통과할 수는 없었다. 영흥도로 돌아와서 긴급 전보를 쳤다.

"인천의 개펄지대는 병력이나 차량이 통과할 수 없다."

9월 14일 대부도에 있는 북한군이 공격할 것이라는 징후를 포착하고 팔미도로 피신했다. 그 정보는 정확했음이 후일 밝혀졌다.

이날 밤 클라크 대위는 팔미도 등대에 점화했고 세기의 도박을 연출한 역할의 추이를 지켜보기 위하여 모포 속에서 떨면서 밤을 새웠다.

날이 밝았을 때 대함대가 인천항을 향하여 들어오고 있었다.

그의 임무는 끝났다.

그는 이렇게 말했다.

"상륙이 성공하건 말건 나는 알 바가 아니다. 맥킨리호가 와 있는 것만으로도 천우신조라고 생각했다. 나는 이때 일생에 가장 큰 전율을 느꼈다."

클라크 대위는 이 공로로 해군 십자훈장을 받았다.

클라크 대위는 영흥도에서 14일간 있었다. 긴장된 나날의 연속으로 체중이 18kg이나 줄어들었고, 심한 피로를 느꼈다. 매일 C레이션 1상자를 먹으려고 노력했다. 그러나 그보다는 한국 쌀밥이 더 영양이 있는 것 같다고 회

클라크 대위와 그를 도운 한국인 정보요원들
클라크 대위가 누구인지 설명이 없다. 오른쪽에 선 사람같다.

상했다.

D+1일인 9월 16일 미 해병대가 영흥도를 점령했을 때 그곳에는 클라크 대위를 도운 면장과 면민 약 50명이 학살당해 있었다. 클라크 대위 일행을 보살펴 준 국민학교 교장부인 임(林) 씨도 있었다. 해병대원들은 그의 인자하고 아름다운 얼굴 모습을 보고 눈시울을 적셨다고 한다.

클라크 대위가 팔미도로 떠난 직후 400여 명의 북한군이 상륙하여 저지른 만행이다.

인용문헌 : 일본 육전사연구보급회 『한국전쟁』 ③ 「클라크의 원정」(p112)

### 해군 덕적군도 점령

극동해군사령부는 적정과 지형에 대한 정찰과 정보 수집을 위한 거점을 확보하고자 서해안의 주요 도서를 먼저 탈환하기로 하였다.

한국 해군본부는 8월 16일 702함을 기함으로 하여 701, 704, 513, 301, 307, 309, 313정의 함정들로 함대를 편성하고, 기함의 함장 이희정 중령의

성을 따서 '이 작전'이라고 불렀다.

인천상륙작전 전략상 요충 덕적군도(德積群島)를 먼저 점령하기로 하고 서해안을 경비 중인 함정에서 111명을 선발하여 육전대 1개 중대를 편성한 후 중대장에 기함 702함 항해장 장근섭(張瑾燮) 중위를 임명하였다.

8월 18일 육전대는 301, 309정에 분승하고 영국 순양함 케냐(Kenya)와 캐나다 구축함 아다바스칸(Athabaskan) 그리고 우리 702, 704정의 지원 포격을 받으며 덕적도 남동쪽 진리(鎭里) 해안으로 진격했다.

육전대가 진리 남쪽으로 상륙하자 적은 진리를 포기하고 산악지대로 도주하여 서북방 국수봉(國壽峰)에서 완강히 저항하였다. 함포사격을 집중하고 상륙군이 추격하자 적은 발동선으로 탈출을 시도하였는데 육전대는 이를 공격하여 나포하고 덕적도를 완전히 탈환했다.

육전대는 섬 안 소탕작전을 실시하여 적병 26명을 사살하고, 7명을 생포했으며, 감금된 섬 주민 9명을 구출했다. 또 진리에 있는 인민위원회 분주소(分駐所)에서 주요 문서를 압수하고, 많은 무기를 노획했다.

섬을 완전히 제압한 후에 마을 청년으로 대한청년단을 조직하여 섬의 방어와 치안을 맡긴 후 철수했다.

20일 08시 30분, 313정은 선갑도(仙甲島), 이작도(伊作島), 선미도(善尾島) 해상을 초계 중 소이작도(小伊作島)에서 적을 발견하고 황정연(黃汀淵) 소위 외 8명으로 조직한 육전대가 상륙하여 의용군 24명을 사로잡고, 끝까지 저항하는 7명을 사살하였다. 21일 01시에 섬을 완전히 탈환했다.

덕적도와 함께 인천의 교량 역할을 하는 영흥도*는 인천상륙의 중요한 거점이다. 이곳에 북한 정규군 30명 내외를 기간으로 하여 좌익계열 청년들이 각종 소총으로 무장을 갖추고 준동하고 있었다.

> * 앞의 클라크 대위가 영흥도에 상륙했을 때 면장이 북한군이 들어온 일이 없다고 했다는데 반하여 여기서는 영흥도에 적이 있었다고 달리 기술하였다.
> 해군육전대는 영흥도에서 8월 20일과 21일 작전을 실시하였고, 클라크 대위는 9월 1일 영흥도에 상륙했다.

8월 20일 06시 육전내는 함포의 지원을 받으며 영흥도에 상륙하였다.

11시 30분 인민위원회 내리3구의 분주소에 감금되어 있는 육군병사 4명을 구출하고 적 2명을 생포하였으며, 계속 적을 추격하여 산악지대로 도망하는 적 수 명을 사살하고 2명을 생포했다.

섬 안의 잔적을 섬멸하기 위하여 702함으로부터 12명을 긴급 증원 받아 20일과 21일 양일간 소탕전을 벌인 끝에 섬을 완전히 탈환했다.

적 6명을 사살하고 33명을 생포했으며, 각종 무기 28정과 탄약 1,000여 발을 노획하였고, 아군 4명이 전사하고 7명이 경상을 입었다.

### 좀 다른 기록

덕적도 점령에 대한 기술은 국방부 『한국전쟁사』 제3권 (1) 정보 수집 (p641)을 참고하였다. 이와 다른 기록이 있어 소개한다.

#### 전쟁기념사업회 『한국전쟁사』 제4권(p55)

"미 극동군사령부는 인천 해안에 관한 각종 정보를 수집하기 위하여 9월 1일 오전 미 해군의 클라크 대위 일행을 이 섬(영흥도)에 올려 보냈는데 이들 일행이 한국 해군의 첩보부대 또는 경계 병력과 어떠한 관련이 있었는지는 자세하지 않다. 클라크 대위의 일행 가운데에는 그 무렵 미 극동군사령부 정보처 산하의 정보기관에 근무하고 있던 육군의 계인주 대령과 해군의 연정 중령도 참여했다.

이들은 맞은편의 대안 대부도(大阜島) 쪽에 주둔해 있던 북한 공산군부대의 위협을 무릅쓰면서 인천상륙이 시작되기 바로 전까지 이곳에 머무르며 모든 정보를 수집하여 미 극동군사령부에 무선으로 보고했다."

### 안용현 『한국전쟁비사』 제2권(p310~313)

"8월 31일 막중한 임무를 띤 클라크 대위는 2명의 한국인 통역관(계인주 대령, 연정 중령)과 무전병 2명과 함께 영국 구축함 채리고(서해안은 영 해군작전구역)로 일본 사세보(佐世保)를 출발, 9월 1일 아침 덕적도 근해에서 한국 해군 PC 703함(함장 이성호 중령)에 옮겨 타고 인천 남쪽 20킬로의 영흥도에 잠입하였다.

클라크 대위는 본 작전이 끝날 때까지 이 섬에서 한국 해군의 많은 도움을 받았기에 상세히 언급해 두기로 하겠다.

이에 앞서 인천의 중요성을 누구보다 잘 알고 있던 손원일 해군참모총장은 정보국장 함명수 소령에게 지시하여 김순기(金舜基) 중위, 장정택(張正澤) 소위, 박병래(朴炳來) 소위 외에 병조장(상사) 등 17명에게 8월 23일 영흥도를 점령케 하여 교란작전과 정보 수집에 임하고 있었다. 후일 함 소령(해군대장 예편 해군참모총장 역임)은 이들은 작전 임무 이외에 다음과 같은 사명을 띠고 있었다고 증언하고 있다.

'이승만 대통령은 김일성이 연말이나 연시 메시지만큼은 서울에서 발표하지 못하도록 서울만은 탈환해야겠다는 의도에서 어떻게든…… 상륙지점을 인천으로 유도하기 위해서 현지 미·영해군의 양해 하에 파견한 것으로 안다.'

당시 영흥도는 3,600명의 인구 중 대부분의 주민이 피난 갔었는데 바로 이승엽(서울 점령 후 서울시인민위원장)은 이 고장 출신이었다.

그러나 섬 주민들은 이런 것에 아랑곳하지 않고 박병래 소위를 중심으로 해군의용대를 편성, 자체 방어를 굳히면서 죽음을 무릅쓰고 첩보 수집에 협력하였고, 김순기 중위는 인천에 침투하여 서울, 인천의 적정을 장정택 소위에게 연락하여 함명수 소령에게 보고되고 있었다.

그러다가 클라크 대위가 섬에 도착하면서부터 현지 주민들은 자발적으로 경계에 임해 주었고 함 특수임무부대가 제공한 서울, 인천, 월미도에 관한 적정과 지형은 그때마다 미 극동군사령부(그 전에도 보고되었지만)에 타전되었다.

매사에 신중하고 침착하기로 정평 있는 클라크 대위는 야음을 이용하여 무릎까지 빠지는 갯벌의 상태를 직접 탐사 조사했고, 이 과정에서 무인도인 팔미도에 방치된 등대를 발견하였다. 미 극동군사령부에 이 사실을 보고하자 즉각 '9월 14일 24:00 등대에 점화하라.'는 명령이 하달되어 15일 02:40 점화에 성공하고 팔미도를 떠났다.

**당시 클라크 대위와 함께 점화에 참가했던 최규봉(崔奎峰)은**

「나는 KLO(미 극동군사령부 정보처 한국파견대) 요원으로 클라크 대위, 계인주 대령, 연정 중령 등과 함께 예정 시간보다 늦게 15일 새벽 02:40에 등대에 불을 켜고 돌아가다 기함 맥킨리호를 만나 옮겨 탔다. 이 함선에 승선하고 있던 맥아더 원수는 우리의 노고를 치하하고 나에게 소원을 묻기에 '팔미도에 처음으로 게양된 성조기를 갖고 싶다.'고 하여 얻었다. 그 후 1957년에 인천상륙6주년 기념일을 맞아 이 깃발을 맥아더 원수에 기증했더니 친필 서명한 감사장을 보내왔다. 인천과 서울에 관한 첩보는 우리 KLO측에서 수집하여 보고한 것이 많았다.」라고 회고하고 있다.

그런데 비극은 여기에서 싹텄다. 클라크 대위 일행이 9월 14일(戰史上) 영흥도를 떠난 후 대부도를 수비하고 있던 인민군이 내습하여 박병래* 소위 이하 해군 의용대는 용감히 대항했으나 중과부적으로 임 소위 등 10여 명이 전사하고 말았다. 내습했던 적은 몇 시간 후에 인천 외항을 메운 UN군 함대를 보고 다시 대부도로 도망쳤다. 실로 클라크 대위가 성공할 수 있는 이면에는 많은 희생이 따랐

으며 그의 공적은 인천상륙작전에 크게 기여하였다."(『한국전쟁비사』 2 p312, 313)

＊ 인용문헌은 박병래(朴炳來) 소위, 임병래(林炳來) 소위로 달리 표기(p311)

## 4. 양동작전

**공개된 작전**

상륙작전 기지를 일본에 두고 상륙작전준비를 비밀리에 하는 것은 불가능하다. 더구나 상륙작전기지가 있는 항만도시 요코하마와 고베는 간첩활동이 가장 활발한 지역이다. 그래서 극동군총사령부 내에서도 이 작전을 '공개된 작전(Common Knowledge Operation)'이라는 별명으로 부를 정도로 이미 인천상륙작전은 많은 사람에게 알려져 있었다.

한 예로 1951년 5월 15일 미군 당국은 18명의 재일 교포와 언론인을 간첩혐의로 고발하였다.

《워싱턴 포스트》지는 이렇게 보도했다.

"간첩 단장 이와무라(岩村由松, 38세)는 인천상륙작전계획을 소지한 채로 체포되었는데 그가 이 기밀문서를 입수한 것은 상륙작전 1주일 전인 9월 8일 밤이었다."

세간에서는 이 문서가 모 연대 상륙작전계획으로 상륙작전의 전반적인 내용을 알 수 있는 것이며, 고베의 어느 술집에서 가방에 넣은 채 도난당한 것이라고 소문이 나 있었다.

이 계획 문서가 분실된 사실이 바로 확인되었다. 그러나 그때는 이미 작전계획이 명령으로 하달되어 거대한 기계처럼 가동되기 시작했기 때문에 변경은 물론 중지시킬 여지가 없었다.

문서 내용은 즉시 북한측에 타전되었다. 정보가 너무 상세하고 구체적이어서 오히려 북한군은 믿지 않았던 것 같다.<sup>주)</sup> 일본 육전사연구보급회 「한국전쟁」 [3] p91

해군이 인천상륙작전을 반대한 이유 중의 하나가 적중한 것이다.

UN군총사령부는 상륙지점을 은폐하기 위하여 몇 가지 기만작전과 양동작전을 실시하여 적을 혼돈케 함으로써 인천상륙작전이 성공할 수 있는 요인을 만들어 냈다.

### 동해안과 군산에 함포사격

한국전에 참가한 함정 중에서 가장 강력한 전함 미주리호는 수 척의 구축함을 이끌고 동해안 요충 삼척으로 항진하여 400mm 거포로 상륙작전 준비사격인 것처럼 목표로 선정한 포대, 해안진지, 철도조차장, 교량 등에 포탄을 퍼부어 북한군의 이목을 동해안으로 돌려놓았다.

구축함 트라이엄프(Triumph)와 헬레나(Helena)는 서해안 군산 앞의 마양도(馬養島)를 함포로 공격하였고, 많은 함정을 동원하여 군산에 상륙하는 것처럼 준비공격과 같은 포격을 하였으며, 미 제5공군은 군산 주변 30마일 이내 도로 및 교량과 철도 등을 폭격하였다.

부산에 집결한 미 제5해병연대 장병들에게 반공개적으로 군산의 지형조건을 설명하여 마치 군산에 상륙하는 것처럼 위장전술을 썼다. 이와 함께 영국 함정 화이트 샌드배이(White Sand Bay)를 주력으로 함대를 편성하여 한·영·미군의 합동작전으로 군산상륙작전계획을 세웠고, 군산 시민에게

'해안에서 철수하여 내륙으로 피난하라.'

는 내용의 전단을 살포하였으며, 한국 해군은 이 지역을 봉쇄하는 위장전술을 썼다.<sup>주)</sup> 국방부 「한국전쟁사」 제3권 p647

## 장사동 상륙작전

### 상륙군 – 학도유격 제1대대

국방부 정훈국 소속 대적공격대장(對敵攻擊隊長)이라는 직책을 가지고 있는 이명흠(宗勳으로 개명) 대위는 대구에서 학도의용군을 모집했다.

학도의용군에 참가할 학생은 대구역 광장에 집합하라는 광고를 냈고, 이를 보고 모인 학생 약 1,000여 명 중에서 560명을 선발하여 화물열차편으로 8월 24일 16시에 밀양에 도착한 후 한국미곡창고에서 가마니 두 장씩을 주고 주먹밥을 먹이면서 며칠을 지냈다.

27일 밀양에서 국회의원 최윤동(崔允東) 씨가 모집해 놓은 학생과 장정 160여 명 등을 합하여 772명으로 육군본부직할 학도유격 제1대대를 편성하고 이명흠 대위가 대대장이 되었고, 부대 명칭은 대대장의 가운데 이름자를 따서 '명부대'\*라고 지었다. 그리고 훈련을 실시하였다.

> \* '명부대' 명칭
> 국방부 『한국전쟁사』 제3권 통칭 '육군독립 명부대' (p649)
> 육군본부 『학도의용군』 '명부대로서 독립 제1유격대대' (p130)
> 안용현 『한국전쟁비사』 제2권 "약칭 명부대 또는 772부대······ 부대 규모의 기만을 위하여 자칭 '동해안지구소공총사령부' 라고도 불렀다." (p315)
> 772부대는 부대원이 772명이어서 붙여진 이름이다.

밀양에서는 지역 출신 국회의원 최윤동 씨가 영남 지역 청년들과 학생들을 규합하여 민간인 차원에서 일종의 유격 활동을 하고 있었다. 이것이 계기가 되어 이명흠 대위가 유격대요원을 이끌고 밀양으로 가게 되었고, 최윤동 의원이 모집한 대원이 합류한 것이다.

이명흠 대위는 육사5기 출신으로 6·25 전 국방부정훈국이 창설될 때부터 선무공작활동을 했고, 전쟁이 일어나자 대구로 와서 당시 작전국장 강문봉 대령에게 유격대의 편성을 건의하여 승인을 받았다.

명부대가 밀양에서 훈련 중이던 8월 31일 육군본부로부터 훈련을 중지하고 부산으로 이동하라는 명령을 받고 영문도 모르고 부산으로 갔다. 부산에 가서도 육군본부 청사 안에서 기숙하면서 훈련을 계속했다.

부산으로 이동한 지 10일 뒤는 9월 10일, 작전국장 강문봉 대령이 이명흠 대위를 그의 방으로 불렀다. 이명흠 대위가 찾아갔을 때 강문봉 대령은 이 대위의 경례만 받았을 뿐 아무 말 없이 침묵하여 한동안 방 안은 중압감에 싸였다. 회의용 탁자 위에는 1:50,000 지도가 놓여 있었다. 내키지 않는 일을 시킬 수밖에 없는 그의 심중이 착잡했던 것 같다.

한참 침묵이 흐른 뒤 지도 위를 응시하던 강문봉 대령은

"이곳에 상륙작전을 결행하라."

어느 한 지점을 가리키며 침묵을 깬 첫마디를 던졌다.

포항 북쪽 약 25km 지점 영덕군 남정면 장사동이다. 장사동은 좁은 해안에 위치한 어촌으로 이미 포항 전투에서 제3사단이 철수작전을 감행했던 곳이다. 3면이 산악으로 둘러싸인 만(灣)인데 암벽으로 이루어져 있고 동쪽이 해안에 접해 있다. 이곳에 적 제5사단과 유격부대인 제766부대가 진출하여 해안 산기슭에 강력한 방어진지를 구축해 놓고 있었다.

이명흠 대위는 뒤통수를 얻어맞은 듯 멍했다.

"어린 학생을 데리고 상륙작전을……."

기가 찼다.

그때 명부대원 772명의 80%가 19세 이하의 미성년자들이었다. 교육도 2주일 밖에 받지 못하였다.

이 상륙작전은 인천상륙작전을 은폐하기 위하여 실시된 양동작전이다. 그러나 실질적으로는 적 제2군단의 보급로를 차단하고 적의 후방을 교란

하기 위한 주된 목적도 있었다.

9월 10일 작전명령(육본 작명 제174호)이 떨어졌다.

작전기간은 9월 14일부터 16일까지로 명시되어 있었다.

13일 적을 기만하기 위하여 상륙부대를 사단급으로 격상시키고 부대이름을 동해안지구소공총사령부라고 붙였다.

### 동해안지구소공총사령부 조직

| | | | |
|---|---|---|---|
| 총사령관 | 육군 | 임시 소장 | 이명흠(현역 대위) |
| 참 모 장 | 육군 | 임시 대령 | 백운봉(유격대대 부관) |
| 제28연대장 | | 임시 대령 | 이영훈 |
| 제29연대장 | | 임시 중령 | 문학경 |
| 제32연대장 | | 임시 대령 | 이원직 |
| 제37연대장 | | 임시 대령 | 오운환 |
| 연 락 관 | 육군 | 중위 | 이홍배 |
| 전술고문 | 육군 | 대령 | 전성호(전 제12연대장, 중국 동북의용군 소장) |
| 정략고문 | | | 박영선(朴永善, 전 중국 중앙군 소장) |

대대장을 사령관으로, 중대장을 연대장으로 불렀고, 4개 중대를 4개 연대로 편성하였다. 1개 연대 병력은 180명이다. 참모진을 구성하고 각급 지휘관을 격상시켜 임명하였으며 참모와 지휘관에 적합한 계급을 부여하였다. 대원들도 각자 임의로 계급장을 달도록 하였다.

현역 군인은 대대장과 무전병 두 사람이었고 나머지 대원은 모두 학생이었고 교사가 몇 명 있었다. 우리의 현실이 그때 그랬었다.

전성호 대령과 박영선은 중국 중앙군과 동북의용군으로 실전경험을 쌓은 유격전의 권위자이다. 유격전을 해야 하는 작전 성격상 자문을 하기 위하여 동행했다. 실제로 작전을 지휘했다는 설도 있다.

참고문헌 : 국방부 「한국전쟁사」 제3권 「작전기도의 은폐」(p646)
육군본부 「학도의용군」 제2장 제1절 「독립유격대대의 장사동 전투」(p130)

**적전 상륙**

이명흠 대위가 지휘하는 제1학도유격대대 772명은 한국 해군 수송선 LST 문산호(선장 민간인 黃載伸)에 타고 미 제95.2기동함대(미 해군 하트먼-C. Hartman-소장)의 엄호와 구축함의 호송을 받으며 9월 13일 오후 부산을 출발하여 다음 날 05시 20분 장사동 해안 30m 지점에 접근했다.

때마침 태풍 케지아(Kejia)가 내습하여 파도가 10피트까지 오르내렸고, 안개가 짙게 끼어 함정이 해안에 접안할 수 없었다. 문산호는 좌초 직전에 놓였다. 할 수 없이 해안 30m 지점에 정박한 후 민간인 선원의 희생을 감수하면서 육지와 밧줄 4개를 연결하고 적전 상륙을 감행하였다. 육지에서는 1개 대대 규모의 적이 집중사격을 가했고, 상륙군은 전사자와 부상자가 속출하였으며 휴대한 탄약은 대부분 바다에 빠뜨리고 말았다.

06시경에 어렵게 상륙군을 상륙시킨 후 문산호는 높은 파도에 밀려 마침내 좌초하고 말았다.

상륙부대의 긴급구조 요청을 받은 해군본부는 미 육군 스피어(Frank Spier) 소령을 해난구조선 LT 636호에 승선시켜 현장에 보냈으나 너무 깊이 좌초되어 구조에 실패하고 철수했다. 이와는 별도로 한국 해군 304정이 출동하였으나 시계가 불량한데다가 풍랑이 심하여 좌초선의 소재조차 발견하지 못하고 구룡포로 귀항하고 말았다.

상륙한 명부대는 정오경 전성호 대령이 전사한 것을 비롯하여 129명의 전사자를 내면서 상륙목표지점을 점령하여 적을 격퇴하고 점령지역을 확대하여 적의 주보급로인 포항~영천 방면의 국도를 차단하였고, 포항~경주 방면으로 진출을 기도하는 적 2개 연대와 전차 4대를 영덕 방면으로 유인하여 적의 전선 전개를 교란시키는 역할을 했다.

명부대는 적 270명을 사살하고, 보급창고와 후방 의무시설을 급습하여 불태웠으며, 보안대를 습격하여 감금되어 있는 애국청년 10여 명을 석방한 후 또 군수와 청년단장을 임명하여 행정질서를 잡았다.

소규모 상륙작전이었지만 인천상륙을 은폐하는 역할을 충분히 하였고, 적의 동해안 작전에 예기치 않은 타격을 주었다. 북한 방송은 2개 연대가 동해안에 상륙하였다고 보도할 정도로 적의 주의를 동해안 쪽으로 돌리는 충분한 역할을 한 성공한 작전이었다.<sup>주)</sup>　　국방부 「한국전쟁사」 제3권 p650

전성호 대령은 상륙하자마자 적탄을 맞고 쓰러졌다. 주민이 이틀간 정성껏 간호했으나 끝내 숨져 해변가에 묻었다고 주민이 증언했다. 그 후 가족들이 발굴하여 국립묘지로 이장했다.

상륙한 명부대는 매일 계속된 공방전 속에서 사상자가 늘어나고 탄약은 고갈되어 더 버틸 방도가 없었다.

이명흠 대대장은 긴급 상황을 육군본부에 보고하고 지원 요청을 위하여 연락조 2개를 쪽배로 보냈으나 연락조는 영원히 돌아오지 않았다.

명부대장은 이 어려운 상황을 돌파하기 위해서는 위험을 무릅쓰고 포항

좌초된 LST 문산호

쪽으로 육상 돌파하여 제3사단과 연결하여야 한다고 판단하였다.

18일 12시 15분에 고지에서 내려와 도로를 따라 포항으로 행군하였다.

적이 사격을 해 오더라도 일절 응사하지 못하게 하였다.

적은 아군 행군대열을 보고도 무슨 영문인지 사격을 하지 않고 바라보고만 있었다. 아군이 집단 귀순하는 것으로 착각한 것 같다고 했다.

명부대가 1km쯤 남하했을 때 정찰기 한 대가 상공에 나타났다. 명부대는 온갖 방법을 동원하여 아군임을 인식시키려고 애를 썼지만 과연 알아챘는지는 알 수가 없었다. 몇 바퀴 선회하던 정찰기는 그대로 돌아갔다. 허탈하기가 말할 수 없었다. 정찰기가 돌아간 지 얼마 있다가 미군 헬기 한 대가 날아왔다. 허탈이 환희로 바뀌는 순간이었다.

줄사다리가 내려졌다. 이명흠 대위와 뭐라고 몇 마디 주고받은 후 부대장을 끌어올렸다. 헬리콥터는 동해안에 떠 있는 미 순양함으로 갔고, 부대장은 곧 함대사령관실로 안내되었다.주) 　　　　　육군본부 『학도의용군』 p145, 146

하트먼 소장*으로 판단되는 사령관과 문답이 이루어졌다.

소　　장 : 귀하는 국군이요, 북한군이요? 국군이면 관등 성명은?

명 대위 : 유격대를 지휘하는 육군대위 이명흠이오.

소　　장 : 유격대가 백주에 대로상으로 행군하는 이유는?

명 대위 : 우리는 임무를 완수했으나 무전기도 파괴되고 고립무원상태에 빠져 더 이상 싸울 수 없게 됐소. 백주 행군하여 적으로 하여금 당황케 해서 이 기회를 틈타 한 명이라도 손실을 적게 내고 제3사단 지역으로 탈출하기 위해서요.

소　　장 : 실은 영 구축함으로부터 대략적인 말을 듣고 의심하면서도 다시 확인하기 위해 헬기 1대쯤 희생시킬 각오로 보냈던 것이오. 나는 국군의 용감성을 듣고 있으나 직접 보는 것이 처음이오. 당신들을 돕고 싶은데 행군을 중지하고 선박 철수하는 것이 어떻소.

명 대위 : 그렇게 할 수 있다면 희망이오.

* 육군본부 『학도의용군』은 함대사령관을 히긴스 소장(p146)이라고 했다. 히긴스 소장은 90.1(전진공격단)기동함대 사령관으로 인천상륙작전에 참가하였다. 명부대를 호위한 함대는 하트먼 소장이 지휘하는 제95.2기동함대였다.

미 해군소장은 명부대를 구출하기 위하여 19일 04시 30분에 LST 1척이 장사동 해안에 도착할 것이라고 알려주었다.

"우리가 도울 것이 무엇이오?"

라고 물었다.

"철수시에 함포의 엄호사격과 탄약 및 식량보급이 급하다."

"엄호 사격과 식량은 가능하나 귀부대가 필요한 인민군 실탄은 다발총 실탄 밖에 없다."

고 하면서 한 포대(2,000발)를 주었다.주)     안용현 『한국전쟁비사』 제2권 p321, 322

명부대장이 부대에 복귀한 것은 3시간이 지난 때이고, 대대는 3km쯤 더 남쪽에 와 있었다. 장사동 철수지점으로 가기 위하여 북쪽으로 방향을 돌렸을 때 적이 일제히 사격을 퍼부었다. 뒤질세라 해안에서 함포가 작렬하여 적 진지를 초토화시켰고, 이어서 공중공격이 가세하여 적 화력을 묶어 놓았다. 명부대는 이 틈을 타서 철수지점에 집결하였고, 집결 완료하였다는 신호탄을 함선에 쏘아 올렸다. 18일 18시 50분이었다.

기다렸다는 듯이 수송기가 날아와서 야전식량을 투하했다.

다음 날 05시 웅장한 조치원호의 모습이 시야에 들어왔다. 철수작전은 앞서 문산호를 구조하러 왔던 미군 스피어 소령이 지휘했다. 조치원호의 민간인 선장이 해안 접근을 거부하자 스피어 소령이 직접 배를 조타하여 해안 300m까지 접근하여 닻을 내렸다.

적은 아군이 다시 상륙하는 줄 알고 맹렬하게 사격을 집중했다.

함포사격과 항공기의 엄호를 받으면서 결사적인 철수작전을 벌여 13시 30분에 승선을 완료하였고, 20일 부산에 도착했다. 철수 병력은 부상병 110명을 포함한 677명*이다.㈜

국방부 『한국전쟁사』 제3권 649

* 국방부 『한국전쟁사』 제3권(p648, 649)은 이렇게 기술했다.
  "육군 이종훈 대위의 특수공작대 772명을 승선시킨 다음…… 목적지에 도착"
  "9월 20일 새벽 129명의 전사자를 내고 110명의 부상자를 포함한 677명을 탈출 시키는데 성공하였으나 39명의 대원만은…… 부득이 구출을 단념하고……."(p649)
  총원은 845명이 된다.(129+39+677) 부대원 772명보다 73명이 많다.
  안용현 『한국전쟁비사』 2(p315)는 열외 인원으로 통신병 12명, 통역 1명, 의사 2명이 있다고 했고, 따로 고문 2명(앞 「사령부 조직」 참조)이 있었다.

해안에서 철수를 엄호하던 39명은 적의 급습, 극심한 풍랑과 구명대 유실 등으로 끝내 구조되지 못했다. 이들은 산속에 잠입해 있다가 북진할 때 제3사단에 복귀했다.㈜

안용현 『한국전쟁비사』 제2권 p323

## | 적전 반란 기도

명부대는 많은 전사자를 내기도 했지만 생존자도 무진 고생을 했다. 상륙하는 동안 풍랑으로 배가 좌초되었고 식량과 실탄은 모두 바다에 빠뜨렸다. 상륙 후 5일간 제대로 먹지도, 자지도 못하고 적과 싸웠다. 우군과의 연락은 두절되고 퇴로가 차단되어 절망뿐이었다.

상황이 불리하게 되면서 대원 중에서 반란을 일으킬 징조가 나타났다. 과거 보도연맹에 가입했던 대구 모 중학교 교사였던 卓 모를 비롯한 2명이

"사태가 위급하니 적에게 투항했다가 기회를 보아 탈출하자."

고 대대장에게 건의했다. 협박 섞인 압력이 분명했다.

묵묵히 듣고 있던 이 대대장은 일언지하에 일축했다.

"우리 임무는 달성했으며 우리보다 적이 더 전의가 상실되어 있다. 남자 대장부가 칼을 뺀 이상 내 목이 끊어지는 한이 있을지언정 적에게 먼저 무릎을 굽히다니 이것은 우리 국군에 있을 수 없는 일이다."

익명을 요구하는 한 대원은 이렇게 들려주었다.

"대대장은 어떻든 같이 사선을 넘은 대원이기에 본심으로 듣지 않은 것으로 안다. 그러나 전 대대원은 이런 놈이 우리 대열에 섞여 있다는 것은 불명예스럽다고 들고 일어나 사살 직전의 험악한 상태까지 이르렀었다.

'아무 구조 대책이 없는데다 너무 지쳐 정신 나간 소리를 했으니 용서해 주면 다시 전선에서 함께 싸우겠다.'

고 저들이 읍소하며 용서를 빌어 함께 부둥켜안고 울며 전선에 나섰다가 탁 모는 전사하고 2명은 중상을 입었다."

인용문헌 : 안용현 『한국전쟁비사』 제2권 '반란기도와 혈로' (p319)

## 제2절 1950년 9월 15일

### 1. 상륙군 출진

**상륙군 전력**

제7합동기동부대 사령관 미 해군중장 스트러블

    제90기동함대(공격함대) – 사령관 미 해군소장 도일

    제91기동함대(봉쇄·엄호함대) – 사령관 영 해군소장 앤드루스

    제77기동함대(고속 항모함대) – 사령관 미 해군소장 이웬

    제99기동함대(초계 및 정찰함대) – 사령관 미 해군소장 헨더슨

    제79기동함대(군수함대) – 사령관 미 해군대령 오스틴

    한국함대 – 해군총참모장 해군소장 손원일

제10군단(상륙지상군) – 군단장 미 육군소장 아몬드

    미 제1해병사단 – 사단장 미 해병소장 스미스

    미 해병항공단 – 단장 미 해병소장 해리스(Field Harris)

    미 제7보병사단장 – 사단장 미 육군소장 버

    한국 해병대 – 사령관 해병대령 신현준

한국 육군 제17연대 – 연대장 육군대령 백인엽

총 병력 약 75,000명, 함정 총 261척*　　자료 : 국방부 『한국전쟁사』 제3권 p651

* 일본 육전사연구보급회 『한국전쟁』 ④(p84)은 함정 230척 병력 69,450명

### 적군 현황

상륙군 작전지역에 해당하는 인천과 서울 지역에 있는 적 병력 현황은

서울위수 제18사단 사단장 김훈

제31여단 1개 대대 지휘관 미상

인천경비여단 여단장 박훈일(朴勳一)

총 병력 약 20,000명*으로 파악되었다.　　자료 : 국방부 『한국전쟁사』 제3권 p651

* 전쟁기념사업회 『한국전쟁사』 제3권은 "8월 28일 제10군단 정보처는 적이 서울에 5,000명, 인천에 1,000명, 김포비행장에 500명쯤 배치되어 있어 서울·경인 지역을 통틀어 적의 전투력은 6,500명쯤에 지나지 않는다고 보았는데……."
"9월 4일 다시 작성한 적정 판단도…… 인천 지역에 배치된 것으로 생각되는 적의 규모를 1,800~2,000명쯤으로 약간 크게 잡은 것이 다른 점이다."(p27)
일본 육전사연구보급회 『한국전쟁』 ③은 8월 말 UN군사령부와 제10군단은, 서울 5,000명, 인천 1,000명, 김포 500명이라고 표로 표시하고, "9월 4일이 되자 인천의 병력이 1,800~2,500명으로 증가되었다는 정보 자료가 들어왔다."고 기술.(p77)
가장 많은 병력으로 비교할 때 20,000명, 7,500명, 8,000명으로 차이가 있다.

### 상륙군 출항

미 제1해병사단 주력은 고베에서, 미 제5해병연대는 부산에서, 미 제7보병사단은 요코하마에서 각각 승선하였고, 대부분의 호위함과 함포사격지원대 및 기함은 사세보에 집결하고 있어 8월 말 현재 이 세 항구는 병력 집결과 승선, 장비 및 군수 물자의 집결과 선적으로 긴장된 나날의 연속이었

으며 세계의 이목이 집중된 중심 도시가 되어 있었다.

8월 말 현재 상륙부대를 수송할 함정과 장비 및 보급품이 지정된 항구에 도착해 있었고, 이들 함정 중 LST함정이 9월 10일, 수송화물선이 12일 각각 고베를 떠나도록 되어 있었다.

9월 2일 태풍경보가 들어왔다. 3일 아침에 50여 척의 함선이 집결해 있는 고베항을 지나간다는 것이다. 모든 작업이 중단되고 전 부대와 함정이 태풍에 대비했다. 이로 말미암아 선적 작업이 36시간 지연되었다.

9월 4일 06시 태풍 제인호(Jane)가 동쪽에서 강습하여 정오에는 풍속이 시속 180km에 이르렀고, 13m에 이르는 파도가 방파제를 덮쳤다.

이 태풍으로 미국 선박 7척의 닻줄이 끊어져 큰 소동이 벌어졌다. 200톤급 기중기 1대가 파손되었고, 부두에 묶지 않고 쌓아둔 화물과 갑판 위 화물이 날아갔다.

15시 30분경 태풍은 완전히 지나가고 푸른 하늘이 보이기 시작했다.

파손된 선박은 도크에 들어가 수리를 해야 했고, 물에 잠긴 차량은 바꾸어야 했으며, 바닷물에 잠긴 피복은 세탁을 해야만 했다.

이로 말미암아 많은 시간이 흘러갔다. 예정대로 출항이 가능한 지가 걱정거리였고, 만일 9월 15일을 놓치면 인천상륙작전은 불가능해진다.

9월 5일 작전회의가 열렸다.

"전 지휘관들은 모든 수단을 총 동원하여 선적에 박차를 가하고 선적이 끝나던지 그렇지 않던지 불구하고 예정일에는 출항하라."

는 명령이 내려졌다.

이로부터 1주일 동안 미 제1해병사단과 고베항 당국은 불철주야 선적작업을 계속하여 9월 11일 출항일에 맞추어 선적을 완료할 수 있었다.

9월 10~11일 밤에 미 제1해병사단은 66척의 수송선을 타고 고베항을 떠났고, 미 제7보병사단은 요코하마에서 출항하였으며, 다음 날 미 제5해병연대는 지정된 해상 집결지를 향하여 부산을 떠났다.

제7합동기동부대사령관 스트러블 중장은 함포지원대의 순양함인 기함 로체스터(Rochester)와 함께 9월 12일 15시 30분 사세보를 떠났다.

9월 12일 다른 태풍 케지아(Kezia)가 대한해협으로 접근하고 있었다.

밤중에 하네다(羽田) 비행장으로부터 지휘관기 1대가 악천후를 뚫고 이타쓰케(板付) 비행장에 도착했다. 일행 7명은 도로를 따라 남하하여 21시 20분 사세보에 도착하였다. 이들이 누구인지 확실히 알고 있는 사람은 극히 일부 사람밖에는 없었다.

이들은 기지 깊숙한 곳으로 가서 한밤중에 입항하고 있는 마운트 맥킨리(Mt. Mckinley)에 탑승하였고, 30분 후 항구를 빠져나갔다. 그 7명은

UN군총사령관 맥아더 원수,

제10군단장 아몬드 소장,

작전부장 라이트 소장,

합동참모분부 작전부장 폭스(Alonzo P. Fox) 소장,

민정국장 휘트니(Courtney Whitney) 소장,

태평양 지구 함대해병사령관 셰퍼드 중장,

그리고 맥아더 원수의 부관이다.

마운트 맥킨리호에는

공격함대 사령관 도일 제독과 미 제1해병사단장 스미스 소장

이 탑승해 있었다.

원래 맥아더 원수 일행은 9월 13일 도쿄를 출발하여 비행기 편으로 고쿠라(小倉) 항으로 가서 그곳에서 직접 마운트 맥킨리호에 승선하기로 하였다가 태풍 케지아호가 갑자기 진로를 바꾸는 바람에 늦을 것을 우려하여 하

루를 앞당겨 사세보로 왔고, 이미 와 있어야 할 마운트 맥킨리호는 오히려 맥아더 일행보다 30분이 늦은 자정 무렵에 도착하였다.

항공모함 복서(Boxar)는 항공기 110대를 싣고 캘리포니아를 출발하여 13일* 일본 사세보에 도착하였다.

9월 15일 아침 260여 척의 전 함선이 인천 앞바다에 집결하였다.

* 항공모함 복사호가 사세보에 도착한 시간
  국방부 『한국전쟁사』 제3권 14일(p654).
  일본 육전사연구보급회 『한국전쟁』 ③ 13일(p132)

  참고문헌 : 국방부 『한국전쟁사』 제3권 「(1) 상륙군 출항」(p652)
  일본 육전사연구보급회 『한국전쟁』 ③ 「7. 승선 · 집결」(p127)

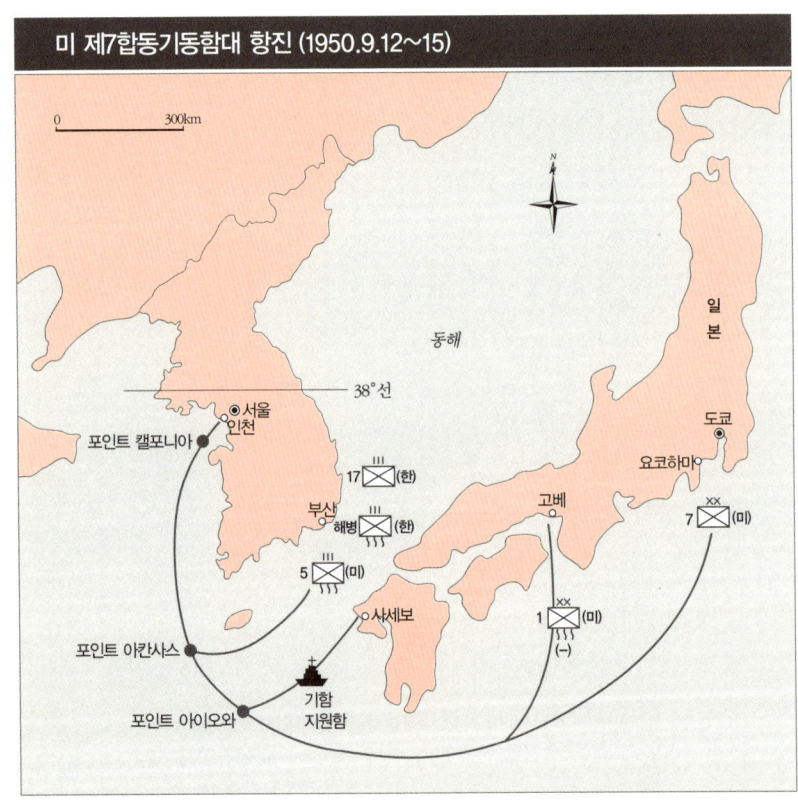

**태풍 케지아호**

9월 13일 태풍 케지아호가 남서쪽으로부터 대한해협을 통과하여 북동쪽으로 지나갔다.

초속 26.6m의 강풍이 마침 이곳을 통과하던 공격함대를 덮쳐 선창(船艙)에 쌓아둔 적재화물을 뒤집어 놓았고, 갑판 위 화물을 쓸어갔으며, 장병들이 뱃멀미로 고통을 받았다.

태평양전쟁 당시 미국 함정이 받은 피해는 일본군에 의해서 입은 피해보다 태풍에 의해서 받은 것이 더 많았기 때문에 수뇌부들의 걱정이 태산 같았으나 다행스럽게도 상륙작전에 지장을 줄 정도의 피해는 없었다.

지원항공기를 가득 싣고 급항 중인 항공모함 복서는 이 태풍으로 하루를 허비했으나 13일 사세보에서 보급을 받은 다음 15일 아침에는 인천 앞바다에서 작전에 임할 수 있었다.[주]

일본 육전사연구보급회 『한국전쟁』 [3] p132

## 2. 예비폭격과 준비포격

**예비폭격**

UN전투기는 제공작전을 계속하여 9월 11일 신막(新幕)비행장에 있는 YAK 전투기 2대를 파괴하였고, 12일에는 평양비행장에 위장해 놓은 YAK 전투기 4대를 파괴하여 적의 공중위협을 제거했다.

9월 4일부터 함재기들에 의하여 경인 지역을 고립시키기 위한 저지작전을 감행했다. 인천을 중심으로 반경 20km 이내의 도로, 교량, 철도, 터널 등 교통의 요충으로 보이는 시설물은 모두 폭격하였다.

9월 9일부터는 폭격기들이 철도망파괴 작전을 개시하여 B-29폭격기 1개 연대가 매일 원산~서울 간, 평양~서울 간에 있는 정거장을 공격하였고, 다른 2개 연대는 철도선로를 폭격하여 9월 13일까지 46개소를 파괴하였다.

9월 14일에는 B-29 60대가 안주와 흥남의 주요 조차장을 폭격하여 북한지역으로부터 경인 지역으로 향하는 철도망을 차단시켰다.

### 월미도 포격

월미도는 인천으로부터 900m*주) 떨어진 섬으로 바다에서 인천으로 들어가는 관문이고 인천에서부터 제방으로 연결되어 있으며, 그 서남단에 위치한 소월미도 역시 월미도와 제방으로 이어져 있다. 이 섬을 통과하지 않고는 인천에 이를 수가 없다.

국방부 『한국전쟁사』 제3권 p659

* 전쟁기념사업회 『한국전쟁사』 제4권은 600m(p44)

월미도는 해발 105m의 봉우리를 정점으로 피라미드형을 이루는 작은 섬이고, 섬 전체가 공원처럼 아름다워 여름철에는 수영객과 향락객이 몰려드는 휴양지로 이름이 나 있다.

아름답고 평화로운 섬이 8월에 접어들면서 모습이 바뀌기 시작하였다.

낙동강 방어선으로 물러나 북한군의 8월 공세에 시달리고 있는 미 제8군에 가해지는 북한군의 압력을 완화하기 위하여 영국함대가 8월 2일부터 인천항에 대한 견제포격을 실시했기 때문이다.

월미도에는 일반인의 출입이 금지된 채 참호와 포대가 구축되었고, 철조망이 쳐졌으며, 지뢰가 매설되어 있었다.

소월미도와 연결되는 제방 연변에는 굵은 유자철조망이 쳐졌고, 150g의 화약이 들어있는 주철(鑄鐵)지뢰가 2~3m 간격으로 매설되어 있었다. 월미도와 소월미도는 클라크 대위가 보고한 바와 같이 해안포의 소굴이 되어 있었고, 산허리에는 종횡으로 동굴을 파 놓고 무장을 하여 마치 인천 앞바다에 정박한 불침 전함과 같이 인천 앞바다를 감제하고 있었다.

9월 10일 월미도에 감추어진 목표물을 확인하기 위하여 제51호위항모 시실리와 바동 스트레이트에서 날아온 제212, 제323전투대의 코르세아 전투기가 월미도에 네이팜탄 95개를 투하하였고, 11일과 12일에도 주기적으로 네이팜탄을 반복 투하하여 이 섬을 완전히 불로 태워버렸다.

9월 13일 07시, 제6함포지원대(사령관 히긴스 소장) 소속

    미 중순양함 2척 – 토레도(Toledo-히긴스 소장 탑승)와

        로체스터(Rochester-스트러블 제독 탑승)

    영 경순양함 2척 – 케냐, 자메이카,

    미 구축함 6척 – 맨스필드(Mansfield), 데하벤, 스웬슨(Swanson),

        콜레트(Collett), 거어크(Gurke), 헨더슨(Henderson)

은 각 함 거리 630m를 유지하면서 종대형으로 비어수로를 진입했다.

상공에서는 코르세아기 4대가 호위하고 있었고, 주변 섬과 어선에서 흰 옷 입은 주민들이 모여서 구경하고 있었다.

"UN군 함대가 인천을 향하여 진입 중이니 해안방어 포대원들은 즉각 전투준비를 하라."

북한군 방송을 맨스필드호에서 청취했다. 함대의 긴장이 고조되었다.

같은 시각, 도쿄에서도 긴장하고 있었다.

"적함 10척 인천에 접근 중. 다수의 비행기가 월미도를 폭격 중. UN군의 상륙기도가 극히 농후하여 전 부대에 전투준비를 명령하였다. 각 부대는 현지 진지를 사수하고 UN군의 상륙기도를 저지 격퇴하였다."

북한군 전선사령부로부터 평양 최고사령부에 보내는 암호 전문을 입수하여 해독했기 때문이다.

11시 45분경, 수로를 따라 전진을 계속하던 함대의 선두 맨스필드호가 전방 720m 지점에서 기뢰로 의심되는 물체를 발견했고, 이어서 데하벤호가 수심이 얕은 곳에서 거의 노출된 상태에 있는 기뢰 같은 것을 발견하였다. 이를 확인하기 위하여 거크호가 40mm포탄을 발사하였다. 포탄이 명중하는 순간 거대한 물기둥과 함께 연기가 치솟았다.

간조 때 함대가 진입하였기 때문에 갯벌에 노출된 기뢰를 발견할 수 있었고, 큰 피해 없이 제거할 수 있어 다행이었다.

함대가 진입 중 12개의 기뢰를 발견하였다. 빠른 밀물 때문에 4개밖에 파괴하지 못하여 나머지는 헨더슨에 맡기고, 계속 전진했다. 월미도는 미 제77기동부대 함재기가 맹폭격을 하여 섬 전체가 화염에 쌓였다.

12시 20분 순양함대 4척은 인천 남쪽 14~18km의 포격 위치에 닻을 내렸고, 선두 거크호는 그 보다 늦은 12시 45분에 월미도 서쪽 720m지점에 닻을 내렸다. 기타 함정들은 그 후방에서 월미도를 반원형으로 둘러싸듯 지정된 위치에 정박하였다.

인천항에는 작은 배들이 운집했고, 30여 척의 범선 돛대가 바람에 휘날리고 있었다. 월미도가 불타고 있는 것 외에 사방은 조용했다.

12시 55분 데하벤호에서 예기치 않게 폭음이 진동했다. 포술장이 적의 중포 1문을 발견하고 독단으로 포격을 한 것이다. 예정시간보다 5분 빠른 시간이다. 갑판 수병들은 귀가 멍멍해졌고, 위장하기 위하여 갑판에 세워 놓은 허수아비에 불이 붙는 소동이 일어났다.

이 허수아비는 토치카 안에 숨어있는 적 기관총을 유인해 내기 위하여 갑판 위에 짚으로 만들어 세워 놓은 것이다. 그러나 포함은 720m까지 접근하여 포격할 계획이었기 때문에 이 거리에서는 허수아비와 사람을 식별할 수 있어 소용이 없었다.

"지금 세상은 원자력, 초음속기, 유도탄 시대인데 그러한 원시적인 방법을 생각했다는 것은 현대인으로서는 뒤떨어진 일일 것이다."

라고 함장이 말했다. 그러나 이것은 여러 가지 궁리 끝에 나온 한 방법이고, 장병들이 임무 수행에 너무 열중하고 있었던 탓이었다고 했다.

포술장이 독단으로 발사한 함포는 적 중포를 명중하여 파괴하였다.

예정 시간 13시, 전 함정이 일제히 불을 뿜었다. 125mm포가 7~800m 거리에서 직격탄을 퍼붓기 시작했다. 콜레트호는 소월미도의 대형포 2문을 파괴하였고, 포탄 13발을 발사하여 제2포상(砲床)을 파괴하였으며, 스웬슨호는 최대 사격속도로 목표지역을 강타하였다.

사격개시 3분 후에 미 제9구축함대사령관 아란 대령이 히긴스 제독에게 "적은 아직 권총 한 발도 쏘지 않고 있음."
이라고 보고했다. 그러나 이 보고가 끝나자마자 적 포대에서 불을 뿜기 시작했다. 월미도 콘크리트 방카 속에 숨어 있는 5문의 75mm포였다.

첫 탄은 멀었고, 제2탄은 가까웠다.

제3탄이 13시 06분 구축함 콜레트 좌현 앞부분 수병실에 명중하였다. 다행히 수병들은 이때 전투 배치되어 있어서 인명 피해는 없었다.

4분 후에 대형탄이 명중하여 직경 66cm의 구멍을 내고 취사병실에 해수와 중유가 흘러 들어왔다. 명중한 제2탄이다.

10분 후에 제3탄이 장교실을 명중하였다. 다행히 불발탄이 되어 소파 위에 뒹굴었다.

9분 후에 날아온 포탄은 기관실을 명중하여 저압증기파이프와 사격통제장치를 파괴하고 6명에게 부상을 입혔다.

이어서 1분 후에 다섯 번째 포탄이 명중하였다.

콜레트호는 일제 사격이 불가능하여 각개 사격으로 응사하고 있었다. 그러나 계속되는 포격에 총 9발을 맞고 전열에서 이탈했다.

적 포격은 주로 스웬슨, 콜레트, 거크호에 집중되었다.

스웬슨호는 포탄 3발이 명중하여 함정의 이름과 같은 스웬슨 중위가 전사하고 1명이 부상을 입었다.

스웬슨호는 스웬슨 중위의 백부인 스웬슨 대령이 제2차 세계대전 중 남태평양해전에서 전사하여 그의 이름을 붙인 함정이다. 스웬슨 중위는 해군사관학교를 수석으로 졸업한 준재였다.

스웬슨호는 스웬슨 숙질과 기이한 인연을 맺은 함정이 되었다.

이 포격전에서 UN군은 전사 1명, 부상 8명의 피해를 입었다.

13시 47분에 구축함대는 철수하기 시작하였다.

구축함이 빠져 나오자 월미도에 남아있는 적 포대에서 산발적인 포격을 했다. 미 해군들은 이를 예포 같았다고 평했다.

후미를 따르던 맨스필드호가 사격을 할 수 없는 위치에 놓였을 때 북한군의 사격이 집중되어 물기둥에 포위되었다. 맨스필드호는 전속력으로 빠져 나왔는데 포탄 한 발이 굴뚝 사이를 통과하여 좌현 15m 지점에 떨어지는 오싹한 순간을 맞기도 하였다.

구축함대는 포탄 1,100발을 발사했다. 함당 평균 220발을 쏘았다.

구축함대의 강습포격은 성과가 아주 큰 것으로 평가되었으나 아직도 많은 적 포대가 월미도에 남아있는 것으로 확인되었기 때문에 13시 52분 순양함단이 제2차 포격을 시작했다.

중순양함 로체스터와 트레드는 200mm 주포로,

경순양함 케냐와 자메이카는 150mm 주포로 1시간 반에 걸쳐서 일제 사격을 퍼부었고, 이어서 함재기들이 맹폭격을 했다.

16시 10분부터 30분간에 걸쳐서 순양함단의 제2차 포격이 있었다. 이렇게 하여 첫날의 예정된 포격은 끝을 냈다.

콜레트호는 전투상보에서

"많은 포탄이 함정 가까이에 낙하되었지만 피탄(被彈) 수가 적었던 것은 오로지 신의 가호가 있었기 때문이라고 믿는다."

라고 기술했고, 어느 장교는

"하루 종일 적의 탄환 아래 서 있었던 것 같다. 세상에 태어나서 이처럼 시간이 길다고 느낀 적이 없다."

고 술회했다. 이날 밤 평양방송은

"적함 13척 격침 또는 격파했다. 격침 수는 소형 구축함 3척, 상륙정 4척, 부선 3척이다."

라고 하면서 북한 주민의 사기를 고무시키고 있었다.

9월 14일 아침, 포격함대는 다시 비어수로로 진입하였다. 도중에 기뢰지대를 발견하고 전날 전열에서 이탈했던 콜레트호로 하여금 처리케 한 후 주력 함대는 계속 항해하였다.

08시에 스웬슨 중위의 수장식을 거행하였다.

11시에 함재기들이 공중공격을 시작하였고, 11시 16분에 중순양함이 포격을 개시하였다. 구축함 5척은 전날의 위치에 진출하여 12시 55분에 포격을 개시하여 1시간 15분 동안 125mm포탄 1,232발을 퍼부었다.

월미도에 투하한 네이팜탄은 95,000파운드(500파운드짜리 190발)였다.

월미도는 벌거숭이가 되어 금방이라도 바다 속으로 가라앉을 것 같았다.

## 3. 월미도 상륙

### 함대의 진격

D-day. 1950년 9월 15일.

"케지아 태풍은 사라졌고, 새로운 태풍은 발생하지 않았다. 날씨는 개이고, 시계는 16km, 풍향 북동풍, 풍속 6노트, 오전 중에 차차 흐려지며 저녁 때 소나기가 내릴지도 모른다. 앞으로 수일간은 맑은 날씨가 계속될 전망임."

그 날의 일기예보다.

H시는 06시 30분이다.

15일 02시. 칠흑 같은 야음 속에 클라크 대위가 밝힌 팔미도 등대불빛의 안내를 받아 함대 19척이 종대 대형으로 비어수로를 진입해 갔다.

구축함 3척(맨스필드, 데하벤, 스웬슨)이 선도하고

수송단 4척(APD-다이어쳉고, 왈닥크, 호레스 A. 바아드, LSD-포드마린),

로켓 지원대 3척(LSMR 401, 동 403, 동 404호),

구축함 3척(내자랜드, 거크, 헨더슨호),

순양함 4척(토레도, 로체스터, 케냐, 자메이카호)이 뒤를 따랐고,

콜레트호와 예인선 마라고호 등 2척의 구축함이 후미에 따랐다.

수송선단 4척(APD와 LSD)에는 월미도 강습 임무를 띤

미 제5해병연대 제3대대(Robert D. Taplett 중령)와

제1해병전차대대 A중대의 2개 소대(M-16퍼싱 전차 9대)가

타고 있었다. 정원의 배가 넘는 285명이 승선하여 해병대원들은 웅성거리는 것으로 그들의 불편한 심기를 드러냈다.

함대는 3.5노트의 조류를 거슬러 올라갔고, 월미도는 불타고 있었으며 화약 냄새가 진동했다.

04시, 삶은 계란과 콘비프(Corn Beef)로 아침을 먹고 05시에 목표 지점에 도착하여 월미도를 에워싸듯 지정된 위치에 포진했다.

05시. 호위 항모로부터 날아온 코르세아기 8대가 월미도를 폭격하기 시작했다. 처음 2대가 때마침 인천시가 쪽에서 연육교를 타고 월미도로 건너오던 장갑차 2대를 박살냈다. 인천항에 있는 적의 해안포대에서 응사했으나 공중공격과 함포가 이를 제압했고, 만일의 사태에 대비하여 함대의 정박 위치를 월미도 뒤쪽으로 이동했다.

05시 40분. 해병 제3대대(태플리트 중령)의 제1선 중대는 17척의 LCVP(상

함포사격을 하는 미 해군 순양함 토레도

류용 주정)로 옮겨 탔다. APD 3척은 각기 LCVP 4척씩을 적재하고 있었고, 5척은 마운트 맥킨리호에서 보냈다.

LSD에서는 각각 M-26퍼싱전차 3대를 적재한 LSU 3척을 내렸다.

H시 50분 전이었다.

05시 45분. 토레도호에서 200mm포가 불을 뿜었다. 이것을 신호로 전함대의 지원사격이 시작되었고, 코르세아기 10대가 날아와서 월미도 상륙해안 녹색해안을 불바다로 만들었다.

흰옷 입은 피난민들이 인천시내에서 빠져 나와 늪지대로 달려갔고, 작은 배들은 피난민을 가득 태우고 작은 섬으로 옮겨갔다. 맨스필드호 옆을 지나가는 작은 배에서는 젊은 여인이 갓난아기를 높이 쳐들고 미친 듯이 외치면서 지나갔지만 무슨 말인지 알아듣지 못했다.

06시 15분. 로켓지원정 3척이 해안에 접근하여 15분간 탄막사격을 실시했다. 로켓지원정은 처음으로 실전에 참가하여 연속장진발사기 10대를 각기 갖추고 인천에서 하루 동안 6,421발(함당 2,140발)을 발사했다. 월미도에 4,400발, 적색 및 청색해안에 2,000발. 불발탄은 35발에 불과했다.

06시 27분. LCVP 17척이 2개 제대로 나뉘어 제1제대 8척이 출발선을 통과하여 1,600m 전방 녹색해안으로 전진하였고, 이어서 제2제대와 전차 9대를 적재한 LSU 3척이 그 뒤를 따랐다.*주) 일본 육전사연구보급회 『한국전쟁』 ③ p157

\* 국방부 『한국전쟁사』 제3권은 "7척의 LCVP가 해변으로 돌진하여 …… 이어 LSU 3척이 포트 마리온호(Fort Marion)로부터 전차 10대를 싣고 뒤따라 ……."(p661)라고 기술하여 LCVP 8대와 7대, 전차 9대와 10대로 차이를 보인다.

맥킨리호 함교에서는 맥아더 원수가 그가 건 도박의 추세를 지켜보고 있었고, 맥킨리호의 스피커에서는 방송이 흘러나왔다.

"상륙부대는 공격개시선을 넘고 있다."

함 내에는 긴장이 고조되었고, 일부 수병은 무릎을 꿇고 기도를 했다.

06시 28분. 함포사격이 그쳤다. 공격 제1제대가 해안 50야드에 접근할 때까지 코르세아기가 기총소사로 엄호했다. 다시 방송이 흘러나왔다.

"상륙 제1제대, 해안까지 100야드, 적의 화력은 없다."

"제1제대, 해안에 도착, 신속히 내륙으로 전진 중."

### 월미도 공격

06시 31분 첫 번째 함정이 도착하였다. 주력이 도착한 것은 06시 33분이었다. 계획된 도착 시각은 06시 30분이었다. 3분이 늦었다.

첫 번째 도착한 함정에는 우 일선 H중대장 본 중위가 타고 있었다. 함정이 해안에 막 닿을 무렵 수중장애물에 걸리고 말았다. 본 중위는 정장에게

월미도에 상륙하는 미 해병

발판을 내리도록 명령했으나 뱃머리가 치켜 올라가서 내려지지 않았다. 참다못한 본 중위는 부중대장 쟈위스키 중위와 무전병을 데리고 물속으로 뛰어들었다. 그러나 세 사람은 깊은 물속에 잠겨 보이지 않았다.

정장은 배를 후진시켜 수중장애물을 빠져 나온 후 예정된 해안에 배를 댔다. 그때서야 세 사람은 장비를 벗어 던지고 알몸으로 헤엄쳐 나왔다.

제1제대해병은 초연 속을 뚫고 섬 안으로 돌진했다. 섬 안은 썩은 계란과 암모니아를 혼합한 것 같은 지독한 화약 냄새로 가득 차 있었다.

06시 35분. 제2제대가 상륙했다. 10분 후 전차를 실은 LSU가 와서 전차를 토해냈다. 전차 3대는 도저를 달고 있었고, 다른 3대는 화염방사기를 장치하고 있었다.

섬에서는 조직적인 저항은 없었으나 동굴 속에서의 저항은 강력했다. 해병들은 동굴 속에 수류탄을 던지려다가 오히려 동굴 속에서 던지는 수류탄에 많은 피해를 입었다.

전차 2대가 와서 동굴 입구에 포탄 2발을 발사하자 30여 명의 북한군이 백기를 들고 비틀거리며 동굴 밖으로 나왔다.

마치 필리핀 코레히돌 섬 요새에서 약 반달 동안에 걸친 맹렬한 폭격까지 견뎌내고 있던 웨인 라이트 장군이 일본군 전차가 상륙하자 전의를 상실해 버렸던 것처럼 북한군도 전차 공격을 받고 저항을 단념한 것 같았다.

다른 동굴에 숨어있는 북한군은 악착같이 저항했다. 투항을 권고해도 듣지 않았다. 하는 수 없이 전차도저로 동굴 입구를 차례로 막아버렸고, 전차도저가 접근할 수 없는 험한 동굴은 화염방사기로 태워버렸다.

07시 01분 105고지 정상에 성조기가 게양되었다.* 그러나 월미도 소탕전이 끝난 것은 그로부터 1시간 가까이 지난 07시 50분경이었다.주)

일본 육전사연구보급회 『한국전쟁』 ③ p160

* 국방부 『한국전쟁사』 제3권은 "06:55 스미스(Alvin E. Smith) 상사가 월미도 정상에 성조기를 높이 게양하고……."(p661)라고 기술하였다.

소월미도는 코르세아기 8대가 500파운드의 폭탄 5개를 투하한 뒤에 로켓포탄을 퍼부었고, 전차 3대를 지원받은 1개 분대 병력이 제방을 따라 공격을 개시했다. 격심한 총격전이 벌어졌고 소대규모의 북한군은 대부분 바다로 뛰어들어 도망을 쳤고, 일부는 투항했다. 해병 3명이 부상을 입었다.

08시가 조금 지난 시각 맥아더는 맥킨리호 함교에서 월미도에 성조기가 게양되는 것을 감격 어린 눈으로 바라보고 있었다.

맥아더 원수는 이렇게 회고했다.

"그날 오후 늦게 밀물 때 나는 스트러블 제독의 작은 배를 타고 상륙작전 시

참을 니갔다. 월미도에는 석이 이 섬의 방대한 강화 작업에 착수하였던 흔적이 역력하게 남아있었다. 이 상륙을 거의 1개월 뒤의 만조까지 연기하여야만 된다고 주장하던 패들에게 만일 내가 귀를 기울였더라면 월미도는 난공불락의 요새로 변하였을 것이 틀림없다." (구범모 역 『맥아더회고록』 p422)

월미도가 완전히 점령되자 해안공병대가 녹색해안에 임시부두를 건설하기 시작했다. 곧 썰물이 되어 함대는 먼 바다로 물러났고, 해병 제3대대만이 작은 섬에 남아있었다. 일말의 불안이 맥킨리호에 있는 수뇌부의 뇌리를 감쌌다. 북한군은 UN군의 상륙기도를 완전히 알았을 것이고, UN군은 저녁 만조 때까지 손발을 묶어 놓아야 했기 때문이다.

"이때처럼 시간가는 것이 지루하게 느껴진 적이 없었다."

어느 참모가 독백했다. 하지만 모두가 같은 생각을 하고 있었다.

오후 늦게 비가 내렸다.

함재기가 인천을 중심으로 반경 40km 지역을 300회 이상 출격하여 북한군이 인천으로 증원되는 것을 저지했고, 순양함은 함포사격을 하여 인천으로 통하는 모든 도로를 차단하였다.

북한군은 서울에 있는 저들 제18사단 제22연대를 인천으로 급파하려고 하였으나 항공공격에 차단되어 움직이지 못한 것으로 분석했다.

07시 30분 상륙부대 지원임무를 띠고 출격한 코르세아기가 인천교외 수원으로 이어지는 도로 양측에 세 줄로 되어 있는 높이 7피트 정도의 상자더미를 발견하고 사격을 가하자 거대한 폭발이 일어나면서 원자구름을 연상케 하는 버섯구름이 1,000m나 솟아올랐다. 이 폭발로 인천 외항에 있는 마운트 맥킨리호가 폭풍과 같은 충격을 받았고, 원자폭탄 공격이라고 속단하는 사람마저 있었다고 했다.

마운트 맥킨리 함상의 지휘부
오른쪽부터 아몬드 소장, 맥아더 원수, 작전부장 라이트 소장, 민정국장 휘트니 소장.

## 4. 인천 상륙

**함포사격과 폭격**

월미도에 상륙한 미 제5해병연대 제3대대는 시내로 진격할 준비를 갖추고 방어진지를 구축하였고 긴급소집된 소해정이 외항에서 함선들의 안전한 정박지를 선택해 주고 있었다.

관측기 2대가 교대로 비행하면서 종일 정찰을 실시하여 90분 간격으로 해병 전투기 8대가 시내를 공격하였고, 해군함재기 12대는 인천 부근을 중심으로 차단 공격을 실시하였다.

15시 30분 주력부대 상륙을 위한 제1급 긴급대기명령이 내려졌다. LST에서 내려진 24척의 LCVP는 각기 지정된 수송함에 접근하여 주력상륙부대를 탑승시킨 후 적색해안 전방 1,500야드 지점에서 선회운동을 개시하였다.

때마침 붉은 태양의 햇살이 아름다운 서쪽 섬들 사이로 숨어들고 평화를 기원하기라고 하듯 저녁노을이 하늘 가득히 퍼져 나갔다.

H시는 17시 30분.

16시 45분, 인천시가지에 대한 함포사격과 공중폭격이 시작되었다.

인천은 인구 25만의 한국 제4의 도시이고 제2의 항구이다. 시민에게 피해가 가도 안 되고 부두시설은 상륙부대의 보급기지로 활용해야 하기 때문에 함부로 파괴해서는 안 된다.

스트러블 제독은 인천 사격목표지역을 60개 구역으로 나누어 특히 위험한 목표가 있을 것으로 생각되는 구역은 어느 함정이라도 사격할 수 있게 하였고, 그렇지 않은 구역은 목표가 나타나도 관측기로부터 지시된 함정만이 관측기의 유도를 받아서 사격하게 하였다.

이렇게 화력 사용에 지역 격차를 둠으로써 일반시민의 피해를 방지하고 군사목표 외의 시설파괴를 최소화하도록 노력하였다.

제7합동기동부대는 다음과 같이 사격계획 방침을 정하였다.

"경인 지역에 우리들 동맹국 사람들이 거주하고 있다. 아군은 이 지역 시설을 이용할 계획이다. 불필요한 파괴는 아군 작전을 저해한다. 폭격 및 포격은 작전을 방해하는 목표로 제한되어야 한다. 지역 파괴를 피하고 정밀사격과 정밀폭격에 철저하지 않으면 안 된다." 주)

일본 육전사연구보급회 「한국전쟁」 [3] p164

함정들은 다음과 같이 구역을 분담하여 포격하였다.

톨레도(Toledo)는 시가지 북단,

로체스터(Rochester)는 항내 조수탱크 북쪽과 청색해안,

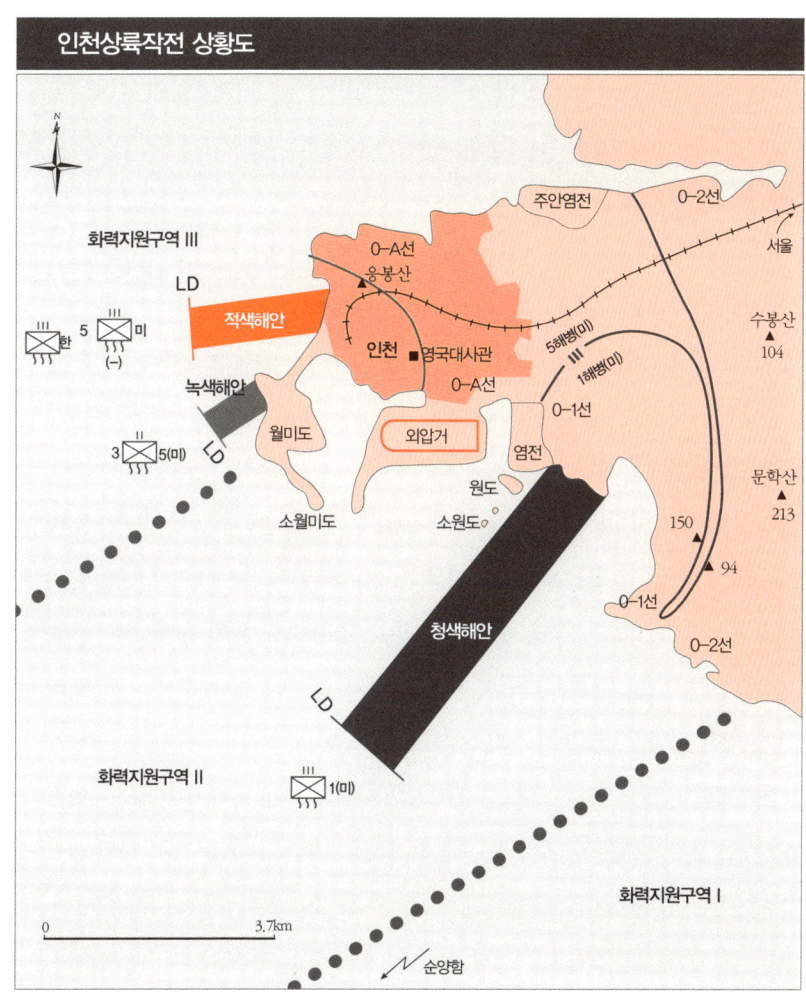

인천상륙작전 상황도

케냐(Kenya)는 시가지 동쪽,
자메이카(Jamaica)는 시가지 남쪽,
구축함과 순양함은 적색 해안 북쪽 반도의 염전과 청색해안 건너편.
로체스터함이 적색해안과 청색 해안에 2,000발의 로켓탄을 퍼부었다.
포격 중에 해안에서는 굶주린 시민들이 야적(野積)된 양곡을 운반해 가는 것이 목격되기도 하였다. 처음에는 움직이는 집단을 발견하고 공격목표로 생각되어 함포사격을 하려고 하였다.주) <small>국방부 『한국전쟁사』 제3권 p663</small>

귀청을 찢을 듯한 포격은 17시 29분 45초에 딱 그쳤다.

H시 15초 전이다.

### 적색해안 상륙

미 제5해병연대 제1제대는 LCVP와 LVT(상륙용 궤도차량) 23척에 분승하여 뱃머리에 '트루먼 정책군(政策軍)'
이라고 쓴 깃발을 걸고 예정보다 3분 늦은 17시 33분에 적색해안 안벽에 접안하였다. 적의 저항은 없었다.

안벽이 함선 출입문보다 4피트나 높아 대부분의 함정에서는 사다리를 타고 올라갔고, 함정 3척은 포격으로 부서진 구멍을 통해 올라갔다. 중간에 사다리가 부러져 밧줄사다리를 이용하고자 했으나 갈퀴가 작아서 걸리지 않자 사람 몸을 타고 올라가기도 했다.

제2제대가 발진했다. 유도함정이 없고, 포연으로 시계가 흐리고, 조류가 심하고, 병사들 훈련이 부족하여 많은 함정이 도착지점을 잘못 잡았다.

제2제대 함정단이 귀항할 무렵 북한군 사격이 시작되었다. 심하지는 않았다. 그러나 제3제대가 도착할 무렵부터 북한군 사격이 격렬해지기 시작했고, 박격포와 기관총탄이 서쪽에서 날아와서 함정 주변에 물기둥을 세우기 시작했다.

함정들은 큰 혼란에 빠졌다. 제5제대 제3번 정장은 용감하게 뱃머리를 안벽에 댔다. 해병들이 뛰어내린 후 귀항하려고 할 때 누군가가 소리를 쳐서 좌현 쪽을 보았더니 병사 3명이 표류하고 있었다. 1명은 전사했고, 1명은 중상을 입었으며, 1명은 무사했다. 이들을 구조하려는 순간 기관총탄이

상륙군이 사다리를 타고 해안안벽을 오른다.

날아왔고, 그 중 몇 발이 앞문에 맞아 손가락 크기의 구멍을 냈다. 박격포탄이 계속하여 전후좌우에 떨어졌다. 부상자를 병원선으로 후송하고 났을 때 반갑지 않은 비가 내렸고, 정장은 비로소 제정신으로 돌아왔다.

정장은 그때 심경을 이렇게 술회했다.(일본 육전사연구보급회『한국전쟁』 ③ p167)

"나는 그 무렵이 되어서야 내가 지금까지 무엇을 하고 있었는가를 생각하게 되었다. 그리고 안도의 숨을 내쉬면서 갑판에 쭈그려 앉자마자 갑자기 공포가 엄습해 오기 시작하였다. 해안에서는 흥분하여 공포를 느낄 틈이 없었던 것이다. 아니 너무나 위축되어 있었기 때문에 아무 것도 모르고 있었는지도 모른다."

미 제5해병연대 좌측 제1대대(George Newton 중령) A중대(스티븐스 중위)

는 LCVP 14척에 분승하여 묘지고지(墓地高地) 서쪽 안벽에 상륙하였다. 중대 제1목표는 묘지고지와 그 동쪽에 있는 맥주공장이었다.

묘지고지를 탈환할 중대 좌일선 제3소대(포드엘 로페스 소위)가 상륙한 곳은 북한군 안벽진지 한가운데였다. 안벽 위에 철판을 덮은 견고한 엄체호(掩體壕) 속에 숨어있는 북한군과 백병전을 치러야 했다.

엄체호 속에 숨어있는 북한군은 해병이 돌담에서 얼굴을 내밀기만 하면 서격을 했다. 로페스 소위는 몸을 날려 좌측 엄체호 속에 수류탄을 집어넣고 이어서 우측 엄체호 속에 수류탄을 집어넣으려는 순간 적 기관총탄이 그의 오른쪽 어깨와 가슴을 관통했다. 옆으로 쓰러진 로페스 소위 손에서 수류탄이 굴러내려 폭발하였다. 참호 속에는 부하들로 가득 차 있었다. 소대장은 "수류탄이다!" 하고 외쳤으나 참호 위로 적 기관총탄이 날고 있어 피할 재간이 없었다. 로페스 소위는 다시 수류탄을 꺼내서 던지려고 하였으나 손이 말을 듣지 않아 수류탄을 놓쳤고, 수류탄을 집으려고 수류탄 쪽으로 기어가 팔뚝으로 겨우 수류탄을 끌어 당겼다. 순간 수류탄은 폭발하였고, 로페스 소위의 몸은 산산조각이 났다. 다행히 부하들은 무사했다.

제3소대 우측으로 상륙한 제2소대(미첼 소위)는 포격에 파괴된 구멍으로 상륙하여 안벽 위 엄체호에 숨어있는 북한군을 섬멸하고 철로를 가로질러 목표지점 맥주공장(朝日맥주)을 점령했다. 저항은 없었다.

맥주공장은 무수한 로켓탄을 맞아 파괴되어 있었고, 기계와 창고 속 맥주는 모두 박살이 나 있었다.

스티븐스 중대장은 제2소대를 묘지고지 쪽으로 돌려 협공케 하였다. 묘지고지에 있는 북한군은 제3소대와의 전투에서 넋이 나간 듯 제2소대가 기습하자 모두 투항했다. 묘지고지는 이렇게 점령하였다.

제1대대가 상륙한 지 22분 만에 머레이 연대장이 가장 관심을 가지고 있는 묘지고지 점령을 알리는 황색 오성신호탄이 하늘 높이 올랐다.

A중대는 이 전투에서 전사 8명, 부상 28명의 피해를 입었다.

우 일선 C중대(폴 페타센 중위)는 상륙 직후 저항하는 적을 섬멸하고 목표지점 관망대로 향하였다. 철로를 건너는 순간 우측 교회창문에서 맹렬하게 기관총사격을 해 왔다. 스테인 병장이 결사적으로 교회로 접근하여 수류탄 2발을 던져 기관총을 제압하고 관망대고지 일부를 탈취했다.

중대원 5명이 부상했다.

제1대대 예비 B중대(휀튼 대위)가 관망대 고지군 북쪽 봉우리로 진출하여 적을 소탕하고 16일 00시경에 관망대 고지군을 완전히 점령했다.

제1대대는 D-Day 임무를 완수했다. 전사 8명, 부상 39명을 냈다.

미 제5해병연대 우측 제2대대(Roise 중령)는 우측 E중대(재스킬가 중위)가 상륙 후 안벽 위 북한군을 섬멸하고 도로상의 경미한 저항을 물리치면서 상륙한 지 41분 만에 목표지점 관망대 고지군 서쪽 봉우리를 점령하였다.

E중대장 재스킬가 중위는 관망대 고지군 중앙을 공격하기로 된 D중대와 연락을 취했으나 그때까지 D중대가 그곳에 진출하지 못하여 연결되지 않았다. 재스킬가 중위는 실기(失機)할 것을 우려하여 단독으로 예비소대로 하여금 공격케 하여 관망대 고지군 정상을 점령하였다.

좌 일선 D중대(H. J. 스미스 대위)는 막 공격하려고 할 때 긴급보급품을 싣고 들어오던 LST가 오인사격을 하는 바람에 1명이 전사하고 23명이 부상하는 큰 피해를 입어 공격이 잠시 중지되었다. 이때 정상을 점령한 E중대가 기민하게 공격하여 22시경에 관망대고지 일대를 확보하였다.

F중대는 부두시설을 파괴하기 위하여 준비하고 있는 적을 격퇴하고 부두를 확보하였다.

제2대대가 공격 중에 당한 피해는 전사 1명, 부상 2명이었다.

미 제5해병연대는 예상보다 훨씬 적은 피해를 입고 심야에 D-Day의 목표선을 확보하여 전군의 기대에 보답했다.

## 적전에 정박한 LST 보급창

적색해안에 상륙한 해병 제1대대의 야간 방어와 다음 날 아침에 실시할 공격을 위해 약 3,000톤의 보급품을 양륙해야만 했는데 썰물과 어둠이 다가오고 있었기 때문에 이 방대한 양의 보급품을 양륙할 수 없었다.

도일 제독은 보급품을 실은 LST를 적색해안으로 돌진시켜 안벽에 착안(着岸)시킨 다음, 다음 날 아침 만조 때까지 그대로 두고 보급창고로 사용하도록 하였다. 같은 방법으로 가급적 많은 LST를 착안시키려고 생각했으나 안벽 길이가 300m밖에 되지 않았고, LST는 폭이 17m였으므로 각 배의 간격을 20m만 잡아도 착안할 수 있는 배는 최대한 8척이었다.

이 LST는 잃을지도 모르는 위험이 있었으므로 낡은 선박이어야 했다.

도일 제독은

"인천상륙에 관한 계획에서 내가 내린 결심 중에서 가장 난폭했던 것의 하나가 최초로 상륙한 보급용 LST를 안벽에 남겨 두도록 한 것이다. …… 특히 내가 고민한 것은 이 LST가 적에게 탈취 당하지나 않을까 하는 걱정이었다. 그러나 해병대가 이 배의 경호를 맡겠다고 했기 때문에……."

라고 술회했고,

태평양함대사령부는

"8척의 LST를 비록 잃을지라도 해병대의 보급품을 확보하기 위해서는 손실을 감수해야만 하였다. 썰물 때문에 갯벌에 남겨진 LST를 적의 포화로부터 숨길 수도 없었다. 가연성 물질의 대부분은 상실하게 될지도 모른다."

라고 워싱턴에 보고했다.(주)  일본 육전사연구보급회 『한국전쟁』 ③ p172

당시 미군은 LST 37척을 일본선박회사에 대여하고 있었는데 이를 회수하여 그 중에서 낡은 것 8척을 선정하고, 미 본토로부터 급히 불러들인 장교 5명, 하사관 및 병사 60명을 선발하여 승선시켰다. 그 중 1/3은 현역에서, 1/3은 신병훈련소에서 차출했고, 1/3은 예비역 소집병이었다.

선박 조종과 착안 기술이 어려운 LST 승무원은 숙련된 장병이어야 했다. 특히 위험한 착안 작업에 종사하기 위해서는 기술과 경험 그리고 협동이 필요했으나 상황이 긴급하여 그런 조건은 생각할 수가 없었다.

8척 중의 하나인 LST 799호는 함장 하우스튼 대위 이하 전 승무원 중 LST를 조종해 본 경험자는 한 사람도 없었다. 그런데도 그 미숙한 승조원들이 탑승한 것은 작전개시 3일 전인 8월 25일이었다. 그래서 그 배는 마지막에 착안하기로 했고, 처음 승무하는데도 불구하고 보급품을 만재했기 때문에 훈련이나 예행연습을 해 볼 수가 없었다.

함장 하우스튼 대위는 이렇게 술회했다.(일본 육전사연구보급회 『한국전쟁』 ③ p174)

"승무원 전부가 경험이 없는 풋내기들이었다는 것을 생각만 하면 지금도 몸이 오싹해 진다. 그래도 착안이 가능했던 것은 미 해군의 연구심과 '하면 된다.'는 전통 때문이었다고 생각한다. 그런데 이러한 함정과 승무원들을 가지고 어떻게 인천상륙작전과 같은 대작전의 성패를 걸었을까 하고 감탄했다."

전투부대가 상륙한 직후인 18시 30분부터 LST의 착안이 시작되었다. 3번 함이 착안했을 무렵 적 박격포탄이 안벽에 집중되었다. 첫 탄이 3번 함

972호 선수에 적재한 드럼통을 명중하여 불붙은 휘발유가 갑판을 따라 선실 안으로 흘러 들어갔다. 부근 안벽에 야적한 탄약이 있어 위급한 상황이었으나 응급처리반이 잘 소화해서 위기를 모면했다.

4번 함 914호는 박격포탄을 맞고 화재가 발생했다.

857, 850호 함도 박격포가 명중하였으나 큰 피해는 없었다.

마지막으로 착안할 799호가 적색해안으로 향하고 있을 무렵에는 어둠이 깔리기 시작했다. 구름이 하늘을 덮었고, 보슬비가 내리고 있었으며, 연소 중인 건물에서 뿜어내는 연기 때문에 시계가 대단히 나빴다. 시내로부터는 산발적으로 박격포와 소화기탄이 날아왔다.

799호 함은 6노트의 속력으로 진입하다가 안벽에 부딪쳐 함수가 안벽에 깊이 박히고 말았다. 배는 수분동안 롤링과 피칭으로 요동을 쳤다.

어떤 함정은 안벽에 튕겨져 보판(步板)을 내리지 못하고 쩔쩔맸다.

이 무렵 적 박격포와 기관총이 집중사격을 했다. 흥분과 긴장으로 당황한 승무원들이 안벽에서 공격중인 해병대를 적으로 오인하고 20mm와 40mm 기관포를 난사하기 시작했다. 당황한 함장들이 필사적으로 중지시켰지만 한동안 사격은 계속되었다. 사격이 중지되었을 때에는 로이스 대대의 D중대와 E중대에 많은 피해를 입힌 뒤였다.

799호에서 제일 먼저 불도저를 양륙하여 안벽 위에 있는 산병호를 매몰하고 안벽 위에 튕겨져 어려움을 겪고 있는 다른 함의 착안지점을 조정해 주었다. 그러는 동안 799호의 함수 부근에 박격포탄이 명중하여 2명이 전사하고 2명이 부상했으며 함정은 썰물을 만나 좌초되었다.

### 청색해안 상륙

미 제1해병연대(Lewis B. Puller 대령)는 제1대대(Allan Sutter 중령)와 제3대

대(Thomas Ridge 중령)를 병진하여 상륙제대를 LVT 15개 제대, LCVP 6개 제대로 편성하였다.

제1제대는 유도정(誘導艇)이 유도하여 예정된 장소에 정확하게 착안했다. 17시 32분 적색해안보다 1분이 빠른 시각이다. 그런데 예정 상륙입구인 부두가 함포사격으로 폐쇄되는 바람에 장병들은 5m나 되는 돌담을 사다리를 타고 올라가야만 했다. 동행한 공병소대가 하역용 밧줄을 돌담에 내리고 돌담을 폭파하여 상륙 설비를 급조했다. 건물에서 피어나는 연기와 때마침 내리는 비로 시계가 100야드 밖에 안 되었으므로 구축함에서 직경 60cm의 탐조등을 착안지점에 조명해 주어서 상륙했다.

제2제대 16척은 북쪽 염전으로 잘못 상륙했다가 다시 배를 타고 되돌아오는 촌극을 벌였다.

이때 북한군 전차가 상륙지점으로 달려오고 있었다. 해병대는 안벽을 기어 올라가야 하기 때문에 대전차무기는 3.5인치 로켓포 밖에 없었으므로 긴급하게 함포사격지원을 요청하였고, 구축함 거크호가 전 화력을 집중하여 이를 격퇴했다. 함포를 얼마나 급하게 쐈는지 함정 주변이 진한 오렌지빛 발사화염으로 덮여 마치 화재가 난 것처럼 보였다.

청색해안에서 적의 저항은 극히 산발적이어서 위협은 되지 못하였다. 칠흑 같은 어둠 속에서 안벽을 기어 올라가는데 시간이 많이 걸렸다.

좌 일선 제1대대는 어둠 속에서 건물 창문으로부터 날아오는 수류탄에 많이 시달렸다. 대대가 해안으로부터 1.6km 정도 떨어진 경인가도로 진출하여 도로를 차단하였을 때는 16일 01시를 지나고 있었다.

대대 피해는 전사 1명, 부상 19명이었다.

좌 일선 제3대대도 별 저항을 받지 않고 산발적인 사격을 받으면서 목표지점을 확보하였다. 16일 00시 30분이었다.

미 제1해병연대는 예정보다 약간 늦은 시간에 순조롭게 D-Day의 목표를 확보했다. 부상자는 174명이었다.

### ▎북한군의 경인지역 전력

포로들의 진술에 의하면 인천을 방어하고 있었던 병력은 2,000명 정도라고 진술하여 UN군의 정보판단이 정확했음을 입증했다.

북한군은 UN군의 인천상륙에 대한 정보가 없었다고 보는 견해가 유력하다. 그 이유는 다음과 같은데서 찾을 수가 있다.

9월 초순, 인천상륙에 대응할 수 있는 경인 지역과 그 주변에 유지하고 있는 북한군 병력이 예상 외로 적었다.<sup>주)</sup>    일본 육전사연구보급회 『한국전쟁』 ③ p190

| | |
|---|---|
| 인천~서울 지역 | 제18사단(신편) |
| 인천 | 제9사단 제87연대(신편), 독립제849대전차포연대 |
| 철원 | 독립제25여단(신편) |
| 평양 부근 | 제17기갑사단(신편 중)* |
| 사리원 부근 | 독립 제78연대(신편 중) |

* 9월 공세 때 낙동강전선에 전개한 제17기갑연단과 같은 부대가 아닌가? 이 시점에서 북한군은 기갑사단을 편성할 여력이 없었다. 착오로 보인다.

병력 수는 알려지지 않았다. 9월 15일 인천상륙 당일 북한군 제9사단 제87연대와 독립 제849대전차포연대는 남쪽으로 이동 하던 중 김천에 있었고, 제18사단은 낙동강 지역 또는 군산 지역으로 증원하기 위하여 천안 부근에서 남진 중이었으며, 철원에서 편성을 완료한 제25여단은 철원에서 훈련 중에 있었던 것으로 확인되었다.

▎신문 보도

일본 육전사연구보급회 『한국전쟁』 ③(p179, 180)은 이렇게 기술했다.

"9월 16일자 일본의 각 신문은 일제히 인천상륙작전을 개시했다는 보도를 하였다. 신문 중에는 15일에 김포를 점령했다고 보도한 신문도 적지 않았다.

16일자 《아사히 신문》의 1면을 열어 보면

'유엔군 대반격 개시. 인천에 상륙'

'맥아더 원수 최 일선에서 지휘'

'서울에서 16km의 김포비행장 점령'

'맥아더 원수 대담한 작전, 배후를 찌른 전법'

'동해안의 영덕·포항에도 상륙'

'미조리전함도 참가. 참가 함정 260척'

이라고 한 제목이 눈에 띈다.

그리고 다음 날인 17일자 조간에서는

'재빠르게 한강 도하 〈AP특약〉 영등포 점령, 시가지 중심을 향하여'

'인천항의 시설도 확보, 인천 지역의 대부분을 점령'

'기습에 성공, 인천상륙, 상륙병력 4만 명 이상'

이라고 게재하여 전승 기분을 나타내주고 있었다.

이날 UN군총사령부 전황발표 및 맥아더 원수의 담화에 의해 전황의 전모가 발표되었으나 신문지상에서는 보도할 내용이 없게 되었다."

### 해두보 확보

16일 06시 30분, 미 제5해병연대장 머레이 대령은 정찰과 함께 미 제1해병연대와의 연락을 위하여 E중대를 인천 북방으로 파견하였는데 인천시내에는 북한군은 없었다.

북한군은 밤사이에 철수해 간 것으로 판단되었다. 인천 시내 잔적소탕작전은 뒤이어 적색해안 북쪽으로 상륙한 한국 해병대에 맡기고, 해두 보선(海頭堡線-상륙 지점에서 10km지점의 반원형)으로 진격했다.

머레이 대령

05시 48분, 항공모함 시실리에서 출격한 코르세아기 8대가 인천 동쪽 5km지점 경인가도에서 인천 쪽으로 오고 있는 T-34전차 6대를 발견하고 네이팜탄 2개와 500파운드 폭탄 6개를 투하하여 3대를 파괴하였다.

심프슨 대위가 조종하던 전투기가 적 전차가 쏜 대공포화를 맞고 추락했다. 두 번째 편대가 심프슨 대위에 대한 보복전을 감행하여 전차 전부를 격파하고 함께 따르던 보병들을 모두 분산시켜 버렸다.

미 제1해병연대는 이 상황을 듣고 M-26퍼싱전차를 선두로 경인가도를 동진하여 09시경에 적 전차를 파괴한 현장에 도착했다. 이때 파괴되었다고 한 북한군 전차 3대가 갑자기 85mm전차포로 공격하여 선두전차의 포탑에 맞았다. 다행히 사거리가 멀어서 큰 피해는 없었다.

퍼싱전차가 틈을 주지 않고 90mm주포로 반격하여 모두 파괴했다. 만일에 적 전차가 퍼싱전차를 좀 더 가까이 유인하여 공격하였다면 퍼싱전차가 먼저 파괴당했을 것이다.

이 전차전을 계기로 북한군의 저항은 필사적이었다. 미 해병 제1, 제5의 2개 연대는 적의 저항을 물리치고 저녁 무렵에 해두보선에 진출했다. 상륙 후 24시간 만이다.

양 연대의 피해는 전사 4명, 부상 21명이었다.

인천상륙작전은 성공리에 막을 내렸다. 이제 남은 것은 육상작전이다.

미 제1해병사단장 스미스 소장은 사단사령부를 인천 동쪽 교외에 설치하고 16일 18시에 해병사단의 지휘권을 도일 제독으로부터 인수했다.

맥아더 원수가 건 5,000:1의 도박은 훌륭하게 성공했다.

북한군은 인천의 천연적인 장애를 과신하고 방어를 태만히 한 것이 사실로 드러났고, 그때까지도 반격해 오지 않았다.

저들에게는 반격할 여력이 없었던 것이다.

맥아더 원수는 이렇게 회고했다.

"나는 곧바로 서울을 점령함과 동시에 남쪽으로 공격을 개시하도록 명령하였다. 그렇게 하면 북쪽의 미 제10군단과 북상하는 제8군 사이에서 대부분의 적 병력을 포위하는 상태가 된다. 이렇게 되면 적을 모루* 위에 올려놓고 망치로 쳐부수는 꼴이 되어 일격에 북한군을 괴멸시킬 수 있다." (일본 육전사연구보급회 『한국전쟁』 ③ p182)

\* 모루 : 단조(鍛造)작업에서 단조 재료를 올려놓고 해머로 내려치는데 그 재료를 올려놓는 쇠로 만든 바탕틀. 철침(鐵砧) 또는 철상(鐵床)이라고 한다.
대장간에서 낫이나 칼 또는 괭이나 도끼 같은 연장을 비를 때 벌겋게 달군 쇠덩어리를 바탕 쇠에 올려놓고 망치로 쳐서 다듬는데 그 바탕쇠를 말한다.

9월 16일 21시까지 병력 약 15,000명과 차량 1,500대 및 중장비용 기중기가 도착하였고, 이날 군수물자 약 1,200톤을 양륙하였다. 다음 날 17일에는 제79기동함대사령관 새커리(Lyman A. Thackrey) 제독*이 상륙 전 기함 엘도라도(Eldorado)로 도착하여 그의 책임 하에 하역작업과 군수지원작전을 본격적으로 가동했다.주) 국방부 『한국전쟁사』 제3권 p668

* 일본 육전사연구보급회 『한국전쟁』 ③(p83)은 제79기동함대(TF79-병참지원부대) 사령관을 버나드 L. 오스틴 대령으로 기술하였다. 본문도 그렇게 정리했다.
  앞 「제7합동기동함대 편성」 참조

이렇게 하여 새로 확보한 해두보를 거점으로 중부의 경인 지구에 미 제10군단이 강력한 새로운 전선을 형성하고 맥아더 원수가 구상한 북한군을 남과 북에서 협공하여 파멸시킬 만반의 준비를 갖추었다.

### 한국 해병대의 작전

한국 해병연대는 미 제5해병연대 상륙단과 함께 9월 15일 21시 30분에 적색해안에 상륙했다. 적의 저항은 없었다.

상륙 즉시 해안선에 진지를 구축하고 해안경비에 들어갔고, 선견 상륙부대가 경인가도로 진출한 다음 9월 16일 08시를 기하여 인천시가지에 대한 소탕작전을 실시했다. 역사적인 인천상륙작전에 참가한 자긍심으로 사기

적색해안에 상륙하는 국군 해병대

는 충천하였다.

경인가도를 중심으로 제1대대는 북쪽을, 제3대대는 남쪽을 맡았다.

고길훈 소령이 지휘하는 제1대대는 접적 없이 11시에 54고지 일대에 진출하여 서림(瑞林)국민학교에 지휘부를 개설했다.

김윤근 소령이 지휘하는 제3대대는 적 300여 명을 사살하고 181명을 사로잡았으며 많은 무기를 노획하는 전과를 올리고 11시 20분 54고지 우측에 진출하여 진지를 구축했다.

많은 시민들이 나와서 환영을 했다. 환영 인파 중에는 북한군 치하에서 하도 외쳐 습관이 된 한 소녀가

'인민공화국만세'를 불렀다.

웃을 수밖에 없는 민족의 애환이다.

대부분의 적은 어젯밤에 퇴각하고 시내에는 남아있지 않았다.

해병연대본부는 예비대인 제2대대(金鍾洪 소령)와 함께 후속으로 16시에 인천상업고등학교에 진출하여 연대지휘부를 설치했다.

제3대대는 18시에 경인가도를 따라 19시 30분 도화리(道禾里)에 진출했고, 제1대대는 용현동(龍峴洞)을 거쳐 주안(朱安)에 진출했다.

17일 11시 해군총참모장 손원일 소장과 해병대사령관 신현준 대령이 한국해병대의 전선을 시찰하고 격려했다.

시가지는 많은 건물이 소실되었고, 대부분의 시설이 파괴되어 폐허로 변했으나 많은 시민들은 제집을 찾아 피난지로부터 속속 복귀하였다.

미 해병사단장 스미스 소장은 복귀해 온 시민을 보호하고 질서를 세우기 위하여 시정을 복귀하는 것이 급선무라고 판단하고 손원일 총참모장과 협의하여 전 인천시장 표양문(表良文)을 시장으로 임명하였다.

다음 날 약 700명의 시민이 참석하여 성대한 취임식을 거행하였다.

인천은 수복되었고 평온을 되찾아 질서를 회복해 갔다.

**인천상륙작전에 대한 찬사**(일본 육전사연구보급회 『한국전쟁』 ③ p182~184)
- 인천상륙작전의 공적은 오직 맥아더 원수 한 사람에게만 있다.(미 해군 공간사)
- 전세가 불리할 때는 대담한 방책을 채택하는 것이 현명하다. 순연(純然)한 방어작전에서도 '도박은 해볼 만하다. 공격은 최상의 방어이다.' 인천은 퀘벡공방전에서와 같이 상륙이 '불가능'하다고 생각했는데, 그가 모험을 감행하지 않았더라면 지금까지도 '불가능'으로 남아있을 것이다.(미 해군협회 발간 『한국해전』)
- 작전이란 타당한 방책 이상의 것을 요구한다. 맥아더 원수가 그 본보기를 보여 주었다. 100%의 승리를 약속해 주는 작전은 없다. 어떠한 작전이든 도박적인 요소가 포함되어 있다. 그러므로 지휘관은 도박을 하는 것이다.(미 해병 공간사)
- 인천 강습은 대담한 도박이었다고 기록해 두어야 할 것이다. 게다가 그것을 성공시킨 사람은 반드시 성공한다고 단언한 오직 한 사람의 군인, 즉 맥아더 원수였다.(미 육군 공간사)

미 해군 전사가 맬컴 W. 케이글 중령은
"본 작전은 많은 장애와 위험을 내포하고 있었으며, 그 성공은 매우 공산이 적은 것이었다." 그 성공의 요인으로서
"북한군의 전략과 정보의 부재가 인천상륙에 잠재하고 있던 위험성을 해소해 주었다."고 지적하고,
"인천상륙의 성공과 작전 목적의 완수를 보고, 장래의 계획자들이 '어떤 자연적인 제약이 있다 할지라도 하면 된다. 모든 상륙작전은 반드시 성공한다.'고 하는 식으로 받아들여서는 안 된다."
고 그의 저서 『인천 …… 도박의 분석』에서 기술했다.(앞 같은 p184)

# 제3절 서울로 진격

## 1. 경인국도 공격

### 김포비행장 탈환

맥아더 원수는 제10군단장 아몬드 소장을 통하여 미 제1해병사단장 스미스 소장에게 다음과 같은 명령을 내렸다.

"제5해병연대는 신속히 김포비행장을 공격한 다음 한강을 도하하여 서쪽으로부터 서울을 공격하고, 제1해병연대는 경인가도를 따라 영등포를 점령한 후 남쪽으로부터 서울을 공격하라." 주) 일본 육전사연구보급회 『한국전쟁』 [3] p192

김포비행장은 해두보로부터 북쪽으로 10km, 영등포는 동쪽으로 16km 거리에 있다.

스미스 사단장은 2개 연대밖에 없는 사단이 예비대도 없이 북한군의 반격 가능성이 남아있는 상황에서 넓은 정면을 향하여 진격한다는 것은 매우 위험하다고 생각하고 사단 전 병력으로 먼저 김포를 공격하고 이어서 서울을 서쪽에서부터 공격하는 것이 좋겠다고 주장하였으나 아몬드 장군은 넓은 정면에 충격을 가하는 것만이 기습상륙에 대한 성과를 지속시킬 수 있고 또 북한군 주력의 대동맥인 경부철도와 국도를 영등포에서 차단시킬 수 있는 최선의 방법이라고 생각하여 들어주지 않았다.

미 제7해병연대는 21일 이후에 인천에 상륙하게 되어 있었다.

9월 17일 05시 50분, 북한군 YAK 전투기 2대가 갑자기 인천항에 정박해 있는 함대를 공격했다. 1번기가 중순양함 로체스트로 돌진하여 100파운드짜리 폭탄 4개를 투하했다. 3발은 빗나가고 1발이 항공기 크레인에 명중하였으나 다행히 불발이었다. 2번기가 함수 좌현에 직격탄을 투하하여 약간의 피해가 있었다.

의외의 공습을 당한 승무원들은 멍하게 바라보고만 있었다.

1번기는 계속하여 영국 순양함 자메이카에 총격을 가하여 2명이 부상했다. 영국이 자랑하는 대공포로 공격하여 이 전투기를 격추시켰다.

북한군이 단행한 한 번의 공습이었지만 UN군이 받은 충격은 매우 컸다.

같은 무렵인 05시 45분에 부평 지역 서쪽고지를 맡고 있는 제5해병연대 D중대 정면에 T-34전차 6대가 아침 안개 속에서 나타났다. 약 250명으로 추정되는 보병을 동반하고 있었다.

경보음이 울리면서 로켓포, 75mm무반동포, 퍼싱전차소대 그리고 각종 화기가 도로상으로 사격 방향을 잡고 전차가 접근하기를 기다렸다.

06시, 적 전차가 75야드 지점에 이르렀을 때 더글러스 중사가 로켓포의 방아쇠를 당겼다. 포탄은 선두전차에 명중하였다. 이를 신호로 모든 준비된 화력이 적 전차대에 집중하여 5분 후에는 T-34전차 6대가 모두 파괴되었고, 주위에는 200여 구의 시체가 흩어져 있었다.

미 해병대의 피해는 부상 1명이었다.

저들은 북한군 제18사단 제22연대로 미군의 김포 방면 진출을 저지하는 한편 사단 주력의 진출을 엄호하는 임무를 띠었다고 했다.

이른 아침 맥아더는 스트러블 제독 및 아몬드 군단장과 참모들을 대동하고 인천에 상륙하여 해병사단사령부에서 전황 설명을 듣고 전선 시찰에 나섰다. 파괴된 전차는 아직도 불타고 있었고, 시체는 온기가 남아있었다.

맥아더는 해병대의 건투를 격려했다.주) 　일본 육전사연구보급회 『한국전쟁』 ③ p195

06시에 미 제5해병연대에 배속된 한국해병대 제3대대(김윤근 소령) 선두부대가 부평역 서부고지에 진출했을 때 전차 4대를 동반한 1개 대대 규모의 적으로부터 공격을 받았다.

미 해병대가 전차를 공격하고 한국해병대는 미 해병대와 협공으로 적 보병을 섬멸하였다. 한국 해병은 불타고 있는 적 전차에 뛰어올라 전차병의 권총을 뺏어들고 환성을 올렸다. 적이 언제 사격할지 모르는 상황인데 용감한 것인지, 무지한 것인지……. 미 해병이 감탄을 했다.

한국해병대는 북한군이 미군으로부터 노획하여 사용하던 야포 및 박격포, 경기관총과 실탄 약 2,000통을 노획하였다.주) 　국방부 『한국전쟁사』 제3권 p714

위험을 무릅쓰고 최전선까지 나온 최고사령관으로부터 찬사를 받은 미 제5해병연대는 사기가 충천하여 18시경에는 김포비행장 남쪽까지 진격했다. 김포비행장에는 북한군 제226연대, 제107연대, 제877항공대 소속 4~500명으로 추산되는 병력이 방어하고 있었다.

미 제5해병연대는 도로 좌우측을 따라 진격한 후 야간에 공격하여 비행장을 점령했다. 적은 미약한 저항을 하다가 물러났다. 비행장에는 진지가 구축되지 않았고, 활주로도 파괴되지 않았다.

북한군 제107연대장 한치한 대좌는 한강을 건너 도주했고, 제877항공대는 400여 명의 병력 중 살아남은 자가 5명뿐이었으며, 지휘관 소궁진 소좌는 사살되었다.주) 　국방부 『한국전쟁사』 제3권 p716

미 제5해병연대는 한국 제1의 비행장을 온전한 상태로 손에 넣었다.

김포비행장은 길이가 2,000m, 폭이 50m에, 내하중량(耐荷重量) 12,000파운드의 활주로를 가진 국제공항이다. UN군이 공항을 확보함으로써 상륙부대의 보급지원과 항공작전을 원활하게 수행할 수 있게 되었다.

14시 02분, 코르세아 1번기가 시험착륙을 시도했다. 이 비행기에는 태평양함대해병사령관 셰퍼드 중장이 전선을 시찰하기 위하여 타고 있었다. 계속해서 일본 이타미(伊丹)에 대기하고 있던 제33해병항공편대가 진주하여 작전을 개시하였고, 일본 다치가와(立川)기지로부터 C-54형 수송기가 보급수송을 개시하였다.*주

일본 육전사연구보급회 『한국전쟁』 [3] p200

20일부터는 김포비행장을 기지로 모든 항공작전을 수행할 수 있게 되었다.

* 국방부 『한국전쟁사』 제3권(p717)은 시간과 비행기를 달리 기술했다.
  완전히 확보된 김포비행장에는 이날(18일) 10시 'VMO-6(미 해병 제6비행관측대대)'의 헬리콥터 1대가 6월 이후 처음으로 비행장에 착륙…… 이 비행기에는 태평양함대 해병대사령관인 셰퍼드 중장이…… 동승하고 있었다.
  오후 14시 09분에는 일본에 있는 미 해병제33비행단 MAG-33예하부대가 도착하였으며, 다음 날에는 C-54수송기와 기타 비행기가 도착하여……."

## 맥아더의 고뇌 – 군산상륙 구상

17일 밤 전선을 시찰하고 맥킨리호로 돌아온 맥아더 원수는 혼자서 고민에 싸여 있었다. 맥아더는 인천상륙이 성공하면 그 충격으로 낙동강변에 있는 북한군 주력이 바로 혼란 상황에 빠질 것으로 예상했었다.

낙동강변의 제8군이 16일인 어제 아침부터 일제히 공세로 전환하였는데도 전황이 호전되지 않았을 뿐 아니라 오히려 북한군의 반격을 받아 다시 방어로 전환하는 부대가 생겨 도대체 어느 쪽이 공세로 나오고 있는지 분간할 수 없는 상황을 맞고 있었다. 공평하게 본다면 압도적인 병력을 보유한 UN군이 우세한 입장에 있는 것이 틀림없었지만 전선 지휘관들은 물론

워커 제8군사령관까지 UN군이 우세하다고 하는 말을 믿을 수 있는 어떠한 징조도 찾아볼 수 없었다. 전황은 비관적이었다.

전황은 17일이 되어도 달라지지가 않았다. 워커 장군이 전선으로 날아다니면서 독전을 해도 북한군의 저항이 쇠퇴해지는 징후는 보이지 않았다. 제8군전선은 전반적으로 공세이전과 달라진 것이 없었다.

이것은 맥아더 원수가 조금도 예상하지 못했던 상황이었다.

콜린스 육군참모총장이 지적한 대로 인천은 너무 멀어 이층에서 떨어지는 안약(眼藥) 방울이나 다름없는 것이었을까? 역시 콜린스의 말대로 군산을 택하는 것이 현명한 일이 아니었을까? 이미 시작한 인천상륙은 어쩔 수가 없으므로 빨리 방법을 찾아야 했다. 빨리 낙동강변의 전투에 종지부를 찍지 않으면 콜린스 육군참모총장의 말대로 부산과 인천으로 양분된 상태에서 오히려 북한군에게 각개 격파당할 염려가 있다. 맥아더 원수는 자문자답하였다. 그는 마음의 동요를 억제할 수 없어 동승하고 있는 공격함대 사령관 도일 제독에게 은밀히 이 걱정을 털어놓고

"해군 측이 희망하던 군산 지역으로 새로운 상륙작전을 구상해 보라."
고 지시하였다. 도일 제독이

"상륙부대는 어느 부대로 할 것인가?"라고 물었을 때

"제1기병사단이다."라고 즉답했다고 한다.

맥아더는 낙동강전선을 데이비드슨선으로 물림으로써 현재의 190km의 전선을 100km로 축소하여 미 제1기병사단 차출*이 가능하도록 하는 중대한 구상을 하고 있었던 것 같았다.

이로부터 1~2시간이 지났을 무렵 워커로부터 희소식이 전해왔다.

"저녁 무렵부터 적의 저항이 약화되고 있다. 대도박이 대성공이라는 것이 점차 나타나고 있다."

* 일본 육전사연구보급회 『한국전쟁』 ④(p78)은 "여기서 빼낼 수 있는 2개 사단을 군산에 상륙시켜 낙동강변에 있는 적 주력의 후방을 공격하려고 생각했던 것이다."라고 기술.

맥아더 원수는 안심하였고, 군산상륙작전은 더 이상 구체화되지 않았다.

참고문헌 : 일본 육전사연구보급회 『한국전쟁』 ③ 「초조」(p198)

### 경인국도 진격

17일, 미 제1해병연대는 경인가도를 따라 영등포로 진격하고 있었다. 소사 서쪽 고지대에 이르렀을 때 북한군 제18사단 제22연대 주력이 진출하여 완강히 저항했다. 퍼싱전차가 T-34전차 4대를 격파하고 공격을 선도하였으나 100~200m 높이의 고지군으로 이루어진 지형에 가로막혀 고전을 면치 못했다. 우 1선 제2대대는 저녁 무렵 소사 서쪽 1.6km 지점에 있는 고지를 점령하고 적의 야간 공격에 대비하여 방어 태세에 들어갔다.

17일 밤, 미 해병사단은 북쪽 김포비행장으로부터 남으로 7km 떨어진 소사 서쪽을 거쳐 해안에 이르는 16km의 넓은 정면을 확보했다.

미 해병사단은 이날 부평을 점령하고 뜻밖에도 많은 보급품을 발견하여 횡재를 했다. 그들은 신의 축복이라고 했다. 부평에는 한국군 보급창이 있었는데 그곳에서 미군이 한국에서 철수할 때 남겨두고 간 각종 포탄, 기관총탄 등 약 2,000톤이 그대로 남아있었다.주)    국방부 『한국전쟁사』 제3권 p714

부평은 미군이 한국에 진주하면서 주한 미군보급기지로 건설한 도시다. 1949년 미군이 철수하면서 국군이 인수했고, 후퇴하면서 북한군 수중에 들어갔던 곳이다. 인천상륙작전이 북한군에게는 얼마나 뜻밖이었고, 저들이 얼마나 당황했는가를 보여주는 증거다.

18일, 경인가도를 따라 영등포로 가고 있는 미 제1해병연대는 정오경에 겨우 소사 동쪽 1.6km 지점에 있는 123고지를 탈취하는데 그쳤다. 여기서 북한군의 집중포격을 받고 많은 피해를 입었는데 적의 포병진지를 찾아내지 못했다. 관측장교와 정찰기가 혈안이 되어 찾았으나 끝내 발견하지 못했다. 또 소사 동쪽에는 종심 깊은 지뢰지대가 설치되어 전차의 활동이 장애를 받았고 이로 인하여 진격이 둔해졌다.

이날 아침, 미 제7합동기동부대사령관 스트러블 제독과 제10군단장 아몬드 소장은 미 제7보병사단 상륙을 앞당기기로 협의하였고 아몬드 소장은 도일 제독과 협조하여 미 제7보병사단의 상륙을 명령했다.

대구~서울 간 철도와 국도는 낙동강전선에서 철수하는 북한군으로 가득 차 있다는 정보가 들어왔고, 반면에 소사 정면에는 적 저항이 예상보다 완강하여 해병사단의 남측방에 대한 엄호가 걱정거리였다.

미 제7보병사단 제32연대 제2대대는 18일 아침에, 연대 주력은 저녁 무렵에 상륙하여 다음 날부터 전투준비에 들어갔다.

미 제32연대장은 대전 전투 이래 미 제24사단 제34연대를 지휘했던 뷰챔프 대령이었고, 연대 병력은 5,114명이었다.

18일 저녁때까지 인천항에서는 병력 25,601명과 차량 4,547대 및 화물 14,166톤을 양륙하였다.*주)　　　　　　일본 육전사연구보급회 『한국전쟁』 ③ p202

* 18일까지 인천항에 양륙한 병력, 장비, 물자는 얼마인가?
  ① "D+3일에는 53,883명의 병력과 6,629대의 차량 그리고 25,512톤의 군수물자를 양륙"(국방부 『한국전쟁사』 제3권 p668)
  ② "18일까지……25,606명의 인원과 4,547대의 차량 그리고 14,166톤의 화물을 양륙"(앞 같음 p723, 전쟁기념사업회 『한국전쟁사』 제4권 p53)
  ③ "21일까지 인천항에 상륙한 인원 49,568명, 차량 5,356대, 군수물자 22,222톤(전쟁기념사업회 『한국전쟁사』 제4권 p71, 일본 육전사연구보급회 『한국전쟁』 ③ p228)

이날까지 북한군이 인천상륙에 관하여 공식적으로 발표한 것은

"해안방어부대는 인천에 내습한 전투기 2대를 격추시켰다."
는 것뿐이었다.

인천시내 소탕작전을 맡았던 한국 해병연대는 그 임무를 미 제2특별공병단에 인계하고 미 제5해병연대의 좌측방으로 진출했다.

제3대대는 미 제5해병연대에서 배속이 해제되어 독립적으로 김포, 부평지역 경계 임무와 잔적소탕 임무를 맡았고, 17시에 박촌리(朴村里)까지 진출했다. 제1대대는 연희리(連喜里)를 거쳐 정곡리(井谷里)에 진출했다.

제2대대(김종기 소령)는 인천경비 임무를 미 제2특별공병단에 인계하고 15시 부평으로 진출하여 미 제5해병연대와 합동작전을 수행하였다.

19일 미 제5해병연대는 함포지원을 받으면서 한강 남쪽으로 진격했다. 중순양함 로체스터와 토레도가 27,000m 원거리에서 함포를 쏘고 있었다.

뉴턴 중령이 지휘하는 제1대대는 한강 남안을 소탕하면서 진출하여 영등포 시가지가 내려다보이는 118, 85, 80고지를 점령했다.

태플리트 중령이 지휘하는 제3대대는 김포 북쪽을 거쳐 행주나루를 점령하고 한국해병대와 함께 한강도하 준비에 들어갔다.

미 제1해병연대는 영등포를 목표로 진격하였으나 북한군의 저항이 강해진데다가 조밀하게 매설된 지뢰지대에서 선두전차 2대가 파괴되어 도로를 막는 바람에 진격이 지지부진하였다. 공병대가 지뢰제거작업에 들어갔으나 적 사격을 받아 어려워지자 풀러 연대장은 보병만으로 공격하여 완강한 적의 저항을 뚫고 저녁 무렵에야 안양천선까지 진출했다.

소사~영등포 선에서 저항하는 적은 북한군 제18사단 제70연대였다.

미 제7사단 제31연대가 인천에 상륙하였다. 18시에 아몬드 군단장으로부터 경인가도 이남을 공격하라는 명령을 받았다.

동해안에서 양동작전을 끝낸 전함 미주리호가 서해로 이동하여 400mm

거포로 미 제7사단 공격을 지원했다.

이날 항공정찰 결과 문산 부근에서 500~1,000명 정도로 추산되는 여러 부대가 남진하고 있었고, 대전 부근에서 북진 중인 부대가 발견되었다.

김포반도 쪽에는 적 약 2개 대대 병력과 부평 지구에서 퇴각한 패잔병이 합류하여 주력은 한강을 건너 도주하고 나머지 약 500명이 부대를 편성하여 반격을 시도할 것 같은 징후를 보였다.

적은 아군이 한강을 도하하여 서울 서북방 문산가도로 진격하면 퇴로가 막혀 서울에 있는 북한군이 독 안에 든 쥐 신세가 되기 때문에 김포 지구에 있는 패잔병으로 하여금 부대를 재편성하여 신리(新里-김포비행장 서북쪽 8km 지점)를 거점으로 아군의 진격을 끝까지 막아 보려고 한 것이다.

한국 해병 제3대대는 이에 대비하여 부평~김포읍 간을 탐색하면서 김포읍 이북 지역에서 강화도까지를 소탕하기로 하였다.

9월 20일, 부평에 진주한 한국 해병대사령부는 제3대대의 김포 지역 소탕작전에 앞서 정보 수집과 적의 동태를 탐지하기 위하여 첩보요원 70명을 부평과 강화 지역에 침투시켰다.

오세동(吳世東) 대위가 지휘하는 첩보부대는 김포 지역에서 정찰하던 중 약 150명으로 추산되는 적이 기습하여 오 대위를 비롯한 4명이 전사했다.

제3대대가 첩보대를 구하고 잔적을 소탕하기 위하여 출동했다.

제3대대가 김포읍 남쪽에 있는 157고지에 진지를 구축하였는데 주민이

"김포비행장을 탈취하고자 한강을 건너온 약 1개 대대 병력이 신리에 집결하여 역습을 시도하고 있다."

는 정보를 알려주었다.

제3대대는 신리 일대에 81mm와 60mm박격포를 집중하고 2개 중대가 포위한 후에 제9중대가 돌격하였다. 때 마침 아침식사를 준비하던 적은 불

의의 기습에 혼비백산하여 대부분이 사살되고 120여 명이 생포되었다. 일부가 김포와 한강 쪽으로 도주했으나 공군기에 섬멸되고 말았다.

정중철 중위가 지휘하는 제12중대는 중화기 중대임에도 불구하고 아직도 잔적의 저항 위험이 남아있는 김포시가지 소탕작전에 나섰다. 김포시가지로 돌입한 해병들은 저항하는 적은 사살하고, 투항하는 적은 생포했는데 여기서 잡은 포로가 180여 명에 이르렀다.

지하실에서 작전지휘를 하고 있던 북한군 대좌 1명을 생포하여 중대장 정 중위가 심문하던 중 경계를 소홀히 한 틈을 타서 책상 위에 놓아둔 정 중위의 카빈 총으로 정 중위를 사살하는 불상사가 일어났다. 북한군 대좌는 함께 있던 전령이 즉석에서 사살하였다.[주] 국방부 『한국전쟁사』 제3권 p719

9월 20일 김포와 강화 지역은 우리 해병 제3대대에 의하여 완전히 평정되어 평화를 되찾았다.

**맥아더 군산상륙을 결심하다**

9월 19일 공격 4일째가 돼서야 제8군 공격이 겨우 진전되어 가는 징후가 보이기 시작하였다. 대체로 보아 제8군의 전반적인 태세는 공격하기 전과 크게 달라진 것은 없고, 여전히 북한군에게 포위되어 있는 듯이 보였다. 그러나 제8군은 이미 정면의 북한군을 돌파하고 있었다.

인천 앞바다에 있는 맥아더 원수는 이러한 실정을 모르고 있었다.

인천상륙작전은 순조롭게 진전되어 제1해병사단은 19일 밤에 한강을 도하할 계획이었으나 제8군의 공격이 전혀 진전되지 않았고, 인천에 상륙한 지 5일이 경과되었는데도 낙동강변에 있는 북한군은 조금도 퇴색을 보이지 않았다.

맥아더는 그렇게 보고 있었다.

한·만 국경에 집결중이라는 중공군이 이 기회를 타서 개입해 온다면 되돌릴 수 없는 사태로 발전될지도 모른다. 지금은 제8군을 더 증원할 병력이 없을 뿐 더러 그러할 시간도 없다. 전국을 일변시킬 수 있는 방법은 제8군의 일부를 군산으로 상륙시켜 적의 배후를 공격하는 것 이외에는 다른 방법이 없었다.

맥아더 원수는 그렇게 자문자답을 해 보았다.

만사가 순조롭게 진전되고 있는 것처럼 보이고 있는 UN군의 반격작전 이면에는 이와 같이 책임의 중압감을 느끼고 있는 최고사령관의 고뇌가 깔려 있었다. 그는 도쿄에 있는 히키 참모장을 통하여 제8군에게 군산상륙을 준비하도록 타전할 것을 지시하였다.

"맥아더는 군산상륙을 결심하였다. 상륙부대는 미군 2개 사단, 국군 1개 사단이며, 상륙일은 10월 15일로 예정하고 있다. 제8군은 지체 없이 전선을 축소하고, 상륙부대를 차출하여 새로운 상륙작전을 준비할 것"

워커 제8군사령관은 화가 머리끝까지 치밀었다.

돌파가 곧 성공되려는 이 단계에서 아무리 맥아더 원수의 명령이라고 하지만 제8군으로서는 이 구상에 승복할 수 없었다. 제8군사령관은 격분을 억누르지 못하고 다음과 같이 답전을 보냈다.

"곧 돌파에 성공한다. 현 상황에서는 제8군에서 단 한 명의 병사도 빼 낼 수가 없다. 조금만 더 참고 전황을 관망해 주기 바란다. 제8군이 해머가 되어 돌진할 수 있는 날이 바로 눈앞으로 다가와 있다."

군산 상륙을 취소한다는 전문은 없었다.주)

일본 육전사연구보급회 「한국전쟁」 [4] p99~101

## 2. 영등포 전투

### 손발이 안 맞았다

9월 19일, 미 제5해병연대는 한강도하작전을 준비하고 있었고, 그 우측의 미 제1해병연대는 영등포 공격을 준비하고 있었다.

17일 인천에 상륙한 미 제7보병사단 제32연대(뷰챔프 대령)가 이날 전선에 투입되어 상륙부대의 최 우익 미 제1해병연대 제1대대(호킨스 중령)*와 진지를 교대하였다.<sup>주)</sup>

국방부 『한국전쟁사』 제3권 p723

호킨스대대는 미 제5해병연대 제1대대(뉴턴 중령)와 교대하여 20일 아침부터 한강제방을 따라 공격하고, 미 제1해병연대 제2대대(서터 중령)*는 경인국도를 따라 영등포를 공격하도록 하였다.<sup>주)</sup>

일본 육전사연구보급회 『한국전쟁』 ③ p213

> * 제1해병연대 제1대대장은 호킨스 중령인가? 슈터(서터) 중령인가?
>   국방부 『한국전쟁사』 제3권 '1대대장 중령 슈터(서터)' (p696, 725)
>   '제1대대(Ridge 중령)' (p736), 제3대대장 중령 Thomas Ridge(p696)
>   일본 육전사연구보급회 『한국전쟁』 ③
>   '호킨스 중령의 제1대대' (p213), '제2대대(셔터(서터) 중령)' (p214)

미 제5해병연대 제1대대장 뉴턴 중령은 영등포 서쪽고지에서 호킨스대대가 도착하기를 초조하게 기다리고 있었다. 뉴턴 대대는 다음 날 행주도하작전에 참가하기 위하여 06시까지 도하지점에 도착해야 하고 그러기 위해서는 저녁 21시에는 출발해야 하기 때문이다.

이때 호킨스대대는 수송대 도착이 늦어 출발이 많이 지연되었다.

뉴턴 중령은 주간에 교대하기를 바라고 기다렸으나 호킨스대대는 나타날 기미도 보이지 않았다. 밤이 되어서 겨우 A중대가 도착하여 118고지를 교대하였고 뒤이어 C중대가 도착하였으나 밤중이라 교대할 진지에 이르지 못하고 A중대와 함께 118고지에 머물렀다. 나머지 교대 부대는 오지 않았다. 할 수 없이 뉴턴 대대는 80고지와 85고지를 비어둔 채 이동해야 했다.

20일 날이 밝기 시작할 무렵 북한군이 경인국도와 한강제방을 따라 각각 1개 대대가 기습공격을 했다. 서터의 제2대대는 포위망 속으로 적을 유인하여 일제 사격을 퍼부었고, 순식간에 수류탄전이 벌어지면서 백병전으로 이어갔다. 적은 T-34전차 5대를 앞세우고 공격했는데 전투가 한창 진행 중에 로켓포 사수 코네건 상등병이 전차에 접근하여 순식간에 전차 2대를 파괴하고 3번 전차를 파괴하려다가 전사했다.

어둠이 채 가시기 전에 시작된 전투는 해가 솟아오를 무렵까지 계속되었다. 결국 북한군은 패주해 갔고, 도로와 배수로 그리고 진지 전사면에는 북한군 시체 300여 구가 흩어져 있었다.

이 무렵 북한군은 비어 있는 80, 85고지를 점령하고, 이어서 118고지를 향하여 기습공격을 했다. 호킨스대대 A, C중대가 항공근접지원을 받아 적을 쉽게 격퇴하고, 이어서 80, 85고지를 공격하여 탈환하였다. 그러나 고전을 겪어야 했고 또 귀중한 시간을 낭비했다.

이 불의의 기습을 받은 미 제1해병연대는 영등포 공격이 좌절되었다.

10시경 미 제1해병연대는 안양천 서쪽고지에서 80, 85고지로 진출하여 영등포 공격준비를 하였다. 이때 서터대대는 우 측방으로부터 가끔 사격을 받았다. 이곳은 미 제7보병사단 제32연대 제2대대가 진출하기로 된 지역이므로 우군의 오인 사격일 수가 있다고 생각했으나 그것은 적이 분명했다.

서터 대대장은 제32연대에

"G중대로 하여금 귀 연대 정면에 있는 적 우측 배후를 공격케 할 것이니 빨리 이 적을 격퇴해 주기 바란다."

고 무전으로 요청하였다. 미 제32연대로부터

"그 고지는 이미 확보하고 있다."

는 회신이 왔다.

다시 확인해 본 결과 미 제32연대는 지정된 위치로부터 4km나 더 우측으로 벗어나 있었다. 가지고 있는 지도가 서로 달랐기 때문인데 당시 미군이 사용하고 있는 작전지도는 모두 일본판으로 아주 낡은 것이었다.

영등포 공격이 늦어지고 있을 때 아몬드 군단장이 풀러 미 제1해병연대장을 대동하고 서터대대지휘소에 나타나서 영등포전선을 시찰했다. 군단장은 포병이 충분한 공격준비사격을 실시하고 미 제7사단이 도덕산(道德山)을 탈환한 뒤에 미 제1해병사단과 미 제7보병사단이 동시에 영등포를 공격하도록 명령하였다. 공격개시 시간은 다음 날인 21일 06시.

하루 종일 포병과 항공기는 영등포에 대한 포격과 폭격을 실시했다.

### 개미구멍에 무너진 둑

21일 06시 30분 1,800발의 포탄을 퍼붓는 공격준비사격이 끝나자 미 제1해병연대 제1, 제2대대는 영등포 서북쪽과 서남쪽을 향하여 공격을 개시했다. 북한군의 저항이 필사적으로 완강하여 좌익 제1대대는 안양천 제방을 넘을 수 없었고, 우익 제2대대는 경인국도와 안양천 도하공격 중 11명이 전사하고 24명이 부상하여 적진 앞에서 공격이 좌절되었다.

서터의 제2대대는 D-Day 이후 28명이 전사하고 226명이 부상하는 인명피해를 냈다.주)

국방부『한국전쟁사』제3권 p737

대대의 공격이 지지부진한데다가 희생이 늘어나자 연대장 풀러 대령은 오후 늦게 예비대인 제3대대로 하여금 제2대대를 초월하여 공격케 하였으나 진전이 없었다.

격전 중 제1선을 독려하고 있던 제1대대장 호킨스 중령이 영등포의 적진지를 자세히 관찰해 보았다. 예상외로 시가지 중앙지대에 적이 없다는 것을 알고 예비 A중대를 공동(空洞)인 이곳으로 진격시켰다.

A중대장 로버트 바로우 대위는 3개 소대를 제방에 병렬로 배치하고 공격명령을 내렸다. 3개 소대는 제방을 넘어 물이 무릎까지 차는 논을 지나서 안양천 남쪽 제방에서 전열을 갖춘 다음 다시 물이 허리까지 차는 안양천을 넘어 텅 빈 공간으로 돌진했다. A중대가 진격하는 동안 한발의 사격도 받지 않았고, 시가지에는 한 명의 적군도 보이지 않았다. 중대 좌측 후방과 우측 후방에서는 심한 총성이 들려오고 있었으나 영등포의 중심가는 죽음의 도시처럼 조용하고 음산했다.

바로우 중대장은 시가지 중심부를 향해 600m쯤 전진하였으나 좌측에서 공격하기로 한 B중대가 보이지 않았고, 적과도 만나지 않았다. 좌측 후방과 우측 후방에서 들려오는 포성은 줄어들지 않고 있었다.

바로우 대위는 대대장에게 상황을 보고하였다.

"중대는 영등포시내로 약 600m 진입했으나 적도 아군도 만나지 못했다."
"그러한 일에 개의치 말고 계속 전진하라."

대대장의 명령이었다.

바로우 중대장은 여기서 상황을 판단해 보았다. 중대는 적이 배치된 틈새로 침투하였고, 지금은 적진의 한가운데에 있다는 것을 알았다. 중대장은 동쪽 끝으로 진출하여 적의 퇴로를 차단해야 할 것이라고 결론을 내리고 매복하고 있었다. 이때 서울 쪽에서 급히 증원되어 오는 적을 발견하고 이를 격퇴한 후 정오경에 동쪽 끝에 도달했다. 이곳에는 10m높이의 경부선철도가 동서로 지나가고 있었다. 여기에 진지를 구축했다. 진지 300m 전방에는 북한군이 탄약고로 쓰던 건물이 보였고, 철둑 북쪽으로는 여의도

비행장과 서울시가지가 희미하게 보였다.

오후 늦게 북한군의 소규모 공격이 있었으나 쉽게 격퇴했다. 이때 준비된 화약으로 북한군의 탄약고를 폭파했다. 원자운(原子雲)과 같은 버섯모양의 검은 연기가 하늘 높이 솟아올랐다.

저녁때 북한군 T-34전차 5대가 시내 쪽에서 나타났다. 이 전차는 A중대 진지 둑 남쪽 30m 지점에서 철도와 평행한 도로를 따라 왔다갔다하면서 다섯 차례나 85mm전차포와 기관총을 쏘아댔다.

소총병들은 제방에 파 놓은 개인호에 깊숙이 몸을 피해 있었고, 로켓포 사수가 전차포와 1대 1의 승부를 겨루었다. 로켓포는 전차 2대를 격파했고, 1대의 포탑에 구멍을 냈다. 적 전차는 대전차용 철갑탄만을 발사했기 때문에 포탄이 땅 속으로 박혀 중대에는 아무런 피해를 주지 못했다. 가히 볼만한 승부였다. 나머지 전차 2대는 도주했다.

바로우 중대장은 전차공격을 받았을 때 무전으로

"대전차 무기는 로켓포 밖에 없으니 대공지원이 필요하다."

고 대대에 요청했으나 날이 어두워 공중지원은 무리라고 거절당했다.

북한군은 21시경부터 한밤중까지 만세를 외치면서 4차례나 공격했고, 그때마다 화력을 집중하여 격퇴했다. 네 번째는 진지 전면 10m까지 유인한 후 사격을 집중하여 혼을 내 주었다.

북한군은 어느 건물 뒤에 숨어서 다섯 번째 공격준비를 하면서

"최후의 돌격이다."

라고 외치는 북한군 지휘관의 독전소리가 들려왔다.

A중대는 탄약이 얼마 남지 않은 상태에서 비장한 각오로 적의 공격에 대비하고 있었는데 이때 웨브 하사가 적진으로 숨어들어 훈시를 하는 적 지휘관을 저격하여 사살하였다. 다섯 번째 공격은 불발로 끝났다.

날이 밝은 뒤 확인한 결과 A중대의 제방 진지 앞에는 275구의 시체와 50여 정의 화기가 버려져 있었다.[주) 일본 육전사연구보급회 『한국전쟁』 [3] p222

미 제1해병연대는 22일 영등포를 소탕하고 한강변으로 진출했다.

영등포에서 저항한 적은 북한군 제18사단 일부와 제9사단 제87연대였다. 포로 진술에 따르면 제87연대는 8월 중순 제9사단이 낙동강으로 남진하고 있을 때 인천방어를 위하여 남겨 두었는데 9월 공세가 여의치 않자 제87연대마저 낙동강선으로 증원 명령을 내렸다. 9월 15일 연대가 김천에 도착했을 때 인천상륙이 개시되자 다음 날 열차 편으로 반전하여 낮에는 터널 속에 숨어 있고 밤에만 움직여 20일에야 영등포에 도착하였고, 21일 아침에 겨우 전투에 참가하게 되었다고 한다.

20일 이른 아침에 있었던 북한군의 결사적인 반격은 이 연대의 도착을 엄호하고, 또 그 연대가 방어선에 배치될 때까지 시간을 벌기 위한 전략이었던 것으로 판단되었다.

북한군 제87연대는 북한군이 기대한대로 용감하게 싸웠다. 어느 대대는 80%에 가까운 피해를 입고도 경인가도 정면을 고수했다. 북한군의 영등포 방어는 바로우 중대의 시가지 중심부 진입이 결정타를 입혀 제방이 개미구멍 하나로 무너지듯 붕괴되었다.

북한군 저항은 집요하고 치열했다. 북한군 사기는 UN군의 인천상륙에도 불구하고 조금도 저하되지 않았음이 입증되었고 이를 경험한 미 해병대는 서울탈환이 쉽지 않을 것으로 예상했다.

### T-34 전차는 해병대 사냥감

일본 육전사연구보급회 『한국전쟁』 [3] (p220)은 이렇게 기술했다.

"이 무렵 미 해병대는 로켓포로 T-34전차를 격파하는 경쟁이 붙어 제일 많이 격파하는 사수에게 고액의 상금까지 내걸었다.

이때 해병대는 T-34전차를 두려워하지도 않았고 별로 어렵게 생각하지도 않았다. 전쟁 초기에 괴물처럼 위력을 발휘했던 T-34전차는 이제는 해병대의 사냥감밖에 되지 않았다.

'낙후된 전차는 땅 속에 들어간 관(棺)에 불과하다.'

고 하는 군사과학기술의 차이가 여기에서도 나타났다.

스미스 장군은 이렇게 말했다.

'패전은 우수한 무기를 창안케 하는 자극제가 된다. 만일 대원들이 적극적으로 적을 격멸하겠다는 의욕만 가지고 있다면 그러한 무기는 의외로 손쉽게 발명할 수가 있다.'

실제로 경인지역작전에 53대의 T-34전차가 참가했지만 이 가운데 48대가 격파되었고, 5대는 버려져 있었다. 서울부근작전에서는 이미 T-34전차는 개전 초기의 마력적인 위력을 상실하여 실효를 거둔 일이 거의 없었다."

## 안양을 거쳐 수원으로

9월 20일 미 제1해병연대가 영등포 공격을 준비하고 있을 때 해병대 우측으로 진출한 미 제7보병사단(버 소장) 제32연대는 안양 부근에서 경부철도와 국도를 차단하기 위하여

제1대대(Don Faith Jr. 중령)가 안양 쪽으로 공격을 하였고,

제2대대(Charles M. Mount 중령)는 해병대를 엄호하기 위하여 영등포 남쪽고지를 공격하였다.

제73전차대대 A중대가 제1대대를 선도하였다. 선두전차 3대가 같은 장소에서 지뢰가 폭발하여 무한궤도가 파괴되었고, 이 때문에 좁은 진흙길이 막혔다. 뷰챔프 연대장이 현장에 달려와서 지프에서 내려 작은 언덕을 올

라가려는 순간 지뢰가 폭발하여 지프가 날아갔다. 다행히 적의 저항이 약했기 때문에 큰 피해는 없었으나 진격이 늦어져 저녁 무렵에야 도덕산과 강광산(鋼鑛山) 일부를 탈취하고 경부철도를 통제할 수 있었다.

공병중대가 전력을 다해 하루에 지뢰 150개를 제거했다.

21일 제1대대는 저항하는 적을 섬멸하고 안양 북쪽에 있는 300고지까지 진출하였고, 제2대대는 영등포 남쪽 111고지를 점령했다.

14시 30분경 연대 남쪽을 경계하던 사단 수색중대가 안양에 진출했다. 수색중대가 안양을 점령하자 버 사단장은 수색중대에 전차소대를 배속하고 작전참모 함프튼 중령과 정보장교 에드워드 소령을 동행케 하여 수원비행장으로 진격할 것을 명령했다.

16시경 수색중대는 전차를 선두로 남쪽으로 진격하였다. 수원시내에 진출하여 적 제105기갑사단 소속 소좌급 군관을 포함하여 37명을 생포하고 저녁 무렵 수원비행장 남쪽 능선에 진출하여 국도를 중심으로 방어진지를 편성하였다.

밝은 달이 전장을 환하게 밝혀주었고 사방은 고요하여 정적이 감돌았다.

사단과 수색중대 간에 통신이 두절되었다. 전령을 보냈으나 수원에는 적이 많아 지나갈 수가 없다고 하였고, 적 제105기갑사단이 북상했다는 정보가 있었으므로 사단사령부에서는 걱정을 많이 했다.

"적의 계략에 걸린 것이 아닌가?"

불길한 생각이 든 버 사단장은 기갑부대를 편성하여 수색중대 구출작전을 펴게 하였다.

미 제73전차대대장 한넘(Calvin S. Hannum) 중령 지휘하에 공병 1개 소대, 전차대대 B중대, 전차대대지휘부, 제32연대 K중대, 제48포병대대 C포대 그리고 의무지원반으로 특수임무부대를 편성하였다.

21시 25분 특수임무부대는 위 부대 순으로 행군 순서를 정하고 안양을 출발하여 최대한 급속도로 수원으로 진격했다.

특수임무부대에 사단 정보참모 패덕(John W. Paddock) 중령이 동행하고 있었는데 수원 가까이 이르렀을 때 패덕 중령과 수색중대를 따라간 정보장교 에드워드 소령 간에 무전이 연결되어 수색중대는 무사하고 수원에는 적이 없다고 알려왔다.

특수임무부대 한넘 중령은 수색중대와 합류하기 위하여 안심하고 수원으로 진격하였다. 동문에 이르렀는데 문이 파괴되어 통과할 수가 없었다. 시가지를 우회하여 남진하려는 순간 어둠 속에서 T-34전차 5대가 갑자기 사격을 했다. 첫 탄이 중대장 지프에 명중하여 파괴되었다. 월하(月下)의 전차전이 벌어졌다. 몇 분 동안 사격전을 하던 북한군은 전차 1대를 버린 채 퇴각했다. 특수임무부대의 전차가 추격했으나 놓치고 말았다.

한넘 중령은 밤중에 적의 매복에 걸리는 것을 우려하여 새벽까지 시가지 입구에서 기다리기로 했다.

수원비행장 남쪽 능선에 있던 수색중대는 수원 쪽에서 들려오는 격렬한 포격소리를 들었고, 얼마 후에는 이쪽으로 접근해 오는 것 같은 전차의 굉음이 들렸다. 전차소대장 반센트 소위는 전차소리가 T-34전차와 같다고 생각했는데 작전참모와 정보장교는 우리에게 오고 있는 한넘 대대의 전차라고 했다. 그래서 정보장교 에드워드 소령이 지프 4대에 병력을 태우고 안내하러 갔는데 여기에 함프튼 작전참모가 동행했다.

약 1km 반쯤 북진했을 때 달빛 속에 전차 4대가 모습을 나타냈다. 에드워드 소령은 틀림없이 아군이라고 생각하고 손전등으로 신호를 보냈고, 전차는 정지했다. 에드워드 소령이 전차 쪽으로 다가가자 전차는 느닷없이 기관총을 쏘면서 전진했다. 일행은 지프에서 내려 도로 옆 배수로에 엎드렸고, 작전참모 함프튼 중령은 그때까지도 아군이 오인사격하는 것으로 착각하고 손을 흔들면서 전차로 접근하다가 전차에서 쏜 기관총탄을 맞고 즉사했다. 전차는 계속 전진하여 에드워드 소령 지프를 갈아 뭉갰다. 에드워드 소령은 수로로 피했기 때문에 무사했다. 맨 뒤에 있던 지프가 이 호구를 벗어나 본부에 위급한 상황을 알렸다.

T-34전차는 그대로 남진하여 얼마 후 선두전차가 수색중대진지로 들어왔고, 두 번째 전차가 진지 안으로 들어오는 순간 40m 거리에서 퍼싱 전차 5대가 불을 뿜었다. T-34전차 2대가 불탔고, 2대는 도주했다.

22일 새벽에 한넘특수임무부대는 수원 시내를 통과하여 수색중대와 합류한 다음 수원비행장을 점령했다. 도중에 시내 남쪽에서 함프튼 중령의 시체를 안장했다.

정오경 미 제31연대(Richard P. Ovenshine 대령) 주력이 수원비행장으로 진출하여 비행장을 장악했다. 한넘특수임무부대는 안양에 있는 사단사령부로 복귀했고, 사단 수색중대는 수원 남쪽 오산을 향하여 다시 진격했다. 이로써 미 제10군단은 서울 남쪽을 확보했다.

수원비행장은 주 활주로가 1,700m로 C-54수송기가 이착륙할 수 있어 UN군의 수송과 보급에 결정적인 기여를 할 수 있게 되었다.

9월 22일 현재 미 제10군단은 서쪽 행주 방면에 미 제5해병연대, 영등포에 미 제1해병연대, 영등포 남쪽고지로부터 안양에 이르는 선에 미 제7사단 제32연대, 수원 주변에 사단 수색중대와 제31연대가 진출했다.

UN군은 미 제1해병사단 2개 연대와 미 제7보병사단 1개 연대를 투입하여 서울을 공격하고 미 제7보병사단 1개 연대를 모루로 삼았다.

모루(鐵砧)는 수원 남쪽으로 예정했다.

## 3. 한강도하 - 행주나루

**기습도하**

9월 19일 미 제5해병연대는 한강도하 공격명령을 받았다.

"행주나루에서 한강을 도하하여 서쪽으로부터 서울을 공격하라."

제5해병연대는 다음 날 04시부터 도하하기로 하고 준비에 들어갔다. 이때 제3대대는 행주 남안 일대를,

제1대대는 영등포 서쪽 고지를 각각 점령하고 있었고,

제2대대는 예비대로 김포공항을 경계하고 있었다.

국군 해병대는 제2대대의 좌측방을 경계하고 있었다.

사단 수색중대는 주력이 LVT(상륙용 궤도 차량)를 이용하여 기습도하준비를 하고 있었고, 일부 병력이 수색정찰을 실시하고 있었다.

행주나루는 행주부락과 연결되어 전진이 용이하고, 우측에 덕양산(德陽山-125고지)이 있어 적으로부터 감제당할 우려가 있으나 반대로 아군이 점령할 경우 도하점을 엄호할 수 있을 뿐만 아니라 대안으로 진입하는 거점으로 이용할 수 있는 지리적 이점이 있고, 무엇보다도 한강 양안의 지반이 견고하여 중장비를 양륙할 수 있는 곳은 이곳밖에 없었다. 또 강폭이 550m에 불과하여 도하에 용이한 곳이다.

도하지점 대안목표 125고지는 임진전란 때 권율(權慄) 도원수가 지휘하는 10,000명의 군사가 왜군 30,000여 명을 쳐부순 곳으로 행주산성(사적 제88호)이 있는 유서 깊은 곳이다.

15시 30분 도하 작전을 위한 작전회의가 연대장 주재로 열렸다.

대대장 3명,

돌격 중대장 2명(H중대장 본 중위, I중대장 맥 머레이 중위),

수색중대장 호턴 대위가 참석했고,

군단과 사단 참모들이 입회했다.

참모들의 깨끗하고 단정한 복장, 말쑥한 얼굴이 거친 얼굴에 찌든 작업복을 입은 지휘관들과 대조가 되어 지휘관들의 부러움을 샀다.

어떤 지휘관은 친구인 참모에게 이런 농담을 했다.

"하루라도 좋으니 휴가를 얻어서 우리가 어떻게 싸우고 있는가 한번 보러 오라." 주) 일본 육전사연구보급회 『한국전쟁』 ③ p206

연대장은 이렇게 말했다.

"이번 작전은 해병대가 실시하는 최초의 도하작전이다. 해병대는 그동안 각종 작전을 수행해 왔으나 아직 도하작전만은 해 본 일이 없다. …… 계획수립 시간도 짧고, 준비할 시간도 없다. 겁을 먹고 있을 시간도 이유를 따질 시간도 없다. …… 연대는 어떠한 상황에 놓이던 간에 오직 우리의 임무를 완수할 뿐이다."

이어서 정보주임 위드스푼 소령이 적정을 설명했다.

"한강 북안의 적정은 불명확하다. …… 그러므로 이번 도하작전에서, 또는 차후의 서울을 공격할 때 적이 어느 정도의 저항을 해 올지는 알 수가 없다. …… 포로 진술에 의하면 행주마을 입구에 많은 지뢰가 매설되어 있다고 하나 확인할 방법은 없다." 주) 일본 육전사연구보급회 『한국전쟁』 ③ p206, 207

지휘관들은 너무 허황하여 궁금한 사항에 대하여 질문을 했으나 막연한 설명만 되돌아왔다. 참석자들은

"한 번 입에 대보고 밀어놓은 음식 앞에 앉아 있는 것과 같은 기분"
이라고 평했다.

작전주임 찰스 브러시 소령은

"포병의 준비가 불충분하여 야간에 은밀히 도하해야 한다. 연대 목표는

한강을 도하하여 행주 북쪽에 교두보를 확보하는데 있다."

고 전제한 다음,

　(1) 사단으로부터 배속 받은 수색중대의 정찰대가 대안을 정찰한다.

　(2) 적이 없을 경우 수색중대 주력이 LVT를 이용하여 도하하고 행주와 125고지를 점령한 후 서울에 이르는 도로에 매설되어 있는 지뢰를 제거하고 적의 반격에 대비하여 문산으로 가는 도로는 지뢰로 폐쇄한다.

　(3) 태플리트의 제3대대는 04시에 도하를 개시하여 서울 방향으로 진격하다가 95고지~35고지선을 확보한다.

　(4) 로이스의 제2대대는 06시에 도하를 개시하여 제3대대를 초월하여 서울로 진격한다.

　(5) 뉴턴의 제1대대는 예비대로서 06시까지 병력을 도하지점에 집결시킨 후 도하 명령을 기다린다.

　전차부대와 연대중화기도 의명 도하한다.주)

일본 육전사연구보급회 「한국전쟁」 ③ p207, 208

　일본 육전사연구보급회 『한국전쟁』 ③(p204,205)은 이렇게 전했다.

　"〈해병대의 전투기록〉에 의하면 연대본부로 사용했던 비행장의 관리사무소는 한창 들떠 있었다. 도쿄와 워싱턴으로부터 날아온 신문기자와 군사시찰단 등이 많이 모여들어 전승 기분을 북돋우고 있었기 때문이었다. 그들은 매우 중요한 임무를 띠고 온 사람들이었지만 그러나 한편으로는 매우 귀찮은 사람들이었다. 이 손님들은 도하준비로 눈코 뜰 사이 없이 바쁜 머레이 연대장이나 참모들에게 면회를 요청하고 담화해 줄 것을 기대했고, 수기(手記)를 요구하는가 하면 다음 작전의 전망에 대해서도 물었다.

　참모들은 중요한 작전을 준비 중에 있으니 좀 괴롭히지 말아줄 것을 부탁하였으나 소용이 없었다. 마침내 도하작전에 대한 명령 하달과 협조를 위한 대 · 중대장회의시간이 다가왔는데도 이 손님들의 소란은 전혀 가라앉지 않았다. 결국 참다못해 머레이 연대장은 이 소란스러운 손님들을 모두 내쫓았다."

정찰을 실시하기 위하여 수색 중대장 호턴 대위는 14명의 수영반을 편성했다. 서울 태생으로 한국어를 잘하고 서울 지리에 익숙한 언더우드(元一漢, 전 연세대학교 총장서리, 재단이사) 중위와 녹음기 전문가인 해군 공보장교 잭 시글 소위가 포함됐다. 시글 소위는 역사적인 수영도하를 녹음하고자 머레이 연대장에게 간청하여 동행하게 되었다.

19일 20시, 수영반이 한강물 속으로 들어가 소리를 죽여 가며 헤엄쳐 나갔다. 맑게 갠 밤하늘에 걸린 반달*이 어렴풋이 지켜보고 있었다. 사방은 고요하여 정적이 감돌았고 가끔 멀리서 개 짖는 소리가 사람 사는 세상임을 알려준다. 무기와 탄약과 장비는 고무보트에 싣고 끌고 갔다.

* 일본 육전사연구보급회 『한국전쟁』 3은 "맑게 개인 밤하늘에 걸려 있는 그믐달이 어렴풋이 한강을 비치고 있었다."(p209)라고 감상적인 표현을 했다. 19일은 음력 8월 8일이다. 완전한 반달이다. 같은 문헌은 21일 '안양탈환'에서 "21시경에 달이 떠올라 전장을 밝게 비쳐 주었으며"(p224)라고 했는데 21일은 음력 10일이고, 21시경이면 달은 거의 중천에 이른다. 더욱 이틀 전에 그믐달이었으면 이 날은 달이 없어야 한다. 초생달은 음력 3일에 뜬다. 9월 26일이 추석이었다. 낙동강 방어선에서 반격을 개시한 것은 24일이다. 나는 제1사단에 있으면서 25일 가산성지에서 동명 부근 5번 국도로 나와 북진길에 올랐다. 신주막을 지난 어느 지점 도로가에서 1박하고 추석인 26일 낙동강을 건너서 선산군 무을면 어느 농가에서 숙영했다. 유난히도 밝게 느껴지는 추석달을 쳐다보면 지척에 있는 고향집과 부모님을 그렸던 기억이 되살아난다.
내집은 숙영지에서 10km 거리에 있었다.

약 50분 후에 북안 기슭에 닿았다. 강안에는 적이 없었고, 도선장은 LVT가 그대로 올라갈 수 있었다. 행주부락과 125고지 정상을 정찰했다. 가슴 소위는 병사 몇 명을 데리고 125고지로 올라갔다. 가파른 언덕을 올라간 가슨 소위는 어두운 밤이라 분명하지는 않으나 여기가 분명히 125고지 정상일 거라고 생각했다. 적은 없었다. 행주부락에도 적은 없었다. 22시 10분경 정찰병들이 모두 돌아왔다.

호턴 대위는 LVT에 승선하여 대기하고 있는 주력부대에 신호를 보냈다.

9척의 LVT가 출발하여 강 중간쯤에 이르렀을 때 갑자기 125고지 능선에서 기관총이 불을 뿜기 시작했고 이어서 박격포의 탄막사격이 시작되었다. 정확한 사격에 4척의 LVT는 조타수들이 모두 부상하였고, 배는 강물에 밀려 모래밭에 좌초되고 말았다.

머레이 연대장은 기습도하를 단념하고 철수 명령을 내렸다.

가슨 소위가 정찰한 고지는 125고지가 아니고 그로부터 북쪽으로 약 1km나 떨어져 있는 어느 야산이었다.

강기슭에 있던 호턴 대위의 수색대도 적의 사격을 받고 있었다. 이들에게도 철수 명령이 내려졌다. 수색대원들은 기관총과 박격포탄이 떨어지는 물속으로 뛰어들어 좌초된 LVT가 있는 곳까지 헤엄쳐갔다. 강 한가운데쯤 갔을 때 호턴 대위는 등에 박격포탄 파편을 맞아 중상을 입었고, 다른 2명도 중상을 입었는데 서로 도와가면서 무사히 강을 건너왔다. 1명이 실종되었으나 시간이 없어서 찾지 못하고 그냥 돌아왔다.

### 적전 강습도하

제5해병연대장 머레이 대령은 기습도하가 실패하자 주간에 적전 강습도하를 강행하기로 결심했다.

20일 04시에 이르러 연대장은 주공 제3대대장 태플리트 중령에게 2시간 뒤에 급속 도하하라는 명령을 내렸다.

날이 밝은 후 목표지점 125고지에 폭탄과 포탄을 퍼부었다.

도하작전이 폭로된 이상 도하공격 전에 포격으로 적을 제압하는 것이 필요했으나 그렇게 할 경우 시간이 많이 소요되고, 그동안에 적도 증원할 것이 틀림없었기 때문에 더 이상 지체할 수가 없었다.

연대지휘소는 도하지점을 내려다 보는 개화산(開花山-131고지)에 있었다.

함대해병사령관 셰퍼드 중장,

제7함대사령관 스트러블 제독,

제10군단장 아몬드 소장,

해병사단장 스미스 소장 등이

참모들을 대동하고 도하 작전을 참관하러 왔고 기자단도 따라왔다.

06시 45분 공격 명령을 내렸다. 맥 머레이 중위가 지휘하는 제3대대 I중대를 실은 LVT가 한강으로 돌진했다. 기라성 같은 지휘관과 참모들 앞에서 마치 어전시합이라도 하는 듯 대원들은 사기가 올라있었다. 횡대로 늘어선 LVT는 기관총을 쏘아대며 돌진했고, 이에 뒤질세라 맞은편 125고지의 응사도 만만치 않았다. I중대는 적지 않은 피해를 감수하면서 LVT를 타고 그대로 강북쪽 기슭으로 돌진하여 단숨에 행주부락을 제압하고, 기세를 몰아 125고지로 진격하여 09시 40분 고지를 탈환했다.

제3대대의 나머지 중대는 I중대가 125고지에서 격전을 벌이고 있는 것을 바라보면서 LVT에 탄 채로 적의 별다른 저항을 받지 않고 내륙으로 직행하여 08시 30분에 능곡에 도착하였고, 여기서 서울~개성 간 국도와 철도를 차단한 다음 서울로 방향을 돌려 95고지를 점령했다.

10시에 로이스의 제2대대가 도하를 개시하여 제3대대를 앞질러서 대덕산(127고지)과 망원산(179고지)까지 진출했다.

제2대대에 이어 한국해병 제2대대가 미 제56해병 LVT대대 A중대와 함께 도하했다. 저녁까지 미 제5해병연대와 이에 배속된 한국해병 제2대대 그리고 전차 12대가 도하를 마쳤다. 공병대가 부교가설에 착수했다.

도하작전에서 제3대대는 43명의 사상자를 냈고, 적 약 200명을 사살했다. 또 전날 실종된 수색대원이 많은 정보를 가지고 돌아왔고, 좌초된 LVT 2척도 구출했다.

12시 30분, 김종기 소령이 지휘하는 한국해병 제2대대는 미 제5해병연대를 엄호하기 위하여 행주 동북방 강매리(江梅里-고양시 덕양구 강매동) 일대에 진지를 구축하였고, 박성철 중위의 제5중대는 토당리(土堂里-덕양구 토당동. 의정부 방면 39번 국도변) 동쪽 조그마한 야산에 포진하였다.

아군의 서울진격을 저지하기 위하여 황주, 사리원 등지에서 급거 출동한 1개 대대 규모가 토당리 동북방에 있는 국조봉(國祖峰)에 집결해 있었고, 아군의 정보를 얻기 위하여 5~6명이 상복차림으로 변장하고 장례를 치르는 척하면서 아군진지 전방을 왔다갔다 했다.

적의 기도를 간파한 박성철 중대장은 저들이 돌아간 즉시 진지를 8부 능선으로 옮겨 적의 공격에 대비했다.

해가 지자 예상한 대로 적은 중기관총의 엄호사격을 받으면서 포복으로 진지 전면 5부 능선까지 접근했다. 아군의 반응이 없자 적은 안심한 듯 일어나서 걸어서 능선을 올라오기 시작했다. 거의 목전에 이르렀을 때 일제사격을 퍼부었고, 대대의 지원사격까지 가세하여 거의 전멸시켰다. 죽지 않은 자도 아군의 치열한 사격에 퇴각하지 못하고 아침까지 논두렁에 숨어 있다가 모두 포로로 잡혔다.

포로 진술에 의하면 이들은 급히 모병한 어린 학생들이었다고 했다.

맥아더는 인천상륙 후 5일째인 20일 한강을 건너기로 계획했다.

맥아더 원수는 아몬드 군단장에게

"인천에 올라선 지 닷새 안에 장군은 서울로 들어갈 수 있을 것이오."
라고 말한 바 있었고, 아몬드 소장은
"그건 어렵습니다. 하지만 두 주일 안에는 서울을 점령하겠습니다."
라고 대답했었다.<sup>주)</sup>　　　　　전쟁기념사업회 『한국전쟁사』 제4권 p66

어디를 서울로 보느냐에 따라 달라질 수 있는 선문답(禪問答)이다. 두 장군의 말이 다 맞았다고 해야 옳을 것 같다.
"미 제5해병연대가 서울을 향하여 순조롭게 진격하고 있다."
는 보고를 받고 맥아더 원수는 도쿄로 돌아갔다.

9월 22일 일본 아사히신문은 전승 장군의 귀환을 대대적으로 보도했다.

21일, 해두보 확장이 순조롭게 진행되어 육상작전 범주에 들어갔으므로 18시를 기하여 지상군 작전지휘권이 미 제7합동기동부대사령관 스트러블 제독으로부터 미 제10군단장 아몬드 장군에게 이양됐다.

미 제1해병사단 마지막 연대 제7해병연대가 인천에 상륙했다.

이날까지 인천항으로 상륙한 병력은 49,568명, 차량이 5,356대, 군수물자가 22,222톤이다.<sup>주)</sup>　　　일본 육전사연구보급회 『한국전쟁』 [3] p228

미 제7보병사단에 배속된 국군 제17연대는 미 제8군 해상예비대로 부산 앞바다에 대기하고 있다가 미 제8군 정면이 호전되면서 24일 08시 인천항으로 상륙하여 열차편으로 부평까지 이동한 후 행군대형으로 영등포를 거쳐 흑석동에 진출하였고, 다음날 미 제7사단 제32연대에 배속되어 신사리에서 한강을 도하하여 서울로 진격하였다.

## 4. 서울 서쪽 돌파

**피 · 아군 대치 상황**

인천상륙으로부터 1주일이 되는 21일 저녁 현재 미 제10군단은 서울을 탈환하기 위한 작전지역에 전개했다.

미 제5해병연대 - 서울 서쪽 사천(沙川, 모래내)선까지 진출하여 다음 날 눈앞에 있는 안산(鞍山) 공격준비.

미 제2해병연대 - 영등포에서 서울 공격준비.

미 제7해병연대 - 인천에서 상륙 중에 있었고,

미 제7사단 제32연대 - 서울 동남쪽 한강 남안을 소탕 중.

제31연대 - 수원 남쪽까지 진출하여 모루작전 준비 중.

한국 해병대 제1대대는 미 제5해병연대에 배속되어 있었다.

서울은 한국 수도이고 한국 최대 도시이다. 3면이 험준한 산으로 둘러싸였고, 남쪽은 한강이 가로막고 있다. 전쟁에서 공격하기는 어렵고 방어하기는 쉬운 지형적 특색을 가지고 있지만 역사상 서울에서 공방전이 벌어진 일은 없다. 서울 사람들은 '서울이 가장 안전한 곳'이라는 관념을 가지고 있다.

서울 서쪽의 벽은 안산 줄기이다. 북한산에서 인왕산(仁旺山-338고지)을 거쳐 흐른 지맥이 안산(296m)을 기점으로 남쪽으로 한강까지 뻗어 있고, 남북 약 4km, 폭 약 500~2,000m이르는 암석으로 된 능선이 병풍처럼 둘러 있으며, 사시 억새풀과 관목으로 덮여있다.

북한군의 형편을 살펴보자.

북한군의 서울방어 기간부대는 제25여단과 독립 제78연대이다.

제25여단은 약 1개월 전에 철원에서 편성하여 부산 공격에 참가하고자 훈련을 하고 있던 중 15일 서울로 집결하라는 명령을 받고 19일 밤에 도착했다. 병력이 2,500명으로 보병 2개 대대, 중기관총 4개 대대, 공병 1개 대대, 76mm야포와 120mm박격포 각 1개 대대로 특수편성한 부대이고 여단장은 소련군 출신 45세의 최기찬 소장으로 알려졌으며, 장교와 준사관은 대부분 중공군 복무 경력을 가진 전투경험이 많은 자들로 구성되었다.

제78연대의 편성은 알려지지 않았다.주) 일본 육전사연구보급회 『한국전쟁』 3 p240, 241

북한 공간사는 서울방어준비에 대하여 다음과 같이 기술하였다.

"서해안방어사령부 예하의 인민군 부대와 서울 시민은 서울을 고수하기 위하여 필사적으로 일어섰다. 인민군 부대는 서울시와 그 외각지대에 강력한 방어진을 폈다. 서울시민은 인민군을 도와 참호파기에 적극적으로 참여하였으며, 또한 거리마다 견고한 바리케이드를 설치하였다. 서울 지역 노동자는 무기를 들고 직접 서울시 방어에 나섰다. 북한의 공장, 기업소, 농촌에서는 서울방어 전투를 성원하는 광범위한 대중집회를 열고, 대중의 이름으로 서울방어 전사들에게 조국의 촌토를 피로써 지키며, 서울을 점령하려는 UN군을 섬멸하라고 호소하는 격려문을 보냈다." (일본 육전사연구보급회 『한국전쟁』 3 p240)

김일성은 경인 지역에 UN군 공수부대의 낙하와 인천상륙을 예상하고 서울시인민위원장 이승엽을 경기도방어지역군사위원회 위원장에 임명하여 소요 물자를 확보하고, 노력을 동원하여 진지를 구축하도록 특별지시를 해 놓았으며, 서해안방어사령부를 설치하고 원로 최용건을 사령관에 임명하여 경인 지역에 있는 부대를 통합지휘하게 하였다.

북한의 『조선전사』 27(p22)은 다음과 같이 기술했다.

"위대한 수령님께서는 적들의 '총공세' 계획에 따르는 상륙기도가 확실해졌을 때 …… 서해안방어사령부를 조직하시고 인천~서울 방어부대들을 통일적으로 지휘하게 하시었다. 그리고 여기에 경기도방어지역군사위원회에 소속되었던 부대들과 전선지구경비사령부 관하의 부대로서 인천~군산 사이의 서해안 지역에 배치되어있었던 경비대, 보안대들을 소속시키시었으며 동시에 그 지역의 력량과 기재를 인천, 서울 지역에 집중하도록 하시었다. 또한 서해안방어사령관으로 민족보위상 최용건 동지를 임명하시었다."

이 방침에 따라 북한군이 경인 지역으로 증원한 부대는 제18사단, 낙동강전선에서 이동한 제105기갑사단과 제9사단 제87연대, 1개월 전에 철원에서 편성한 제25여단 및 사리원에서 편성한 독립 제78연대였다.

서해안방어사령관 최용건은 가까이 있는 제18사단 일부로 하여금 상륙부대를 저지케 하고, 잔여부대와 낙동강에서 이동해 온 제105기갑사단(전차 40~50대), 제9사단 제87연대로 하여금 서울을 고수케 하며, 북한에서 신편하고 있는 제19, 제27, 제31, 제43사단, 제17기갑사단과 낙동강에서 이동해 오는 병력을 서울 주변에 집결시켜 새로운 전선을 형성하려고 기도하였다.

그러나 제18사단은 낙동강전선을 증원하기 위하여 급행 중이었는데 이때 선두는 이미 천안에 도착하여 당장에 작전을 할 수 없는 처지였으므로 후미부대로 서울에 있는 제22연대를 15일 밤에 부평 부근으로 투입하였다가 전멸하였고, 수원 부근에 집결시켰던 제70연대를 소사 부근으로 투입하였으나 전력 열세로 제대로 힘도 써보지 못했다.

낙동강전선에서 긴급히 이동한 제105기갑사단은 UN공군의 저지에 막혀 진출이 지연된 데다가 전황이 다급하게 되자 도착하는 대로 축차로 전선에 투입하여 통합된 전력으로서의 집중력을 기대할 수 없었다.

제9사단 제87연대는 김천에 가 있어 제때에 반전하지 못하였다.

북한군은 8월 중순경부터 서울시민을 '근로봉사'라는 이름으로 강제 동원하여 사람의 눈에 잘 띄는 남산에 진지를 구축하였다. 이것은 시민들의 경각심을 불러일으키기 위해서였다. UN군이 인천에 상륙하자 필사적으로 남녀노소를 막론하고 마구잡이로 동원하여 시내 요소요소에 토치카와 바리케이드를 설치하고 철조망을 쳤으며, 서울 주위의 북한산과 안산, 남쪽 고지대에 참호를 파고 요소요소에 동굴진지를 구축하였다.

북한군은 서울방어 중점을 서쪽 안산에 두고 제25여단을 배치했다.

안산 남쪽에 경의선이 지나가고, 그 주변에 홍제동에서 서교동 쪽으로 연이어 105고지 3개가 있다. 남쪽으로부터 와우산(臥牛山-A), 중앙이 노고산(老姑山-B)이고 북쪽의 무명고지(C)가 그것이다. 이 무명고지에 경의선 터널이 관통한다. 이 3개 고지 일대는 일제강점기에 일본군이 중·소 국경 지대에 있는 토치카를 본 따서 콘크리트 엄체호(掩體壕), 동굴, 교통호, 유개 교통호 등을 설치하여 훈련을 하던 곳이다. 광복 후 국군이 사용했고, 북한군이 서울을 점령한 후에는 북한군도 훈련장소로 이용했다.

북한군은 진지를 거점 위주로 편성하고 각 거점마다 중기관총 1정씩, 총 50정이 넘는 중기관총을 교차사격 위주로 구성하여 배치하였고, 사각지대에는 경기관총과 자동소총 그리고 박격포의 탄막 등으로 보완하였다. 1km당 자동화기의 밀도는 중기관총이 13~14정, 자동소총 이상의 화기가 52~56정으로 자동화기를 20m당 1정 꼴로 배치하였다.

21일 밤 영등포에서 철수한 북한군 제18사단과 제87연대가 시내에 잔류하면서 예비 병력으로 대기하고 있었다.㈜ 일본 육전사연구보급회 「한국전쟁」 [3] p241, 242

### 안산탈환과 105고지 공방

21일 고길훈 소령이 지휘하는 한국 해병대 제1대대는 서울 서쪽 방벽의 첫 번째 고지인 안산 서쪽 104고지를 공격했다. 104고지는 서울 방어를 위하여 매우 중요한 거점이었으므로 적은 어떠한 공격이라도 능히 막아낼 수 있는 가능한 모든 역량을 동원하여 이곳을 지키고 있었다.

14시 공격을 개시한 한국 해병 제1대대는 고지 전면에 하천과 개활지가 있어 공격에는 절대 불리한 조건임에도 불구하고 이봉출 대위의 제3중대가 주공으로 단숨에 돌진하여 2시간에 걸친 백병혈전을 벌였다. 최후 발악하는 저항에 많은 희생자를 냈으나 18시 30분 고지를 탈환했다.

해병대는 전사 8명, 부상 20명의 피해를 감수해야 했다.

9월 22일 07시에 미 제5해병연대는 사천(모래내)에서 서울 서쪽 방벽에 대한 공격을 개시했다.

미 해병 제3대대가 북쪽 안산(296고지)을,
한국 해병 제1대대가 중앙 105고지(B-노고산)를,
미 해병 제1대대가 남쪽 105고지(A-아우산)를

각각 공격목표로 삼았다.

미 해병들은 지금까지 별로 적의 큰 저항을 받아본 일이 없기 때문에 오늘밤에는 서울시내에서 편히 쉬게 될 것이라는 기대에 부풀어 있었다.

역사가 시작된 후 처음으로 서울에서 전투가 벌어졌다.

미 해병 제3대대는 맹렬한 포격과 항공지원을 받으면서 진격하여 09시경에 목표인 안산 정상을 점령하고 서울 시가지를 내려다보았다. 이로써 서울 서쪽 방벽을 쉽게 돌파할 것으로 생각했다.

중앙을 공격하는 한국해병대는 105고지(B)에 이르기 위하여 66고지(연희고지)와 88고지를 중간목표로 정하고 공격했으나 곧 적 박격포의 탄막에 걸리고 기관총 교차사격을 받아 큰 피해를 입었다. 안산 남쪽 사면과 측면에서 날아오는 총탄은 한국해병대를 꼼짝 못하게 묶어놓았다. 미 해병항공대가 지원에 나섰으나 적이 계속 쏘아 올리는 연막탄에 지상목표가 차단되어 효과를 보지 못하였고, 안산 정상을 점령한 미 해병 제3대대가 안산 남쪽 능선에 있는 적을 제압하려고 하여도 가파른 후사면에 구축된 적진지에 접근할 수가 없을 뿐만 아니라 적이 포격을 집중하면서 역습을 반복하여 제3대대는 자기 진지도 구축할 수 없는 암벽 정상에서 어려움을 겪어야 했다.

남쪽 미 해병 제1대대도 북한군의 맹렬한 저항에 진전이 없었다. 미 해병제1대대가 105고지(A)를 점령하지 못하면 미 제1해병연대가 도하를 하지 못한다. 오후에 연대의 전 화력을 남쪽 105고지(A)에 집중한 후 A중대가 사투 끝에 17시 30분에 고지를 탈환하였다.

A중대는 12명이 전사하고 31명이 부상하는 피해를 입었다.

제3소대장 신맨디 중위는 목에 관통상을 입었는데 다행히 총탄이 식도와 목뼈 사이를 통과하여 기적적으로 생명을 유지할 수 있었다.

미 해병 제1대대는 북한군의 첫 번째 탄막사격에서 39명의 사상자를 냈고, 북한군 제25여단은 40%의 피해를 입은 것으로 파악되었다.

23일 미 제7사단 제32연대는 한강 남안을 소탕하면서 동쪽으로 전과를 확대해 나갔다. 제1대대가 290고지와 동쪽 306고지를 점령하여 서울에서 인천으로 통하는 도로를 차단하였고, 제2대대는 한강 남안을 따라 서빙고나루터의 사평리를 공격하였으나 진전이 없었다.

미 제5해병연대가 어제 점령한 안산과 105고지(A)를 북한군이 역습했다. 두 고지 산중턱이 북한군 시체로 덮을 정도로 희생을 내면서도 단념하지 않고 역습을 반복하여 방어벽을 고수하려는 의지를 보였다.

머레이 연대장은 주공을 중앙의 한국 해병제1대대 정면으로 옮겨서 공격을 재개했다. 한국해병대는 과감한 공격을 시도했으나 피해만 늘어날 뿐 진척이 없었다. 한국해병대는 사상자가 300여 명에 이르렀다. 머레이 연대장은 15시경에 예비로 있던 로이스의 제2대대를 한국해병대와 교대하여 중앙의 66, 88고지를 공격케 하였으나 역시 실패하였다.

좌 일선 88고지를 공격한 F중대의 어떤 소대는 무리한 돌격을 반복하여 감행한 결과 해질 무렵이 되었을 때 남은 병력은 겨우 7명이었다.

66고지를 공격한 우 일선의 D중대는 많은 피해를 내고 해질 무렵에 가서야 가까운 거리에 육박하여 돌격진지를 확보했을 뿐이다.

정오경 스미스 사단장은 미 제7해병연대의 한강도하를 독려하고 그 일부 병력을 미 제5해병연대의 후방으로 진출시켰다.

### 군단장과 사단장의 불협화음

미 제10군단 작전계획은 해병사단을 기간으로 서울을 탈환하는 것이었다. 미 제5해병연대가 한강을 도하하여 서울을 공격하기 시작한지 4일째가 되는 시점에서 북한군 전력은 당초 예상했던 것보다 훨씬 우세한 것으로 드러났다. 병력, 장비, 사기 어느 것 하나도 부족한 것이 없어 보였다. 해병대 공격에 역습으로 맞서 조금도 굴복하지 않았다.

서울을 탈환하는 것은 한국전쟁을 치르는데 하나의 고비가 될 것이며 이것은 군사적 목표인 동시에 정치적, 심리적 목표이기도 했다. 또 서울탈환이 빠르면 빠를수록 나타나는 기대 효과는 크다.

아몬드 장군은 평소에 이런 지론을 가지고 있었다.

"요새화된 시가지 공격은 정면에서의 공격만으로는 매우 어렵다. 포위함으로써 적에게 퇴각 결심을 강요해야 한다. 이 원칙은 불변할 것이다."

서울을 빨리 탈환하기 위해서는 신속하게 그 동남쪽으로부터 포위하여 낙동강전선과의 연락을 차단하고 동시에 동북방으로의 퇴로를 위협하면 적에게 퇴각을 강요할 수 있다고 생각하였다.

아몬드 장군은 미 제1해병대의 운용에 대하여 이렇게 판단했다.

"이 연대를 사단의 주력 방면으로 이동시키기보다는 서울의 동남방으로부터 공격시키는 것이 좋을 것이다. 이렇게 하면 해병사단의 주력이 서쪽과 동쪽에서 차단하고 있기 때문에 서울을 완전히 포위하게 되므로 북한군에게 퇴각의 구실을 줄 수가 있다."

23일 아몬드 군단장은 스미스 사단장 지휘소를 찾아갔다.주) 1

"계속하여 서쪽으로부터 공격을 하는 것도 하나의 방안이긴 하나 그 보다도 미 제1해병연대를 서빙고나루터에서 도하시켜 서울을 동쪽에서 포위하는 형태로 공격하는 것이 좋을 것으로 생각한다. 그 이유는 서울 공격은 빠를수록 좋은데 그러기 위해서는 포위 형태를 취하여 북한군에게 퇴각하도록 강요하는 것이 피해도 적고 조기 탈환이 가능할 것으로 생각되기 때문이다. 낙동강선의 북한군 주력은 전면 붕괴가 된 것 같으므로 적이 서울을 사수할 필요는 없게 되었다."

이상과 같은 취지를 설명하고 미 제1해병연대의 운용 문제를 다시 한 번 생각해 보도록 촉구하였으나 스미스 사단장은 즉석에서 반대했다.주) 2

"22, 23일의 북한군의 전투 양상과 포로 진술로 보아 북한군은 표면상 서울을 사수할 작정인 것 같다. 서구식 사고방식으로는 서울 사수가 무의미한 것이지만 동양인은 동양인으로서의 사고방식을 가지고 있다. 그래서 미 제1해병연대가 포위를 하더라도 적에게 퇴각을 강요할 수는 없을 것으로 본다. 포위를 하면 적은 더욱 서울을 사수하려고 결심을 굳힐 것이다. 그렇게 되면 아군은 부질없이 전력만 분산시켜 놓는 결과가 된다. 사수를 결심하고 있는 적은 힘으로 분쇄할 수밖에 없다. 사단은 전력을 서울 서쪽에다 집중시켜서 압도적인 전력으로 맹공을 가는 편이 좋다고 생각한다."

여기서 두 사람 사이에 상당한 논쟁이 있었으나 스미스 장군이 결심을 바꾸지 않기 때문에 아몬드 장군은

"해병사단은 전력을 다해 서쪽에서 공격을 계속한다. 그러나 내일의 전황진진이 좋지 않을 경우, 사단의 작전지역을 변경하여 미 제32연대를 서빙고에서 도하시켜 서울 공격에 참가시킨다."

는 절충안을 제시하여 타협하였다.주) 3  1, 2, 3. 일본 육전사연구보급회 「한국전쟁」 [3] p250

아몬드 장군의 작전지역변경 절충안을 스미스 장군이 반대할 이유는 없었지만 해병대의 자존심이 상하게 된 것만은 부정할 수 없을 것이다.

아몬드 군단장과 스미스 사단장은 이후에도 사사건건 의견 차이가 있었던 것 같다고 했다. 이러한 견해 차이는 두 사람이 받은 교육과정과 육군과 해병대라는 생리의 차이, 특히 태평양전쟁과 유럽 지역이라는 각기 다른 전쟁에서 겪은 경험의 차이에서 비롯된 것 같다고 했다.

아몬드 장군은 유럽전쟁에서의 경험이 풍부하였으나 아시아에서는 작전을 해 본 일이 없다. 그는 로마나 파리에서 얻는 경험에 입각하여 도시를 방어하고 있는 군대는 포위당하면 후퇴하는 것으로 믿고 있었다.

반면에 스미스 장군은 태평양전쟁에서의 경험으로 동양의 군대는 사수하라는 명령을 받으면 최후의 한 사람에 이르기까지 모든 수단을 강구해서라도 사수하는 것으로 믿고 있었다.

이러한 두 사람의 상이한 경험을 바탕으로 한 견해가 서울공격작전에서 판단 차이로 표면화된 것이라고 하겠다.

스미스 장군은 해병사단의 모든 전력을 서울 서쪽으로 집중하여 신속히 서울을 공격함으로써 자신의 이론을 입증시키기 위하여 미 제1해병연대의 한강도하를 하루 앞당기고 22시경 명령을 내렸다.

"24일 아침 한강서쪽에서 도하하여 신속히 서울 공격전에 참가하라."

### 연희고지 돌격전

9월 24일 새벽, 서울 서부 지역 방벽에 대한 3일째 공격이 시작됐다.

"해병대가 탈취하지 못하면 미 제7사단을 서울 공격에 참가시킨다."

고 한 군단장의 말을 전해들은 머레이 연대장은 오늘 하루의 공격작전에 연대 뿐 아니라 전 해병대의 명예를 걸게 되었다.

머레이 연대장은 안산 정상에 있는 제3대대는 남쪽 능선을 탈취하고 제2대대는 전 대대 병력으로 돌격하라고 명령을 내렸다.

아침에 안개가 짙게 깔려 있는데다가 북한군이 연막탄을 계속 쏘기 때문에 공격준비사격이나 공중지원공격이 정확하지 못했고, 제3대대가 안산 후사면으로 돌격했으나 집중사격을 받아 성공하지 못했다.

66고지(연희고지)*는 스미스(H. J. Smith) 대위가 지휘하는 D중대가 공격을 했는데 D중대는 안개를 이용하여 적에게 감지되지 않고 66고지 기슭에 도달하였다. 중대 우 일선 제3소대(36명)가 66고지 동쪽 능선을 타고 올라가다가 선두 뉴비 상사의 분대가 갑자기 적 참호와 부딪쳤다. 적과의 거리는 2~30m 밖에 안 되는 수류탄 투척거리 안에 들어있었다.

---

\* 연희고지는 56고지인가? 66고지인가?
　① 일본 육전사연구보급회 『한국전쟁』 ③은 66고지(p252이하)
　② 전쟁기념사업회 『한국전쟁사』 제4권은 56고지, 66고지(p75)
　③ 국방부 『한국전쟁사』 제3권은 56고지(p747-상황도, 749, 750)

④ 손성우(孫成祐) 편 『한국지명사전』은 연희고지는 "능선의 높이 88m, 66m, 104m의 고지를 말함"(p464)이라고 기술.

순식간에 수류탄이 날아오고, 전 전선에서 북한군의 사격이 시작되었다. 맥노튼 소대장은 어깨에 관통상을 입었으나 지휘를 계속했고, 스미스 상사의 제3분대(12명)에게 적 좌측 후방으로 돌격할 것을 명령했다. 스미스 상사는 위치를 변경한 다음 적진으로 은밀히 침투했다. 그러나 곧 적의 집중사격에 이은 역습을 받고, 2~3분 사이에 스미스 상사 이하 7명이 전사하고, 4명이 부상을 당했다. 온전한 사람은 단 한 사람이었다.

해병항공대의 코르세아기 편대가 아주 낮게 비행하면서 전방 50m 지점에 있는 북한군 진지를 폭격했다. 너무 저공으로 비행하다가 두 번째 공격에서 코르세아기 10대 중 5대가 대공포를 맞아 손상을 입었다.

안개가 걷히고 시계가 트이자 북한군의 사격이 D중대에 정확하게 집중되었다. 박격포 사격이 반복되고, 10여 정의 기관총이 교차사격을 하여 꼼짝달싹할 수가 없었다.

중대에 남은 병력은 제1소대(맥노튼 중위) 9명*, 제2소대(호와드 소위) 10명, 제3소대(돗지 소위) 11명으로 3개 소대 병력은 30명뿐이었다. 몇 분에 한 사람씩 죽어가고 있어 이러다가는 얼마 안 가서 전멸할 위기에 놓이게 되었다. 스미스(H. J.) 중대장은 앞서 대대에 증원요청을 하였는데 대대장이 부상을 입는 등 대대도 극한 상황을 맞아 증원은 생각할 수가 없었다.

* 인용문헌 일본 육전사연구보급회 『한국전쟁』 ③은 제3소대(맥노튼 중위-p253), 제1소대(맥노튼 중위-p254)로 다르게 기술. 본문은 인용문을 그대로 따랐다.

스미스 중대장은 중대의 남은 병력으로 66고지에 돌격하기로 결심했다.

그대로 있다가는 다 죽을 판이었다. 이래도 죽고 저래도 죽을 바에는 돌격을 감행하여 명예롭게 죽는 것이 낫다고 생각했다.

포탄이 다 떨어진 박격포소대도 돌격에 가담하겠다고 자원했고, 화기소대와 중대본부에서 뽑아낸 14명이 가세했다.

해병들은 이 돌격이 비참한 결과로 끝날 것이라고 생각하고 있었다. 그들은 낙동강 방어선 최대의 격전이라고 하는 낙동강돌출부 전투를 두 번이나 경험했다. 그 때 돌격준비를 하는 동안 그들 지휘관들이 차례로 사상되는 것을 보았고, 대원 수가 반으로 줄어든 그 때의 상황이 기억에서 되살아나고 있었기 때문이다. 그러한 격전을 치르고도 살아남은 행운의 용사들인데 이번에는 살아남지 못할 것이라고 체념했다고 한다.

스미스 중대장의 무전 유도에 따라 공중공격이 시작되었다. 그러나 첫 번째 폭격은 130m나 빗나갔다. 두 번째의 것은 매우 가까웠고, 세 번째의 것은 중대 전방 50m 지점에 떨어지는 오폭이었다.

돌격대원들은 코르세아기가 급강하할 때마다 환성을 질렀는데 마지막 한 대가 폭격하였을 때는 욕설을 퍼부었다.

코르세아 지휘관기가 신호탄을 발사하면서 돌입했고, 스미스(H. J.) 중대장의 돌격 명령이 떨어졌다. 중대장이 선두에 섰다. 곧이어 우 측방에서 총성이 울리는가 싶더니 스미스 중대장이 쓰러졌다. 즉사했다.

맥노튼 중위가 중대를 지휘했다. 선두에 선 병사들은 부상을 입고도 기관단총을 쏘면서 무아지경에서 돌진해 나갔다. 자신이 부상당한 것조차 모르고 있었다. 마침내 26명의 대원이 진지에 돌입했다. 공격 중 4명이 부상을 입었다. 전쟁공포증에 사로잡힌 적 수백 명이 동쪽 산비탈로 도망치다가 돌격대원들의 사격에 쓰러져서 산 밑으로 굴러 떨어졌다. 몇 명의 적병들은 죽은 시늉을 하고 있었고, 그 중에는 불의에 기습을 하는 자도 있었으나 모두 사살했다.

드디어 66고지로 통칭되어 온 연희고지가 아군 수중에 들어왔다.

고지 정상을 탈취한 뒤 맥노튼 중위는 중대를 재편성했다. 남은 사람은 30명이었다. 적의 역습에 대비하여 방어 배치를 했다. 얼마 후 증원병력이 와서 중대원은 56명으로 늘어났지만 그 중 26명은 부상자였다.

새벽에 D중대가 공격을 개시했을 때 병력은 206명이었다. 반나절 동안의 전투에서 36명이 전사하고, 116명이 부상으로 호송되었으며, 부상을 당하고도 남은 자가 26명이었다. 전체의 85%에 이르는 178명이 사상했다. 온전한 사람은 28명에 불과했다.주)    전쟁기념사업회 『한국전쟁사』 제4권 p76

중대부관(부중대장) 세이델 중위가 중대를 지휘하여 66고지를 확보했다.

66고지 주변 일대에는 100여 구에 달하는 적병 시체가 흩어져 있었다. 시체의 대부분은 정상 부근 경사면에 흩어져 있었는데 이는 돌격대가 돌진해 갈 때 겁을 먹고 도주하다가 사살된 자들이다.

66고지를 빼앗긴 북한군의 저항은 급속도로 쇠퇴해 갔는데 북한군 포로들은 66고지 상실로 전의를 잃었다고 이구동성으로 진술했다.

미 제1해병연대는 105고지(A-와우산)를 확보한 미 제5해병연대 제1대대의 엄호를 받아 한강을 건너 후 사단 우익으로 서울 공격에 가담했다.

미 제7해병연대(Homer L. Litzenberg 대령)는 도하를 끝내고 주력을 토당리(土堂里)로 진출시켜 다음 날 공격에 대비했다.

24일 아침, 한강 남안에서 소탕전을 벌이던 미 제7보병사단 제32연대는 마운트 중령의 제2대대가 여명에 서빙고 남안 사평리에 있는 북한군 진지에 돌입했다. 의표를 찔린 북한군은 지리멸렬하여 도주했다. 여러 정황으로 보아 북한군 연대본부였던 것으로 판단되었다.

한국해병대는 전날 연희고지 공격에서 후방으로 물러나 재편성을 마친 후 09시에 제1대대와 제2대대가 수색 일대 부락과 야산 여러 곳을 정찰하여 적 57명을 사살하고, 30명을 사로잡았으며, 많은 무기를 노획한 외에 보급창고 2개소를 발견하여 접수하였다.

## 5. 서울 포위 섬멸전

### 서부방벽 붕괴

25일, 미 제5해병연대는 연희고지를 발판으로 88고지와 105고지(B-노고산)를 공격했다. 오전 중에 포격과 폭격으로 적진지를 제압한 다음 88고지를 먼저 공격하고 이어서 105고지(B)로 패주하는 적을 쫓아 15시 45분에 105고지(B)마저 탈취했다. 이 고지는 서부진지 가운데 가장 동쪽에 위치하여 서울 시내를 한눈으로 내려볼 수 있는 곳이다.

포로 진술에 따르면 이날 하루 전투에서 북한군 3개 대대에서 총 500명가량의 인명 피해를 입었다고 했다.

25일 북한군의 서울 서부 지역 방어는 완전히 무너졌다.

북한군의 유기시체는 1,200여 구*가 넘었다.

* 국방부 『한국전쟁사』 제3권은 "56고지와 그 능선 상에는 1,500구의 적 시체가 뒹굴고 있어……"라고 기술.(p750)

미 해병대는 서울서부 지역 전투에서 북한군이 입은 병력 손실을 1,750명으로 추산했다.주)　　　　　　　　　일본 육전사연구보급회 『한국전쟁』 [3] p266

이 전투에서 아군은 약 500명이 사상한 것으로 파악되었고, 그 중 국군이 약 300명, 미군이 약 200명이었다.주)　　　전쟁기념사업회 『한국전쟁사』 제4권 p77

미 제5해병연대는 서부 지역에 대한 소탕전을 완료했다. 제3대대는 서울로 진격하여 서대문형무소에 잠복하고 있는 적과 일전을 벌이다가 날이 저물어 경계태세에 들어갔다.

미 제1해병연대(폴라 대령)는 아침부터 한강과 남단 105고지(A) 사이 좁은 정면으로 공격하면서 서울의 동남쪽으로 진출을 시도했으나 적의 저항이 완강한데다가 이외의 장애물이 많아 공격은 지지부진하였다. 가옥이 꽉 들어차 있고, 철도와 제방, 숲이 어우러져 있어 포격이나 폭격이 용이하지 않은데다가 전차가 전투에 참가하지 못한 것이 큰 타격이었다.

이곳은 경의국도가 통과하기 때문에 북한군이 중요시하여 동굴과 엄체호, 건물, 민가나 숲 속에서 완강하게 저항하여 고전을 겪고 있는 해병들은 전차가 오기를 애타게 기다렸다.

도하장비 때문에 행주나루에서 도하한 전차는 그 진출이 늦어질 수밖에 없었다. 선두로 도하한 윌리엄스 대위의 미 제1해병전차대대 B중대가 급속 진출명령을 받고, 보병과 공병 각 1개 소대의 엄호를 받으면서 진출했다. 화염전차와 도저 전차를 각각 2대씩 보유하고 있었다.

전차가 남쪽 105고지(A) 북쪽으로 접근했을 때 동굴에 숨어 있던 적이 집중사격을 했다. 보병과 공병은 흩어지고 전차만 남아서 적의 육탄공격을 받을 위기에 처했을 때 화염전차가 동굴과 주변 참호에 화염을 방사하자 동굴과 참호에서 북한군이 뛰쳐나왔고 전차의 기관총이 불을 뿜었다. 북한군은 완전히 전의를 잃고 있었다. 적군이 한 명도 나오지 않은 동굴이 있어 도저전차가 동굴 입구를 폐쇄하려하자 한 동굴에서 15명이 뛰쳐나와 항복했고, 다른 동굴에서도 여러 명씩 나와서 항복했다.

동굴 안에는 대대 병력으로 추산되는 적이 있는 것으로 파악되었는데 항복한 동료가 무사한 것을 보고 계속 나와서 항복을 했고, 어떤 동굴에서는 항복하러 나오는 자를 안에서 총을 쏘아 사살하는 사태가 벌어지기까지 했다. 미치광이가 된 지휘관이 맹목적으로 전의를 불태우고 있는 것 같았다. 그런 동굴을 도저전차가 폐쇄해 버렸다.

약 20분간의 전투에서 150명을 사살하고 131명을 포로로 잡았다.

윌리엄스 대위는 신이 나 연대장에게 무전으로 자신의 전과를 자랑스럽게 보고하자 풀러 연대장은 말을 가로채고 명령을 내렸다.

"자네 중대의 도착은 예정보다 45분이나 늦었다. 속히 제1선으로 진출하여 전투에 참가하라."

전차의 지원을 받은 미 제1해병연대는 공격이 급속하게 이루어졌다. 마포를 점령하고 시가전으로 저항하는 적을 소탕하면서 계속 진격하여 제1대대가 용산역을 점령하고, 다시 90도로 선회하여 서울역 남쪽에 진출하였다. 미 제1해병연대는 마포에서 용산에 이르는 넓은 지역을 확보하고 병력을 배치하여 서울 중심부에 대한 공격준비에 들어갔다.

25일, 한국 해병 제1대대는 미 제5해병연대와, 제2대대는 미 제1해병연대와 합동작전을 수행했고, 09시 인천에 상륙한 제5대대는 다음 날 수색해병대사령부에 도착하여 미 제7해병연대와 합동작전을 펴게 된다.

해병제5대대는 김성은부대의 일원으로 통영 전투에서 공을 세운 중대이다. 당시 김성은부대 제1중대(김광식 대위)와 제3중대(이봉출 대위)가 고길훈 소령이 지휘하는 제1대대에 편성되어 인천상륙작전에 참가했다.

25일 08시, 한국 해병제3대대는 한강을 역도하하여 미 제1해병시단사령부가 있는 김포비행장으로 이동했다. 김포반도 경계를 위해서이다.

### 북쪽퇴로 차단

25일 스미스 미 해병사단장은 어제 도하하여 토당리에서 대기 중인 미 제7해병연대에 다음과 같은 명령을 내렸다.

"제7해병연대는 서울 북쪽으로부터 진출하여 내일 이른 아침에 중앙청에서 동북방으로 1.5km 떨어져 있는 132고지(성균관대학교 뒷산 부근)와 그 동북쪽 2km 거리에 있는 163고지(성북동-미아리 선상)를 탈취하라."

이 고지들을 탈취하면 의정부 방면이 차단되어 서울시내에 있는 북한군을 완전히 포위하게 된다.

제7해병연대는 서울 북쪽 변두리로 진출하여 북한군이 달아나는 길목을 틀어막기 시작하였다.

24일 미 제187공정연대 제3대대가 일본에서 김포로 공수되어 김포비행장 경계임무에 들어갔다.

### 남부로부터 포위

24일 09시 30분 미 제10군단장 아몬드 소장은 미 제7사단사령부를 방문하고 버 사단장에게 다음 날 제32연대를 서빙고나루를 통하여 서울시내로 돌입시킬 준비를 하도록 지시했다. 그리고 군단 예비대로 있는 국군 제17연대를 미 제32연대장 뷰챔프 대령의 지휘를 받도록 했다.

미 제32연대는 신사리(서울 江南區 新沙洞) 부근에서 한강 남안 소탕을 마치고 대기하고 있었다.

아몬드 군단장은 해병사단이 서부 지역에서 고전하고 있는 것을 보고 포위작전을 실시하기로 결심한 후 14시에 두 사단장을 군단사령부로 불렀다. 스미스, 버 두 사단장과 뷰챔프 연대장이 정한 시간에 모였다.

아몬드 군단장은 작전 명령을 내렸다.

"미 제1해병사단과 미 제7사단 간에 전투지경선을 조정하고 미 제32연대에 한국 제17연대를 배속하여 25일 06시에 서빙고 쪽으로 한강을 도하하여 서울 남산을 점령하라."

미 제7사단은 황급히 준비에 들어갔고, 군단은 도하작전에 필요한 미 제1해병수륙양용트랙터대대(-1중대), 제56수륙양용전차, LVT 중대 2개 소대를 미 제7사단에 배속했다.

미 제32연대는 도하준비를 완료했다. 병력은 국군 제17연대 1,802명을 포함하여 4,912명이었다.

9월 25일, 안개가 짙게 깔려 수면이 희미하게 보였고, 대안의 둑은 보이지 않았다. 06시 미 제48야전포병대대 105mm곡사포 18문, 중박격포중대 4.2인치 박격포 12문, 81mm박격포 12문이 일제히 불을 토했다.

포병은 안개가 낄 것에 대비하여 전날 포격 예상목표지점을 정하고 방향을 잡아두었었다. 그러나 기습이라는 성격상 시사를 하지 아니하여 사탄관측은 할 수 없었고, 공격준비 사격효과도 의문이었다.

제1제대 제2대대가 LVT에 타고 H시를 기다리고 있었다. 병사들은 처음 실시하는 도하작전에다 수도 서울로 진격한다는 명예로운 전투를 의식해서인지 평소에 잘 하던 농담도 없이 침묵이 흘러 긴장감이 더했다.

30분에 걸친 공격준비사격이 끝났다.

06시 30분, F중대의 LVT가 물살을 일으켰다. 대안이 희미하게 보였다.

강둑에 있는 고지에서는 아몬드 군단장, 스트러블 제독, 버 사단장, 뷰챔프 연대장이 숨을 죽이고 도하광경을 지켜보고 있었다.

코르세아 전폭기가 금호동 쪽 121고지에 불을 쏟아 붓고 있었다. LVT는 안개 속으로 사라졌고 관측을 하고 있는 지휘관들의 긴장은 점점 고조되어 갔다. 기도를 하는 사람도 있었다. 전방은 조용하고 총소리도 들리지 않았다. 얼마 후 F중대로부터 보고가 왔다.

"대안에 상륙하였다. 적은 없다. 남산을 향하여 진격하겠다."

제2대대는 아무런 저항을 받지 않고 10~20m 높이의 강둑을 올라간 다음 남산으로 진격했는데 여기서도 적은 없었다.

15시, 제2대대는 남산 정상을 점령했다. 남산 일대의 방어시설은 대단했으나 병력은 적었다.

08시 30분, 제2대대에 이어 제1대대가 도하를 완료하여 목표 121(금호동 매봉)고지를 점령했고, 제3대대도 도하하여 무난히 121고지 동쪽 고지를 점령하여 서울 동남쪽 출입구를 막았다.

마지막으로 한국 제17연대가 도하했다.

제2대대는 남산 정상에서 역습에 대비하였으나 오후는 물론 밤에도 적은 나타나지 않았다. 장병들은 서울의 밤거리를 내려다보았다. 격전을 벌이는 서부 지역에서는 요란한 포성과 총성이 들려와서 장병들을 묘한 감상에 젖게 했다. 허탈하기도 하고 다행스럽다는 생각이 들기도 했다.

### 국군 제17연대

9월 25일 서빙고로 한강을 도하한 제17연대는 남산을 거쳐 경춘가도 차단 임무를 띠고 서울 동남쪽으로 진격하여 해가 지기 전에 남산 동쪽능선을 점령하였고 일부 병력이 보광동(普光洞) 일대와 174고지(매봉)에 진출했으며 선두공격제대는 야간에 무학여고가 내려다보이는 고지까지 진출했다.

26일 02시, 제1대대가 미 포병대대의 지원을 받아 왕십리까지 진출하였다. 미명에 연대주력은 왕십리 동쪽고지 일대를 장악하고, 계속 동진하여 제3대대는 망우리(동대문구 忘憂洞)에, 제2대대는 광장리(城東區 廣壯洞)에, 제1대대는 면목동(面牧洞-동대문구)에 진출하였다.

이로써 서울의 남동쪽 외곽선은 완전히 차단하였다.

국방부 『한국전쟁사』 제3권(p760, 761)은 제17연대가 서울탈환작전에 참가하게 된 경위에 대하여 이렇게 기술했다.

"9월 17일 다시 백인엽 대령이 이 연대의 연대장으로 부임한 것이다. 당시 왜 '수도사단장으로 있던 백 대령이 연대장으로 전임되었는가?' 하는데 各說(각설)이 있었으나 백 대령이 연대장으로 전임된 경위와 서울탈환작전에 제17연대가 참가하게 된 연유는 이러하다.

인천상륙작전이 계획되고 실현될 때부터 극동군총사령부는 …… 서울탈환은 국군에 의해서 탈환되기를 희망하였다. 그런데 이때 국군은 신현준 대령이 지휘하는 해병대 1개 연대밖에 없었기 때문에 1개 연대를 추가해서 제17연대를 상륙군부대편성에 포함시키게 되었다.

이에 앞서 연대장으로 임명된 백 대령은 이승만 대통령의 호출을 받게 되었는데 이대통령은 백 대령에게

전공이 많은 사람이 수도를 탈환해줘야 하겠다면서 '연대장을 하겠느냐? 아니면 사단장을 하겠느냐?'

서울시내로 진격하는 제17연대 장병들

하고 물었다고 한다. 백 대령은

'국가가 위기에 처해 있는데 사단장이면 어떻고, 연대장이면 어떻고, 중대장이면 어떻겠습니까? 책임을 지면 무엇이던지 하겠습니다.' *

라고 대답하였고, 이어 대통령은

'그러면 어느 연대를 지휘하고 가겠느냐?'

고 물었을 때 백 대령은

'17연대를 가지고 가겠습니다.'

고 대답하여 지휘관이 먼저 임명되고 부대는 후에 선정되었다는 것이다."

* 당사자인 백인엽 대령은 연대장 임명 경위에 대하여 이렇게 증언했다.
"중요작전에 참가하는 연대장으로 가겠는가? 사단장을 그냥 하겠는가?"라고 물었다고 했고, "직책이 무슨 상관이 있습니까?? 저 같은 사람에게 수도탈환의 중책을 맡기니 그 책임이 무겁습니다."라고 대답했다는 것이다. (국방부 『한국전쟁사』 제3권 p763)
백인엽 대령이 수도사단장에서 해임된 날은 9월 1일이다. 무보직 상태에 있다가 9월 17일 제17연대장에 임명되었는데 위 기록을 보면 사단장에서 연대장으로 전임된 것 같이 기술하거나 증언하고 있다.

당시 육군본부 작전과장 공국진 대령은 이렇게 증언했다.

"인천상륙작전에 처음에는 국군부대를 편성에 넣지 않았다. 우리 수도를 탈환하는데 국군 부대가 참가하지 않는다면 말이 아니라고 생각하고 강(문봉) 장군과 나는 1개 전투단이라도 편성에 넣어달라고 극력 주장했다. 이렇게 되어 나는 17연대를 빼어 부산에 데려다가 편성하게 된 것이다." (앞 같은 p763)

## 제4절 중앙청에 태극기를 꽂다

### 1. 서울 시가전

**야간 시가전 – 미 제1해병사단**
▎군단장과 사단장의 적전 공방전

9월 25일 저녁 때, 미 제10군단사령부는 서울공격부대가 서부와 남부진지를 점령하였고, 일부는 시내 남쪽으로 진입하여 동남쪽을 차단하였으므로 26일 중에는 서울을 완전히 탈환할 수 있을 것으로 예상하고 활기에 차 있으면서 공격부대가 야간에도 계속 공격해 주기를 은근히 바라고 있었다.

미 제1해병사단장 스미스 소장은 군단의 견해와 같이 하면서도 북한군의 퇴각 징후가 하나도 나타나지 않고 있는 것으로 보아 북한군은 최후까지 서울을 사수할 결의를 다지고 있는 것으로 판단했다.

날이 어두워질 무렵에 제10군단사령부에

"북한군이 계속하여 북쪽으로 퇴각 중이다."

라는 공군의 정보가 들어왔다.

아몬드 군단장은 이 정보를 확인하기 위하여 공중정찰을 지시하는 한편 군단 포병으로 하여금 미아리고개와 동대문 방면에 대한 차단사격을 실시하도록 하고, 공군의 야간 공격까지 요청해 놓았다.

그 결과 아몬드 군단장은 북한군의 퇴각확인 보고를 받았고, 즉시 해병사단에 야간 공격명령을 내렸다.

시각은 20시 09분.

"미 제10군단 전술항공통제관으로부터의 보고에 의하면 적은 지금 북쪽으로 도주하고 있는 중이며 항공대는 이들을 맹공격 중에 있다. 적을 최대한으로 격멸시키기 위해 귀관은 지금이야말로 최종 목표를 향해서 공격해야할 때라고 생각한다. 아몬드!" 주) 일본 육전사연구보급회 『한국전쟁』 4 p272

북한군의 퇴각 징후를 발견하지 못한 해병사단은 즉각 반론을 제기했다.

1차로 해병사단 작전참모 알파 L. 포우사 대령은 군단 작전참모에게 전화를 걸어 북한군의 퇴각정보에 착오가 있을 수 있다고 전제하고 명령을 철회해 줄 것을 요구하였다.

"명령대로 공격하라."는 대답이 돌아왔다.

스미스 사단장은 군단 참모장 러프너 준장에게 전화를 걸었다.

"지금까지 있었던 적의 전투 상황으로 보아 적이 서울을 포기했다고 볼 수 없다. 자네는 믿지 않으려고 할지 모르나 이것이 동양인의 특징이다. 적은 최후의 1인까지 서울을 사수할 것으로 보아야 한다. 그러한 적에게 준비 없이 야간 공격을 감행한다는 것은 찬성할 수 없다. 시가지에서의 야간 공격은 생각지 못한 피해가 많이 생겨 오히려 손해를 보게 된다."

라고 이의를 제기하면서 작전 철회를 요구하였다.주) 

러프너 참모장은 이렇게 대답했다. 일본 육전사연구보급회 『한국전쟁』 4 p273

"그것은 아몬드 장군이 직접 내린 명령이기 때문에 철회는 안 될 것이다.

즉시 공격하기를 바란다. 나도 부탁한다."<sup>주)</sup>  일본 육전사연구보급회 『한국전쟁』 [4] p274

9월 25일 22시에 스미스 사단장은 할 수 없이 군단 명령에 따라 제1, 제5의 양 해병연대에 공격을 계속할 것을 명령했다.

## 야간 시가전

제5해병연대는 서대문 교도소 서쪽에서 이제 막 적의 역습을 격퇴하고 한숨을 돌린 제3대대를 기간으로 야간공격을 준비하고 있던 중 마치 해병연대의 공격계획을 알고 미리 기선을 제압하려는 듯이 약 200명 정도의 적이 맹렬한 기세로 반격했다.

진전에서 총격전이 벌어지고, 어둠 속에서 방향도 모르게 수류탄이 날아와서 정신을 차리지 못했다. 결국 이 적을 물리치느라고 26일 새벽 5시까지 격전을 치러야 했고 야간 공격은 하지 못했다.

9월 26일, 미 제1해병연대는 01시 30분 15분간 공격준비사격을 한 다음 제3대대가 마포도로를 따라 시내로 진격을 시작하였다. 얼마 안 가서 약 700명으로 추산되는 적이 전차 12대, 자주포 2문을 앞세우고 반대편에서 역진해 오는 것이 건물을 태우고 있는 불빛에 비치는가 싶더니 120mm박격포와 합세한 집중사격이 벼락 치듯 대대 정면에 떨어졌다.

풀러 연대장은 모든 화포로 15분간 공격준비사격을 다시 실시하고 제3대대가 포격이 끝나는 동시에 공격하도록 명령했다.

중박격포와 자동화기까지 가담한 준비사격은 마주 오는 적 공격종대를 사정없이 두들겼고, 포격을 맞은 건물에서 솟아오른 불길이 대대 정면을 대낮같이 밝혀 주어 사격이 정확했으므로 적의 피해가 클 것으로 예상했으나 적의 기세는 조금도 꺾이지 않은 채 접근하고 있었다.

적 선두전차가 저들이 매설해 놓은 지뢰에 걸려 파괴되었고, 두 번째 전차가 로켓포와 75mm무반동포에 파괴되자 적 대열이 비로소 정지되는가 싶었는데 조금 있다가 다시 접근했고, 사격전은 다시 불이 붙었다.

제3대대는 공격은 고사하고 오히려 방어태세로 들어가서 이 적을 물리치는데 온 힘을 다하지 않으면 안 되었다.

피아간 교차되는 총포탄의 불빛은 마치 불꽃놀이를 하는 듯 허공을 수놓았고 건물에서 피어 오른 불빛이 사방을 대낮처럼 밝혔다.

2시간 동안에 걸쳐 탄막 사격을 계속했다. 포격을 중지하면 보병을 동반한 전차가 공격해 오기 때문에 계속 사격을 해야 했다. 그래서 포병대대장은 포격을 요청하는 연대 작전주임 시먼스 소령에게

"이렇게 쏘다가는 포신이 다 녹아 버리겠다."고 불평을 했다.

치열한 공방전은 아침 05시 30분까지 계속되었다. 마침내 소총 중대 탄약이 떨어지기 직전의 매우 위태로운 순간에 날이 밝으면서 적의 기세가 누그러지더니 해가 떠오르자 적의 공격이 중단되었다.

제3대대 정면에는 적군 시체 250여 구가 널려 있었고, 전차 4대, 자주 포 2문이 파괴되어 있었다. 83명을 생포했다.

이날 밤의 포격은 개전 이래 최고의 발사 속도를 기록했다. 해병사단 4개 포병대대는 사단이 보유하고 있는 탄약뿐만 아니라 군단 탄약보급소에 있는 탄약까지 모두 소비했다. 4.2인치 박격포는 1문당 326발, 81mm박격포는 1문당 650발, 중기관총은 1정당 120상자(3만 발)를 쏘았다.

연대본부를 찾아온 어느 기자가 물었다.

"군단사령부에서는 적이 패주 중이라고 했는데 어째서 이렇게 많은 사격을 할 필요가 있었는가?"

연대장 풀러 대령은

"제1선에 나가보면 그 이유를 알 수 있을 것이다. 진전에는 200구 이상

의 시체가 널려 있을 것이다."
라고 답변했다.

야간 공격을 감행한 미 해병사단 전선은 전날과 변화가 없었다.

### 남산 전투 - 미 제32보병연대

9월 25일 밤에 남산을 점령한 미 제32연대 제2대대는 멀리 가로에서 처절하게 전개되고 있는 야간 전투를 내려다보고 있었다.

예광탄 붉은 불빛은 아름다운 선으로 이어지고, 직사와 곡사포의 포탄이 교차하면서 불덩이가 난무하는 광경은 참으로 아름다운 파노라마와 같았다. 어떤 친구는 포드 베닝 보병학교에서 전시하여 보여주는 100만 달러짜리 최후 저지사격을 상기하고 있었다.

9월 26일 04시 30분경 산기슭에서 전차의 캐터필러 소리가 들렸고, 곧 탐색사격인 듯한 포격을 받았다. 대대가 정신을 차리고 대비했을 때는 약 1,000명 정도로 추산되는 대부대가 남산을 포위하고 맹렬하게 돌격했다. 적은 총격과 수류탄을 던지면서 경사가 급한 산을 순식간에 뛰어 올라왔다.

남산 정상에 전면방어진지를 구축하고 있던 G중대는 적을 격퇴했으나 동쪽 F중대는 진지를 점령당했다. 마운트 대대장은 예비대와 대대 본부요원을 동원하여 2시간에 걸친 격전을 치른 끝에 진지를 다시 회복했다.

날이 밝은 후 확인해 보니까 진지에 110구, 진전에 284구나 되는 적의 시체가 널려 있었다.

같은 무렵, 서울 동남쪽 120고지를 확보하고 있던 미 제32연대 제1대대도 전차를 동반한 수백 명에 이르는 적으로부터 제2대대와 같은 방법의 공격을 받아 꼼짝달싹 못하고 발이 묶였다.

120고지 동쪽고지를 점령한 제3대대는 적의 역습이 없었다. 뷰챔프 연대장은 이 3대대를 한국 제17연대 방면으로 증원하여 제17연대와 함께 348 고지(阿嵯山 龍馬峰)를 공격하도록 명령하였다. 348고지를 탈취하면 경춘가도를 제압하여 적의 퇴로를 봉쇄할 수 있었다.

26일 이른 아침, 제3대대가 동쪽으로 진출하던 중, 첨병 L중대가 동대문에서 춘천국도로 동진하고 있는 적 대부대를 발견했다. 348고지로부터 엄호를 받고 있는 적은 아무런 경계도 하지 않은 채 이동하고 있었다.

중대장 하리 J. 막하페리 중위는 독단적으로 이 적을 공격했다. 불의의 기습을 받은 적은 손 쓸 방도를 찾지 못하고 우왕좌왕 하다가 전멸하였다. 확인된 시체가 500여 구에, 전차 5대, 차량 40대, 야포 3문, 기관총 7정을 포획하였고, 탄약차 2대와 통신기, 유조차 등을 파괴하거나 포획하였으며, 탄약집적소 2곳을 파괴하고 수십 명을 사로잡았다.

고급장교의 시체와 문서 등으로 보아 이 대대 규모의 부대는 군단급 고급사령부인 것 같았다.

L중대는 전사 6명, 부상 92명, 실종 3명의 피해를 입었다.

중대장 막하페리 중위는 이 전공으로 은성훈장을 받았다.

북한군이 하룻밤 사이에 대대적으로 역습을 감행한 저의는 따로 있었다. 원래 북한군은 서울방어를 다졌던 것 같았다. 그러나 UN군 공세가 날로 강

서울 시가전(9월 26일 장충동)

도를 더하여 미 해병대가 서부 지역 주요고지를 점령하였고, 미 제32연대는 남산을 점령하였으며, 동남부 지역까지 차단 위기에 놓이자 서해안방어사령부는 서울방어를 포기하기에 이른 것으로 판단된다.

북한군은 서울방어 주력부대인 영등포 방면 제18사단을 24일 서울로 집결시킨 후 그 중 일부 부대를 남겨 놓고, 약 5,000명은 경원국도를 통하여 철원으로 이동해 간 것으로 파악되었다.

결국 이들의 철수를 은폐하기 위하여 북한군은 남산 제32연대 정면에 약 1개 대대, 마포 방면 미 제1해병연대 정면에 증강된 1개 대대를 그리고 영천 방면 미 제5해병연대 정면에 약 1개 대대 병력을 투입하여 최후 발악적인 역습을 감행했던 것으로 판명되었다.

### 9월 29일자 일본 아사히신문 보도

일본 아사히신문은 「서울시가전을 보고」라는 제하에 멜본헤럴드 특파원 워나 기자의 기고를 연재하여 격전 상황을 전했다.

"나는 24일, 김포비행장에서 행주를 거쳐 서울로 향했다. 수륙양용 트랙터로 한강을 도하하여 약 2.5킬로미터를 걸어간 다음, 다시 지프를 타고 서울 시내로 들어갔다. 도중의 도로는 모래먼지로 뒤덮여 있었고, 차 뒤는 연막을 친 것처럼 먼지가 일어나 앞도 보이지가 않았다. 내가 서울로 들어간 25일은 시가전이 막 시작될 무렵이었는데 26일이 되자, 사방에는 북한군과 한국 민간인들의 시체가 널려 있었으며, 전선(電線)은 끊어져 늘어지고, 파괴된 차량들이 여기저기에 흩어져 있었으며, 화재가 발생하여…… 참으로 비참한 광경이어서 제2차 대전에 참가했던 우리들도 이러한 참상은 보지 못했었다.

우리들이 가장 이상하게 생각했던 것은 서울 시민들의 무관심이었다. 서울에 UN군이 진입하여 곧 대대적인 시가전이 시작되려고 하는데, 그들은 전혀 위험

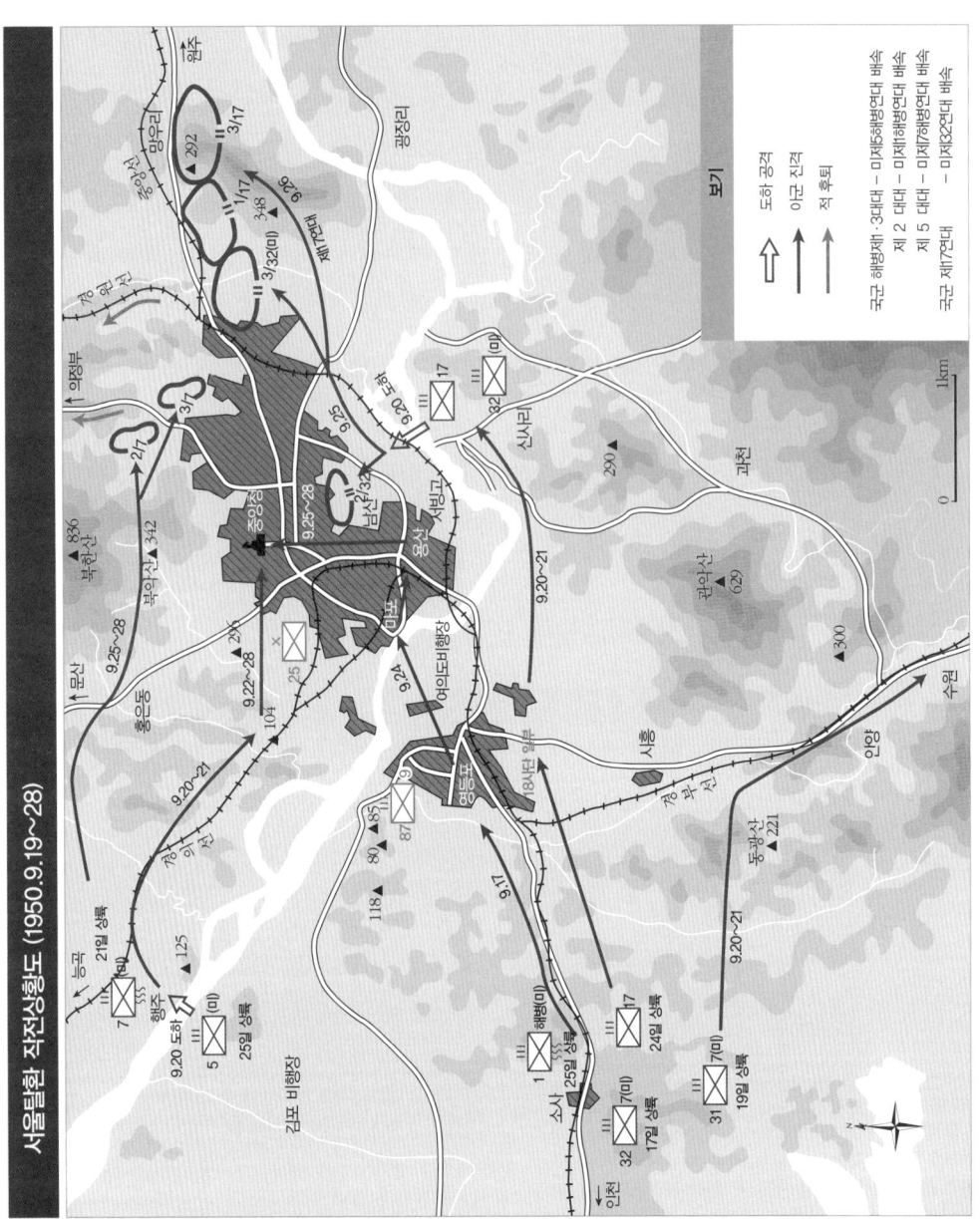

제10장 _ 인천상륙전

도 느끼지 않는 듯 평소와 조금도 다름없는 생활을 하고 있으면서 피난 갈 생각도 하지 않고 있었다. 그리하여 시가전 중인데도 서울의 인구는 별로 감소되어 있지 않은 것 같았다. 아이들도 두려워하는 빛이 보이지 않았으며, UN군을 봐도 손이나 국기도 흔들지 않았다.

이상과 같은 상황이었으므로 시가전이 벌어진 지 이틀째가 되는 날, 도로상에서 민간인의 시체를 볼 수 있었던 것은 당연했다. UN군은 시가전에서 되도록 민간인에게 피해를 주지 않을 방침이었으므로 이러한 민간인의 행동에 적지 않게 당황하고 있었다.

나는 시내 중심부에 있는 덕수궁까지 가 보았는데 시가전은 참으로 비참했다. 도중에서 나는 3명의 북한 여군이 총을 손에 쥔 채 쓰러져 있는 것을 보았다. 북한은 여자까지 모아서 전선에 동원하고 있었다. 어느 한국인의 말에 의하면, '북한군은 서울에 들어오자 17세부터 45세까지의 남자들을 모두 북으로 데리고 가서 공산주의 사상을 주입시킨 다음 전선으로 내보내고 있다.' 는 것이었다."

"북한군을 용감하다고 해야 할지 무자비하다고 해야 할지 서울시가전에서도 정말 완강하게 저항하고 있었다. UN군은 계속 적을 격멸하고는 있었으나 소탕전이 끝나기까지는 상당한 시일이 걸릴 것 같다." (일본 육전사연구보급회 『한국전쟁』 ③ p279~281)

## 국군 제17연대의 동북부 전투

9월 26일, 국군 제17연대는 서울 동쪽 외곽도로를 차단하고자 서울 동북쪽으로 진출하여 연대지휘소를 구의동(九宜洞-서울 城東區)으로 옮기고 동쪽 6km, 북쪽 8km에 걸친 지역을 전투세력권으로 형성하였다.

제17연대는 제1대대(류창훈 소령)가 망우리~면목동 일대에 진출하여 경춘가도로 퇴각하는 적 전차 10대를 노획하였고, 광주(廣州) 방면에서 서울로 오는 적의 트럭 1대를 공격하여 타고 있던 영관급 이상의 군관을 모두 사로잡는 전과를 올렸다.

제17연대가 서울에서 가진 첫 전투에서 얻은 전과이다.

적 전차의 노획은 이렇게 이루어졌다.

적 전차가 퇴각하는 것을 발견한 제1중대장 양영식 대위는 곧 항공기 지원을 요청하였다. 이때 경계병 2명이 겁도 없이 무턱대고 전차 앞으로 달려가서 전차를 가로막고 M1소총을 겨누었다. 뜻밖에도 전차병은 순순히 손을 들고 투항해서 이들을 생포하고 전차도 노획했다. 그러나 곧이어 나타난 전폭기가 이들 전차를 모두 파괴하고 말았다.

우리에게도 이런 때가 있는가? 감격스럽다고 하기보다는 쓴웃음이 나왔다. 공포의 대상이던 그 전차. 소련제 T-34전차에 속수무책으로 당하면서 대전차무기가 없어 얼마나 통탄했던가? 육탄으로 맞섰던 게 불과 한 달 전인데 M1소총을 가진 병사 앞에서 투항을 하다니…….

만감이 교차한다.

제1중대는 지나가는 여자 2명을 붙잡았다. 이들은 자칭 이대생(梨大生)이라고 하였는데 그 진위는 확인할 수 없었고, 다만 소지품에서 북한군 장교의 군복이 발견되어 정보부대로 후송하였다.

밤에 제1대대가 포진한 정면에 적 대부대가 접근하였다. 전초에 나가 있던 경계병의 보고를 받고 관찰한 결과 밝은 달밤이라 적의 정체를 정확히 판단할 수 있었는데 그 수는 대대 규모의 병력임을 알 수가 있었다. 대대장은 대대 전 화력으로 화망을 구축해 놓고 적이 사정거리 안으로 들어오기를 기다렸다. 적의 행렬은 마치 죽음의 행렬처럼 느껴졌고, 속속 도살장 안으로 빨려들고 있었다.

대대장은 사격 명령을 내렸다. 23시경이다. 대대 전 화력이 불을 뿜었다.

예비대인 제3대대가 가세했고, 미 제7사단 기갑부대가 지원했다. 완전한 섬멸전이었지만 야간인데다가 적의 수가 워낙 많고 보니 전투는 다음 날 05시까지 총열이 닳도록 계속되었다.

날이 밝아오면서 전투는 끝이 났고, 주위에는 500여 구의 시체가 어지럽게 널려 있었다. 포로로 잡힌 적은 모두가 17~8세의 어린 소년들이었는데, 모두 서울에서 강제로 끌어 모은 학생들이었다.

9월 28일, 제17연대는 서울 동남쪽의 적을 소탕하면서 서울 중심지로 진격하여 연대지휘소를 서울 도심으로 옮겼다. 이 무렵 한국해병대는 서쪽에서 서울 중심지로 진출하여 동쪽으로 전과를 확대하고 있었다.

12시경 중앙우체국 앞에서 제17연대장 백인엽 대령과 해병대사령관 신현준 대령이 감격적인 회우(會遇)를 했다.

서울을 완전히 탈환했음을 확인하는 순간이다.

서울시내에 진주한 국군

### 바리케이드 전투 – 미 제1해병사단

밤새 치열하게 계속된 시가전은 동녘 하늘이 훤해지면서 북한군의 역습은 중지되었고, 해병사단은 한숨을 돌리고 다음 공격 준비에 들어갔다.

9월 26일 09시, 미 제1해병사단은 공격을 재개했다.

미 제1해병연대 제2대대는 마포도로를 따라 진격했는데 북한군이 바리케이드를 쳐 놓고 저항하는 바람에 진격이 지지부진하였다.

바리케이드는 가마니나 마대 속에 흙을 넣어 사람 가슴 높이 정도로 쌓아 길을 막고 그 앞에는 대전차지뢰를 매설해 놓았다. 그리고 그 뒤에 적이 숨어 있었다. 도로 좌우와 뒤쪽 건물 창문에는 대전차포와 기관총을, 좀 떨어진 뒤편 건물 옥상에는 박격포진지를 설치해 놓고 아군이 바리케이드에 접근하기만 하면 마구 쏘아댔다.

바리케이드는 1.5km마다 교차 설치되어 있었다. 도로 한쪽 반을 막아놓고, 약간 거리를 두고 반대쪽 반을 막아놓았다. 시내로 진격하는 부대는 예외 없이 이 바리케이드에서 톡톡하게 통행세를 내야만 했다.

미 제5해병연대는 안산 하단에서 시내로 진격하였는데 이 바리케이드 때문에 하루 종일 진격이 지지부진하여 애를 먹었다.

미 제7해병연대는 어젯밤에 서울 북쪽을 포위하라는 명령을 받고, 서울 북쪽 산악지대로 진출했다. 이날 경의국도를 따라 남진하다가 주력은 홍은동 부근에서 북한산을 거쳐 서울 동북단 미아리 방면으로 진출하고, D중대는 미 제5해병연대와 접촉하기 위하여 경의국도로 계속 진입했다.

D중대는 전투경험이 없는데다가 적이 퇴각한 것이라고 생각하고 별다른 경계태세를 갖추지 않은 채 영천고개를 넘어 08시경에 독립문 근처에 이르렀을 때 우측 서대문형무소와 정면 독립문 쪽에서 집중사격을 받았다. 이 불의의 기습에 13명이 전사하고, 27명이 부상하는 피해를 입었는데 장

교는 7명 중에서 5명이 사상했다. D중대는 전투를 할 수 없는 상태가 되어 고립된 채 밤을 새우고 다음 날 이른 아침에 전차를 앞세우고 들어온 미 제5해병연대 E중대에 의하여 구출되었다.

한편 연대 주력은 북한산 산길을 따라 진격하였는데 암석으로 된 험한 산길이라 도보로밖에 갈 수 없는데다가 소수이기는 하나 적의 저항이 격렬하여 역시 진격이 부진하였다.

9월 26일 저녁때까지 미 제10군단이 장악한 지역은 서울의 절반 정도에 불과했다. 중앙청과 미국대사관에는 아직 인공기가 나부끼고 있었다.

14시 10분, 상황이 이러함에도 불구하고 UN군총사령관 맥아더 원수는 서울수복이 시간문제라는 것이 확실해졌고, 또 전날 아몬드 장군이 서울해방을 선언했기 때문에 UN군성명서(제9호)를 방송했다.

"한국의 수도 서울은 다시 본래의 주인에게 돌아왔다. 한국 제17연대, 미 제7보병사단과 미 제1해병사단을 포함한 UN군의 제부대는 서울을 포위하여 이를 완전히 점령하였다." 주) <sub>일본 육전사연구보급회 『한국전쟁』 3 p282, 283</sub>

9월 27일, '서울완전점령'이라는 UN군 성명에도 불구하고 서울시내는 바리케이드를 사이에 두고 공방전이 벌어졌다. 바리케이드는 시가지 중심부에 가까워지면서 그 간격이 더 좁아져 300~350m 간격으로 설치되어 있었다.

미 해병대는 이 바리케이드를 하나씩 부시는 것이 일과가 되었다.

(1) 코르세아기는 기관총으로 바리케이드 뒤에 숨어있는 적을 제압한다.

(2) 공병은 전차와 보병의 엄호를 받으면서 지뢰지대의 통로를 개척한다.

(3) 퍼싱전차는 2~3대씩 짝을 지어 서로 엄호하면서 지뢰지대를 통과하여 바리케이드를 파괴한다.

(4) 전차의 90mm 주포로 바리케이드 뒤에 구축되어 있는 적진지를 파괴하거나 화염전차로 건물을 소각한다.

(5) 보병은 전차지원을 받으면서 진로 양쪽에 있는 가옥 한 채씩을 소탕해가면서 진격한다.주)

일본 육전사연구보급회 『한국전쟁』 ③ p284

바리케이드 하나 파괴하는데 소요된 시간은 대체로 1시간 정도였다.

그만큼 대대의 진격이 지연되었으니 북한군의 서울방어 의지가 어떠했는가를 짐작할 수 있다.

### 서울 완전 탈환

미 제1해병연대 제2대대는 마포에서 시내 중심부로 진격하여 11시에 프랑스대사관을 점령한 후 인공기를 내리고 성조기를 올렸다.

15시 20분, E중대(찰스 프레드릭 대위)는 뉴욕타임스 특파원으로 4년간 서울에 주재하고 있었던 리처드 존스 씨의 안내를 받아 전 소련대사관을 점령하고 옥상 게양대에 성조기를 게양했고, 7분 후에 인접한 미국대사관으로 가서 적기를 내리고 성조기를 올렸다.

미 대사관 정문에는 소수의 북한군이 기관총을 설치해 놓고 있었으나 순

투항하는 북한군(서울 충정로에서). 백의의 할머니가 지팡이를 짚고 틈새로 지난간다.

순히 항복했다.주)  일본 육전사연구보급회 『한국전쟁』 ③ p285

　25일 용산역을 점령하고 서울역으로 진격한 미 제1해병연대 제1대대는 격전 끝에 서울역을 점령하고, 계속 시가지 중심부로 진격하면서 남대문 도로상에 설치되어 있는 바리케이드를 제압했다. 함께 진격한 한국 해병대는 시민들의 열렬한 환영을 받으면서 시가지를 소탕했다.

　미 제5해병연대는 서울 서북부에서 공격을 계속했는데 전날과는 달리 아주 순해진 적의 소극적인 저항을 쉽게 물리치면서 순조롭게 진격했다. E중대는 거의 저항을 받지 않고 서대문형무소를 점령했다. 미군 포로 약 400명이 수용되어 있다가 23일 북으로 끌려갔다고 했다.

　미 제5해병연대 제3대대는 오전 중에 서울 중앙부로 진출하였고, 이어서 오후에는 조직적으로 저항하는 적을 화염전차로 제압하면서 최대의 목표인 중앙청*을 탈환했다.

　중앙청 식당에는 식사가 차려져 있었고, 방금 차려놓은 듯 음식에서 김이 모락모락 피어오르고 있었다. 그만큼 기습적인 탈환이었다.

　중앙청에도 성조기를 게양했다.

* 중앙청은 정부종합청사였고, 대한민국의 상징이었다. 일본이 우리나라를 합병한 후 1916년 경복궁 근정전 앞(홍례문과 광화문 사이) 마당에 조선총독부청사를 지어 경복궁의 기를 눌렀다. 함께 경복궁 정문 광화문을 동쪽 건춘문 쪽으로 옮겼다. 1927년에는 경복궁 뒤쪽에 총독관사(청와대 구관 경무대 자리)를 지어 경복궁을 앞뒤에서 에워싸고 한국의 국운을 눌러 한민족의 말살을 획책하였다. 중앙청 건물구조가 공중에서 보면 동서로 日자의 모양을 하여 일본(日本)을 상징한다. 정부수립 후에 정부청사로 사용했고, 1986년 6월 23일 중앙박물관으로 사용하다가 1995년 8월 15일 철거하여 경복궁 앞마당이 원래의 모습을 되찾았다.

일본 육전사연구보급회 『한국전쟁』 ③ (p286)은 이렇게 기술했다.

　"마침내 서울의 유명한 건물에는 빠짐없이 성조기가 나부끼기 시작하였다.

그 상황은 해병대의 각 부대가 마치 국기를 게양하는 경주를 하고 있는 것 같은 인상을 주었다. 그래서 이것을 별로 달갑지 않게 생각한 사람들은

'지금까지 보아온 가운데서 가장 시시한 경쟁이다. 서울 주변에는 마치 7월 4일의 미국 독립기념일처럼 성조기가 나부끼고 있다.' 고 했고,

제10군단의 어느 참모는

'유황도(硫黃島)의 그 사진*이 나온 뒤로는 해병대원들이 총보다는 국기를 가지고 가게 되었다.' 고 빈정대기까지 했다.

그러나 풀러 연대장은 이러한 사실에 대한 기자들 질문에

'나쁘다고는 생각하지 않는다. 국기를 휴대하고 다니다가 그것을 적의 거점에다 게양하려는 의욕을 갖고 있는 대원을 냉소하는 것은 좀 이상한 이야기이다. 그것은 거점을 점령해 보지 못한 사람의 열등감에서 나온 말일 것이다.'

하고 대답하였다."

> *  유황도의 그 사진이란 태평양전쟁 중 해병대원들이 점령한 납발산 정상에 성조기를 세우고 있는 것을 촬영한 사진으로 퓰리처상을 수상했다. 그러나 당시의 실제사진이 아니고 그 후에 연출하여 다시 찍었다는 말이 있다.

미 제5해병연대 제1대대는 이날 오후에 서울중학교(신문로 경희궁)에 진입했고, 이어서 19시에는 인왕산 정상을 확보했다.

9월 28일, 미 제1해병연대는 많은 지뢰를 제거하고 경미한 적의 저항을 물리치면서 서울 동북 지역을 소탕했다.

리젠버그 대령이 지휘하는 미 제7해병연대는 전투에 처음 참가하였음에도 불구하고 아무런 실수 없이 험한 북한산 길을 신속하게 넘어서 서울 동북단으로 진출하여 북한군의 퇴로 의정부가도를 차단하였다. 이 전공으로 이후 이 연대는 '리츠 전격부대(電擊部隊)' 라는 칭호가 붙었다.

이 연대는 전 장병이 도보로 행군하였는데 도중에 북악산 정상에 있는

적으로부터 기습을 받아 이들과 싸우며 험한 산을 돌파하였다.*

어떤 병사는

"이 행군은 나폴레옹부대가 알프스 산을 넘는 것보다 더 힘이 들었다."

고 말했다. 정말로 힘들었을 것이다.

9월 28일, 인천에 상륙한 지 2주일 만에 서울을 완전히 탈환했다.

* 제7해병연대의 진출코스는 홍은동~세검정~북악터널 능선~정릉~미아리로 판단된다. 전투부대가 험한 산을 넘는 것은 통상 있을 수 있는 일이지만 서울로 진격하는 부대치고는 가장 험한 코스로 진격한 부대다.

미 육군 공간사는 감격스러운 글로서 이렇게 기술했다.

"서울에서의 저항은 끝이 났고, 적은 의정부로 퇴각했다. 생각건대 북한군이 남한을 침략하려고 승리의 함성을 외치며 서울에 입성한 지 꼭 90일째가 되는 날이다. 북한군 야망은 일장춘몽으로 사라졌다." 주)

일본 육전사연구보급회 『한국전쟁』 [3] p287, 288

### 중앙청에 태극기 - 한국해병대

9월 25일, 고길훈 소령이 지휘하는 한국 해병 제1대대는 미 제5해병연대 제2대대와 함께 연희고지로부터 북아현동으로 진출하였고, 김종기 소령이 지휘하는 제2대대는 미 제1해병연대와 함께 서강(당인리 발전소)을 거쳐 마포로 진격하고 있었다.

10시에 수색 해병대사령부에 도착한 김성은부대는 해병대 제5대대로 개칭되어 김대식 중령이 지휘했고, 18시부터 미 제1해병연대와 같이 서울 북부 지역을 공격하게 되었다.

한국해병대와 미 해병사단의 공동작전구역은 다음과 같이 정했다.

제1대대는 미 제5해병연대 구역인 목표 B(Baker)와 중앙청을 포함한 효

자동과 인왕산(338고지) 지역을,

제5대대는 목표 C(Charlie)와 그 부근 지역을,

제2대대는 미 제1해병연대 구역인 목표 A(Able) 133고지와 시가 중심부를 공격목표로 하였다.주)

국방부 『한국전쟁사』 제3권 p773

한국해병대는 미 해병대와 공동작전을 하되 서로 앞서거니 뒤서거니 하면서 선진(先進)을 교대하는 작전을 폈고, 후속할 때는 건물 내를 수색하여 숨어서 저격하는 적을 색출하였다.

13시경에 제1대대는 한성중학교를 점령하였다.

이어서 제5대대가 진출했다.

각 중대가 공격을 하는 동안 중대장급 간부들은 사정이 허락하는 한 환영 나온 시민들에게 전황을 알려주고, 적 치하에서 굶주린 시민들에게 적으로부터 노획한 식량을 나누어주는 등 대민 구호 활동을 병행하였다.

제2대대는 밤중에 한강 연안을 따라 용강동(龍江洞)을 거치고, 청파동과 원효로로 진출하여 용산경찰서를 점령하였다. 마포가로에서는 미 해병대가 격렬한 야간 시가전을 치르고 있었다.

용산경찰서 지하실에는 많은 애국지사와 우익인사들이 철사로 손발이 묶인 채 처참하게 살해되어 있었다. 이 천인공노할 광경이 해병의 적개심에 불을 질러 해병을 성난 사자로 만들었다.

26일 제2대대는 이른 아침부터 작전을 개시하여 공덕동과 청파동, 원효로와 삼각지 일대를 소탕하였다. 삼각지 미군 막사 안에는 벽에 신주처럼 걸려 있던 김일성 초상화가 바닥에 떨어져 발길에 밟히고 있었다.

이어서 남영동과 후암동 그리고 동자동 일대를 소탕한 후 미 제1해병연대와 합류하여 서울역으로 진출했다.

서울역에는 소수의 적이 있었으나 저항하지 않고 투항하여 쉽게 탈환했

는데 반하여 맞은편 건물에서는 집중사격을 해 왔다. 해병들은 건물로 돌입하여 이들을 소탕하였으나 세브란스병원 일대 건물에서는 끈질기게 저항하고 있었으므로 화염전차가 불을 질러 섬멸하였다.

남대문으로 진출한 제2대대는 바리케이드에 막히는 순간 적 75mm직사포와 각종 중화기의 불세례를 받았다. 항공기가 공중공격을 하고 화염 전차가 지뢰와 바리케이드를 제거하는 사이 한·미해병대는 돌진했다.

남대문을 통과한 대대는 시청 앞 일대를 소탕하였고, 제6중대(沈布學 중위) 제1소대(朴正模 소위)는 중앙청을 향하여 진격하다가 시청 앞에 잠복하고 있던 적을 발견하고 화염방사기로 소사시켰다. 이어서 시청 옥상에서 펄럭이는 인공기와 건물 정면 벽에 걸려 있는 스탈린과 김일성 초상화를 내려서 불태우고 건물 국기게양대에 태극기를 올렸다.

이들은 중앙청에도 태극기를 걸어야겠다는 공명심에서 내친김에 중앙청으로 치달았다. 이들은 이미 대대의 통제를 벗어나 있었다. 동아일보사 앞에서는 길 양편에 구축해 놓은 엄체호에서 적이 완강히 저항했고, 광화문 네거리에는 견고한 바리케이드가 쳐져 있어 더 이상 진출하지 못하고 21시경에 본대로 돌아왔다.

그들은 통제를 벗어난데 대한 질책을 받았으나 중앙청에 태극기를 걸겠다는 의욕은 버릴 수가 없었다. 이날 밤 조선호텔에서 야영을 하였는데 박 소위의 머릿속에는

"중앙청 태극기"로 가득 차 있었다.

함께 투숙한 종군기자 박성환 씨가 박 소위에게

"대통령이 중앙청에는 국군이 태극기를 올려주기를 바라고 있다."

고 전해주면서 상금도 3,000만원이나 걸려 있으니 좋은 기회를 놓치지 말라고 일러 주었다.<sup>주)</sup>

국방부 『한국전쟁사』 제3권 p776

제1대대는 서대문 방면에서 소탕전을 벌이고 밤에는 미 제5해병연대 제3대대와 함께 북아현동 구세군 본부 뒷산을 점령했다.

제5대대는 미 제7해병연대와 함께 홍제동에서 북한산으로 진입하여 인왕산 1km 북쪽과 북악산 1km 북쪽 일대 산악지역을 장악하였다.

해병대는 진격하는 가두마다 많은 시민들이 태극기를 들고 나와 환영해 주는 감격을 누렸지만 그에 못지않게 도처에서 남녀노소가 죽어있는 처참한 광경을 보고 울분을 삭여야 했다.

이날 밤 제2대대의 박 소위는 중앙청으로 진격하라는 대대장의 허락을 받았다. 드디어 그의 꿈을 실현할 수 있게 된 것이다.

9월 27일, 박 소위는 거의 잠을 설쳤다. 설레는 마음으로 눈을 비비고 일어나서 마음을 가다듬었다. 03시 소대원을 이끌고 세종로를 향하여 진격했다. 몸에는 태극기를 감고 2m가 조금 넘는 막대기를 소대원이 가지고 따르게 했다. 조선일보사 앞에서 사격을 하며 저항하는 적 2명을 사살하고 일로 중앙청으로 돌진했다. 중앙청 정문에 이르렀을 때 동이 트기 시작했다. 박 소위의 소대는 중앙청으로 돌진하여 내부를 수색했다. 박 소위는 소대 병력의 2/3를 남겨서 건물 안을 수색케 하고 양병수(梁炳洙) 이등병조와 최국방(崔國方) 등 수 명을 데리고 건물 옥상으로 올라갔다.

건물은 화염에 그을려 있었고 여기저기에 총·포탄의 상처가 전쟁의 상흔을 대변해 주었다. 건물 곳곳에서 아직도 화염이 솟아오르고 있었다.

돔(DOM)에 오르는 사다리가 파손되어 로프를 이용하였으나 파편에 손상되어 끊어지고 말았다. 궁리 끝에 대원들의 허리띠를 모아 이어서 로프 대용으로 하여 어렵게 돔에 올라갔다. 그리고 박 소위 일행은 태극기를 12개의 돌기둥 중앙에 동여맸다. 시각은 06시 10분.<sup>주)</sup> 국방부 「한국전쟁사」 제3권 p778

중앙청에는 꼭 90일 만에 다시 태극기가 펄럭였다.

중앙청에 국기를 게양하는 국군 해병
중앙청은 정부청사로서 대한민국의 심장이었다. 지금은 철거하여 없다.

양병수 이등병조가 이 공으로 미국 은성훈장을 받았는데 이것은 박정모 소대장이 공을 그에게 돌린 때문이며, 박 소위에게는 미담이 정신적인 훈장으로 기록되어 후세에 전해질 것이다.

중앙청은 해병제1대대와 미 제5해병연대 제3대대 작전구역이었다.

미 제5해병연대와 해병제1대대는 06시 45분 냉천동 후면으로 뻗은 안산 능선 돌출부를 공격하여 잔적을 소탕하고 07시 30분 서대문을 거쳐서 10시

15분에 서울중학교를 장악한 후 12시에 중앙청을 목표로 진격을 시작했다.

15시에 광화문에 도달하였다. 그러나 광화문네거리에 설치되어 있는 커다란 바리케이드가 진로를 가로막았다. 지원전차가 이 장애물을 큰 저항 없이 제거하였고, 적의 최후 저지진지는 맥없이 무너졌다.

한미해병대는 광화문 일대 건물에 숨어있는 적을 소탕한 후 15시 08분에 중앙청에 진입하여 태극기를 게양하였다. 그러나 진격이 늦어지면서 선봉을 제2대대에게 빼앗겼다. 제2대대는 박정모 소위가

'중앙청 태극기'

몸살로 전투지경선을 침범하여 제1대대를 초월 공격한 것이다.

해병제1대대는 종로와 그 북쪽 지역을 장악했고, 제2대대는 남산 서쪽 하단부와 필동 일대에서 적을 소탕한 후 이날 밤에 청량리까지 진출했으며 제5대대는 서울 북쪽 산악지역과 북악산 일대를 장악했다.

9월 28일, 제17연대는 중앙청 및 경무대(현 청와대) 경비임무를 해병대로부터 인수했다.

9월 25일 이후 이날까지 전투에서 해병대가 올린 전과는 적 사살 약 1,000명, 생포 약 500명이었다.주)

국방부 『한국전쟁사』 제3권 p779

## 중앙청에 태극기는 언제 누가 걸었나?

**│ 중앙청을 점령한 시각**

### 국방부 『한국전쟁사』 제3권

① 9월 27일 "제3대대(태플리트 중령)는 서울중학교까지 진출하게 되었다. 15. 08시에는 그의 G중대와 I중대는…… 한국해병대 제2대대(김종기 소령)에 이어 중앙청을 점거하고 성조기를 올렸다.(p772)

② 9월 27일 "박 소위와 2~3명의 소대원은 06. 10 그들이 휴대한 태극기를 12

개의 돌기둥 중앙에다 동여매는데 성공함으로써……" (p778)

③ "미 제5해병연대와 행동을 같이 하는 제1대대의 일부 중대는…… 미 해병 제7연대* 제3대대와 같이 15시 08분 중앙청 안으로 일시에 돌입하여…… 중앙청에 태극기를 게양하고 ……." (p779)

**일본 육전사연구보급회 『한국전쟁』 ③**

④ 27일 …… "제3대대(미 제5해병연대)는 오전 중에 서울 중심부를 점령하고 오후에는…… 최대의 목표인 중앙청을 점령하였다."

"이때 중앙청에 대한 공격은 기습적인 것 같았다. 왜냐하면 중앙청 식당에는 북한군들이 식사를 하려고 방금 차려 놓은 음식에서 따스한 김이 피어오르고 있었기 때문이다.(p285, 286)

박정모 소위의 소대는 중앙청에 태극기만 게양하고 철수했는가?

박정모 소위가 중앙청에 국기를 게양한 시간은 06시 10분①, 오후에 중앙청에 진입한 미 해병대의 눈에 비친 모습은 "식탁에 차려진 밥상에서 금방 차린 듯 김이 나고" 있었고, 그래서 "불의의 기습인 것 같다."고 표현했다.④

박 소위 일행은 태극기만 게양하고 철수했는가? 이들이 철수한 후에 다시 북한군이 점령하여 식사준비를 했는가? 앞뒤가 맞지 않는다.

앞 ④는 처음 탈환했을 때의 표현이다. 한국 해병대가 이미 탈환하고, 돔에 태극기를 게양한 사실을 인정하지 않고 있다.

①는 성조기 또는 미국기라고 하였고, ③은 태극기를 게양했다고 하여 서로 다르고 ①과 ③는 같은 문헌인데도 ①은 성조기, ③은 태극기로 기술했다.

국방부 공간사인 ①만이 한국 해병대에 이어 미 해병대가 중앙청에 성조기(또는 태극기)를 게양한 것으로 기술하였다.

한국 해병 제2대대는 중앙청 옥상 돔에 태극기를, 미 해병대(함께 공격한 한국 해병 제1대대 포함)는 국기게양대에 성조기를 게양한 것으로 기술했다.

* ③의 미 해병 제7연대와 같은 문헌 해병 제2연대(p778)라고 기술한 것은 해병 제5연대의 착오로 보인다.

## 중앙청에 태극기를 건 사람

### ① 국방부 『한국전쟁사』 제3권

"박정모 소위는 양병수 2등병조와 최국방 견습수병 등 수 명을 이끌고 건물 옥상으로 급히 올라갔다."

"드디어 돔에 이른 박 소위와 2~3명의 대원은 06시 10분 그들이 휴대한 태극기를 12개의 돌기둥 중앙에다 동여매는데 성공……." (p778)

### ② 양병수 증언 – 제6중대 제1소대 분대장 겸 선임하사관

"나는 두 명의 대원이 필요하다고 하였다. 여기에 선발된 두 사람이 최국방과 정연금이었다. …… 오후 1시경 다른 중대원들의 지원 아래 우리 셋은 50m의 간격을 두고 적탄이 날아오는 가운데 중앙청 안으로 돌입했다."

"나는 같이 간 두 대원과 함께 여러 개 있는 기둥 가운데 앞 기둥에다가 소지하고 간 태극기를 매달았다. …… 그 때가 4시였으니 우리들은 3시간 동안을 이 건물 안에 있었던 것이다." (p790, 791)

### ③ 최국방 증언 – 제6중대 분대원

"4명 정도가 올라갔다. 올라갈 때 누구누구하고 호명한 것은 아니지만 나는 항상 분대장을 따라 다녔기 때문에……."

"김칠용이가 부분대장이었으니까 국기를 게양하기 위하여 올라간 사람은 분

대장 양병수, 김칠용, 나와 정연범(금곡에서 전사)이라고 생각한다." (p791)

④ 김칠용(金七龍) 증언 – 제6중대 제1소대원

"당시 우리들의 지휘자는 박정모 소위였다. …… 태극기는 저하고 임필수가 소지하고, …… 나는 도로가에서 국기게양 대목(台木)을 얻을 수가 있었다. …… 나하고 박 소위, 임필수, 양병수, 최국방 등이 올라갔다. 올라간 곳은 꼭대기가 아니고 원형탑이 있는 앞이었다. 우리는 큰 기둥에다 끈으로 소지한 막대기와 같이 국기를 동여매었는데, ……… 나는 맨 나중에 내려오다가 청내 구조를 잘 모르는 탓으로 지하실까지 내려갔다가 출구로 나왔으며……."

"양병수가 게양하였다는 이야기는 저의 분대장이었고, 그 후 금곡 전투에서 나는 부상 입어 입원하고, 임필수는 전사하고 없으니까 남은 사람만 게양한 것으로 전사에 기록된 것 같다.

휴전 후 사실을 정정하기 위해 무던히도 애를 썼으나 보람 없이 흐지부지되었다." (p791, 792)

태극기를 게양한 사람
① 박정모 소위는 2~3명, 양병수 이등병조와 최국방 견습수병 등
② 양병수 분대장은 최국방과 정연금, 양병수
③ 최국방은 양병수, 김칠용, 최국방 정연범*
④ 김칠용은 박소위, 임필수, 양병수, 최국방, 김칠용 등

* 양병수 증언은 정연금, 최국방 증언은 정연범, 같은 사람으로 보임

## 중앙청에 국기를 게양한 시각

국기를 게양한 시각을 공식 기록에는 06시 10분이라고 했는데 양병수 분대

장은 "오후 1시경에 중앙청에 돌입하여 4시경(오후)에 국기를 게양하였다."고 증언②했다. 너무 큰 차이를 보이고 있다. 고구(考究)해 볼 필요가 있다.

오후 4시면 제1대대와 미 제5해병연대 제3대대가 성조기를 게양한 시간 (15시 08분) 보다 늦다.


## 2. 서울 수복

**이 정권을 회복시키는 계획은 상부의 승인을……**

서울에서 도쿄로 복귀한 맥아더 원수는 대한민국정부를 서울로 복귀시키는 준비를 서둘렀다.

맥아더 원수는 그의 회고록(구범모 역, p423)에서 이렇게 기술하였다.

"나는 즉시 대한민국정부를 서울에 복귀시키는 준비를 서둘렀다. 이때 워싱턴으로부터 놀랄 만한 메시지가 왔다. 통합참모본부가

'이(李) 정권을 부활시키는 계획은 상부의 승인을 필요로 한다.'

고 나에게 경고하여 온 것이다.

이 대통령에게 반감을 품은 국무성의 교사를 받은 것임이 너무나도 명백하였다. 나는 즉석에서 다음과 같은 회답을 보냈다.

'통합참모본부의 메시지는 양해할 수가 없다. 나는 지금까지 받은 모든 명령을 정확하게 실행하는 이외에는 아무런 계획도 없다.

이때까지의 명령으로는 지난 6월 25일 및 27일 이틀 동안에 UN안전보장이사회가 채택한 '대한민국정부에 대한 무력공격을 격퇴하고 현지에 국제적인 평화와 안전을 회복하는 데에 필요한 원조를 제공한다.' 는 것을 UN에 가맹한 여러 나라의 정부에게 요청한다는 결의를 지지하기로 되어 있다.

현존하는 대한민국정부는 한 번도 그 기능을 정지한 일이 없다.

미국의 입장은 지난 7월 7일자의 그쪽으로부터의 메시지에 명시되어 있는 바와 같이 미국정부는 대한민국정부가 책임 있는 통치기구임과 동시에 UN에 의하여 그 합법성을 인정받고 있는 한반도에서의 유일한 정부임을 인정한다는 것으로 되어있다. 따라서 대한민국정부는 현지 사태가 안전하다고 인정되는 즉시 미국정부, 미국의회의 간부, UN위원단 기타 관계자의 찬동으로 당연히 서울에 소재하게 된다.

그것은 물론 쓰러졌던 정부를 부활시키는 것이 되지 않으며, 정부를 바꾼다는 성질이 아니라 단지 현존하는 정부를 그 법적인 소재지로 복귀하게 하고, 민간 행정을 재개하여 적의 지배로부터 해방된 지역에 치안을 신속하고도 효율적으로 회복하는 것에 지나지 않는다.

이러한 조치는 미국대사, 기타 모든 관계자가 열성껏 바라고 있을 뿐 아니라 내가 받은 명령에서도 요구되고 있다고 밖에 볼 수 없다.'

나는 서울을 9월 29일에 현 정부 소재지로서 반환할 것을 명령하였다."

워싱턴이 어떠한 복안을 가지고
"이 정권을 부활시키는 계획은 상부의 승인을 필요로 한다."
고 했는지는 알려진 바가 없지만 그 메시지는 맥아더의 단호한 의지로 더 이상 거론되지 않고 넘어갔다.

### 수도 반환식

9월 29일 서울이 완전히 수복된 이날 서울시는 시정을 펼 수가 있었고, 경찰도 그 기능을 발휘하기 시작했다. 파괴된 건물을 정리하고 공공시설을 복구하기 시작했다.

피난 갔던 시민들은 앞을 다투어 복귀했고, 대부분의 시민들은 잿더미가 된 폐허에서 집과 가재도구를 찾거나 정리하느라고 여념이 없었으며, 또 다른 한편으로는 헤어진 가족을 찾느라고 야단법석이었다. 폭격과 포격으로 무너진 건물의 잔해는 열기가 덜 가셨고, 남은 건물에서는 아직도 화염이 솟아올랐다.

이러는 가운데서도 일부 시민들은 군경과 공무원을 도와 시가지 정리와 시체 처리 작업을 하느라고 분주하게 움직였다.

미 제10군단은 급히 수송해 온 50톤의 쌀과 북한군이 압류하고 있던 많은 양의 양곡을 풀어 시민들에게 나누어주었다. 그러나 굶주린 시민에게는 구우일모(九牛一毛)에 지나지 않았다.

임시수도 부산역전 광장에서는 수도탈환 경축식이 열렸고, 이승만 대통령은 맥아더 원수에게 서울탈환 축하 메시지를 보냈다.

오전 10시, 맥아더 원수 일행이 김포비행장에 날아와서 미 제10군단 수뇌들의 영접을 받고 이들의 노고를 치하했다.

이어서 이승만 대통령이 정부요인들을 대동하고 김포비행장에 도착했다.

이승만 대통령과 맥아더 원수 일행은 함께 서울시내로 들어왔다. 연도에는 시민들이 몰려나와 태극기와 성조기를 흔들면서 이들에게 만세를 부르고 환호성을 울렸다. 폐허의 거리에 모처럼 활기가 넘쳤다.

환도식은 국회의사당으로 쓰고 있는 중앙청 홀에서 거행되었다. 식장 주변에 한국 해병대 및 제17연대와 미 해병대 일부 병력이 경계를 했고, 한강교에서 서울시가지에 이르는 연도에는 미 해병대가 경비를 섰다.

식장에는 각 부처에서 선정된 정부요인과 시민대표 그리고 서울을 수복한 군지휘관들로 꽉 찼다. 미 제8군사령관 워커 중장과 제10군단장 아몬드 소장, 미 제7합동기동부대사령관 스트러블 제독이 정렬했다.

이승만 대통령 내외와 맥아더 원수가 입장하여 단상에 앉았다.

맥아더 원수는 그때 심경을 이렇게 표현했다.
"수도반환식이 시작된 때의 정경은 감명 깊은 것이었다. 전화(戰禍)로 허물어진 큰 회의장에는 완전무장한 UN군과 국군 장병들이 나란히 의자에 앉아 있었다. 회의장의 양쪽 창문은 부서져서 커다란 입을 열고 있었고 거기에서는 시체의 냄새가 풍겨왔다. 나는 이전에 마닐라의 말라카난 궁전에서 필리핀 정부에게 수도를 반환한 때의 일을 회상하였다." (구범모 역『맥아더회고록』 p424)

식은 정각 10시에 시작되었다. 실로 역사적인 순간이라고 아니 할 수 없다. 우리 역사에 영원히 기록될 것이다.
"대통령 각하! 신의 은총으로 인류의 가장 큰 희망의 상징인 UN깃발 아래서 싸우는 우리 군대는 이 한국의 수도 서울을 해방시켰습니다."

수도반환식. 왼쪽부터 맥아더 원수, 이승만 대통령, 프란체스카 여사, 신성모 국방부장관

제4절 중앙청에 태극기를 꽂다

맥아더 원수가 입을 열었다. 이어서 전쟁으로 말미암아 황폐된 한국을 원조하기로 다짐한 53개 국가의 정당한 분노와 그리고 공산국가에 대한 정신적 반격에 대하여 언급하였다.

정적과 감동이 감도는 분위기 속에서 맥아더의 연설은 계속되었다. 가끔 멀리서 군악대의 주악을 대신하는 축포인 듯 포성이 울려왔다.

"이 거리는 잔학한 공산주의 압제에서 빠져 나오고, 시민들은 다시 대한의 자유와 존엄성을 절대적인 것으로서 양보하지 않는 부동의 신념을 가지고 생활할 기회를 되찾았습니다. 이 결정적인 승리를 우리의 무력으로 되찾게 한 전능의 신에게 충심으로부터의 감사를 드리기 위하여 전원이 일어나서 나와 함께 주기도문을 외워 주기 바랍니다." (구범모 역 『맥아더회고록』 p424)

모두가 일어섰다. 장병들은 흙투성이가 된 모자를 벗었다.

"나라와 권세와 영광이 하나님에게 영원히 있사옵나이다. 아멘……."

이때 갑자기 '우지끈, 쾅!' 하고 정적을 깨는 날카로운 소리가 들렸다.

순간 장내가 술렁거렸다. 때가 때인 만큼 폭탄이 터진 것으로 생각하고 죽을상을 짓는 사람도 있었고, 엉겁결에 괴성(怪聲)을 지른 사람도 있었다. 그러나 맥아더 원수는 개의치 않고 연설을 계속해 나갔고, 이승만 대통령은 미동도 하지 않았다.

이 갑작스러운 소리는 천장에 힘없이 매달려 있던 유리가 북쪽에서 들려온 포성의 진동으로 떨어져 깨지는 소리였다.

맥아더 원수는 이승만 대통령을 향하여 이렇게 말했다.

"대통령 각하! 저와 저의 장교들은 이제 군무에 전념하고 민사(民事)의 책임은 각하와 각하의 정부에게 맡기어 드립니다."

이승만 대통령은 감격하여 맥아더 원수의 손을 잡고 눈물을 흘리면서

"우리는 장군을 숭배합니다. 우리 민족의 구원자로서 장군을 사랑합니다."

이승만 대통령은 답사를 했다. 감격에 젖어 있는 이 대통령은 미리 준비한 연설문을 떨리는 목소리로 읽어 내려갔다.

"나 자신의 영원한 감사와 한국 국민의 감사를 어떻게 말로써 다 표현해야 할지 모르겠습니다……."

맥아더 원수는 이 자리에서 미 제8군사령관 워커 중장과 미 제10군단장 아몬드 소장에게 수훈십자훈장(DSC)을 수여하였다.

이렇게 해서 엄숙하고 성대하고, 역사적인 식은 조촐하게 끝이 났다. 식을 빛내 줄 의장대의 퍼레이드나 군악대의 주악은 없었다. 당시 전투병이 부족하여 의장대와 군악대원들은 모두 소총수로 전투에 참가하고 있었기 때문에 참가할 수가 없었다.

맥아더 원수는 13시 35분에 김포비행장을 이륙하여 도쿄로 돌아갔다.

참고문헌 : 국방부 『한국전쟁사』 제3권 「라. 서울수복」(p782), 구범모 역 『맥아더회고록』

## 맥아더 원수에 대한 찬사

서울을 수복한 맥아더 원수에게 세계 각국의 지도자와 저명인사로부터 많은 찬사가 있었다. 그 전문을 소개한다.(『맥아더회고록』 인용)

### 트루먼 대통령

"온 미국 국민을 대표하여 대한민국에서 귀하의 지도로 승리를 거둔 것을 진심으로 축하한다. 귀하가 시간을 벌고 전투력을 축적하기 위하여 취한 지연작전

이나 서울수복에 이르는 훌륭한 작전에 비견할 만한 작전은 전사에도 보기가 드물다. 우리 육해공군의 훌륭한 협력 솜씨에 특히 깊은 감명을 받았다. 귀하가 실현한 3군의 통합작전은 빛나는 범례가 되는 것이다. 자유를 위하여 싸운 귀하의 부대인 미국 및 기타의 참전 제국의 육해공군 장병들에 대해서는 나는 물론, 모든 자유 우방이 감사하고 있다.

귀하에게 경의를 표하고 고국의 모든 동포들이 보내는 인사말을 전한다. 참으로 훌륭하였다."

### 이승만 한국 대통령

"역사적인 서울수복에 즈음하여 한국정부와 국민을 대표하여 대단히 불리한 여건에도 불구하고 이 승리를 가져온 귀관의 훌륭한 지휘를 충심으로 감사하고 영원히 기억합니다. 귀관이 길고 탁월한 공적인 생활에서 거둔 많은 위대한 업적 중 대한민국에 있어서의 UN군의 지도는 가장 우수한 것이었다고 역사는 기록할 것에 틀림없습니다."

### 장개석 중국 총통

"귀관의 훌륭한 계획과 UN군의 부대 지휘로 서울을 수복하게 된 것은 중화민국 정부와 나에게 만족을 느끼게 합니다. 귀관 자신이 전선으로 달려가 인천의 위대한 승리를 거둔데 대하여 충심으로 칭송과 축의를 표합니다."

### 전 영국수상 윈스턴 처칠 경

"한국에서 던커크의 비극이 재현되리라는 불안을 나는 한 번도 가져 본 일이 없다. 공간으로 시간을 얻고 반격을 가한다는 일을 맥아더는 보기 좋게 해냈다."

### 요시다 일본 수상

"귀하의 대담한 전략적인 행동은 하룻밤 사이에 한국 정세의 전모를 바꾸어 놓았다. 굽힐 줄 모르고 또한 탁월한 총사령관인 귀하에게 세계는 한없는 감사를 바쳐야만 된다."

### 미국 통합참모본부

"귀관이 거둔 위대한 전과에 대하여 통합참모본부는 큰 긍지를 느끼고 있다. 이 전과는 탁월하고 대담한 지도와 3군 전부대의 협조와 전투정신 없이는 불능하였다는 것을 우리는 알고 있다.

귀관은 적이 기습공격을 받은 뒤로 모든 기회와 능력을 최대한으로 철저하게 활용하였으며 방위에서 공세로 전환시킨 계획 또한 시기의 선택 및 실행방법이 훌륭하였다. 귀관은 자유를 사랑하는 모든 사람들에게 새로운 영감을 주었다.

UN이 귀관에게 맡긴 큰 임무를 성공적으로 매듭짓게 될 것을 확신한다."

### 마셜 미국 국방장관

"귀관이 한국에서 지휘한 용기에 가득 찬 전투와 완전한 전략적인 작전이 사실상 전쟁을 종결시킨 데 대하여 개인적인 축의를 표명하다."

### 페이스 미국 육군장관

"미국의 역사를 통하여 미 육군은 항상 어떠한 역경이나 장해에 부닥치더라도 참된 지도에는 반드시 그만한 반응을 보여 왔지만 한국 전쟁의 실현으로 귀관의 우수하고 용감한 지휘에 대하여 우리 부대가 나타낸 반응만큼 능가한 예는 아마도 없을 것이라고 믿는다. 굽힐 줄 모르는 용기와 결의에 알맞는 승리로 귀관이 충분하게 보상받을 것을 신에게 빈다."

### 아이젠하워 콜롬비아대학 총장(전 원수)

"귀하는 또다시 우리에게 전문적인 군인이 행하는 지휘의 모범을 훌륭하게 나타내 주었다고 나는 확신한다. 전선에서 마지막 한 사람까지 병력이 아쉬운 때에 정성스럽게 필요한 병력을 아끼고 모아 두었다가 중요한 반격을 가한 귀하의 불굴의 정신과 그리고 반격작전을 감행하여 적중 깊이 파고 들어간 귀하의 대담성은 내가 말하는 모범 중에서도 특히 뛰어난 점이다."

### 호올시 제독

"귀관답게 굉장하다.

인천상륙은 역사상 가장 뛰어나고 대담한 전략적인 행동이다."

### 전 공군참모총장 스파츠 장군

"불충분한 우리 부대를 절망적인 정세 속에서 구사하여 승리를 거둔 것을 나 자신 한 사람의 노병으로서 진심으로 찬양한다.

이것은 역사상 가장 중요한 군사작전이던가 혹은 적어도 그것에 어깨를 나란히 하는 것으로서 미국을 구원하기 힘든 정세로부터 승리를 이끌어 올렸다. 모든 시대를 통하여 가장 위대한 사령관에게 우리는 모두가 경의를 표하고 있다."

### 존 덜레스 미국 연방 상원의원

"축하합니다. 또 한 차례 해냈군요."

### 미국 역사가 더글러스 S. 프리먼

"이번 작전은 탁월한 사령관의 지휘 아래 행하여진 위대한 전투이며 미국 군대의 이름을 크게 높였다."

맥아더 원수는 어느 축하 메시지보다도 아세아의 두 정치지도자의 것을 가장 감명 깊게 받아들였다고 했다. 그것은, 하나는 한국의 이승만 대통령이고 다른 하나는 중화민국의 장개석 총통이었다.

## 3. 모루(鐵砧)

### 국군 해병대의 북한강 지역 전투

9월 29일 0시를 기하여 국군 해병 제1대대와 제2대대가 미 해병연대 배속에서 해제되어 해병대사령부로 복귀했다. 그러나 해병대사령부는 하나의 연대로서 미 제1해병사단의 지휘를 받는 것은 그대로였다.

30일 해병대는 서울 동쪽 지역을 차단하기 위하여 북한강으로 진출했다.

15시, 해병대사령부는 퇴계로 해군본부 자리에서 망우리로 이동했다.

10월 1일 13시 미 제7해병연대에 배속된 제5대대가 복귀했다.

해병대의 단독작전을 지원하기 위하여 미 해병대의 함포와 항공연락요원 65명이 해병대사령부에 도착하였다.

10월 2일 08시, 제2대대와 제5대대는 양수리 방면으로 진격하기 위하여 미 제7사단 1개 대대진지를 인수하고 제5대대는 북쪽, 제2대대는 그 남쪽을 맡아서 10시에 진격을 개시했다.

공격제대가 도농리(陶農里-남양주시) 못 미쳐 인창리(仁倉里-구리시)와 교문리(橋門里-구리시) 부근에 진출했을 때 도농리 남방고지로부터 적의 사격을 받았다. 해병대는 즉각 이를 공격하여 격퇴했다.

적은 약 1개 대대 규모로 기관총사수가 이탈하지 못하도록 쇠사슬로 발목을 기관총에 묶어놓은 것을 보면 결사 저지의 의지를 보인 것으로 판단되었으나 전의를 잃은 북한군으로서는 해병대의 적수가 되지 못했다.

이 전투에서 적 200명 이상을 사살하고 50여 명을 사로잡았다.

한편 해병대도 16명이 전사하고 63명이 부상하는 손실을 입었다.

다 쓰러져 가는 불씨치고는 만만치 않은 저항이었다.

제2대대는 오후에 가운리(加雲里-남양주시, 한강 북안)와 마산리(馬山里-위 같은)를 점령하였다.

도주한 적과 인근에 숨어 있던 적 잔여부대가 퇴계원(退溪院) 동쪽에 있는 진관리(眞官里-남양주시 眞乾邑) 일대에 집결하고 있는 것이 관측되었다. 저들은 지면리(芝綿里-남양주시) 113고지를 점령하고 해병대의 진격을 저지하려는 기도로 보였으므로 제5대대는 적이 집결하고 있는 지역에 포격을 집중한 후 113고지를 먼저 점령함으로써 적의 기도를 분쇄했다.

10월 3일 제2대대는 12시에 금곡(金谷-남양주시)을 점령하고 부근 일대 도로에 매설되어 있는 지뢰를 제거한 후 예비대가 되어 양정리에서 경계에 들어갔다.

제5대대는 금곡리 일대 고지를 점령하고, 계속 북한강으로 진격했다.

제1대대는 10월 1일 미 제7사단에 배속되어 양주군 일대에서 패잔병을 소탕한 후 2일 이태원에 집결하였다가 09시에 경춘 국도로 진격하여 15시에 덕소(德沼)에 도착하였고, 일박한 후 다음 날 양수리(兩水里) 합수(合水) 지점에 있는 족자도와 송촌리(松村里) 일대까지 진출했다.

10월 4일 제5대대는 경춘가도를 따라 계속 진격하여 12시에 마석우리(麻石偶里-남양주시 和道邑)에 진출했고, 여기서 잔적을 소탕한 후 17시에 북한강 연안 성내리(省內里)에 진출했다.

10월 6일 해병대는 새로운 임무를 위해 09시 30분까지 인창리에 있는 해병대사령부로 집결하여 미 해병대가 제공한 2.5톤 트럭 90대에 분승하고 인천으로 향하였다. 군단 예비대로 있던 제3대대는 10월 2일 미 제187공수연대와 임무를 교대하고 인천에 집결했다.

10월 7일 제2대대는 목포 방면으로, 제1대대는 묵호 방면으로, 제3대대와 제5대대는 원산상륙부대로 원산을 향하여 각각 인천항을 떠났다.

### 의정부 탈환 - 미 제7해병연대

9월 29일 미 제1해병사단은 서울 근교에 방어선을 형성하기 위하여

제1해병연대는 서울 동북쪽 경춘국도 방면으로,

제5해병연대는 서울 서북쪽 경의국도 방면으로,

제7해병연대는 서울 북쪽 의정부 방면으로

각각 진격하라는 작명을 받았다.

9월 30일 제2대대가 정릉(貞陵)과 우이동(牛耳洞) 일대를,

제1대대가 창동(倉洞)과 도봉동(道峰洞)까지 진출했다.

10월 1일, 제5해병연대와 제1해병연대의 정면에는 적의 저항은 없고, 퇴각하는 낙오병을 사로잡는 수준의 전투가 있었다.

북쪽으로 진격한 제7해병연대에는 국군 해병 제5대대 제23중대(權錫基 중위)가 배속되어 전초 역할을 했으며, 전차와 포병, 공병의 지원을 받아 별 저항 없이 진격했다.

10월 2일, 제7해병연대는 서울~의정부 중간지점까지 진출했으나 별다른 저항은 없었다. 좌측의 제3대대 정찰대가 전날 북한군이 퇴각하면서 학살한 주민 시체 30구를 발견했다. 시체 중에는 여자가 7명, 어린이 1명이 포함되어 있었는데 이들은 국군 가족이라고 포로가 진술했다. 수복을 눈앞에 두고 무참히 살해된 것이 너무 안타깝다.

아군의 진격 속도를 지연시키려는 듯 적은 산발적인 중화기사격을 가해

왔다. 저들은 도로 양측고지에 구축해 놓은 동굴 속에서 저항하고 있었다. 항공지원을 받아 보전합동작전으로 이 적을 완전히 소탕했다.

10월 3일, 적의 저항을 받아 진격이 다소 주춤했던 제7해병연대 제3대대는 전차지원을 받고 있는 적의 차량행렬을 발견하고 8대 중 7대를 파괴하였다. 이날 해병대 작전을 지원하던 미 해병 항공기 2대가 적탄에 맞아 1대는 아군지역에 불시착했고, 1대는 격추되어 조종사가 전사했다.

제7해병연대는 도로 좌우에 형성해 놓은 능선상의 적을 박멸하기 위하여 167발의 야포와 70,000발이 넘는 기관총 세례를 퍼부었다.

17시 제2대대가 의정부에 돌입함으로써 서울 방어선 형성작전은 끝냈다. 의정부에서의 저항이 38선 이남에서 북한군의 마지막 조직적인 저항이었다. 북한군은 38선 이북으로 철수한 다음 38선에서 방어진지를 강화하고 있는 것으로 보였다.

미 제7해병연대 길잡이 역할을 한 한국해병 제23중대는 자하문(紫霞門) 밖에서 삼각산 줄기를 타고 의정부로 진격하였고, 적 200여 명을 생포하였다.

10월 4일, 미 제1해병사단은 다음 임무를 위하여 5일부터 7일까지의 사이에 인천으로 이동했다.

### 오산 공격 · 모루 완성 – 미 제31연대

미 제10군단이 인천에 상륙한 것은 북한군이 낙동강전선으로 연결하는 동맥을 차단해 놓고, 어느 지점까지 남하하여 모루를 형성하면 낙동강전선에서 퇴각하는 북한군을 미 제8군이 추격하여 내려치는 작전이다.

9월 22일, 미 제7사단 제31연대는 남진하여 수원비행장 남쪽 능선을 점령하고 북한군이 퇴각해 오기를 기다리고 있었다.

낙동강전선에서 북상한 북한군 제105기갑사단 1개 연대가 18일 조치원에 도착했다는 정보를 입수하고, 대기갑전투준비를 하고 있었다.

24일 23시경, 수원비행장을 경비하고 있던 제2대대(수마 중령)는 전차를 동반한 수 미상의 적으로부터 공격을 받았다. 적 전차는 지형 특성상 도로에서만 기동이 가능하였고, 공격하는 적은 화력 지원이 없었으므로 제2대대는 야간 공격에 대비하고 있다가 보 · 전 · 포의 합동작전으로 적 전차 4대를 파괴하고 적을 쉽게 물리쳤다.

25일 날이 밝자 간밤에 패주한 적이 박격포로 수원비행장을 공격했다. 수원비행장은 대형비행기 이착륙이 개시된 시점인데 큰 혼란에 빠졌다.

항공정찰에 의하면 북한군은 미군 진지 남쪽 4km지점 고지를 점령하여 철수부대를 엄호했고, 북한군 주력부대는 이들의 엄호를 받으면서 대전~평택 부근에서 원주 방향으로 퇴각하고 있는 것으로 알려졌다.

미 제8군사령관 워커 중장은 이를 우려하여 처음부터 상륙군 일부가 원주를 탈환하여 북한군 퇴로를 완전히 차단해 주기를 희망하고 있었다. 그러나 상륙군이 2개 사단에 불과한 형편에서 서울 공격을 성공할 수 있을까를 걱정할 정도였기 때문에 과욕과 모험을 피하고 병력 분산을 경계하여 경부축선을 차단하는 것만으로 만족할 수밖에 없었다.

"궁지에 빠진 쥐가 고양이를 문다."

는 속담처럼 철수군의 결사적인 공격을 받아 큰 피해를 입고 목적을 달성하지 못한 예가 적지 않음을 전사가 증명하고 있기 때문이다.

사단장 버 소장은 제31연대에 이 적을 섬멸하도록 명령을 내렸다.

연대장 오벤샤인 대령은 제2대대를 둘로 나누어

대대 일부 병력과 제73전차대대 A중대가 정면에서,

전차 2개 소대의 지원을 받은 제2대대 주력이 후방에서

공격하여 남북에서 협공하도록 하였다.

26일 저녁 때 적진으로 진출한 제2대대가 27일 새벽에 공격 준비를 하고 있을 때인 22시 30분경 낙동강전선에서 적을 추격해 온 미 제1기병사단 선발대(베카전차소대)가 오산 북방까지 진출했다.

27일 새벽에 후방공격부대인 제2대대 주력이 우회하여 적을 격퇴시킨 다음 경부국도로 진출하여 오산 시내에서 반격해 오는 T-34전차를 로켓포로 파괴하고 오산 북방으로 공격해 나갔고, 정면 공격부대는 국도를 따라 남쪽으로 공격을 하여 협공작전이 이루어졌다.

적도 전차와 대전차포 및 박격포 등 화력을 있는 대로 동원하여 만만찮게 저항했다. 제2대대는 하루 종일 협공하여 전차 14대, 대전차포 6문, 박격포 3문을 파괴하였으나 적이 점령한 92, 117고지에는 접근하지 못하였다.

27일 정오경, 낙동강전선에서 적을 추격하여 오산에 진격한 미 제1기병사단장 게이 소장이 이 전투를 관전하고 있었다. 게이 사단장은 제2대대의 공격이 잘 진전되지 않고 있는 것을 안타깝게 생각하여

"참견하는 것 같지만 내가 증원해 주어야겠다."

고 수마 대대장에게 제의했다. 대대장이 이 제의를 연대장 오벤샤인 대령에게 보고했는데 연대장은 무슨 이유에서인지 이 제의를 거절했다.

게이 사단장은 다음 날 오후까지 눈앞에서 벌어지고 있는 격전을 방관만 하고 있어야 했다.

이 상황은 사단장에게는 보고되지 않고 연대장이 독단적으로 결정하여 아몬드 군단장의 노여움을 샀다.

오후, 공격 중 제2대대장 수마 중령과 제31연대 작전주임 올슨 소령이 부상하여 공격은 좌절되었다. 포로 진술에 의하면 적은 북한군 제105기갑사단 일부로 상부로부터 이 고지를 사수하라는 명령을 받았다고 했다.

28일 오후, 미 제7사단장 버 소장은 제31연대의 작전을 못마땅하게 생각

하고 제1선으로 나와 공격을 직접 지휘했다. 정오부터 50분간에 걸쳐서 해군함재기 7대*가 적이 점거하고 있는 92고지와 117고지 그리고 철도터널 입구에 네이팜탄을 투하하였고, 이어서 30분간 포병 2개 대대와 12문의 박격포로 공격준비사격을 실시하여 적을 완전히 제압해 놓고, 예비대인 제3대대가 도로를 따라 강습했다.<sup>주)</sup>   일본 육전사연구보급회 「한국전쟁」 ③ p302, 303

* 국방부 『한국전쟁사』 제3권은 "해군의 8대의 항공기"(p796)라고 기술

주공에 나선 K, L양 중대는 15시 15분에 117고지를 탈환했고, 16시에 92고지를 탈환했다. 적은 100여 구의 시체를 남겨 놓고 패주했다.

양 중대는 한 사람의 피해도 없었다.

미 제31연대가 오산 북방 고지를 점령함으로써 모루가 완성되었다.

아몬드 군단장은 제31연대가 실시한 27일의 공격에 대하여 '상황을 무시한 공격'이라고 못마땅해 했다.

2개 대대를 보유하고 있으면서 1개 대대만을 사용하였고,

화력을 경시하고 부질없이 기동에만 의존하여 불필요한 피해를 냈으며,

공명심에 급급한 나머지 게이 사단장의 호의를 거절한 것

은 좋은 현상이 아니라고 했다.

수원비행장 남쪽 요충지인 오산고지를 점령할 수 있는 좋은 기회가 있었음에도 불구하고 적이 점령하도록 방치함으로써 비행장이 포격당하여 불필요한 전투를 하지 않을 수 없게 만든 것

은 중대한 실수라고 생각했다.

아몬드 군단장은 10월 5일 미 제31연대장을 경질하였다.

### 망치의 진격

9월 24일 낙동강전선의 미 제8군은 총 반격에 나섰다. 동해안으로 진격하고 있는 국군 선봉은 10월 1일 38선에 도달하여 북진 명령을 기다리고 있었고, 중서부전선의 연합군도 속속 북진하고 있었다.

10월 초순 북한군은 대부분 38선을 넘어 철수하였다. 철수해 간 병력은 25,000~30,000명에 불과한 것으로 추산했다.<sup>주)</sup>

일본 육전사연구보급회 「한국전쟁」 ③ p304

남침 당시 북한군의 총 병력은 198,000여 명이었고, 38선에 전개된 병력은 10개 사단(사단으로 승격된 3개 경비 여단 포함) 1개 기갑사단으로 총 125,000여 명이었다. 9월 공세 때까지 후방 3개 예비사단과 2개 전차여단이 투입된 것을 합하면 160,000여 명에 이르고, 여기에 희생된 병력을 보충하기 위하여 북한에서 추가로 모집한 병력과 남한 점령지역에서 동원한 소위 의용군이 많이 있었음을 감안하면 북한군이 전선에 투입한 연 병력은 200,000명을 훨씬 넘는다. ▶ 「북한군 병력현황」: 제8권 「1950. 6. 24. 현재 38선대치전력」 참조

결국 15만 명이 넘는 젊은이가 돌아가지 못했다.

### 북한군 피해

UN군총사령부는 인천상륙작전을 계획하면서 서울시내에 북한군 병력을 약 5,000명 정도로 파악하였으나, 실제로는 그보다 많았다.

서울에 약 8,000명, 영등포에 약 5,000명 계 약 13,000명 정도 있었던 것으로 보이고, 인천상륙작전이 개시되자 서울에 약 20,000명, 한강~수원 간에 약 10,000명, 오산 부근에 약 2~3,000명을 증원한 것으로 파악되었으며 실제로 미 제10군단과 교전한 병력은 약 20,000명에 이른 것으로 추정되었다.<sup>주)</sup>

일본 육전사연구보급회 「한국전쟁」 ③ p305, 306

이들 증원 병력은 UN공군의 저지로 인하여 일시에 투입되지 못하고 축차적으로 투입하여 전력이 제대로 발휘되지 못하였다.

새로 편성된 부대는 훈련 부족으로 인한 함량 미달에다 전멸을 무릅쓴 무모한 공격을 강행한 무자비한 작전 지휘로 많은 희생을 강요당하였고, 특히 의용군이라는 이름으로 남한 출신 청소년들을 강제로 동원하여 편성한 부대는 전멸을 면치 못하였다.

미 제10군단이 경인 지구 작전 중 거둔 전과는

포로 약 7,000명, 살상 약 17,000명이다.

예하 부대별로 보면

    미 제1해병사단      포로 4,792명,      살상 13,666명,

    미 제32연대      포로 1,206명,      살상 약 3,000명,

    미 제31연대와 한국 제17연대는 수백 명으로 파악되었다.

    미 제1해병사단은 적 전차 45~50대를 격파했고,

    미 제7사단이      10~15대를 격파하여

총 60여 대 이상의 전차를 파괴한 것으로 추산하였다.

미 제1해병사단은 120mm박격포    23문    45mm대전차포    19문

         중기관총    56정    경기관총 및 기관단총 337정

         14.5mm대전차총 59정    소총    7,543정

등을 파괴하거나 노획했다.주)      일본 육전사연구보급회 『한국전쟁』 [3] p306

## 미 제10군단의 피해

경인 지구 작전 기간 중 미 제10군단이 입은 피해는 다음과 같다.

|  | 전 사 | 부 상 | 실 종 | 계 | 기록 문헌 |
|---|---|---|---|---|---|
| 제7보병사단 | 106명 | 409명 | 57명 | 572명 |  |
| 제1해병사단 | 415명 | 2,029명 | 6명 | 2,450명 | 해병대 공간사 |
|  | 417명 | 1,961명 | 5명 | 2,383명 | 육군 공간사 |
| 계 | 521명 | 2,438명 | 63명 | 3,022명 | 해병대 공간사 |
|  | 523명 | 2,370명 | 62명 | 2,955명 | 육군 공간사 |

※ 제7사단 피해는 국군 사상자 166명이 포함된 숫자이다.

### 미 제1해병사단의 연대별 피해 상황 (해병대 공간사 기준)

|  | 전 사 | 부 상 | 계 |
|---|---|---|---|
| 제1해병연대 | 92명 | 697명 | 789명 |
| 제5해병연대 | 177명 | 861명 | 1,038명 |
| 제7해병연대 | 72명 | 296명 | 368명 |
| 기 타 | 73명 | 182명 | 255명 |
| 계 | 414명 | 2,016명 | 2,430명 |
| 미육군공간사 | 364명 | 1,961명 | 2,230명 |

※ 자료 : 일본 육전사연구보급회 『한국전쟁』 ③ p307

### 경인 지구에서 파괴된 북한군 전차

앞 자료 문헌은 "경인지역작전에서 53대의 T-34전차가 전투에 참가, 48대가 격파되었고, 5대는 파괴된 곳도 없이 버려져 있었다."(p220)고 했다.

또 "미 제10군단이 이 작전 중에 파괴한 북한군의 전차는 미 제1해병사단이 45~50대, 미 제7사단이 수원~오산 지역에서 10~15대로 총 60대 정도로 추산하고 있다."(p306)고 기술하였다.

경인 지역에 북한군 전차 60대가 참가할 수 있을 정도의 여유가 있었는지 또 그만큼 파괴할 전차가 왔는지를 살펴보자.

9월 중순경 낙동강전선에 남아있는 전차는 100대 이하였다.

UN군이 반격을 개시하여 경인 지구에 이르기 전까지 미 제8군이 파괴하거나 버려진 전차는 모두 66대다.

9월 중순 낙동강전선에 배치된 전차를 최대 100대로 볼 경우에 위 손실 전차 66대(경인 지역에 오기 전)를 빼면 남은 전차는 34대다. 나머지 전차가 다 왔어도 미 제10군단이 파괴한 전차 60대에 26대가 모자란다.

22일 사용 불능한 2대는 그 전에 파괴된 것일 수도 있다. 또 27일 오산 남쪽 10대 중 7대, 28일 평택 부근 10대 중 7대는 내용이 같고, 평택 부근과 오산 남쪽은 같은 지역으로 볼 수 있기 때문에 중복 기술일 수 있다. 중복으로 볼 경우에도 파괴된 전차는 57대로 17대가 더 많다.

다음 자료 문헌은 9월 21일 전투 경과에서 "적 제105기갑사단의 제203연대는 전차 9대로써, 제107연대는 전차 14대로써 후퇴하였다는 것이다." 라고 했다.

후퇴한 전차는 23대에 불과하다.(p227)

제10군단이 파괴한 전차 60대보다 37대가 더 적다.

결론은 북한군 전차 대수를 원천적으로 잘못 파악했거나 전차 파괴 대수를 잘못 파악했거나 또는 추가로 전차 부대가 투입(소련이 추가로 전차를 제공하였다는 전제가 있어야 가능하다)된 사실을 몰랐거나에 원인이 있다.

### 국방부 『한국전쟁사』 제4권이 기술한 전차 파괴 기록

| 날 짜 | 전차 파괴 수 | 전차 노획 및 파괴 지역 |
|---|---|---|
| 9월 22일 | 2대 노획 - 사용 불능 | 미 제1기병사단 낙동 도하 전(p211) |
| 9월 23일 | 5대 노획 | 미 제1기병사단 낙동 도하 후(p211) |
| 9월 24일 | 8대 파괴(지상 포화 3대, 공군 5대) | 미 제24사단 대전 진격전(p230) |
| 9월 26일 | 3대 파괴 | 미 제1기병사단 오산 남쪽(p214) |
| 9월 27일 | 33대 파괴(지상군 13대, 공군 20대) | 미 제24사단 대전 진격전(p231) |
| 9월 27일 | 7대 파괴(10대 중 3대 북으로 퇴각) | 미 제1기병사단 오산 남쪽(p214) |
| 9월 27일 | 1대 격파 | 제1사단 조치원(p159) |
| 9월 28일 | 7대 파괴(10대 중) | 미 제1기병사단 평택 부근(p214) |

# 인명 색인

## ㄱ

| | |
|---|---|
| 가순 | 339, 340 |
| 강근희(康權禧) | 101 |
| 강문봉(姜文奉) | 270 |
| 강신창(姜新昌) | 193, 199 |
| 강영걸(康永傑) | 42 |
| 강주홍(姜周鴻) | 49 |
| 강호륜(姜鎬倫) | 166 |
| 갤러퍼(LT. M. D Gallagher) | 156 |
| 게이(Hobart R. Gay) | 104, 184, 204, 404, 405 |
| 계인주(桂仁珠) | 255, 264, 266 |
| 고길훈(高吉勳) | 313, 348, 359, 381 |
| 공국진(孔國鎭) | 364 |
| 구선진(具仙鎭) | 170 |
| 궁인철(弓仁喆) | 101 |
| 권동찬(權東贊) | 67 |
| 권보형(權保衡) | 46 |
| 권석기(權錫基) | 401 |
| 권오철(權五喆) | 192 |
| 권율(權慄) | 336 |
| 그랜트(Ulysses Simpson Grant) | 231 |
| 그레이브스(Donald J. Graves) | 255 |
| 김경철(金慶哲) | 43 |
| 김광섭 | 193 |
| 김광식(金光植) | 147, 148, 244, 359 |
| 김광옥(金光玉) | 144 |
| 김국주(金國柱) | 69, 70, 73, 74 |
| 김기용(金基容) | 43 |
| 김대식(金大植) | 381 |
| 김대옥(金大玉) | 193 |
| 김동빈(金東斌) | 66, 73 |
| 김동준(金東俊) | 150 |
| 김동진(金東鎭) | 198 |
| 김동환(金東煥) | 69, 74 |
| 김두만(金斗萬) | 168 |
| 김만수(金萬壽) | 198 |
| 김명술(金命述) | 78 |
| 김명중(金明中) | 21, 74 |
| 김백영(金白泳) | 64 |
| 김병곤(金炳坤) | 42 |
| 김병철(金炳哲) | 41 |
| 김봉건(金奉楗) | 75 |
| 김석근(金錫根) | 144, 147, 149 |
| 김석범(金錫範) | 144 |
| 김성룡(金成龍) | 166 |
| 김성삼(金省三) | 141, 143, 146 |
| 김성은(金聖恩) | 145, 146 |
| 김세걸(金世傑) | 192 |
| 김소(金沼) | 64, 90 |
| 김수청(金壽靑) | 130 |
| 김순기(金淳基) | 43, 82, 94 |
| 김순기(金舜基) | 265 |
| 김순학(金順學) | 19 |
| 김신(金信) | 170 |
| 김억순(金億淳) | 191, 192, 200 |
| 김영준(金永俊) | 101 |
| 김영진(金永眞) | 24 |
| 김영택(金永擇) | 47 |
| 김용래(金容來) | 197 |
| 김원용(金源湧) | 198 |
| 김윤근(金潤根) | 313, 317 |
| 김응권(金應權) | 197 |
| 김일성(金日成) | 12, 13, 61, 86, 119, 186, 265, 345, 382, 383 |
| 김일하(金一河) | 19 |
| 김재명(金在命) | 62, 64, 88, 89, 90 |
| 김재열(金在烈) | 73 |
| 김재윤(金在潤) | 103 |
| 김재철 | 103 |
| 김점곤(金點坤) | 32, 53, 54, 55, 109, 139 |
| 김정렬(金貞烈) | 165, 167 |
| 김종기(金鍾淇・金鍾琪) | 322, 342, 381, 386 |
| 김종대(金鍾大) | 193 |
| 김종홍(金鍾洪) | 313 |
| 김주명(金周鳴) | 43 |
| 김진봉(金珍鳳) | 101 |
| 김진위(金振暐) | 16, 28 |
| 김초동(金楚東) | 48 |
| 김충남(金忠男) | 140, 144, 151 |
| 김칠용(金七龍) | 388, 389 |
| 김태선(金泰善) | 195 |
| 김판규(金判圭) | 94 |
| 김향산(金亨山) | 190 |
| 김형필(金衡弼) | 22 |
| 김호정(金灝鼎) | 34, 38 |
| 김활란 | 194 |

| | | |
|---|---|---|
| 김희동(金會東) 192 | 류창훈(柳昌燻) 373 | 문학경 271 |
| 김훈(金勳) 279 | 류충렬(柳忠烈) 192, 193 | 문학동(文鶴東) 196 |
| **ㄴ** | 리젠버그 | 문형태(文亨泰) 12, 94 |
| 남상휘(南相徽) 140 | (Homer L. Litzenberg) 356, 380 | 미첼 302 |
| 뉴턴(George R. Newton) | 리지(Thomas Ridge) 307, 326 | 미카엘리스(John H. Michaelis) |
| 301, 322, 326, 327, 338 | 리처드 존스 378 | 79, 80, 83, 88, 89, 90, 105, 106 |
| **ㄷ** | **ㅁ** | 민경중(閔庚重) 101, 102 |
| 달젤 2세(LTS Dalzell, Jr.) | 마셜(George C. Marshall) | 민준식 131 |
| 156 | 225, 397 | 민찬식(閔燦植) 74, 134, 135 |
| 더글러스 S. 프리먼 398 | 마운트(Charles M. Mount) | 밀러(W. R. Miller) 255 |
| 더글러스 316 | 356, 369 | 밀레트 81 |
| 덜레스(John F. Dulles) 398 | 막하페리 370 | **ㅂ** |
| 데이비드슨(Fred Davidson) | 맥 머레이 336, 341 | 바로우 329, 330, 331 |
| 239 | 맥노튼 354, 355, 356 | 박광윤(朴光允) 47 |
| 데이비스 236, 237 | 맥아더 | 박규송(朴圭頌) 46 |
| 도일(James H. Doyle) | (Douglas A. Macarthur) | 박기병(朴基丙) 31, 35, 45, 52 |
| 205, 206, 207, 213, 216, 221, | 156, 174, 175, 176, 178, 184, | 박노식(朴魯植) 115 |
| 230, 240, 241, 248, 250, 278, | 203, 204, 205, 208, 209, 210, | 박두선(朴斗先) 169 |
| 281, 304, 311, 319, 321 | 212, 213, 214, 215, 216, 217, | 박병래(朴炳來) 265, 266, 267 |
| 돗지 354 | 220, 221, 222, 223, 224, 225, | 임병래(林炳來) 267 |
| 디컨(LCDR Deacon) 157 | 227, 228, 230, 231, 232, 233, | 박병수(朴炳洙) 32, 41, 42 |
| **ㄹ** | 234, 235, 240, 241, 242, 245, | 박선문(朴善文) 113 |
| 라이트(William H. S. Wright) | 246, 247, 251, 252, 266, 281, | 박성수(朴聖洙) 133 |
| 176, 203, 213, 221, | 282, 293, 295, 309, 311, 312, | 박성철(朴成哲) 342 |
| 229, 230, 245, 281 | 314, 315, 317, 318, 319, 320, | 박성환(朴聖煥) 383 |
| 러블(R. W. Ruble) 154 | 324, 325, 342, 343, 377, 390, | 박시대 131 |
| 러프너(Clark L. Ruffner) | 391, 392, 393, 394, 395, 396, | 박영선(朴永善) 271 |
| 229, 247, 366 | 397, 399 | 박재근(朴在根) 23 |
| 레드퍼드 234 | 맬컴 W. 케이글 314 | 박정모(朴正模) |
| 로이 펄(Roy Pearl) 238 | 머레이(Raymond L. Murray) | 383, 385, 386, 387, 388, 389 |
| 로이스(Roise · Roice) | 302, 309, 338, 339, | 박정준(朴正俊) 196 |
| 303, 338, 341, 350 | 340, 349, 350, 353 | 박정희 124 |
| 류동석(柳東錫) 122, 123, 124 | 메넬라오스 7 | 박찬문(朴贊文) 41 |
| 류동인(柳東寅) 65, 132 | 몬트감 218 | 박치옥(朴致玉) 83 |
| 류문호(柳文鎬) 42 | 문석제(文錫濟) 191 | 박훈일(朴勳一) 279 |

인명 색인 411

| | | |
|---|---|---|
| 박희동(朴熙東) 166 | 306, 326, 327, 328 | 162, 176, 205, 213, 230, |
| 반덴버그 | 석주암(石主岩) 12, 109 | 248, 249, 250, 253, 278, |
| (Hoyt S. Vandenberg) 181 | 선우종원(鮮于宗源) 190, 200 | 281, 285, 295, 298, 317, |
| 반센트 334 | 세빌레(Louis J. Sebille) 180 | 321, 341, 343, 361, 392 |
| 방충묵(方忠默) 42 | 세이델 356 | 스티븐스(Richard W. |
| 배성섭(裵聖攝) | 셔먼(Forrest P. Sherman) | Stephens) 301, 302 |
| 52, 54, 138, 139 | 208, 209, 210, 216, 220, 221, | 스파츠 398 |
| 백기조(白基祚) 144 | 222, 234, 235, 240, 253 | 스피어(Frank Spier) |
| 백남수(白南洙) 98 | 셰퍼드(Lemuel C. Shepherd) | 272, 275, 276 |
| 백남원(白南垣) 29 | 213, 221, 234, 281, 318, 341 | 시글 339 |
| 백남표(白南豹) 144, 150 | 소궁진 317 | 시먼스 368 |
| 백선엽(白善燁) | 손병준(孫炳俊) 61, 63, 132 | 신맨디 349 |
| 11, 12, 14, 20, 21, 30, 32, 35, | 손원일(孫元一) 141, 143, | 신상묵(辛相默) 189, 192 |
| 52, 59, 63, 82, 83, 84, 88, 92, | 145, 149, 265, 278, 313 | 신성모(申性模) |
| 94, 105, 106, 109, 119, 183 | 송인명(宋寅明) 143, 144 | 93, 193, 194, 195, 393 |
| 백성욱(白性郁) 187 | 수마 403, 404 | 신유협(申攸浹) 146, 168 |
| 백운봉 271 | 스미스(Alvin E. Smith) | 신정현(申貞鉉) 170 |
| 백인엽(白仁燁) | 295, 354 | 신현조(申鉉祚) 19 |
| 243, 244, 279, 363, 364, 375 | 스미스(H. J. Smith) | 신현준(申鉉俊) 240, 243, |
| 버(David G. Barr) | 303, 353, 354, 355 | 244, 278, 313, 363, 375 |
| 242, 243, 278, 332, | 스미스(LTCE Smith) 156, 160 | 심포학(沈布學) 383 |
| 333, 360, 361, 403, 404 | 스미스(Oliver P. Smith) | 심프슨 310 |
| 변일현(邊日賢) 90 | 205, 206, 212, 228, 229, | 심형택(沈亨澤) 189 |
| 본 293, 294, 336 | 230, 236, 240, 241, 248, | ㅇ |
| 볼트(Charles L. Bolte) 235 | 278, 281, 311, 313, 315, | 아란 288 |
| 뷰챔프 | 332, 341, 350, 351, 352, | 아몬드(Edward M. Almond) |
| (Charles E. Beauchamp) | 353, 359, 360, 365, 366, 367 | 176, 203, 207, 213, 217, 228, |
| 321, 326, 332, 360, 361, 369 | 스웬슨 288, 289, 290 | 229, 230, 241, 246, 247, 248, |
| 브래들리(Omar N. Bradley) | 스탈린 383 | 250, 278, 281, 297, 315, 317, |
| 208, 209, 210, 224, 225 | 스테인 303 | 321, 322, 328, 341, 342, 343, |
| ㅅ | 스트래트메이어(George E. | 350, 351, 352, 360, 361, 365, |
| 사그레 248 | Stratemeyer) | 366, 377, 392, 395, 404, 405 |
| 새커리(Lyman A. Thackrey) | 172, 173, 174, 176, 177, | 아이젠하워 231, 398 |
| 311 | 178, 179, 180, 184, 213 | 안광영(安光榮) 16, 60, 68, 73 |
| 서터(Allan Sutter) | 스트러블(Arthur D. Struble) | 안병건(安秉健) 29 |

| | | |
|---|---|---|
| 안봉근(安奉根) 114 | 오운환 271 | 이덕빈(李德彬) 62, 63 |
| 안봉희(安封熙) 45, 49 | 오점석(吳占石) 168 | 이동빈(李東彬) 198 |
| 안상준(安相俊) 133 | 오태환(吳泰煥) 49 | 이동식(李東植) 18 |
| 안정희(安正熙) 73 | 올슨 404 | 이명운(李命運) 92 |
| 안창관(安昌寬) 147, 148, 149 | 요시다 397 | 이명흠(李明欽) |
| 안창엽(安昌燁) 90, 91 | 울프 218 | 269, 270, 271, 272, 273, 274 |
| 알파 L. 포우사 366 | 워나 371 | 이복현(李福鉉) 169 |
| 앤드루스 | 워커(Walton H. Walker) | 이봉출(李鳳出) |
| (William G. Andrews) | 11, 79, 80, 106, 119, 175, 176, | 147, 244, 348, 359 |
| 154, 207, 248, 278 | 185, 186, 193, 194, 195, 223, | 이상배(李相培) 46 |
| 앨런(Leven C. Allen) 188 | 227, 228, 229, 230, 245, 319, | 이상수(李相垂) 166, 167 |
| 양광탁(梁光卓) 73 | 325, 392, 395, 403 | 이선근(李瑄根) 194, 195 |
| 양병수(梁炳洙) | 원선경(元善慶) 101 | 이선호(李善浩) 24 |
| 384, 385, 388, 389 | 원일한(元一漢) 339 | 이성주(李成株) 190 |
| 양봉직(楊鳳稙) 776, 77 | 웨인 라이트 290 | 이성호(李成浩) 146, 265 |
| 양영식 374 | 웨일랜드(Otto P. Weyland) | 이승만(李承晩) 194, 265, 363, |
| 양홍식(楊弘植) 189, 192, 193 | 174, 176, 179 | 392, 393, 394, 395, 396, 399 |
| 언더우드 | 위드스푼 337 | 이승엽(李承燁) 265, 345 |
| (Horace G. Underwood) 339 | 윈스턴 처칠 396 | 이신국(李信國) |
| 엄금세(嚴수世) 129 | 윌리엄스 358, 359 | 16, 17, 22, 25, 26, 169 |
| 에드워드 210, 333, 334, 335 | 윌슨(Wilson) 165, 167 | 이영훈 271 |
| 에리스 71 | 유재성(劉載成) 28 | 이와무라(岩村由松) 267 |
| 연정(延禎) 255, 264, 265, 266 | 유호 118 | 이원직 271 |
| 염봉생(廉鳳生) 149, 150 | 육장균(陸障均) 131 | 이웬(Edward C. Ewen) |
| 오기완(吳基完) 13 | 윤기병(尹箕柄·尹基炳) | 158, 161, 207, 248, 278 |
| 오도넬 | 190, 197 | 이익흥(李益興) 189 |
| (Emmett Jr. O'donnell) | 윤명운(尹明運) 190, 199 | 이재수(李在守) 47 |
| 172, 173, 174, 176, 177, | 윤백호 53 | 이재인(李載仁) 64, 66 |
| 181, 184, 185, 186 | 윤병노 118 | 이정송(李貞松) 137, 138, 139 |
| 오벤샤인 | 윤용승(尹龍昇) 90 | 이정실(李正實) 17 |
| (Richard P. Ovenshine) | 이강학(李康學) 192 | 이종철(李鍾喆) |
| 335, 403, 404 | 이강환(李康煥) 74 | 34, 38, 39, 74, 130 |
| 오세동(吳世東) 323 | 이관준(李官俊) 101 | 이종훈 276 |
| 오스틴(Bernard L. Austin) | 이근복(李根馥) 196 | 이준희(李俊熙) 40 |
| 207, 249, 278, 312 | 이근석(李根晳) 167 | 이학구(李學九) 88, 110 |

| | | |
|---|---|---|
| 이홍배 271 | 정일권(丁一權) 100, 119 | 최용진(崔鏞鎭) 120 |
| 이희정(李熙晶) 262 | 정재중(鄭在中) 115 | 최윤동(崔允東) 269 |
| 인조 92 | 정점봉(鄭點棒·鄭點峰) | 최정득(崔正得) 192 |
| 임필수 389 | 69, 70, 72, 73 | 최창주(崔昌柱) 97 |
| 임헌일(林憲一) 187 | 정중철(鄭重鐵) 324 | 최천(崔天) 197, 198 |
| **ㅈ** | 정진(鄭震) 100 | 최치환(崔致煥) 195 |
| 장개석(蔣介石) 396, 399 | 정태섭(鄭泰燮) 189 | 최혁기(崔赫基) 30 |
| 장근섭(張瑾燮) 263 | 조기백(趙基伯) 45 | 최형록(崔亨錄) 42 |
| 장덕창(張德昌) 167 | 조병옥(趙炳玉) 93, 187, | 츄엔 리(Chew-Een Lee) 238 |
| 장동출(張東出) 166, 167, 168 | 188, 193, 194, 195, 200 | 치크(Lock L. Chick) 156 |
| 장시우(張時雨) 73 | 조성래(趙成來) 32, 44, 45, 47 | **ㅋ** |
| 장영종(張永鍾) 21, 24, 28 | 조이(Charles T. Joy) 213, | 카츠(Amon H. Katz) 255 |
| 장우주(張禹疇) 137, 138, 139 | 220, 229, 230, 233, 249, 253 | 칸크리 24 |
| 장정택(張正澤) 265 | 조재미(趙在美) 68 | 코네건 327 |
| 장창환(章昌煥) 75 | 조재용(曹在容) 198 | 콜린스(J. Lawton Collins) |
| 재스킬가 303 | 조정석(趙丁石) 149 | 79, 100, 119, 208, 209, 210, |
| 잭 시글 339 | 조준영(趙俊泳) 189 | 216, 221, 222,232, 235, 319 |
| 잭슨(Billy Glen Jackson) 156 | 존슨(Louis Johnson) 231, 232 | 크레이그웰(Craigwell) 165 |
| 쟈위스키 294 | 주낙추(周洛秋) 72 | 클라크(Eugene F. Clark) |
| 전득수(田得秀) 190 | **ㅊ** | 256, 257, 258, 259, 260, 261, |
| 전봉수 192 | 차갑준(車甲俊) 66 | 262, 264, 265, 266, 284, 291 |
| 전봉희(田鳳熙) 168 | 찰스 브러시 337 | **ㅌ** |
| 전상동(全相東) 49 | 채수익(蔡洙益) 72 | 태플리트(Robert D. Taplett) |
| 전성호(全盛鎬) 271, 272, 273 | 챨스 프레드릭 378 | 291, 322, 338, 340, 386 |
| 전장한(全璋漢) 196 | 천봉식(千奉植) 169, 170 | 트루먼(Herry S. Truman) |
| 정무영(鄭茂暎) 98 | 최국방(崔國方) 384, 388, 389 | 231, 232, 395 |
| 정봉욱(鄭鳳旭) 56, 86, | 최규봉(崔奎峰) 266 | **ㅍ** |
| 119, 120, 121, 122, 123, 124 | 최기찬 345 | 파리스 71, 72 |
| 정순기(鄭順基) 82 | 최대명(崔大明) 30 | 파트리지(Earl E. Partridge) |
| 정연금 388, 389 | 최병순(崔炳淳) 16, 125 | 176, 179, 181, 185 |
| 정연범 389 | 최봉도(崔鳳道) 73 | 패덕(John W. Paddock) 334 |
| 정영진(丁永鎭) 166 | 최영식(崔永植) 19 | 패리(Francis Parry) 239 |
| 정영홍(鄭永洪) 74, 77 | 최영희(崔榮喜) | 패트슨 160 |
| 정원혁(鄭元赫) 50 | 15, 20, 30, 126 | 페이스(Frank Pace Jr.) 397 |
| 정원화(鄭元和) 41 | 최용건(崔庸健) 345, 346 | 페이스 2세(Don Faith Jr.) 332 |

| | |
|---|---|
| 포르드엘 로페스 | 295 |
| 폭스(Alonzo P. Fox) | 281 |
| 폴 페타센 | 303 |
| 폴라 | 358 |
| 표양문(表良文) | 313 |
| 풀러(Lewis B. Puller) | |
| 322, 328, 359, 367, 368, 380 | |
| 프란체스카 | 393 |
| 필브리크 | |
| (Richard W. Philbrick) | 255 |

### ㅎ

| | |
|---|---|
| 하도해(河到海) | 113 |
| 하우스튼 | 305 |
| 하트먼(Charles C. Hartman) | |
| 153, 163, 272, 274, 275 | |
| 한경록(韓景錄) | |
| 189, 191, 196 | |
| 한국찬(韓國讚) | 36 |
| 한넘(Calvin S. Hannum) | |
| 333, 334 | |
| 한동수(韓東洙) | 39 |
| 한보석(韓普錫) | 49 |
| 한순화(韓順華) | |
| 32, 34, 39, 134, 138 | |
| 한영석(韓英錫) | 70 |
| 한용현(韓鏞顯) | 171 |
| 한정일(韓楨日) | 197 |
| 한치한 | 317 |
| 함명수(咸明洙) | 265, 266 |
| 함프튼 | 333, 334, 335 |
| 해리스(Field Harris) | 278 |
| 허드슨 | |
| (N. D. Hodson · Hudson) | 156 |
| 헤스(Dean E. Hess) | 165, 166 |
| 헨더슨 | |
| (George R. Henderson) | |
| 207, 278, 285, 286 | |
| 현덕휘(玄德輝) | 198 |
| 호올시 | 398 |
| 호와드 | 354 |
| 호킨스 | 326, 329 |
| 호턴 | 337, 339, 340 |
| 혼(Kluck Hohn) | 255 |
| 홉킨스(William B. Hopkins) | |
| 237 | |
| 홍일표 | 117 |
| 황성수(黃聖秀) | 62, 64 |
| 황재중(黃載仲) | 272 |
| 황정연(黃汀淵) | 263 |
| 황헌친(黃憲親) | 126 |
| 휀튼 | 303 |
| 휘트니(Courtney Whitney) | |
| 281 | |
| 히긴스(John M. Higgins) | |
| 152, 153, 154, 206, | |
| 248, 275, 285, 288 | |
| 히키(Doyle O. Hickey) | |
| 174, 213, 325 | |

6·25전쟁사

# 낙동강 제6권

초판 1쇄 인쇄 2010년 12월 21일
초판 1쇄 발행 2010년 12월 30일

지은이 | 류형석
펴낸이 | 김세영
펴낸곳 | 도서출판 플래닛미디어

주소 | 121-839 서울 마포구 서교동 381-38 3층
전화 | 3143-3366
팩스 | 3143-3360
등록 | 2005년 9월 12일 제 313-2005-000197호
이메일 | webmaster@planetmedia.co.kr

ISBN 978-89-92326-89-6  04910
       978-89-92326-83-4 (전8권)

ⓒ류형석 2010

* 책값은 겉표지에 있습니다.
* 잘못 만들어진 책은 구입처나 본사에서 교환해 드립니다.

## 다부동지구 전선

제10연대 | 제11연대

유학산
837고지

←팔공산　가산
　　　　901고지　　다부동↓　　674고지
　　　　　　　　　　　　　　　　천생산

←옥골

←해평